乒乓中国梦

——走进蔡振华团队

李玲修　王鼎华　著

山西出版传媒集团　山西教育出版社

乒乓中国梦——走进蔡振华团队 / 李玲修，王鼎华著. -- 太原：
山西教育出版社，2013.8
ISBN 978-7-5440-5928-2
Ⅰ. ①乒… Ⅱ. ①李… ②王… Ⅲ. ①报告文学—中国—当代
Ⅳ. ① I25
中国版本图书馆CIP数据核字(2013)第069444号

乒乓中国梦——走进蔡振华团队
李玲修　王鼎华　著　　　图片提供　齐大征　《乒乓世界》等

出 版 人：雷俊林
出版策划：荆作栋　孙　轶
编辑主持：雷俊林　刘立平
责任编辑：李梦燕　李　飞
复　　审：彭琼梅
终　　审：刘立平
装帧设计：薛　菲
印装监制：贾永胜

出版发行：山西出版传媒集团 · 山西教育出版社
（地址：太原市水西门街馒头巷7号　电话：0351-4035711　邮编：030002）
印　　装：山西臣功印刷包装有限公司
开　　本：787×960　1/16
印　　张：30
字　　数：430千字
版　　次：2013年8月第1版　2013年8月山西第1次印刷
印　　数：1—30 000册
书　　号：ISBN 978-7-5440-5928-2
定　　价：59.80元

出版者言

出版一部关于中国乒乓球的作品，是我们多年的宿愿。

乒乓球是国球。小小的乒乓球，寄托着国人的期待与憧憬，承载着国人的骄傲与幸福，同时也蕴藏了太多人性的秘密和命运的启示。没有哪一项运动，可以和乒乓球相提并论。

在乒乓球恢宏、壮阔的历史画卷中，我们截取了其中最动人心弦的一段。20世纪80年代末中国乒乓球陷入低谷后，以蔡振华为代表的一代乒乓人，为重振国球，卧薪尝胆，牺牲奉献，开拓创新，勇攀高峰，演绎了一个又一个激情飞扬、荡气回肠的动人故事，丢杯、夺杯、捧杯，诠释着不屈的奋斗精神，也隐约透露出国球长红的奥秘。

著名报告文学作家李玲修先生，与资深乒乓文化研究专家王鼎华先生，精诚合作，联袂奉献了《乒乓中国梦》这样一部厚重之作。二位先生以卓越的才华和超拔的识见，为我们塑造了栩栩如生的乒乓英雄群像，蔡振华，陆元盛，施之皓，刘国梁，孔令辉……一个个闪光的名字，感动着我们，也激励着我们。乒乓中国梦，在小小银球的旋转、飞翔中，酝酿，成熟，最终化成了绚丽斑澜的现实……

乒乓中国梦，是我们与读者的一个约定。我们将与亲爱的朋友们一道，不断地探寻乒乓运动的真谛，发掘乒乓运动的魅力，使国球在新的时代，焕发出更加迷人的光彩！

CONTENTS 目录

第三部　保杯：捍卫巅峰荣誉

引　子
捧杯为什么不开颜

中国自古有四句话，“久旱逢甘雨，他乡遇故知，洞房花烛夜，金榜题名时”，说的是人生最得意最开心的时刻。如果把这话送给乒乓健儿，不妨将第四句改为：

“圆梦捧杯时。”

是的，捧杯是圆梦时刻，捧杯是巅峰时刻，捧杯是最高奖赏，捧杯是至尊境界，捧杯留下永恒……

运动员捧杯这一刻，怎么形容都不为过，怎么撒欢儿都不为过，流出的眼泪都是甜的。

但也有人捧杯不高兴呢！真的吗？当然是真的！不信请你看1987年第1期的《乒乓世界》杂志。封面上有一行通栏蓝字：中国队荣获第39届世乒赛男女团体冠军。

下面有两幅彩照。上边一幅中，总教练许绍发抱着斯韦思林杯，却面色凝重。他眼睛向下看，仿佛有很重的心事，

姚振绪摄

与这个欢乐时刻极不协调。而站在总教练左右的五位参加团体赛的选手江嘉良、陈龙灿、陈新华、滕义、王浩，也似各怀心事，眼光有的向左，有的向右，有的向下，有的向前。

而下边的一张照片上，副总教练张燮林笑容满面地双手擎着考比伦杯，画面上四名女选手只有李惠芬笑容灿烂，而戴丽丽、焦志敏、陈静几人却显得并不开心。

第39届世乒赛上发生了什么，令夺得六座金杯的中国队拍下了这样两张似有些扑朔迷离的合影？

这个谜底要到两年后第40届世乒赛打完才能揭开……

第一部
丢杯：临危受命

拳拳报国心　　齐大征摄

第一章
在容国团夺冠的地方交出斯韦思林杯

第 40 届世乒赛的四大悬念

1989 年 3 月 28 日，第 40 届世乒赛在联邦德国的多特蒙德举行。

多特蒙德原本是德国北方的一座工业城市，盛产煤炭和钢铁，二战时期几乎被大轰炸夷为平地，成了一片废墟。真是不破不立，后来这里成了一座与体育紧密相连的城市，出了 BNB 足球俱乐部。这支球队曾打败过欧洲冠军队，使多特蒙德也随之声名鹊起。

多特蒙德被中国人，或者说中国体育史铭记，却是因为它曾是两届世乒赛的举办地。而这两届世乒赛都和中国有密不可分的关系，有着转折点式的象征意义。

1959 年，这里举办了第 25 届世乒赛。容国团在男子单打几乎全军覆没的情况下，单枪匹马连闯七关打进单打决赛，战胜了当时在国际乒坛上赫赫有名的匈牙利名将西多，为新中国夺取了第一个世界冠军。

如果这场比赛推迟半个世纪举行，多特蒙德立马就得成中国人热衷的旅游地。可惜那时中国人不但没外汇，连肚子都吃不饱呢。

从此，多特蒙德成为中国乒乓人心中的福地。容国团夺冠之后，1961 年中国在北京承办了第一项国际赛事——第 26 届世乒赛，奏响了乒乓进军曲的第一乐章。

后来的事情是每一个乒乓迷甚至每一个普通中国人都熟知的：中国队如蛟龙出海，一下子摘取了男团、男单、女单三项冠军。

从那时起，中国乒乓运动驶入了发展的快车道。四年后在第28届世乒赛上，中国乒乓队一举拿下男团、女团、男单、男双、女双五项冠军，成了新的乒坛霸主。

因而三十年后的1989年，中国乒乓健儿都期望并相信多特蒙德应该继续给中国乒乓球带来好运气。此前，中国队已经连续八年保持了巅峰状态，这种状态应从第36届世乒赛算起。第36届世乒赛中，中国队包揽七个项目的冠军和五个项目的亚军，还有三枚铜牌进账，简直不让对手活了！

后来的八年里，举办了四届世乒赛，中国队金牌有时会少一两枚，但象征乒坛最高荣誉的男团奖杯——斯韦思林杯，却一直高高举在头顶，未给任何对手夺走的机会。

截至第40届世乒赛开战前，中国乒乓健儿共有142人次获得59.5个世界冠军，雄踞世界乒坛三十年之久，被誉为“乒乓长城”，谱写了不败的神话。

代表团团长徐寅生说：“我这次到多特蒙德来，就是想重新看到当年容国团的拼劲和杀气。”

总教练许绍发说：“容国团为祖国开掘的乒乓历史长河流到我们这儿了，我们不能让它枯竭了。”

现在中国乒乓球队高举着胜利旗帜而来，同时也带来了上一届荣获的六尊奖杯，他们在赛前按国际乒联规定把六尊奖杯交回组委会。这个规定真是充满哲理，表明新一届比赛开始时，冠军队和最后一名都是从零开始。

中国队当然渴望通过比赛把这些奖杯，特别是斯韦思林杯再一次捧回祖国。

在多特蒙德，中国队能否续写新的辉煌？这是第40届世乒赛的第一个悬念。

悬念之所以存在，是因为有些明眼人已发现，在第39届世乒赛的单打各项决赛中，没有一项像过去那样是在中国运动员之间进行，每一项决赛都是与外国选手打得难解难分后才定输赢。而第9届世界杯赛，男选手有三人进入前四名，形成三打一的局面，还占尽天时地利，结果是一胜三，金牌被外国选手夺走。更令国人纠结的是，在1988年第24届汉城奥运会上，男单全军覆没……种种蛛丝马迹，使人不得不为中国男队捏把汗。

第二个悬念是，江嘉良能否成为第二个庄则栋，捧一尊复制的圣伯莱德杯回北京？

江嘉良是男队一号主力，广东中山人。在第37届、38届、39届三届世乒赛上，江嘉良都是男团冠军成员，同时他也是第38、39届单打冠军。此外，他还是1988年世界杯第5届男子单打冠军。可以说，他是中国队1981年第36届打翻身仗后延续男队辉煌的功臣之一，因而人们对他在第40届的团体赛，特别是单打的表现抱着美好的期望。如果这次他能拿下男单冠军，那他就将成为继庄则栋后第二个获得圣伯莱德杯复制杯的乒乓巨人。

不过也有人对此不是很有信心，因为江嘉良在1988年的汉城奥运会上走了麦城。在四分之一决赛中，他输给了瑞典的林德，爆了一大冷门。加上他有六七年位于巅峰状态，全世界的选手都在研究他，琢磨怎么打败他，可他在技术上似乎没有新的发展，能否再现当年无敌天下的状态已是未知数……

第三大悬念是，当了三届世乒赛老二的瑞典队，会不会破茧成蝶，拿下斯韦思林杯。他们打破常规，像中国队那样搞封闭训练；他们还学中国队设陪练的方法，用高薪聘来一位已入外籍、曾在国家队当陪练的选手给他们当假想敌，他们还放话说："找到了对抗中国人的方法，我们不再害怕他们！"瑞典队究竟是吹牛还是在搞心理战术？他们有实力摘下中国队头上的王冠吗？

第四大悬念是，中国女队处于新老交替之际，上两届的主力曹燕华、戴丽丽、童玲、何智丽均已退役，新手李惠芬、陈子荷、胡小新能否续写女队九连冠的辉煌？在此前举行的亚运会上，她们曾输给韩国队。

这四大悬念不仅让来自全世界的750名媒体人充满好奇，也让参赛者与观众心里满是纠结。

徐团长讲述往事，不惜把自己当反面教材

中国代表团团长徐寅生来到多特蒙德感慨良多。三十年前他曾是中国代表团的一名年轻选手，尚未经过世界大赛的历练。他目睹了容国团单枪匹马夺取

世界单打冠军的过程，领悟了许多宝贵的哲理，这些都成为他一生的精神财富。这次他深知夺冠面临不小的风险，就一直琢磨如何给队员打气，解决心理障碍。

3 月 30 日，中国参加单项比赛的第二批人马抵达多特蒙德。女队下榻的哈根市皇后旅店顿时热闹起来。姑娘们听完副总教练张燮林的动员后，都打算休息了，不料这时却来了位不速之客——原来是团长徐寅生从男队匆匆赶来看望大家。

徐寅生当年一番“关于如何打乒乓球”的讲话使他誉满天下。毛泽东主席的批示及高度评价，使他成为中国乒坛的代表人物和全国各界的学习楷模。在“文化大革命”中，徐寅生的政治智慧经受了严峻考验，在大风大浪中他不随波逐流，坚持原则，1977 年被提拔为国家体委副主任。

徐寅生当官后仍对乒乓事业情有独钟。他对乒乓球的发展趋势及中国队存在的危机一直有自己独到的见解，这些见解后来被实践证明是正确的之后，又使乒乓界几代人对他钦佩有加。所以听说徐团长来看大家，女队的姑娘们都十分兴奋，赶忙聚到教练房间去听前辈训话。

徐寅生讲话总是慢条斯理，深入浅出，从无套话。这次他一开口就说：“养兵千日，用兵一时。你们平时流血流汗，加班加点，不正是为了这一天吗？机不可失，否则后悔莫及啊！你们要吸取我的教训……”

接着徐寅生讲起了三十年前的往事。他来多特蒙德参加第 25 届世乒赛，因为胆怯不敢承担重任，而容国团却胸怀“要夺世界冠军”的宏志，披荆斩棘，登上了冠军领奖台。榜样使他惭愧，使他反省，使他蜕变。两年后在第 26 届世乒赛团体赛时，许多人怕日本的弧圈球，教练问谁敢上，他挺身而出，勇战名将星野，夺得关键的一分。“你们是全国挑出的尖子，要敢于挑重担，敢于拼搏……”

哈，真没想到，大名鼎鼎的徐寅生也曾经怕打硬仗！看来赛前有些紧张是很正常的，关键是到时候要敢于豁出去！

“陈静，你有没有思想包袱？”徐寅生望着去年在汉城奥运会上荣获女子单打冠军的湖北姑娘问道。

陈静笑着摇摇头。

“没有？”徐寅生笑着说，“我不信，不要想我是奥运冠军，输了不好下台。可以从另一方面想，你是第一次在团体赛中挑重担，从零开始嘛！‘从零开始’不是一句口号，是实际，比赛不是从 0:0 开始的吗？总不会因为你以前赢过人家就从 8:0 开始吧？”

姑娘们一听哄地笑了。徐主任讲话真逗，可是幽默中含有大道理啊，不信你琢磨琢磨！

江嘉良的停赛风波

3 月 29 日，第 40 届世乒赛拉开战幕。

不是冤家不聚头，中国男队与瑞典男队第四次相逢于决赛场，决赛时间是 4 月 4 日晚，决赛地点是威斯法伦体育馆。

国际乒联主席阿达姆·沙拉拉授予徐寅生国际乒联荣誉主席称号　　齐大征摄

瑞典与中国的拉拉队早已就座，他们挥舞着自己的国旗，唱着，喊着，都对胜利充满信心。

尽管，中国代表团上上下下对男队团体赛夺冠的艰巨性或者说不确定性思想上有充分的认识与准备，但没想到与瑞典男队相逢在决赛场时，中国男队三名上场主力竟然都出现了意想不到的情况。事后《新体育》记者肖复兴这样描述当时的比赛情景：

第一盘：江嘉良对阿佩伊伦。第二盘：滕义对瓦尔德内尔。虽然均以1:2败下阵来，但客观地讲，江、滕二位老将已经发挥出自己应有的水平，尽了自己最大的力量。这两场球打得相当精彩、好看，让观众觉得确实是力量、旋转与智慧的结合，是一幅飞速流动的画面。

江嘉良蝉联第38、39届男单冠军

《乒乓世界》提供

阿佩伊伦和瓦尔德内尔发挥的水平更是出色。二十八岁的阿佩伊伦前两年因腰、腿受伤而影响成绩，如今梅开二度，再次青春勃发，今年一举夺得全欧洲单打冠军。这届比赛他竞技状态最佳，两面弧圈，反手攻击力强，使得江嘉良的进攻屡屡受阻，发球威胁不大，反手漏洞又常败露。被动挨打，自是在所难免。

二十五岁的瓦尔德内尔比他的队友显得沉稳、老辣。滕义则气火攻心，上场口中便念念有词，犹如一团燃烧过旺的火苗。这是一场意志型对兴奋型两种风格的交锋。瓦尔德内尔常发侧旋长球，避免台内球与滕义的纠缠，抑制了滕义的进攻。瓦尔德内尔以前曾打过网球，他的球节奏感极强，落点刁，变化多，屡放高球，又常在相持阶段伺机大角度扣杀。三局比分虽很接近（24:22、17:21、19:21），但滕义拼尽气力，依然无法力挽狂澜。

第三盘比赛是陈龙灿对佩尔森。陈龙灿此届比赛尚未输过，对佩尔森应该是胜券在握的。无奈冤家路窄，佩尔森此次比赛也尚未败过，气势正旺。第一局，24:22，陈龙灿险胜。第2局，陈龙灿又以8:1遥遥领先。佩尔森显得毛手毛脚，陈龙灿此时却也显得毛手毛脚起来，15:15，竟被佩尔森扳平。19:21输了第二局后，第三局陈龙灿乱了阵脚，13:21，如风卷落叶，匆匆败下阵来。平心而论，佩尔森反手能拉能攻能拨能弹，陈龙灿缺乏最后一击的铁榔头。当对方适应了我国选手的速度，台内球也讲究、细腻了一些，同时又发挥了他们的特长，彼此实力差距便一下拉开了。

前三盘球接连败北，残酷的局势是中国队绝没有料到的。此刻，中国队把希望寄托在第四盘江嘉良对瓦尔德内尔的比赛上。上届比赛，江嘉良曾战胜过他，或许这次他还能给中国队带来转机？但此时瑞典队连胜三分，士气大增，个个如打足了气的皮球，异常活跃。瓦尔德内尔更意欲一雪上届比赛输给江嘉良之耻，对这场球亦势在必夺。一下子，这第四盘比赛显得剑拔弩张，格外峥嵘突兀起来。

果不其然赛到关键的第四局时，竟掀起一场轩然大波。

江嘉良与瓦尔德内尔比赛进行到第三局，比分5:8。江嘉良知道这一局对中国队至关重要，如果赢了可能起死回生，如果输了后果不堪设想。他拿过球，稳了稳神，发了一个反手球，瓦尔德内尔刚要回接，不料联邦德国主裁判手一伸，示意江嘉良发球时手低于台面，判罚失1分。比分牌立刻变成了5:9。

江嘉良一愣，举手提出异议，并用英语解释自己并没有犯规。但裁判不肯改判，于是出现僵持局面，比赛中断。

在这样的关键时刻，裁判判江嘉良发球违例，江嘉良心中的焦躁可想而知。因向裁判申诉无效，江嘉良被激怒了，他走到总教练许绍发面前要求提出撤换裁判。许指导外语沟通有困难，就委托江嘉良代表他提出要求，并表示不换裁判就不继续比赛。

联邦德国裁判保尔说：“你不打就不打。”

双方僵持不下，江嘉良回到了座位上。

场上气氛陡然紧张起来。大赛仲裁委员和国际乒联技术委员会的官员立即聚在挡板的一角，进行紧急磋商后指示重播录像。荧光屏上反复十几次再现江嘉良的发球动作。结论是江嘉良没有犯规，是裁判误判。

但是现场的高音喇叭却播出如下内容：“国际乒联技术委员会和总裁判决定：维持裁判员的裁决。但是为使比赛不受影响，决定更换本场裁判。”

赛后记者刘京钊就此事采访国际乒联技术委员会主席叶荣誉先生（马来西亚人）时问道：“为什么广播里说裁判没有误判？这和技术委员会审核比赛录像认为江嘉良发球没有犯规这个结论相反，如何解释？”

叶荣誉先生答道：“这个广播我们不知道，当时技术委员会正在开会，正在讨论的问题就广播出去了，这是不对的。然而裁判判定的分数是最后的决定，对与不对都不可能取消分数。”

就这样，比分牌上仍是5:9。而换上的裁判更加偏袒瑞典……

事后，各国媒体就江嘉良停赛一事大做文章。有人说“中国输球又输人”，还有人说“中国队失利在于技术，却把责任推到裁判身上”。《羊城晚报》记者苏少泉写了一篇《再说停赛风波》，全面细致地介绍了停赛前后方方面面的真实情况，使误传的许多情况得以澄清。

4月6日下午，中国代表团副团长李富荣约见了部分中国记者，就停赛发表谈话。

李富荣说，在体育比赛中出现纠纷是不可避免的，也是经常发生的，包括对裁判是否公正无私的争议。三十年前也是在多特蒙德，荻村伊智朗先生曾停赛长达40分钟，当时也是因为对裁判的判罚有异议。按照国际体育比赛一般惯例，感觉受到裁判不公正态度损害的一方有权提出交涉和抗议，有权要求有关负责人纠正裁判的不公正态度。因此，当江嘉良发现联邦德国裁判偏袒瑞典队时，提出这一问题，是符合规定的。

他说：“我认为裁判态度是不公正的。理由有三条。第一，江嘉良在第一盘对阿佩伊伦的第一局比分为6:8的时候，阿佩伊伦发了一个擦网球，江嘉良举手示意，裁判没有反应。按照规定，如裁判坚持己见，比赛应当继续进行，如运动员继续举手，比赛结局由运动员自负。但是，当阿佩伊伦也表示这个球擦网时，裁判依然不作纠正。这是偏袒瑞典队的明显证据。阿佩伊伦于是在下一次发球时，故意将球发出界外，以示刚才因此得分不对。这一点上，阿佩伊伦的风格是不错的。第二，擦汗问题。按惯例，换发球时双方可以擦汗。打到20平以后，出现平局可以擦汗。但是，瑞典队员在非平局去擦汗，裁判听之任之；而江嘉良擦汗，裁判就把他轰回去。第三，发球是否违例问题。说江嘉良发球手低于台面，很难有明确标准。在国际重大比赛中这样判很少见。因此，我认为裁判在江嘉良及中国队比赛已经十分困难时，在第四盘第三局作这个判决，明显是落井下石。”

他又说，中瑞男子团体决赛三个裁判都是联邦德国人，这是不正常的。“为什么不请其他国籍、其他大洲的裁判，而是清一色欧洲裁判呢?”

《人民日报》记者江建国、刘小明也就此问题采访了叶荣誉先生。记者问：“为什么是三个联邦德国裁判，而不是亚洲、欧洲以外的中立裁判?”叶先生回答说：“在女子团体赛时，做得很好，派了三个不同地区的裁判。而男子比赛裁判，是裁判长选派的，事先技术委员会不知道。鉴于这种事件比较麻烦，技术委员会将向明天的会员大会提交如下提案：第一，对于重大比赛，国际乒联直接邀请自己信任的裁判，也就是选中立、客观的裁判担任，同时考虑设A、B级裁判。A级裁判应该有多次参加过重大比赛的经验。第二，今后应对运动员停赛问题有更明确严格的规定。”

坏事变好事，江嘉良停赛风波使国际乒联对裁判员的聘用、管理更加科学、公正，使比赛环境更加透明、科学。

但赛场上这个干扰，使原本技术上已不占优势的中国选手，如落花流水，输了个精光：0:5！

副团长李富荣夜不能寐

（1）

中瑞决赛散场时，在看台上走下一位仪表堂堂、神色凝重的中国人。有些来观赛的中国留学生老远就认出了他：“看！李富荣！他是代表团的副团长啊，这下恐怕又要领着打翻身仗了!"

李富荣毕竟是久经沙场的老将了。他目睹了中国男队输球的整个过程，心里着急，恨不能自己上去挥拍打一局，但他毕竟已不是当年的"美男子加轰炸机"了。1981 年他已被提拔为国家体委训练局副局长，现在是中国的体育官员了。在这个关键时刻，自己任何一点异常的言行都会被眼尖的记者捕捉到稿件中。

尽管李富荣要求自己沉住气，不失泱泱大国的风度，但他内心早已是翻江倒海。当晚，他失眠了，他的绵绵思绪不禁飞到了十年前他所经历的那场"地震"。

那是 1979 年举行的第 35 届世乒赛，男团决赛的场面也是如此惊心动魄。

也是和欧洲人打，只不过对手是匈牙利人。地点是在朝鲜首都平壤。

匈牙利队在乒乓球运动的早期独霸乒坛，所向披靡，横扫千军如卷席。

在第 1 届至第 9 届世乒赛的冠军领奖台上，几乎看不到别国的身影。匈牙利男团先是五连冠，第 6 届失手斯韦思林杯被捷克斯洛伐克夺走，但第 7 届就夺了回来，并来了个三连冠。男单八获冠军（其中含六个连冠），男双也获八个冠军，混双则是九连冠，战绩骄人，无与伦比。

因女队前七届未设团体赛，所以匈牙利女队是单打七连冠，双打七连冠。这样骄人的成绩，在后来的世乒赛上，除中国女队外，尚无第二个国家能够超越。

在第 10 届世乒赛上，奥地利抢走了匈牙利男队的王冠，夺取了男团冠军。此后匈牙利队仿佛有些盛极而衰，虽在第 12 届（1939 年）重捧斯韦思林杯，但未能蝉联。

从此匈牙利队江河日下，像没落的贵族难以再生发向上的激情与不甘失败的力量。尽管此后匈牙利还曾两次夺得斯韦思林杯，但给人的感觉已是强弩之末，有点回光返照的味道了。

果然，从此在世乒赛的领奖台上，很难再见到匈牙利人的身影了。

时光荏苒，风水轮流转。1961 年第 26 届世乒赛上，中国队一举拿下男团、

国家体育总局副局长蔡振华为李富荣颁发亚洲乒乓球联合会终身会长的证书　　齐大征摄

男单、女单三项冠军；在后来的第 28 届上拿下男团、女团、男单、男双、女双五个奖杯，创造了中国乒乓球史上的空前强势，显示出了崛起的实力。

虽然由于“文化大革命”的原因，中国队没能参加第 29 届、30 届世乒赛，然而在第 31 届（1971 年）世乒赛中，复出的中国队并没有像人们想象的那样实力不济，依旧拿下男团、女单、女双、混双四项冠军。

第 32 届世乒赛之后，李富荣接替徐寅生担任了中国男队主教练。在第 33 届世乒赛上，男团、女团两个最有分量的金杯又被中国健儿夺了回来，并于第 34 届保住了斯韦思林杯和考比伦杯。

正在中国乒乓健儿自豪感重新充满胸膛时，第 35 届世乒赛 1979 年在平壤拉开了帷幕。

当男队在男团决赛中遇到了资格老却未交过手的匈牙利队时，中国人并没有十分紧张。李富荣更没有想到这支昔日王牌军的基因重新强大起来，他们在摩拳擦掌二十七载后，准备要从中国人手中夺杯了。“挽弓当挽强”，要夺就夺斯韦思林杯！教练是别尔切克。

提起这别尔切克，李富荣和他还真有故事。十七岁作为中国青年代表队的一员访问欧洲到布达佩斯时，李富荣曾和别尔切克有一场交锋。李富荣知道别尔切克，他曾经赢过中国许多著名选手。而别尔切克也略知比自己小六岁的李富荣，他战胜过全英冠军哈里森，又刚刚赢了南斯拉夫老将哈兰戈索，不可小觑……

在这场比赛中，李富荣输给了别尔切克：1:3！

李富荣是那种永远不服输的人。从此，他就一直盼着有机会和别尔切克再度相逢，报布达佩斯的“一箭之仇”。

一直等了六年，1960 年匈牙利队访华，在北京，李富荣才得到与别尔切克对阵的机会，结果在家门口又输了：0:2！

从此，李富荣做梦都是和别尔切克打比赛。有一天夜里睡觉，他竟从枕头底下抄起球拍，一拍打在了睡在身边的周兰荪头上……

一年后，在北京举行的第 26 届世界乒乓球锦标赛上，李富荣和别尔切克都是团体赛成员。但男团半决赛、决赛李富荣都没能上场，尽管单打拿了亚军，可他心里还是有壮志未酬之憾。

直到 1965 年第 28 届世乒赛，誉满国际乒坛的李富荣才有机会和别尔切克在单打比赛中相逢，这次他以 3:1 赢了别尔切克！

比赛结束分手告别时，别尔切克走到李富荣身边，握着他的手带着弦外之音说：“两年后再见！”

世事难料，一年后中国发生了“文化大革命”，乒乓球队也和国家其他集训队一样“停产闹革命”了。

一晃十四年过去了，1979 年，做了中国队总教练的李富荣带队出征第 35 届世乒赛时，认出了别尔切克。别尔切克发福了，但精气神更足了。他于 1971 年挂拍后，担任了匈牙利国家队的教练，并培养出了克兰帕尔、盖尔盖伊、约尼尔等名将，他们曾荣获过世乒赛的男子单打与双打的金牌……

真可谓“不是冤家不聚头”！李富荣率领中国男子汉与别尔切克率领的裴

多菲后代在男团决赛场上遭遇了。比赛结果大爆冷门，中国男队一败涂地，丢了蝉联两届的斯韦思林杯！

接着男单又输给了日本，男双也成了第二与第三。唯有混双比赛，梁戈亮和葛新爱总算拿下块金牌。

用李富荣自己的话说："男队输得只剩下条裤衩了。"

空前的惨败！空前的耻辱！几天的时间，中国男队在国际乒坛的位置滑落到了二十年前。不，二十年前还有容国团夺得男子单打冠军，是滑落到了二十二年前！

各国记者们的新闻稿有这样的刺激性语言：

"中国队不可战胜的神话已被打破！"

"独占男女团体冠军的中国队之一半已经崩溃了！"

"未来五年是匈牙利的时代！"

压力！空前的压力！那是李富荣第一次全面深刻地感受到竞技体育的残酷性。胜者王侯败者寇，过去拿冠军时，面对的是掌声、鲜花，还有媒体的溢美；现在打输了，再难听的话也得听着啊！

那时国际比赛没有电视转播，国人了解比赛情况的唯一途径是广播电台的现场直播和新华社、《人民日报》及《体育报》的文章。

中国队回到北京时，才知这次失败已在国内引起轩然大波……这使李富荣意识到中国乒乓球队拿冠军不是新闻，拿亚军就是地震！

(2)

在压力重重的日子里，李富荣的笔记本里，存放着一张照片，那是匈牙利队男团夺冠后登上领奖台的场面：匈牙利的名将克兰帕尔、盖尔盖伊、约尼尔簇拥着他们的教练别尔切克，笑得那样开心，那么忘情。别尔切克手中的斯韦思林杯在灯光下熠熠生辉……别尔切克和队员们的笑容包含了许多内容：他们自豪，因为他们夺回了阔别匈牙利二十七年的斯韦思林杯！他们快乐，因为他们打破了中国队不可战胜的神话！他们向往，希望这次夺冠成为匈牙利队再次崛起的开端……

李富荣理解他们的心情，但决不允许他们实现再当霸主的野心。当他离开决赛场时，有一位外国记者追向他："请问你对匈牙利队这次成绩有什么看法?"

"匈牙利队是一支世界强队，别尔切克是一位优秀的教练员。他训练有方，他的运动员发挥了速度优势，争夺了主动。我们的速度没有打出来。"李富荣像位外交官一样说着外交辞令。

"中国队什么时候能把奖杯夺回来呢?"

"我恨不得明天就把奖杯夺回来!"这句话到了嘴边，李富荣又咽了回去。他含蓄而又礼貌地说："匈牙利队很不容易，用了二十七年的时间重新拿到斯韦思林杯。我相信中国队夺回斯韦思林杯不需要用二十七年!"

实际上，李富荣回到北京就向国家体委立下了军令状，两年后夺回斯韦思林杯，否则他就辞职!

(3)

李富荣说到做到，两年后，也就是 1981 年 4 月 26 日，在南斯拉夫首都贝尔格莱德北边 70 公里的小城诺维萨德举行的第 36 届世乒赛上，他率领中国乒乓球队创造了一个奇迹，包揽了七个项目的冠军和五个项目的亚军!

这一战绩令整个国际乒坛目瞪口呆。他们简直不相信自己的眼睛。两年时间说短不短，但对于培养出一流选手，那是太短了，怎么也得有六七年的锻炼打磨才能成气候啊!

可是这回李富荣带来的五名男队员谢赛克、蔡振华、施之皓、王会元、郭跃华中，有四名是新面孔，而男团决赛时上的全是新人：谢赛克、蔡振华、施之皓。

所有内行全明白，这是一步冒了很大风险的棋！这不是访问赛，也不是友谊赛，更不是洲际比赛，而是国际乒坛最高级别的世界乒乓球锦标赛，是世锦赛的男子团体赛——这是代表一个国家整体实力的比赛，争夺的可是斯韦思林杯啊!

然而三员小将打赢了！把离别两年的斯韦思林杯重新夺了回来!

这已足够让国际同行和各大媒体不可思议了。接着，中国健儿如有神助，一鼓作气又拿下男单、男双、女单、女双、混双五块金牌，更不可思议的是，决赛全部在中国人之间进行，整个晚上，体育馆的决赛球台两边的中国人打来打去，仿佛是中国国内锦标赛挪到诺维萨德来举办了。

国际乒联主席艾文斯说："我对这届锦标赛最深的印象是，中国的乒乓健儿一代胜一代。"

李富荣想到这里，翻江倒海的心里略微平静些许。他想："两年后我们还会再像第36届那样打个漂亮的翻身仗吗?"

"能！我们能！尽管时过境迁了，中国人目前所处的社会环境与当年大不相同了，队员的价值观也不一样了，但中国心应该还是那样的赤诚……"

第二章
“中国乒乓大树不能倒”

看丢杯蔡振华深受刺激

看着中国选手在赛场上输给了瑞典队，有一位中国男子在看台上如坐针毡。这人胳膊交叉抱在胸前，浓眉紧锁。整个比赛，他的眼睛一秒钟也没离开决赛的球台，高度专注的神态令人纳闷。他是谁？中国队的教练员吗？但他却

蔡振华与恩师庄家富

坐在一帮欧洲人中间。

原来这就是公派到意大利国家队任教练的前世界冠军蔡振华。

蔡振华这年二十八岁，他到意大利国家队任教已经三年半了。在他任教这三年多里，意大利队的成绩与实力有了明显提高，已从名不见经传打到欧洲第七名。

了解蔡振华的人都知道他是个荣誉心很强的人。他性格鲜明，从小就是孩子王，胆子大，仗义，慷慨，是那种做事十分认真投入的人。他的朋友施之皓说过：“只要他在意的事情，他一定会做得很好。”

此刻的蔡振华心急如焚。

看了中国两名最好的直板选手输在欧洲人手下，蔡振华心里很受刺激。这种刺激过了二十多年，在他已经任体育总局副局长后，还记忆犹新。

第 40 届世乒赛开赛前，蔡振华在多特蒙德碰见了一位中国记者，那位记者马上认出了他：“蔡振华！你也来看比赛吗？听说你出国当教练了，没想到在这里能碰见你！十分高兴！”蔡振华和他握了握手：“见到你我也很高兴，出国三年了，不论在哪里，碰见中国人都倍感亲切！”

“那好，我就采访你一下，你认为这次中国男队夺标的前景如何？瑞典队教练放风说他们志在必得，是不是吹牛？”

蔡振华略微沉思一下。他在意大利任教，每年要带球队参加欧洲大大小小的比赛。这几年欧洲选手确实上了一个台阶，特别是瑞典队新人辈出，实力雄厚，拥有瓦尔德内尔、阿佩伊伦、佩尔森、卡尔松等名将。在技术上瑞典队也有新突破，发球、接发球技术进步很大，发球旋转变化多，落点好，接台内发球以拨球和搓球控制落点，使对方不易抢攻，对中国队是有较大威胁的。

别看蔡振华身在异国他乡，但中国乒乓球队始终是他的精神家园。只要有中国队参加大赛，他都尽量去看，看不了就从电视或报纸上查找消息。有时急了还往国内打电话问问熟人，了解情况。

欧洲创新打法逐渐成熟并普及，中国队战绩却在倒退。去年在巴塞罗那大奖赛中，八场球输了六场，没有一名选手进前四名。今年 1 月欧亚对抗赛，男队又是没有一人进入前四名……形势确实不容乐观。但大赛前夜他不能长别人志气灭自己威风，所以简单说了几句，他的结论是中、瑞两队“各有千秋”。

没想到中国男队不仅输了，而且输得这么彻底：0:5！这是蔡振华绝对没有想到的！

他的心情十分压抑，但他还寄希望于单打，也许还能夺下块牌！

出乎蔡振华的意料，不论是单打、双打还是混双全都是第三名，男队几乎成了铜牌专业户。这就意味着与男队沾边的斯韦思林杯、圣伯莱德杯、伊朗杯与兹・赫杜塞克杯全都易主！若不是女队夺得了团体赛考比伦杯，乔红夺得女单的盖斯特杯，邓亚萍、乔红夺得女双的波普杯，中国队来时装奖杯的箱子就可以当废品抛在多特蒙德了……

历史总有惊人的相似，十年的时光，男队似乎又回到了起点，输得像1979年第35届世乒赛那样，不，比第35届还惨，那次除得了银牌、铜牌，毕竟还有半块金牌，而十年后，在多特蒙德，男队真的是赤条条一无所有。滑落到如此水平，怎么不叫人揪心呢！

蔡氏夫妇一周心灵波澜

（1）

在威斯法伦大厅，蔡振华见到了双眉紧锁的总教练许绍发，他在国家队当队员时，许绍发就是教练了，彼此很熟悉；还有沉默不语的江嘉良，他可是第37届和自己一起站在男团冠军领奖台上的战友啊。忽然，蔡振华觉得自己穿的这身意大利队服十分扎眼。他多么希望此时此刻，自己穿着中国队队服和战友们一起分担这痛苦，失败的痛苦。大家都不愿触及这届比赛，说了些闲话，但心里想的分明都是那个0:5！许绍发突然跟他说：“你回来吧！”

蔡振华听了一怔。他没有这个思想准备。他公派“援外”的时间已满。去年回国时，他曾向徐寅生、李富荣两位领导请示，说想在外边再待一段，因为欧洲有不少国家想聘他去当教练或球员。很多援外教练也都是由公派转为自费，除了向乒协交部分管理费外，收入比公派要大幅提高。

第36届打翻身仗蔡振华立下汗马功劳，第37届卫冕斯韦思林杯又表现出色，要不是国际乒联出台新规定封杀了他两面倒的球拍，他的前景不可限量。两届世乒赛他已拿到团体、男双、混双四枚金牌，至于男单，他本也是有实力去争取的，但因众所周知的原因，他只是拿了两届亚军……独缺男单冠军成了蔡振华的终身遗憾。为补偿这遗憾，徐寅生、李富荣同意蔡振华在国外多打几年。

没拿到男单冠军，是有遗憾，但并无心结，因为前辈都是这样过来的。当年李富荣不也当了三届亚军吗？中国乒乓大树所以根深叶茂，果实累累，是靠爱国主义的阳光照耀和集体主义的营养浇灌。只要这棵大树茂盛，每位乒乓人都有光荣感。

现在许绍发总教练向他发出召回令，蔡振华心头一热。这是祖国的召唤！明摆着40届惨败，下面两年肯定要为打翻身仗而苦干，马上要开始大练兵了，回国效力义不容辞。

“你回来什么也不能给你。”许绍发说着，察看蔡振华的反应。

第47届世乒赛中国乒乓球队载誉归来时，夫人黄胜到机场迎接蔡振华　　齐大征摄

言下之意蔡振华很清楚，自己在国内还未当过教练员，当然不可能担什么重担。这个他不在乎。至于工资待遇，许绍发压根儿没提，蔡振华也不在意。当年许指导也是在意大利援外，有一天他率队参加比赛回到罗马，使馆人员找到他，递给他一封国家体委副主任荣高棠写的信，让他立刻回国任教。许绍发还不是二话没说，立马归队。

这就是中国乒乓球队的传统！蔡振华不会因失去致富良机而犹豫，相反为有报国机会而兴奋。

"行！我回去和黄胜商量一下，她怀孕七个月了，安排一下就回国！"

蔡振华这么痛快就答应了，倒有点出乎许绍发的意料。

（2）

蔡振华回到家里，一进门就对妻子黄胜说："许指导跟我说了，要我回去！"

黄胜一听很吃惊："回去干什么？"

蔡振华脸上露出黄胜十分熟悉的笑容："打翻身仗嘛！"

"你怎么说的？"

蔡振华沉默了。

黄胜没再说什么，她从丈夫脸上的表情就可以断定，他一定是答应了，而且会答应得很痛快。男队 0:5 输给瑞典队后，他就在电话中跟黄胜痛心疾首。

她太了解丈夫的性格了。且不说他对国家把他从一名工人的孩子培养成叱咤风云的世界冠军，一直心存感激，总想回报国家，就从他的性格来说，要他见到危难之人、危难之事不挺身而出，是不可能的，何况是他酷爱的乒乓事业出现了危机！

蔡振华当队员时，外号"张飞"，那是说他在球场上打起球来勇猛无比，激情四射，其实他在生活中并不是张飞性格，而是很细心的人。

回家后，蔡振华之所以没有马上跟妻子说自己已答应许绍发立刻回国去，是因为他知道黄胜丝毫没有这方面的思想准备。前不久，黄胜还在充满憧憬地跟丈夫描述小宝宝降生后会给他们的家庭带来哪些欢乐与变化。

蔡振华与黄胜相识于1984年，那时蔡振华已经是乒乓界响当当的世界冠军，而黄胜则是北京红旗越剧团的台柱子之一。她曾演过《红楼梦》里的宝玉。两人相识前，黄胜根本没听说过蔡振华这个名字，因为她对体育不感兴趣，所有世界冠军中只知道童玲，因为童玲和邓颖超妈妈有个咬耳朵说悄悄话的照片登在报刊上，给黄胜留下了很深的印象。后来时间长了，她才知道蔡振华和童玲同在第36届世乒赛上获得世界冠军。而蔡振华呢，从小打乒乓球，几乎没看过越剧。所以越剧十姐妹啦，范派、袁派、徐派啦，《梁山伯与祝英台》《红楼梦》《柳毅传书》这些经典剧目啦，蔡振华听了都是一头雾水。而当介绍人说要介绍的女演员叫黄胜时，蔡振华有点不想见了：怎么叫一个男人名字呢？会不会缺乏女性的温柔呢？后来介绍人一个劲儿说：“见了你就知道了。”蔡振华这才惴惴不安地在施之皓陪同下去相亲。

不料两人却一见如故，很谈得来。在世界冠军眼里，这位越剧演员性格活泼温柔，谈吐生动有魅力，和她在一起不仅心情放松，会不由自主从内心发出阵阵笑声，而且因为她读了不少古今中外名著，所以气质中透着书卷气。而在越剧小生的眼里，尽管蔡振华不是自己想象的大眼睛、高鼻梁的帅哥，但他心地善良，感情真挚，能给人以安全感。

有一次，蔡振华要去上海打比赛，他问黄胜：“你想要点什么？”

“我什么也不要。”黄胜从来不主动跟蔡振华要东西，但蔡振华每次回来时都会给她带礼品。这次又问她，一口拒绝怕他会不高兴，就说：“上海有卖鱼片的，我很喜欢吃，你给我买五小包烤鱼片吧。”

结果蔡振华给她买了五十大包。黄胜一看吓一跳：“哪有这么买东西的呀！”

嘴上这样说，心里却甜蜜蜜的。

还有一次，两人约定晚上去天桥剧场看芭蕾舞剧《红色娘子军》，约好在剧场门前见面。黄胜到了后一直看不见蔡振华的影子，眼看开演时间要到了，不禁有些焦虑。等啊等，直等到开演前几分钟，蔡振华才一阵风似的骑着自行车冲到剧场门口。黄胜一看吓坏了，平日很整洁的小蔡裤子膝盖那儿划了两道口子。他见了黄胜抱歉地笑道：“对不起，今天训练结束得晚了。我骑着自行车横冲直撞地往这儿赶，不小心摔了一跤！”

黄胜再一看，蔡振华的胳膊都蹭破皮了，好不心痛，埋怨道：“哎呀，晚就晚点呗，也不至于这么拼命啊！”

蔡振华脸上露出纯朴、真挚的笑容，这笑容深深打动了黄胜的心。

在其他一些事情上，蔡振华的“迁就”也使她感动。就拿吃饭来说，蔡振华怕辣，不爱吃火锅。可因为黄胜特别喜欢吃火锅，为了黄胜，他每次都陪她去，尽管每次都吃不饱，但毫无怨言。后来还是黄胜太于心不忍了，坚持不让他陪着受罪才作罢。

通过一段时间相处，黄胜真切地感受到蔡振华对自己深厚炽热的爱，这爱不是用歌声来表达的，也不是用甜蜜语言传送的，而是通过点点滴滴渗透到了黄胜心里。黄胜对女友说：“如果我有什么事，他会为我拼命的！”

在婚姻问题上，聪明女人找的是心，短视女人找的是钱，虚荣女人找的是权。黄胜认定蔡振华正是她要找的可以托付终身的男人。

那时没有手机，家里也没有电话，越剧团宿舍只是走廊里有一部公用电话。黄胜一去接蔡振华的电话就没完没了，惹得剧团其他想打电话的人频频开门探头看，见她还在那儿站着聊，有人忌妒地小声议论：“黄胜是不是晕过去了，一打两三个小时！”

在两人感情不断升温时，一个难题摆到了黄胜面前：红旗越剧团解散了，所有人都必须自谋出路。因为北方没有别的越剧团，摆在黄胜面前的是两条出路：一是和那些业务条件好的姐妹一样，回到江浙一带加盟别的越剧团，继续在舞台灯光下，演绎那柔声百转催人泪下的爱情悲喜剧，成为越剧迷的心中偶像，但这样就要放弃蔡振华，因为他的事业不可能离开北京；另一个选择是留在北京和心爱的人在一起，那样的话就只能中止自己的演艺生涯。这可真是痛苦而又艰难的抉择！

最后黄胜选择了放弃事业，留在心爱的人身边。

消息一传出，越剧团内哗然。有不少领导、同事都劝黄胜慎重：为了一个连北京户口都没有的运动员放弃事业得冒多大的风险啊！但黄胜最终还是决定留在北京。她改行去了冶金所资料室工作。

这种割舍是伤筋动骨的，有一段时间她不看戏，不看电影，不见演艺界的朋友……

黄胜的痴情令蔡振华深受感动，他暗暗发誓要一辈子爱黄胜，两人要白头偕老，要幸福一生。

（3）

1985 年 6 月 15 日，蔡振华与黄胜在家乡太湖畔举行了婚礼。婚后不久，蔡振华被公派到意大利任国家队教练。半年后黄胜也来到罗马。

转眼三年多过去了。三年里，蔡氏夫妇逐渐适应并习惯了国外的新生活。

蔡振华凭他那种高度的责任心和顽强的意志，猛攻意大利语，从一个单词不会说到能自如地用意大利语指导队员训练和进行社会交往。由于意大利乒乓球队是俱乐部性质，蔡振华除了部分时间在罗马指导队员训练外，也常到其他地方指导队员。意大利队在他的带领下，成绩获得大幅度提升，由名不见经传成为欧洲第七名的强队。蔡振华因此也声名鹊起。合同将到期时，不少国家都希望蔡振华能到他们国家教球或打球，每年薪酬能达到 3 万美元（尚不包括出场费和奖金）。这个数目，有人算过，相当于中国教练当时三十年薪水的总和。

此外，俱乐部还提供公寓居住。在罗马蔡氏夫妇的公寓是 80 多平方米，经黄胜用心布置，不仅舒适而且还洋溢着浓郁的艺术氛围，连许多意大利朋友都赞不绝口。

更令黄胜满足的是，到了意大利后蔡振华工作游刃有余，成了时间的富翁，不仅每周日能按时休息，而且平时也不用加班加点，因而夫妻俩可以一起浏览名胜、拍照、去商场购物，在铺着大理石的 30 平方米的客厅里欣赏意大利歌剧，看彩色电视转播的体育比赛……黄胜周末有时给丈夫做一顿家乡饭，犒劳一下，丈夫就倚着厨房门框和她聊天。

二十年后，谈到这段生活，黄胜都掩饰不住自己的幸福感：“在意大利的那三年，是我们夫妻俩度过的最惬意的日子。”

这样的日子，谁乐意放弃？谁愿意去改变？人们去辛苦、去打拼、去赚钱，最终还不是为了过上幸福的生活吗？

（4）

关于回国当教练的事情，蔡振华没有立刻就向妻子亮底牌，他不想让妻子不愉快。她怀孕已经七个月了，不应当受到刺激。心情不愉快或者情绪激动都不利于胎儿的健康。他们结婚近四年，从没有吵过架。他不想因这件事给夫妻俩和谐的感情带来不悦。

蔡振华采取抽丝剥茧的方式逐步向妻子渗透他的想法。他柔声细语地向妻子讲许绍发在回国时曾同他讨论去留的利弊：留在海外的物质生活水平和个人收入肯定比在国内高，但是幸福指数是否比国内高呢？你在海外打球、教球实质上都是外国人用钱来购买你的技术，而在国内工作，是代表国家，特别是站在领奖台上，那时的自豪感是多少金钱都难以买到的……

中国人最懂辩证法，有得必有失，有失必有得。这就看你要什么了。

女人往往漂亮而奢华，贤惠而寡断，多情而乏理智。黄胜的难得之处在于她有女人少有的理智。她最大的长处是善解人意。她有一个定见：“男人想干的事，最好不要去拦他。”

这不，尽管她并不想蔡振华立刻回国任教，但看他兴致很高，也就不再说什么了。其实回国后蔡振华能否干好教练工作，前景如何，她的心中也没底。

黄胜虽然性格温柔，但也是个自尊心很强的人。高中时她爱上了文艺，参加宣传队到处演出。父母希望她学医，逼她退出宣传队回校进重点班好考大学，但她不吃不喝坚决不从，最后到底走上了艺术的道路。出国后，尽管蔡振华每月从意大利乒协领取的薪水足够两个人用，但黄胜到罗马不久便出去找工作。她开始在一家餐馆跑堂做招待，后来转到一家意中合资的制衣厂做工。七八个月后，她不仅制衣水平大为提高，赚的工资比丈夫还多，而且对服装设计产生了兴趣。她时常想以后自己也试着搞服装设计，说不定大有作为呢。这也是她想在意大利多待些日子的原因之一。

她看看自己日渐隆起的腹部，再有三个月孩子就要出生了，这个时候搬家回国，谈何容易？黄胜很清楚，如果一回国，蔡振华就要像国内那些教练一样，每天十几个小时钉在训练场、运动员宿舍，重大节假日都不能休息。那时再生下孩子，她根本不可能指望丈夫伸把手帮助自己……

孩子，想到孩子，黄胜又想到了一个问题，孩子如果回去生，自然是中国国籍，而在意大利出生，十八年后就拥有意大利国籍。

在罗马待的这三年里，黄胜没少听说有的中国人为了能入外国籍而不惜拉关系、走门子、请客送礼。有的人为了拿绿卡，甚至搞假结婚、假离婚。而自己只要再等三个月孩子出生，绿卡就能轻松拿到，何乐而不为呢？

蔡振华担心大腹便便的妻子长途跋涉有不安全因素，便对黄胜说：“要不我先回去，你可以留在这里，等孩子出生了再回去。”

“不，我们还是一起回吧！”

蔡振华当然也希望带妻子一起走，把她一个人留在罗马，总是会让他牵肠挂肚的。他知道黄胜本想着在意大利分娩，顺理成章给孩子弄个绿卡，十八年后可以选择入意大利籍，就对她说：“十八年后说不定中国比意大利还好！”

黄胜笑了：“对！一定会比意大利好！”

这对恩爱夫妻，在人生的十字路口，义无反顾地作出了共同选择：回国去！

第三章
骊驹伏枥，志在奋蹄千里

孩子没有生育指标

世乒赛、世界杯双料女子单打冠军丁宁的恩师任国强教练，至今还清晰地记得1989年春他去首都机场接蔡振华、黄胜夫妇的情景，他说：

那是1989年4月的一天，许指导对我说：你到幸福大街去买一套床单、被套，晚上蔡振华两口子回来，你去接一下。我问他们住哪儿，许指导说队里找游泳队借了间运动员宿舍给他们暂住。上午他已领人打扫干净了。

我要车去了首都机场，说是9点钟到，结果晚点了，半夜才到。

我接到他们两口子后，把他们送到那间运动员宿舍。用钥匙一开门，我都有点吃惊，墙上黑乎乎的不说，面积只有十五六平方米，没厨房没厕所，只有许指导领队员用两个铁架单人床拼成的一张大床，占了全屋三分之一面积。我看了看他俩，蔡振华倒还是笑呵呵地向我致谢，黄胜愣在那儿了。也是，从国外回来当教练，还是世界冠军，就住这样的房子！

第二天一早，我去蔡振华房间，一见面，蔡指导就悄悄对我说，昨天晚上黄胜哭了，说："你就让我把家安在这儿啊？"

我一听很理解，听说他们在意大利住的是公寓，回来连套普通的住房都没有，心里肯定……

其实任国强说的仅仅是蔡振华夫妇回国后遇到的窘况之一。

第二天晚上，黄胜挺个大肚子，饥肠辘辘，让蔡振华去买点面包回来。蔡振华应声而去，结果回来时却空着手。

黄胜诧异地望着他，没带钱包？不会呀，明明看他拿了钱包出去的。

蔡振华两手一摊："没有粮票，出国三年，忘了国内买糕点是要粮票的……"

已是晚上，也不好去找熟人借粮票，只好饿着肚子忍忍吧。蔡振华望着妻子，内心深处涌动着几分对妻子和未出生孩子的歉意……

蔡振华去报户口，才知因没有住房，所以只能落在乒乓球队的集体户口里。这样一来，凭票供应的粮食、鸡蛋、肉、副食、糖等都成了问题……为了不让黄胜情绪波动太大，蔡振华婉言劝黄胜先回老家——浙江嵊县去，她的父亲是有名的老中医，母亲是西医护理师，回到家日常生活有亲人照顾，分娩时医疗系统关系也多，又安全又省心，这样自己也就可以安心工作啦！

蔡振华与夫人黄胜、儿子蔡宜达　　齐大征摄

黄胜一向通情达理，既已选择回国，无论面对什么境况都得和丈夫并肩走下去。她不忍为难丈夫，第三天就离京回浙江去了。

送走了黄胜，回到那间小屋里，蔡振华不免觉得有几分冷清。这两年在意大利过的是夫唱妇随、离少聚多的日子。即使是到各地训练队员或打比赛，也就是短暂的几天。现在他又要回到当运动员时的生活，过光棍的日子啦。不同的是，想到妻子，会有温馨的记忆给感情的田园浇灌些泉水，还有那未出生的小宝宝，也会让繁忙的空隙充满想象，充满甜蜜！

几天后又碰到个大难题，蔡振华没敢告诉黄胜，这就是他们的孩子没有生育指标！按国家计划生育政策，中国公民生孩子是要预先得到计划生育部门审核批准的。回国前把这事给忘了，现在怎么办呢？

领队姚振绪得知此情况后十分关心，他深知这件事要“特办”之难度，即使国家体委最高领导发话也难奏效。于是他边通过有关部门向上反映，边让办公室工作人员向来采访的媒体透露这一难题，以取得社会舆论的关注与支持。

果然，蔡振华在出国潮汹涌的时刻，放弃国外的高薪、洋房和优越的生活条件，也放弃了未出生的孩子即将到手的意大利籍准“户口”，回国报效人民的行动，感动了许多媒体记者，他们在文章中几乎都写了这一笔：即将出生的孩子没有生育指标，呼吁有关部门予以关注解决……

一次比赛“打”服了马文革

送走了黄胜，蔡振华就去贵州省训练基地报到，球队在那里集训。9 月要在肯尼亚首都内罗毕举行第 10 届世界杯赛。肯尼亚位于非洲东部，赤道穿过其中部，东非大裂谷纵横南北。内罗毕虽距赤道不过 1 500 米，但因为位于海拔1 700多米的高原上，终年气温很少超过 27°C，因而每年都有四十多次国际性会议在这里举行。考虑到比赛地的海拔高，所以许绍发率队来到云贵高原进行集训。

蔡振华一报到，许绍发就对他说：“这次世界杯，你带马文革、于沈潼去！”

蔡振华没想到许指导这么信任自己，一回来就交给自己这么重的任务。世界杯赛虽然历史短，1980 年才创办，但也毕竟是乒乓球国际大赛事之一，有小世乒赛之称。男队经历第 40 届世乒赛重创之后，不到半年就参加世界杯赛，能有斩获吗？蔡振华脱口问了句："我行吗?"

"你行!"许绍发鼓励他说。他就是要借蔡振华的冲劲去世界杯搏一次。队员马文革有潜力但个性强，对他不服的教练根本不放在眼里。有人记得这样一个场面：打比赛时一位老教练给他做指导，他居然把屁股对着教练——不敬到了极点。

蔡振华却是一场比赛就把马文革"打"服了。那就是第 10 届世界杯赛。马文革永远也不会忘记，因为那是他的第一个世界冠军。

当时老主力江嘉良、陈龙灿都退役了，又没有发现新人，自然原来排在主力队尾的马文革、于沈潼等人就成了一线主力了。

中国人还能拿冠军吗？以前世界杯的冠军中国人拿过六次，不论哪个冠军都是威震一时的大明星：郭跃华（蝉联一次）、江嘉良、陈新华、陈龙灿、滕义。当时马文革的实力跟这些人比，还有不小距离。

那次比赛让马文革事后想起来都有些后怕，当时他们师徒三人还有外事部翻译俞斌（如今已是乒羽中心副主任了），到香港转机时遇到了麻烦，只有两张机票可立即转机去内罗毕，其他机票何时能有还不知道。蔡振华当即决定让两名队员先走，并将注意事项及战术作了交代，以免贻误比赛。蔡振华和俞斌在机杨大厅坐了一天一夜，才等到机票。两人匆忙赶赴内罗毕。此时蔡振华的腰坐得已经直不起来了。

比赛现场，马文革感觉蔡振华对各国对手都很熟悉，技战术准备得很完善，因而自己发挥得很出色，拿了一个世界冠军。

马文革载誉归来使队内士气大长，中国队还有希望！体育训练局还贴了张大喜报，喜报上贴了马文革和蔡振华的大照片。

这一仗打下来，马文革对蔡指导很服气，后来他和吕林、肖战、张雷等十名队员都成了蔡指导的主管队员。哥儿几个憋足了劲，要大干苦练，争取在最短时间里把自己的技术实力提高上去。

不过蔡振华心里有数，他知道任重道远，因为即使主力队员排头兵，跟欧洲的强手比，也还不在一个档次上。

“罚”赢了个性强的肖战

蔡振华从欧洲归来，不经意间在队里刮起了一阵欧洲风。不少年轻队员喜欢他的时尚服装和他的发型，甚至连他戴的金项链都有人也照样买一条。总之，年轻而洋气的蔡指导的做派和装束让队员眼前一亮，哇，好酷啊！

不过，蔡指导的严格也让队员们对他有点怵。训练时他可从不跟你称兄道弟，两个胳膊一架，脸上难得见一丝笑容，像个黑老包，挺吓人的。你想偷懒耍滑？没门儿！

有一回，他布置队员肖战和小黄对练一组动作，两人不太认真，没有完成要求就结束这项练习。蔡振华看得一清二楚，便问小黄：“做够数没有？”小黄随即回答：“做够了。”

蔡振华说：“你再想想！”

小黄不敢看蔡振华的目光，心想这时改嘴不是承认自己撒谎了吗？一咬牙，就说：“做够数了！”

蔡振华接着就问肖战，肖战知道蔡振华最讨厌别人骗他，就承认没有做够数。

蔡振华生气地说：“你们第一次做了多少，第二次做了多少，加起来是多少，我都记着呢，根本不够数！”这一下子把肖战和小黄震呆了，莫非他后脑勺也长着眼？蔡振华对小黄作出处罚，罚跑圈儿：一万米！

从那以后肖战他们再也不敢在蔡指导面前说假话了，一个字儿都不敢说，几十年以来都不敢说。这次惩罚让他们至今记忆犹新，一辈子都不会忘！

别看蔡指导罚队员狠，但他是个挺重情义的人。黄胜生下儿子蔡宜达后，返回北京住。有时晚上有急事要办，就把蔡宜达“托”在蔡指导屋里。有次蔡指导要和队员谈心，就让肖战帮他照看一下。晚上肖战骑自行车带蔡宜达回家，一不小心车扶手把孩子手夹了。蔡宜达挺皮实没哭出来，可把肖战吓得够呛。到了蔡指导家，一路忐忑不安的肖战赶忙向蔡指导坦白蔡宜达被夹手的事儿。不料蔡指导一点也没生气，反安慰他说："没事儿，谁还能不犯错儿。"

还有一件事让肖战佩服得五体投地，自己十七岁打了三个全国第三名后，遇到了技术的瓶颈，很长时间解决不了。蔡振华接管他后，一针见血地指出："你力量不行，你不是天生左手，是后改的，再练也不行。你以后要把速度、旋转放前面，把力量放后面，不要企图靠力量来取胜。"肖战一听茅塞顿开，感觉有只手把他从牛角尖里拽出来了。蔡指导这一番话，解开了困扰他好几年的难题。

以后的几十年里，肖战始终对蔡振华毕恭毕敬。有一年蔡振华带队去台湾打比赛，当时在台湾的肖战闻讯开车飞速去一酒吧看恩师。两人见面聊了好几个小时，蔡振华一支接一支地抽烟，肖战却只喝酒。蔡振华突然醒悟："我说怎么这么别扭呢，你不是抽烟吗？你抽吧，抽吧！"

肖战忙笑着摆手："不敢，不敢！"随即两人会心地大笑起来。原来肖战当队员时因偷着抽烟被蔡振华狠罚过一回——三千元。当时是足以让他近似"破产"的高额。后来肖战退役时，蔡振华又叮嘱队里把他交上的罚款如数退还，但严师之威、之情却永存在肖战心里。他不愿让自己当年对恩师那份发自内心的敬仰和热爱随着时光流逝而变得平淡。

"自己的孩子打上怀"，这句民间俗语似乎很好地概括了铁腕教头蔡振华对许多队员严酷敲打后助他们成才，从而赢得了他们一生的追随与感激的人格魅力……

肖战后来担任过四川省乒乓球队总教练。蔡振华把他调到国家队当教练后，开始几年也不顺，没遇到也没培养出太尖端的人才。可肖战心里始终憋了一口气。天道酬勤，2011 年，他主管的张继科成为世乒赛、世界杯男子单打冠军，转年又在伦敦奥运会上摘取男单、男团两块金牌，成了中国男子大满贯第三人。

第41届世乒赛，男团成老七，全线失利

历史常常惊人地相似，历史也常常显示其铁面的残酷。

第41届世乒赛于1991年4月24日至5月6日在日本千叶举行。不论是国家队还是全国乒乓球界，都对这次比赛寄予厚望，希望中国男队能像第36届世乒赛那样打个漂亮翻身仗，夺回斯韦思林杯！

没想到事与愿违，中国男队根本没进入决赛，在八进四淘汰赛时就以2:3败给捷克斯洛伐克队，接着又以0:3输给朝韩联队，最后胜加拿大队排第七名！

这个名次使中国男队“辛辛苦苦四十年，一夜回到解放前”。中国乒乓球队第一次参加世乒赛是1953年3月举行的第20届世乒赛，男团获得的名次是第十名，参加的选手是姜永宁、王传耀、杨开运、冯国浩。1956年参加第23届世乒赛时，男团在姜永宁、王传耀、岑淮光、庄家富四员大将的奋斗下获得第六名。从此中国男队没有过比第六名更低的成绩！如果说中国男队第40届世乒赛是开始从珠峰滑落，那第41届就是退到半山腰了。

更令人痛心的是，单项仅有马文革获单打铜牌，王涛、吕林获双打银牌，王涛、刘伟获混双金牌。

女队虽然令人始料不及地在团体赛中也丢了考比伦杯获银牌，但单项发挥出色。单打中，十八岁的邓亚萍拿下了盖斯特杯，双打陈子荷、高军拿下了波普杯，刘伟与王涛合作拿下了兹・赫杜塞杜克杯。

这样的结果使在第40届世乒赛中遭到重创的男队雪上加霜，人们终于不得不放下幻想面对现实——如果还有人认为第40届失利是带有偶然性的话。

赛后曾任容国团、蔡振华教练的庄家富在他的文章《探讨几个问题——第41届世乒赛观后感》中，对男队失利原因提出了四点看法：

1. 队伍士气不高，信心不强，主力马文革缺乏一股斗志昂扬的气概，第一阶段与捷队相遇时，马文革就打得很不理想，输了两分，所以第二次与捷交战，心里很不踏实，表现在比赛中技术发挥起伏大，无形中给全队增添了紧张的气氛。

2. 兵种单一，出场比赛三名队员都是右手横板，使用反贴海绵球拍，又都是弧圈球打法，对手较熟悉，没有什么心理压力。

3. 正手拉冲弧圈球技术不过硬，基本功不扎实，表现在连续拉冲能力、对拉能力薄弱，反手球也不强，尤其一旦被对方抢先拉出弧圈球时，几乎没有防守能力。攻防的转换比较差，因此往往导致情绪焦急，怕对方拉，于是自己匆忙出击，结果失误颇多。战术变化也不够。

4. 双打配对是两个右手，相比一左一右走位相对困难，加之陈志斌与张雷合作，两人动作偏大，更要一方迅速让出足够位置另一方才能出手还击。他俩台内短球、中台对拉能力不强，在大范围走动中命中率受影响。

马文革这次团体赛中发挥失常的情况是事实，但笔者十九年后采访马文革时，已任天津队总教练的他才讲出其中隐情：在比赛前几个月有领导让他换了球拍上的胶皮。且不说换得对与不对，时间的选择显然不合适。后来马文革和他的主管教练蔡振华曾请示把胶皮换回来，未能获准。由于在团体赛中马文革连续输球，在单打中蔡振华就毅然做主偷偷把他带来备用的原胶皮给马文革换上了，这才有了马文革的铜牌。

不料有的队员不了解内情，见马文革团体赛中与单打中用的胶皮不一样，以为他出于私心，团体赛中不舍得用好胶皮，还跑到领导那里告了他一状。马文革有口难言，只能暗暗叫苦……

不过由这件事也可看出当年身为普通教练的蔡振华，已显示出他不唯上、不唯书，关键时刻敢于担当的性格特征。

第四章
受命于危难之时

许绍发“另眼”看待蔡振华

中国乒乓球队有个不成文的规定，不管是谁做主教练，如果连续四年未能夺冠保冠，不管是什么原因，就得引咎辞职。

第39届世乒赛中国乒乓球队夺得男团冠军，男队主教练许绍发手捧斯韦思林杯
齐大征摄

许绍发自然不想破这个潜规则，他早就在考虑让什么人接自己的班。

人们纷纷猜测许绍发或许会召回两年前退役的江嘉良来接班，因为江嘉良是他的爱徒，又是80年代立下汗马功劳誉满全球的世界冠军。

但许绍发在给徐寅生、李富荣的报告上写下了他经过深思熟虑的唯一人选——蔡振华。

这是许绍发有眼光的精准选择，也是他出于公心的选择。“千军易得，一将难求”，他觉得能率领男队走出低谷打翻身仗的合适人选非蔡振华莫属。

许绍发选蔡振华接班可说是“蓄谋已久”。当时在国家队待过的国球手和在国外打球或任教的大约有一百多人，许绍发为什么单单向蔡振华发出召回令？

一是他了解蔡振华，欣赏他打球就要当世界冠军的鸿鹄大志。

1977年蔡振华调到国家青年队时，许绍发就听说“小蔡有点狂”，怎么个狂法？他说他要当江苏省第一个世界冠军。许绍发听了心头暗喜：“不想当元帅的士兵就不是好士兵！”

1979年，第35届世乒赛中国男队遇挫后，全队上下憋着股劲儿要打翻身仗。总教练李富荣大胆起用新人，蔡振华成为打翻身仗的候选主力之一。

蔡振华那年二十岁，给大家的印象是生猛青年，敢说敢做敢犯规，遇见不平事就“拔刀相助”，因而很有人缘。他和上海来的施之皓、曹燕华，排球队的汪嘉伟等人是个“小团伙”，没事就凑在一块儿，谈天说地，当然也少不了将来如何争当冠军这类的畅想。有时聊着聊着就过了熄灯时间，被教练发现免不了批评一顿。他们有时偷偷抽烟玩，也是犯纪律的事儿。

曹燕华曾在她的自传《属虎的女人》中生动描述了这一“小团伙”一次惹祸的经过：

> 每到周末，就是和一帮江南哥们儿神聊，有汪嘉伟、沈富嶙、施之皓、史美琴，还有江苏的蔡振华、孙志安等一些当红球星。那回一帮人聚在正出国访问的游泳队上海籍运动员大刁房间里，人手一支烟，抽得满房间烟雾缭绕像着了火，抽完的烟蒂随手往打蜡地板上一扔顺脚踩灭，结束战斗后打扫战场把所有“作案罪证”都清理干净，免得被教练查铺发现蛛丝马迹。可这回运气不佳，没踩灭的烟蒂在洒了煤油的拖把里慢慢着了起来。快半夜了，有人从窗外经过，发现二楼有房间着火，赶紧报告大楼值班室。好不容易撬开门扑灭已烧黑一面墙的火，我们这个“团伙”也就东窗事发……

因而，蔡振华在领导和教练的印象里是“调皮捣蛋”的年轻人。但那时，蔡振华仍然深得李富荣的器重、许绍发的喜爱，因为他有一个最大的优点，就是打起球来特别认真，特别有激情。加之他的打法颇具“秘密武器”的威力，因而李富荣、许绍发并未因蔡振华有些小毛病而影响对他的使用。

有几件事给许绍发印象很深。

备战第 36 届世乒赛冬训开始前，蔡振华的腰肌劳损病忽然犯了，起床都费劲，穿鞋袜也弯不下腰。技术训练是不行了，医生建议练长跑：“越疼越要跑！”蔡振华二话没说就每天到龙潭湖公园绕着大湖、中湖、小湖跑一圈。

领队沈积长见教练没时间，就主动担起陪练任务。每天早上五点，天还不太亮，也没路灯，蔡振华就穿着灯芯绒棉大衣跑来了。沈积长骑车跟在后边，边骑边聊天。跑热了，蔡振华就脱下一件衣服放在沈积长的车筐里。一万米跑下来，起码两小时，内衣全部湿透了。

这样跑了一个月，果然有疗效。只有沈积长了解，这一个多月跑的过程中，蔡振华是靠怎样的意志坚持下来的。他每跑一步腰间就像针扎似的疼痛。但他想着这是在向第 36 届世乒赛的举办地诺维萨德前进，就来了劲头。就这样，冬训正式开始时，蔡振华果然能正式参加训练了。医生心里都暗暗吃惊。

第 36 届世乒赛担当团体赛主力的三人谢赛克、蔡振华、施之皓都是第一次参加世界大赛。许绍发深知大赛对运动员的技术、心理、体能都是极严酷的考验，面对黑压压的观众，想到自己成败的责任，任何人都会紧张。关键是如何战胜这紧张，全神贯注到预定的技战术中去。

许绍发主管的谢赛克是这次团体赛的第一主力。当许绍发通知小谢，教练组决定要他打团体决赛时，小谢却说：“我行吗？要不别让我上了。”许绍发说：“既然决定你上，就是相信你的能力，你如果这个时候打退堂鼓，可能一辈子都会后悔。”小谢又问：“那我输了怎么办？”许绍发火了：“输了算我的！”小谢这才鼓足勇气准备一搏。

决赛对手是第 35 届从中国队手中夺走斯韦思林杯的匈牙利队。蔡振华被排在 2 号位置。他本来是令教练放心的大胆儿，但第一盘上场的施之皓输了，大家心里陡然间紧张起来。小蔡他有没有这个思想准备？他敢放手一搏吗？他的对手可是匈牙利队的头号主力克兰帕尔，而小蔡毕竟是名不见经传的新手啊！许绍发看见小蔡上场后双手不由自主地微微发颤。该他发球了，蔡振华把球握在手里，长吸一口气，把球发了出去。糟糕，球没发过网！真不顺，尚未和对手交锋就丢了1分。蔡振华看了对手一眼，发现克兰帕尔表情也很紧张，脸上肌肉有点僵。哈，蔡振华反而不紧张了，那神情分明是说：不光我怕他，他也怕我，而且他更怕我！赛前他们的教练不是一直在打听我的情况吗？

结果蔡振华打败了克兰帕尔，而且比分大幅领先，这下爆了个大冷门。李富荣、许绍发掩饰着心中的喜悦，恨不能上场去拥抱这匹黑马！——那个年代的人都比较含蓄，还不善表露内心的情感。

接着在第六盘比赛中，蔡振华又赢了盖尔盖伊，一人拿到二分！加上谢赛克打得异常精彩，独得三分，中国队5:2战胜了匈牙利，夺回了斯韦思林杯。

在单打比赛中，蔡振华更是显出其非凡的勇气。在半决赛时他遇到了曾在团体赛预赛中赢过他的前世界冠军瑞典老将本格森。这场球的关键在于：如果战胜本格森，那决赛将在两名中国运动员中间进行；如果输给本格森，那男子单打冠军就有50%的可能是外国人的了。

尽管单打开始前，庄家富已和他一起观看了预赛中与本格森比赛的录像，分析了失败的原因，制定了新的作战方案，作了充分准备，但是真到了赛场上，还是会有许多未知因素可能影响到选手的发挥。这不，虽然前两局蔡振华信心十足，先发制人压住对手连胜两局，但本格森毕竟是久经沙场的老将，他随即变换了战术。这一来蔡振华有点发毛，加上求胜心切，又犯了急躁的毛病，结果连丢两局，大比分拉成2:2平。第五局开局本格森又10:4领先。

当时，在挡板外观战的李富荣、许绍发、庄家富都有些担心。在这种危急情况下，新手很容易丧失信心，或乱了阵脚，输起来就会落花流水。但蔡振华此时却冷静下来，大胆使用绝招，又挡又拉猛抢猛冲，一口气夺下六分，追成了10平。这一来轮到本格森跑神了，他用惊奇的目光望了这位神奇的青年一眼，接着进行最后搏杀，不想最终被蔡振华以21:16淘汰出局。最后蔡振华与郭跃华会师决赛场。

第一次参加世乒赛的蔡振华随后又和李振恃通力合作获得了男双冠军。

这次比赛给许绍发印象颇深：小蔡天生是当尖子运动员的材料，他的意志品质和心理素质都是超一流的，他前途无量！

许绍发特别欣赏蔡振华的品格和胸襟。调皮捣蛋的蔡振华在被许绍发“别有用心”地任命为队长后变化很大，不仅关心集体了，而且也严于律己，显示出他有当头儿的潜质。

但这时，一个巨大的打击落在这位连续两届获男团冠军的主力身上：在第37届世锦赛后，国际乒联公布的新规则几乎是针对蔡振华的球拍和打法量身定做的：球拍的两面必须是不同颜色，用倒板来迷惑对手的战术完全失效。这样，蔡振华的运动生命基本上就被窒息了。排名世界第一的蔡振华在队内的位置一落千丈，从团体和单打的名单上消失了。第38届世乒赛，只报了他和江嘉良参加男双比赛、他和曹燕华参加混双比赛。

这样的失落放在一般年轻人身上是很难理智对待的。但许绍发却看到，蔡振华能放下冠军的架子，帮代表团和主力队员干些杂活儿，并当上了陪练。在飞机上，他亲眼看见蔡振华给熟睡的新科世界冠军江嘉良盖衣服。他联想到许多事：蔡振华第36届世乒赛一炮走红后，曾写信给他所在的江苏体工队支部领导李宗汉汇报思想，要求他们“千万别把我当成世界冠军看”，“继续像从前那样严格要求我”。在回家的火车上，他主动把下铺让给一位老人却不露姓名，有人认出了他，老人的儿女给报社写信，此事才曝光……

许绍发从自己投身乒乓事业十几年的经历中领略到，如果说好的道德修养和磊落正派的胸襟对一名运动员来说很重要的话，那么这对一位教练员来说就更加重要。因为一名运动员影响的可能只是个人及其周围几个人，而一名教练员影响的则是几十个人甚至几代人！

也许在许绍发心中，早已有了把担子交给像蔡振华这样有很大潜力的年轻教练的想法，所以在他即将辞职时，向徐寅生、李富荣力荐他相中的这匹黑马——蔡振华。

英雄所见略同，许绍发的推荐得到了徐寅生、李富荣的支持与采纳。李富荣找到蔡振华，对他说：“大郗辞职了，男队你接不接？”

此时，没有人比李富荣更深知目前男队主教练的分量和压力了。这个岗位本来压力就大，而现在的压力增加了几倍；这个岗位本来就有风险，而现在风险更大。他们选中了蔡振华，但此时此刻，蔡振华是否有勇气和魄力来挑这副担子呢？

蔡振华没有让他的前辈失望，他痛快地答应了。就像当年他痛快地答应许绍发立即回国当教练一样。

有人闻讯说，蔡振华胆子就是大！

而蔡振华想的是容国团的名言："人生能有几回搏？此时不搏，更待何时！"就像当年第 36 届打翻身仗前，庄家富奉命去找蔡振华摸底："如果第 36 届打决赛你上，你敢不敢打？"蔡振华说："庄指导，不是我敢不敢打的问题，而是你们教练敢不敢让我们年轻队员上的问题。"

好一个蔡振华，是个铁骨铮铮的爷们儿！尽管经历了不少坎坷，然而不改的是英雄本色！

搭班子恩师杨光炎有"私心杂念"

一个篱笆三个桩，一个好汉三个帮，蔡振华开始搭班子。他首先想到的是恩师杨光炎。他认为杨指导是一位很有创新精神而又多谋善断的人，如果当年不是有幸遇到他，自己就不会有今天的成绩。

的确，1973 年 3 月蔡振华被选进江苏省体工大队乒乓球班时，只有十二岁。当时他年龄最小，在杭州全国分区赛时，国家队领队张钧汉看了他打球，很欣赏他饱满的激情和顽强的意志。他是左手横板削球手，有时削不住弧圈球，打飞了，可他不气馁，仍斗志饱满。张钧汉对江苏队教练说："这孩子不错，回去好好抓抓他！"

小蔡刚进队时教练是凌群立。凌群立曾代表江苏省参加全国锦标赛，是江苏省第一批乒乓球选手，1960 年参加过第 26 届前一百零八将全国集训，因腿部感染没及时治疗留下毛病而挂拍，留在省队当教练。凌教练看出小蔡是兴奋型的，特别适合当运动员，就很关注他，常给他吃小灶。

不料想蔡振华很快在省队出了名：他太淘气了，胆子特别大，没有不敢干的事儿。他一会儿把停在体育场上的大卡车给开走了；一会儿又骑上自行车，载着四五个小队友像杂技演员耍车技一样在操场上飞奔，一摔就是叠罗汉一串儿。还有一回，他竟然和田径队教练员摔跤，结果被人家摔出好远，趴在那儿老半天起不来。更有甚者，有一天他竟让乔晓卫给他把风，自己把停在五台山体育场内的一架报废的飞行教练机给鼓捣得发动起来了……

不过，除了这些让教练伤脑筋的事儿，蔡振华也有很突出的优点，最让教练喜欢的就是他那强烈的事业心。只要他一站在球台前，就会全神贯注、一丝不苟地投入训练。每天他都练得比别人多，而且质量高。冬天的南京很冷，又没暖气空调，小蔡赤膊上阵，穿着短裤竟能打出一身汗。正因为如此，他的技术水平提高很快。

1975 年全运会后，蔡振华和队友华一忠到农村一个剧场的舞台上打表演。为了吸引观众，他俩玩儿了点花样，一会儿边打边退，一会儿跳下舞台，把球挑上去。当时蔡振华全神贯注，边打边退时，一不小心从台边踩空掉了下去。幸好他反应快，用手撑在地上没造成重伤，但撑地的左手骨折。大夫给他检查时，他第一句话就问："大夫，我还能不能打球？"

入队半年，男队主教练杨光炎就主管了蔡振华。他让蔡振华和那些比他大五六岁的大队员一起训练，并为他制订了细致、完整的训练计划，使他在体能、技术、心理诸方面快速提高。1975 年，入队不满两年的蔡振华参加第三届全运

九岁开始打乒乓球的蔡振华，十七岁时成了一名国手　　《乒乓世界》提供

会时，已达到全国的中游水平。这年年底蔡振华感觉打削球好似有劲使不出来，因为自己性格急，所以他向教练提出要改打法，要当攻球手。

其实，此时教练组也正在研究蔡振华要不要改打法的问题。教练们感到：继续让蔡振华打削球，可能还会有提高，但不会有很大爆发力；如果改打法，虽存在一定风险，但改好会有一个崭新的蔡振华。杨光炎在这关键时刻显示了他非凡的智慧与勇气，毅然拍板：改打法！

如何改？这又是个严峻挑战。

在蔡振华成为世界冠军后，杨光炎曾在《乒乓世界》上发表过一篇文章《训练蔡振华的一些体会》。在这篇文章中，他详细地叙述了对于当时蔡振华改打法的一些深层思考与创新做法。

实践证明，杨光炎这些思考很好地指导了蔡振华的训练实践，仅仅是短短三个月的集训，蔡振华便结束了与国家队队员比赛必败的历史。在1976年6月的一次全国性的比赛中，蔡振华与国家队队员相遇十一人次，取得了九胜二负的好成绩，技术水平有了明显的飞跃。

更令人欣喜的是，在1979年第4届全运会乒乓球预赛中，蔡振华淘汰男单世界冠军李振恃，并与杨川宁合作获男双第4名，与乔晓卫搭档获混双亚军，创造了江苏省前所未有的好成绩。而在1979年6月，即中国男队惨败第35届世乒赛后一个月，蔡振华在南京击败了第35届世乒赛男子单打新科状元小野诚治和另两名日本选手，在团体赛中独得三分，大爆冷门。

也就是在这次比赛中，蔡振华被庄家富看中。庄家富找到杨光炎说："我想选蔡振华随二队出征欧洲，试试他这种打法。"杨光炎自然大力支持。

结果蔡振华在斯堪的纳维亚乒乓球锦标赛和法国乒乓球锦标赛中出场20次，胜19场。这期间他三战世界单打冠军瑞典老将本格森，成绩是两胜一负，而第35届团体赛冠军匈牙利名将克兰帕尔、盖尔盖伊均败在他手下。欧洲乒坛惊呼："中国启用了秘密武器！"

这样一来，蔡振华立刻被调到国家青年队，一年后又调到国家队，成为第36届世乒赛打翻身仗的主力与功臣，他自己也实现了"要当江苏省第一个世界冠军”的夙愿。

后来几年里，江苏乒乓球队先后向国家队输送了八名队员，杨光炎功不可没。

无论是经验还是水平，杨指导无疑都是最出色的人选，因此蔡振华立即打电话给杨光炎，请恩师出山。

杨光炎没答应也没拒绝。过了一天，连黄胜都着急了，她给杨指导打了个长途，恳请他来京帮助一下弟子：“他太年轻了，担这么重的担子没有经验啊……”

杨光炎来到了北京，和自己得意门生畅谈了两天两夜。

两天后杨光炎碰到李富荣，李富荣笑问：“来不来?”

“不来！第一，我来了后会束缚年轻人，什么事都问我，他还搞什么？让他去闯一闯！第二，我有私心杂念，蔡振华和惠钧都是江苏的，我再来，搞好了没话讲，搞不好就是你们江苏如何如何……”

李富荣听了会心一笑：“我想的也是这样。”

杨光炎、蔡振华两天两夜都谈了些什么？杨光炎当然是把自己的思考和盘托出。

关于搭一个什么样的班子，蔡振华讲了自己的难处：人选自然是越强越好，自己想找的两名外省教练，都是世界冠军，技术水平没问题，可打过电话后，人家都婉言谢绝了。为什么？一位是单位要分房子，如果一走房子就泡汤了。蔡振华也深知无房之困苦，就不好勉为其难了。另一位要出国，国家队的待遇和出国打球或教球的待遇相差十万八千里，有办法有名气的人被外国球队邀请，机会难得，人家也不愿舍弃。毕竟已不是五六十年代，几句政治口号就可以让队员、教练员一不怕苦二不怕死三不讲报酬去为理想拼搏。

杨光炎认为，在体制保证下，一个好的班子是关键。一个班子头儿，一定要是能与时俱进并能拢住人心的，下面的班子一定要团结，如果一个班子里一把手与二把手水平差不多，两个人老在那儿斗，肯定搞不好。宁肯一把手与二把手差距大一些，下面的都围着一把手转。

“对，业务上我拿主意，拿不好是我的责任。决定的事大家要同心同德去干!”

杨光炎说："一个项目的风气、氛围要正，有些项目他们就会搞关系，拉裁判，你挖空心思整天想那个，还能搞上去？乒乓球队风气比很多队要正得多。乒乓界为了拿冠军，敢于冒风险，敢于承担责任，江嘉良时代许绍发把上海的丁松送回去，是一个突出例子。汉城奥运会不让何智丽上，张燮林不是顶住了吗？上海市委都出来说话了，张燮林是上海人，多大压力？但他是出于公心，想的是谁去打更有利。关键是前面的人做出样子，没有乱七八糟的事，大家凭本事。"

杨光炎还提醒弟子要重视掌握乒乓球的规律：

"足球老跟着别人学，乒乓球是老让人家跟着我们学。关键还是教练这个领头人，能不能抓住一瞬间出来的东西。比如说倒板的技术，不是中国人发明的，欧洲运动员在打球过程中也倒板玩，但没有发展成一种新的技战术。我们从中得到启示，然后加以研究。关于高抛发球，肯定是练半个小时发球，哪个小孩忽然来一个高抛，一看这个球特别转，才引起注意。如果教练上去骂这个运动员，你发球不好好发，乱抛，也许这个新生事物就被扼杀了。我们国家科研人员大部分不是运动员出身，教练员文化水平则差一些，所以两者要结合起来。你蔡振华的防弧圈打法，现在看来独树一帜，当时如果我迟钝一点，也许就没有这种打法了。能抓闪光的东西，有敏感性，这也能反映出教练员的事业心和钻研精神。可以先有理论，然后指导实践，也可以从实践总结出理论，再来指导实践。"

杨光炎对蔡振华说："你去闯，我在下面，与各省关系都不错，我发动各省市教练来支持你。关键是班子的素质要高，如果光是业务好，其他素质有问题，就麻烦了。"

最后杨光炎向蔡振华推荐了一个人选——四川二队的教练吴敬平。

舍好友留才子遭反弹

以往主教练搭班子，一般都是"一朝天子一朝臣"。对前任教练一般都安排出国打球或当教练，这样新头儿可以放手干，出去的人会有丰厚的经济收入，也算双赢。

但这次搭班子，蔡振华经过深思熟虑，作出了一个令圈内人吃惊的决定：割舍惠钧留下李晓东。

蔡振华国队在参观七届二中全会会址，左起依次为惠钧、尹霄、蔡振华、黄飚、李晓东
齐大征摄

为什么说是割舍惠钧？因为惠钧是蔡振华的江苏老乡，他是第5届全国运动会的单打冠军、第39届世乒赛的混双冠军。他和蔡振华都曾是杨光炎的学生，因而关于家乡、关于江苏队、关于乒乓球都有许多共同语言。加之惠钧是个性格内向的人，与蔡振华的外向性格形成对比与互补，因而在第40届世乒赛后郗恩庭当主教练期间，他俩几乎形影不离无话不谈，除了训练时间外，还常一起打网球。这样的哥们儿，其中一个人荣升有了搭班子的权利，另一个人水平不低留在班子里也是顺理成章的事情，举贤不避亲嘛！

但蔡振华没有留惠钧。为什么？因为他考虑到乱世用重典，治理男队必须用铁腕，而惠钧为人温文尔雅，可能会失之柔弱，但女队要他，他到那里可以发展起来，所以蔡振华决定割爱。

至于继续聘用李晓东，更使不少人大跌眼镜。因为在郗恩庭执政时期，曾有李晓东和蔡振华两人不和的传闻。其实蔡振华那时待人处世还是很单纯的。他回国后任助理教练。当他听说郗恩庭任主教练时很高兴，因为第 36 届打翻身仗时郗恩庭也在队内当教练，只不过没有分管过蔡振华罢了。然而这并不影响蔡振华对他的尊敬。

蔡振华在江苏队打球时，就听说过郗恩庭的大名和他的传奇故事。郗恩庭有三件宝，发球、推挡、弧圈好。除此他还听教练讲过郗恩庭改拍的故事。

1972 年初，中国队访欧战绩不佳，已经二十六岁的郗恩庭苦于自己的成绩平淡，有点打不起精神来。总教练徐寅生走过来坐在对面和他聊天，又一次建议他弃正胶改打反胶，这样可以提高一下旋转，弥补一下技术上的短板。这个话题以前徐寅生就跟他谈过，但郗恩庭当时有顾虑，考虑自己已二十五六岁了，拍子一改，一些主要的基本动作都得改，步法、站位也要变，甚至风格、战术都要重新组织，改好了能柳暗花明，改不好就会一败涂地，所以下不了决心。经过访欧，郗恩庭看到自己的打法对付欧洲选手实在是没有什么威胁，洲际比赛都赢不了，何谈夺世界冠军？所以这回就松了口：“我试试吧！”

徐寅生说：“光试不行，要改到底！”

“改就改！”

“空口无凭，你写血书！”徐寅生怕郗恩庭反悔，又逼一步。

不料郗恩庭真有些犹豫了，徐寅生一见挥了下手：“算了算了，你这个人做事总是犹豫不决！”

这下郗恩庭来了血性：“写就写，改到底！”

徐寅生听了心中暗喜。他非常重视郗恩庭的这个承诺。如果他改反胶成功，将验证自己提出的在“快、准、狠、变”传统风格后边加一个“转”字的可行性，从而为中国近台快攻的主流打法拓宽道路。

郗恩庭不负使命，改拍不到一年，在第 32 届世乒赛上先是一路过关斩将杀入前八名。当时八名选手中只有一名中国人，其余全是欧洲人。以往都是几个中国选手同时进入前八，可以互相铺路形成合力围剿老外，可这回郗恩庭必须凭孤胆独技去和欧洲群雄拼杀。

在这关键时刻，郗恩庭显示了中国男儿的虎胆雄心，凭他洒下无数汗水练就的反胶绝技一路拼杀下去，终于站到了高高的冠军领奖台上，捧起了阔别中国八年之久的圣伯莱德杯！

郗恩庭一战成名！从此这段传奇就留在了中国乒乓史册和无数后来人的心上。蔡振华听了非常来劲！

郗恩庭1975年挂拍后，曾到国外教球，1977年到1981年曾出任国家青年队教练，后当男队教练时发现了陈龙灿，主管过江嘉良、谢赛克。

1985年3月第38届世乒赛开幕前，大会赞助单位——瑞典邮政总局发行了一套两枚的纪念邮票。其中一枚是瑞典天才选手瓦尔德内尔，另一枚是蔡振华——当时排名世界第一的种子选手。

第32届世乒赛男单比赛中，郗恩庭战胜瑞典名将约翰森，夺得男单冠军，为中国队保住了男队唯一一块金牌　　齐大征摄

瑞典一共只发过十几套体育邮票，蔡振华是第一位“破格”入选的外国运动员，瑞典邮政总局邀请蔡振华与郗恩庭赛前来首都斯德哥尔摩参加为邮票发行举办的一系列活动。

整个活动举办了五天，丰富多彩。郗恩庭与蔡振华从北京登机开始，几乎是二十四小时同行同吃同住同活动。他们受到瑞典邮政总局等机构的热情接待。

这次活动期间郗、蔡二人朝夕相处。一个燕赵之风，敦厚幽默；一个豪爽义气，粗中有细。二人结下了深厚的友谊。

在这种感情基础上，涉世不深的蔡振华出于对郗恩庭的支持，常常不分场合、不讲方式地提出一些意见，比如不应随便改变训练计划啦，应普遍使用快干胶水，人家欧洲早已普及啦，什么技术上要创新，不能拖拖拉拉啦……一次两次郗恩庭不会介意，时间长了也难免有几分不悦，这也是人之常情。就连伟人也不愿意天天听批评意见。这样一来，好事者就把班子分成两伙：郗恩庭和李晓东，蔡振华和惠钧。

其实蔡振华在内心深处始终认为这只是工作上的分歧，并非人事纠葛。他欣赏李晓东刻苦钻研业务的劲头儿，还看重李晓东笔头子硬，写作能力强。新班子需要这样一个秀才，所以名单上留了李晓东。

此外，蔡振华邀请上海队总教练陆元盛和青年队主教练尹霄加盟。前者是赫赫有名的削球手，世界冠军；后者虽没拿过世界冠军，但有创新魄力，有能力，也是爱球如命。加上杨光炎推荐的吴敬平，五人的班子总算搭好啦！

那天，训练局局长李富荣亲自来队里宣布新班子名单：“男队，主教练蔡振华，教练陆元盛、李晓东……”

“我要求调到女队！”李晓东打断了局长的讲话。全队的人从领队到小队员全都怔住了……

李富荣不满地看了李晓东一眼，随即用手示意他先等会开完，有意见会下说，不料李晓东还是说：“我要求调女队，男队没法干！”

矛头所指很清楚，不少人偷偷看了蔡振华一眼，照他的脾气还不得蹦起来？不料蔡振华脸色红红的，但神情却相当平静。

李富荣局长火了，大声对李晓东说："现在轮不到你说话！"说完接着念名单，"尹霄、吴敬平……"

这回轮到队员面面相觑了：陆元盛是世界冠军，上海队总教练，大家早知道；李晓东更熟悉，原是北京队教练，后到国家青年队当主教练，又在一队当了两年教练；尹霄是青年队主教练，也是抬头不见低头见，脸早就熟了。吴敬平是谁啊？

李富荣接着说："陆指导老母亲中风了，正在抢救中，陆指导暂时脱不开身，老母亲病好些，他就来报到……"

可是直到蔡振华在全国教练员工作会议上发表就职演说，大家也没见到陆元盛的影子，而吴敬平呢，仍以四川队教练身份出席工作会议。

就职演说吹响翻身仗序曲

各位前辈、各位教练员：

男队目前的状况大家都非常清楚，在这样一种困难的情况下，由我这样一个从资历到能力和经验等多方面来说都是小字辈的教练员来担任主教练，难度是显而易见的。开始我也曾再三犹豫，最后还是下了决心或说是狠心，挑起这副很沉的担子。

刚刚接到工作，的确有些千头万绪。但我想不外乎就是两条：队伍的思想建设和队伍的技术发展方向。根据男队目前的状况，我想提出二十四个字：正视现实，恢复信心，坚定信念，严格管理，勇于创新，重振雄风。一句话，拼死命打翻身仗。这二十四个字里也包含着思想上和技术上两方面的内涵。我先来谈谈队伍的思想建设。

中国男队目前思想状况方面的现实是，全队信心不足，士气较低。训练和比赛中，总显得经不起风浪，遇到点困难就怀疑自己，还没上场就先胆怯了几分，稍加些量也会叫苦连天。所以，我首先要做的就是恢复全队的信心。

恢复信心的一个重要手段就是了解我们自己的成长史，学习我队的老传统。荣高棠同志曾经说过，乒乓球是中国体育走向世界的开路先锋，中国人不能忘。我们这个队毕竟有着到现在还没有人可以重复的赫赫战绩，毕竟有着几十年探索形成的独特风格，毕竟有着几代人艰苦努力积累的经验。这些既是财富又是教材。

我们让队员了解自己队伍光荣而艰辛的过去，并不是让他们机械地记住某次大赛的场景，主要是让他们温故而知新，从中悟到这支队伍三十年长盛不衰的真谛，让他们知道，要想成为世界冠军就必须经历这样的过程，要想重新夺回世界冠军就必须付出加倍的努力。我们要把这些传统渗透到平时训练和生活中去，加以细心培养……

一谈到爱国心和责任感，总有人认为这个年代再谈这些有些过时。我看永远不会过时。我们每一个国家队的成员，都应该感到自己肩负着祖国的期望和人民的重托，应该让它成为一种压力，鞭策自己，决不能当包袱甩掉。记得1988年奥运会之后，我看过这样一个报道，美国代表团回国后，里根要接见全体成员。按说美国人对政府、总统之类的权势看得很淡，但是许多明星却放弃了奖金赛，齐刷刷来到白宫草坪。当记者问游泳名将埃文斯为什么这么重视总统接见时，他回答说："这不是里根的事，而是美国的事。"里根来到队员们面前指着他们说："你们就是美国！"这个报道使我很感动，美国人能如此挚爱他们的祖国，我们为什么要淡化为国争光的观念呢？我们要花些力气使队员对祖国荣誉有进一步的认识，当然灌输这个思想不能用简单的填鸭式，必须晓之以理，动之以情。

我们的队员从入队那天起，靠的是国家培养，这一切对一个还不很发达的国家来说已经相当不容易了。国家为我们付出这么大的代价，我们理所应当地要为祖国去拼搏。人总是需要点精神的。我们这个队以往就是凭借着这种精神才经受住了常人难以忍受的艰辛，换得了常人难以取得的战果。这种信心、信念的恢复和获得必须靠严格管理来实现。

谈到严格管理，许多老领队、老教练前些年就提出现在的队伍比过去难带了。我当队员的时候就开始感觉到了这点，当了教练员之后又有了切身的感受，现在要做主教练，愈发感到这是一道必须攻克的难题。八九十年代的队员，出去的多，见的世面多，接受新思想、新观念多。如不加分析，不结合自己的实际，一律实行拿来主义，便有些不伦不类。这方面我也是有教训的。靠单纯的严格，强迫他们丢掉什么，再去接受什么，很难使他们心悦诚服。我们需要帮助他们开拓思想，真正打开视野，使他们了解世界，了解社会，了解人生，了解自己。

现在的队员不仅经不起练，而且一些必要的制度，他们也觉得是受束缚，出个早操也觉得一天都会睁不开眼。人家瑞典队在世界比赛期间还照样早上七点出操。由此看来，毛泽东同志的那句话千真万确："没有铁的纪律的军队是不能打胜仗的。"现在我们的队伍中那种懒散、怕吃苦的倾向必须彻底根除。队伍的顽强斗志和拼搏精神所产生的作用难以估量，必须下大力气改变队风，先从信心上、士气上弥补我们技术上的不足。

第41届世乒赛已经落下帷幕，世界乒坛格局再次发生变化。最显著的特点是，欧亚诸强向中国全面挑战、与中国抗衡的时代已经过去。瑞典队在第40届、第41届世乒赛上蝉联男团、男单冠军，确立了他们在世界乒坛的领先地位。欧洲的南斯拉夫、比利时、德国、法国、捷克斯洛伐克、苏联等队正以惊人的速度崛起，世界乒坛的优势正在转向欧洲。

我男队自第40届世乒赛全面失利后，虽然采取了一些措施，但仍未摆脱困境。技术打法创新的路已被大家接受，可终因目标太远、周期过长而受到眼前利益的制约。传统直拍正胶打法的选手在第41届世乒赛中纷纷被淘汰，再次证明这种打法存在其致命的弱点。担任主力的三名横拍弧圈结合快攻打法的选手，由于缺乏鲜明的特长，显得力不从心。后备力量已经出现了几个年龄的断层。

蔡振华与陆元盛　　齐大征摄

尽管如此，我仍然认为，我们的技战术打法虽然没有明显改观，但就目前来说，还不至于落到被人打得一败涂地的程度。第41届世乒赛男团第七，并不是我们技术实力的完全体现。我们目前还是拥有世界一流水平的选手的。我国乒乓球运动有着雄厚的基础，有几十年的正反面经验，有实力雄厚的教练员队伍和科研人员，只要大家同心同德、勇于创新、拼命工作，经过四至六年的奋斗，是完全可以打翻身仗的。

以上是我在匆匆接受任命之后，在短时间里想到的一些问题，考虑不周之处，请各位前辈、各位教练员毫不客气地给指出来。

最近由我、陆元盛、李晓东、尹霄、吴敬平等人组成的男队教练员班子是历届国家队中最年轻的，我这个主教练还不到三十岁。尽管我们缺乏经验，能力有限，但是我们精力旺盛，劲头也很足。我们决心团结一心，发愤图强。既然我们是受命于危难之时，既然这副担子已经历史性地落在了我们这代人身上，那么，我们决不能让几代人创下的事业眼睁睁地败在我们手里。对于困难我们是充分估计到了，甚至作了最坏的打算，但我们更多的是用困难鼓起自己的勇气和信心，用困难刺激拼命精神。我们不相信，失败的下一站还是失败！

两年前，当人们纷纷向外挤的时候，我毫不犹豫地回来了，现在仍然不后悔。既然我从小就选择了乒乓球这项事业，我就要在这条路上坚定不移地走下去。也许我们这一届教练员班子和队员要经历中国乒乓球运动漫长道路中最泥泞的一段，但我们会不顾一切地走出这段泥泞，冲向光明。也许历史会无情地把我们留在这段光明前的黑暗中，但我们仍感到欣慰和自豪。只要我们走出泥泞，就会使后来者迎接光明。我心甘情愿地做这段泥泞路上的铺路石。

以上是蔡振华在1991年6月21日召开的全国乒乓球教练员会议上的发言摘要。他讲完后获得与会者长时间热烈的掌声。这次讲话后来被业内人士称为蔡振华的就职演说，发表时加了个题目——“走出泥泞，冲向光明”，形象地概括了蔡振华讲话中的浩然正气与必胜信心。

从此，中国以至世界乒坛都在关注这位年轻的主教练，看他如何把他的宣言变成行动，再变成美好的现实。

第二部

夺杯：拼死也要打翻身仗

双雄绝配　　齐大征摄

第五章
乱世重典，响鼓重锤

面对“精神综合征”

蔡振华上任后大刀阔斧，分秒必争。他感觉要解决的问题太多，而时间决不因此而变长。半年后有世界杯，一年后有第25届巴塞罗那奥运会，两年后有第42届世乒赛，这三大战役像三座碉堡，等待中国男队去攻打，就像三座大山横在前面，等待男队去翻越，压力何其大也！

理过千头万绪，蔡振华和教练组决定从队风抓起。而摆在他们面前的这个队伍，可以用三个字来概括：散、懒、虚。

一是散。心散神散目标散，想出国、想赚钱，就是不想打世界冠军。

二是懒。训练怕吃苦，加量就叫苦，不仅身体懒，思想上更懒。

三是虚。胸中无志气，打球没杀气，比赛没霸气。

反映出来的现象是：能打世界冠军的队员惦记着出国去打球或教球，好使自己快点脱贫。其他队员也胸无大志，不相信能很快打翻身仗，感叹自己生不逢时，为什么无缘生在60年代中国乒乓球鼎盛时期。那时外国人见了穿红运动衫的中国健儿都紧张，现在反过来了，是中国队员见了欧洲选手紧张。

为了研究下一步技术上的创新之路，教练组把40年代以来所有的录像资料观看了一遍，寻找六七十年代实用性很强的技术，然后商讨如何在此基础上吸收新技术，制订多套方案，再逐条落实到训练中。

令蔡振华吃惊的是，在看技术资料时，队员们不时地对欧洲选手发出阵阵

“哇——”“哇——”的惊叫赞叹声，就连王涛、马文革这样的主力队员也一个劲儿地自叹不如，仿佛这辈子只能望其项背而无力超越了。蔡振华气得站起来说：“瓦尔德内尔这种高水平的球他自己一辈子也打不出几个！你们再看看马文革的比赛，也有这么高级的球！”

难怪蔡振华对队员说“你们的目标是世界冠军！斯韦思林杯！”时，他看到队员的情绪不是摩拳擦掌，跃跃欲试，而是目光茫然，无动于衷！

没有了大目标，训练时哪里还会全力以赴？没有扎实、科学的训练，又怎么能打翻身仗?!

有一次，蔡振华很偶然地发现了队员的“热点”——打麻将！队里好多队员在晚上熄灯后聚在一起打，其中包括主力队员。

还有吸烟，也在暗流涌动。吸烟不仅仅是污染空气，使别人被动吸烟的问题，更重要的是影响吸烟人的肺活量。

以上种种，蔡振华称其为“精神综合征”。

病来如山倒，病去如抽丝。

教练班子首先打出二十四字方针大旗：正视现实，恢复信心，坚定信念，严格管理，勇于创新，重振雄风。

继而提出要求：允许你在国际比赛上输球，但不允许你在赛场上输作风。

整顿队风从小事做起：禁烟，抓住罚款；禁打麻将，抓住罚款；生活必须规律化。

引进竞争机制：不定期举行内部循环赛，二队成绩好的进一队，一队成绩落后的退二队，一二队待遇有差别，引导队员心往球上想，劲往球上使，树立大目标，主动挖潜力……

队内风气很快有了转变。但蔡振华并不满意，他想的是重症要用猛药，乱世要用重典，响鼓要用重锤……

于是，乒乓球队接二连三出了些让大家瞠目结舌的事件……

刘国梁、孔令辉调一队遇下马威

（1）

蔡振华上任第一天，就宣布把二队的孔令辉、刘国梁、冯喆、王飞等五名队员调到一队，引起大家的关注与遐想。

孔令辉在正定国家乒乓球训练基地进行体能训练　　齐大征摄

孔令辉生于1975年10月18日，刘国梁生于1976年1月10日，两人年龄只差两个多月，要在学校还刚摘红领巾呢！可在乒乓界关于他们俩的故事已有很多了。

先说孔令辉。他的父亲孔祥智是黑龙江省乒乓球教练，母亲谷淑霞也特别喜欢乒乓球。她怀孕时胎教就是跟丈夫到省乒乓球队，天天看训练与比赛。夫妻俩都希望孩子出生后能喜欢乒乓球，成为一名为国争光的健儿。不料小辉出生时，由于胎位不正，又呛了羊水，一落地母子俩就奄奄一息。经医生抢救妈妈总算脱险了，但小辉却被医生宣布危在旦夕。姥姥和姑姑抹着泪儿进产房与小辉诀别后，命大的小辉却被一老教授抢救了过来。亲人们虚惊一场，全都欢喜不已，姥姥一个劲儿念叨："大难不死，必有后福，必有后福！"

刘国梁在正定国家乒乓球训练基地进行体能训练　　齐大征摄

小辉父母是那种很理智的长辈，虽疼爱儿子但却不溺爱。他们从小辉一岁开始就培养他生活自理能力，四岁时就把他送进全省唯一有幼儿乒乓球训练班的省第一幼儿园学球。这幼儿园有点像今天的贵族学校，每月的托儿费是小辉父母工资总额的56%！但父母为了小辉的未来，宁可自己省吃俭用也不耽误儿子的启蒙教育。

幼儿园老师发现小辉颇有打乒乓球的天赋，他学乒乓球竟然能"跳级"——一开始就能连续击球，而一般孩子在此之前要花许多时间学习握拍等基础动作。

更令父母惊喜的是，小辉的心理素质优于同年龄段的伙伴。他虽不喜欢多说话，但有自己的小主意。六岁时，他突然对父母说："爸爸、妈妈，我要学打乒乓球！"若干年后孔令辉曾很自豪地对队友说："我学打球并不是出于家长的要求，而是自己作的决定。”

在少年宫乒乓球队，七岁的小辉开始与比自己大三四岁的选手打比赛，对方让他15分他还被打得落花流水。他为此闹情绪。父亲看了高兴，说明儿子不服输。在父亲的鼓励下，小辉很快就满怀信心地投入了训练，这使得童年的孔令辉不仅球技有长进，心理素质与自我调节能力也得到提高。他看到黑龙江省培养出了焦志敏、张德英等世界冠军，内心充满骄傲，也充满激情，决心也要成为像她们那样为国争光的人。

少年宫教练杜刚曾是孔祥智的队员，性格外向，事业心强，对小辉花了不少心血。小辉上学时每天下课练两小时，寒暑假时就全天练，回到家又有父亲指点，因而打下了扎实的基本功，为他后来在全国少年赛中脱颖而出，顺利进入国家青年队铺平了道路。

孔令辉参加国家青年队集训时只有十三岁，是记者袁大任向青年队主教练杨光炎推荐的。杨光炎一眼相中，孔令辉就此成为青年集训队的首批成员。

孔令辉的性格内向，秀外慧中，求知欲特别强，除了乒乓球，他还喜欢军事、天文、经济，还喜欢NBA球赛，知识面很广，被著名体育记者梁言誉为“杂家”。

（2）

再说刘国梁，十岁就被特招进八一队。八一队当时有小国家队之称，出了很多世界冠军。刘国梁靠什么从河南新乡市一步跃入北京，还进了八一队？

靠水平！靠他父亲刘占胜！父亲年轻时就打乒乓球，获得过省冠军。正当他满怀雄心壮志准备冲击世界冠军时，却被自己的父亲拦住了。

刘国梁的爷爷是位老红军，出身贫苦，没有文化，所以下决心让儿子读书成材。看刘占胜要放弃学业专门去打球，老爷子板下脸来死活不同意：“要打也只能业余打！”就这样刘占胜冲击世界冠军的脚步戛然而止，只能将壮志深埋心底：“我当不了世界冠军，将来让我儿子当世界冠军！”

因此刘占胜和文玉香结婚后，夫妻俩就畅想未来怎么培养儿子当世界冠军。刘国栋、刘国梁相继出生后，刘占胜就给他们起名栋与梁，连起来就是栋梁。栋梁！在他心中，乒乓球界那些为国赢得荣誉的世界冠军当然是国家的栋梁！

小国梁两岁起就接触乒乓球。妈妈文玉香是卖体育用品的售货员。她常带儿子去丈夫所在的少年业余体校训练馆看队员打球。两岁的小国梁看着小小银球在球台上飞来飞去，在地上跳动着奔跑，觉得很有趣，就用小手抓小球玩儿。

当两个儿子懂点事时，刘占胜就拿本《乒乓世界》给他们讲冠军的故事。国梁五岁那年，刘占胜带他专程进京。他把儿子带到世界冠军李振恃、张立夫妇家。张立是河南人，回老家时刘占胜陪她练过球，因而与她挺熟。张立当年驰骋世界乒坛时，也让家乡人为之骄傲了好一阵子。

刘占胜把儿子领到张立家一个柜子前，那里面放着许多奖杯与奖牌。小国梁看得非常专注，爸爸十分认真地开始讲解："儿子，看到没有？你张立阿姨这四块金牌都是打了世界冠军得的！这块是1975年第33届世界乒乓球锦标赛女子团体冠军得的；这块是1977年第34届世界乒乓球锦标赛女子团体冠军得的；这第三块是1979年第35届世界乒乓球锦标赛女子团体冠军得的；这第四块是1979年，哈，这一届张姨得了两块金牌，她还是女子双打冠军呢！要不是为了友谊，让球给友好国家，你张姨还能得两三块金牌！"

张立笑着直摆手："小孩儿哪懂这么复杂的事儿。"

"懂！"小国梁手指奖杯说，"冠军！"

惹得大人都笑了。

张立招呼说："快坐下吃点糕点糖果吧，孩子该饿了。"

刘占胜说："不行，还没讲完呢。"他接着又对小国梁讲起李振恃叔叔的金牌，终于讲完了，刘占胜哈哈一笑："不细说啦！在咱们中国，打乒乓球就得打世界冠军，全国冠军数不上。像你爸这省冠军都羞于一提啦！"

在世界冠军夫妇家里，刘占胜对他不谙世事的儿子进行了一次形象而生动的理想教育、励志教育。出门以后，刘占胜又问小国梁："喜欢那个柜子吗？"

"喜欢！"

“那你长大了也好好打，打世界冠军，获得的奖杯奖牌比张阿姨李叔叔他们俩都多，有没有这个志气?”

“有!”小国梁有力地回答爸爸。当然他没想到，十八年后，仅仅是十八年，他以一个大满贯冠军的高度实现了他对父亲的承诺。

这次冠军家之行给刘国梁留下了深刻记忆。五岁他开始拿起乒乓球拍站在球台前时，尽管他拿的球拍是爸爸特制的缩小的球拍，他面前的球台也是爸爸按比例缩小请人专做的球台，但他的愿望标杆已非一般小朋友“锻炼身体”或“玩”的尺度，而是“打世界冠军”的凌云壮志了。

刘占胜开始带领两个儿子为冲击世界冠军打基础。五年后，在参加省运会前，刘占胜带着两个儿子和他所管的新乡体校的队员来到北京比赛。他们先是赢了北京最负盛名的什刹海体校，接着又赢了北京队同年龄段的小队员。第三战他们与八一队交锋。第一天八一队没在意，大意失荆州。一看输了，第二天派二队，第三次派更强的人上，他们都比刘国梁大两三岁。打了九场，刘国梁赢了七场。这个圆脸、俊朗活泼的小队员引起了八一队教练的关注。他们向总教练王学坤报告说，发现一个小孩不错，打法是直板正胶。王学坤来赛场看了一眼就转身走了。随后八一队开会决定要刘国梁，怕河南队近水楼台把刘国梁抢走，就打报告请分管文体的总政副主任李继耐特批刘国梁入伍。

这样刘家父子回到河南新乡时，八一队的入伍通知书已经到了。这时河南队也表态要，但需等两年后国梁满十二岁时才能进队，担心十岁小孩子生活不能自理。

八一队，河南队，如何取舍?爷爷已去世，奶奶主持家庭会议讨论这件事。最后一致同意去八一队，这样十岁的刘国梁就穿上了军装。

转过年来，国家青年队集训，十一岁的刘国梁就参加了。参加这次集训的还有孔令辉、冯喆等人。三个月后，集训队解散了。等 1988 年青年队正式组建又调刘国梁时，八一队不放了。因为刘国梁第一次进集训队时开始二十几个人他打十一名，后来越打成绩越差。回八一队后正好朝鲜少年乒乓球队来交流。刘国梁上去比赛又打输了。八一队教练有些急了，所以第二次调他就借故不放了。

年底北京队调来的李晓东担任了国家青年队主教练。他特别看好刘国梁，又想调，八一队还是扣着不放。李晓东爱才心切，找许绍发与八一队领队董志强疏通，八一队这才放人。

（3）

李晓东特别偏爱、器重刘国梁。刘国梁报到第一天，李指导就给他发高球，后来几乎天天给他发高球。训练中李晓东怕量大伤他身体，又怕量小不出效果，打一段时间就把刘国梁拉过来看看后背，湿了就休息，不湿就继续练。三个月下来，刘国梁的技术水平日新月异。刚进去时，六十几人打三十几名，最后打第一了，把李晓东乐得合不上嘴，走路都哼着歌儿。

后来李晓东调到了国家一队，尹霄接班任主教练。尹霄对刘国梁亦是“垂涎已久”，就把刘国梁划为自己主管的队员。

尹霄在青年队搞了项很大胆的实验，就是乒乓球的技术创新——直板横打！八个直板队员有两个人进行横打的训练，刘国梁是其中一个。

（4）

刘国梁一进队就和孔令辉住一个宿舍，两人非常要好。孔令辉妈妈来看儿子，也把刘国梁当儿子看，给他洗衣服，带小哥俩上街玩，春节时还会去逛庙会。在外人看来，这小哥俩一个横板一个直板，一个外向一个内向，一个口若悬河一个多思少语，很不协调，但两人却形影不离，无话不谈。

蔡振华 1989 年回国在去青年队看训练时，就发现了刘国梁、孔令辉这两员小将的巨大潜力。他心里很清楚，中国队要打翻身仗必须要解决人才断层问题。如果技术不创新，还原地转圈，再苦练也无济于事。所以他内心对尹指导的创新和这两个小队员非常欣赏，而且寄予厚望。

这就是为什么他搭班子把尹霄请来，上任第一天训练就宣布把刘国梁、孔令辉调入一队的内情。

不过刘国梁、孔令辉毕竟都太小了，他们哪里能解读教练心中的密码。稚气未脱的小哥俩提前进入一队当然是兴高采烈，只顾高兴了。

这一天训练，安排的是练基本功，一组要打二十个回合，完成三组。刘国梁一听心里就发怵，他最不愿意练基本功了，一个动作翻来覆去重复多枯燥无味啊。他最喜欢琢磨怎么发球这类复杂点的技术。但教练安排了，也不敢不练啊。两人练了一会儿，有一组打了十七个回合，刘国梁就不想练了。

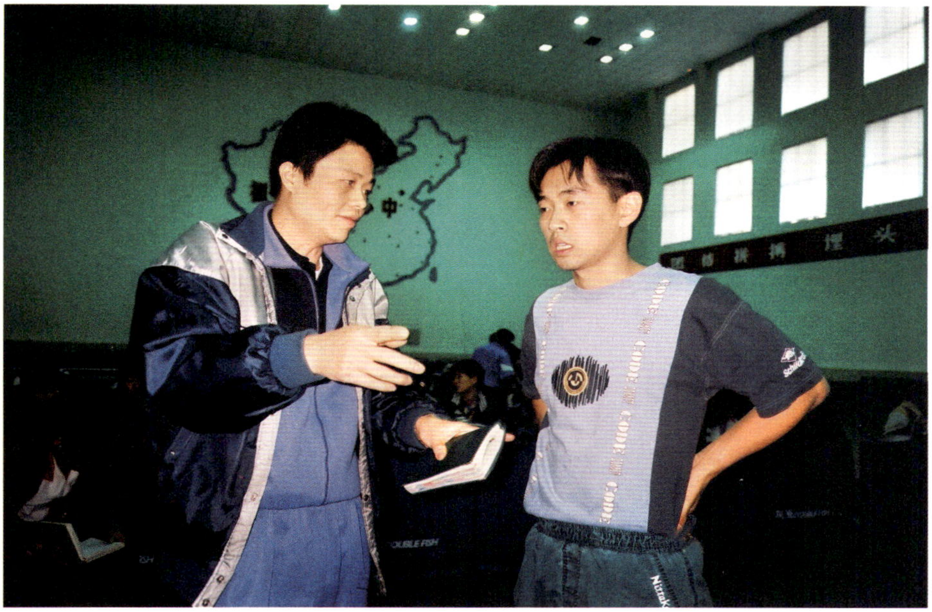

尹霄与爱徒孔令辉在正定国家乒乓球训练基地　　齐大征摄

按规定训练结束，队员要到教练组汇报训练完成情况。没完成的部分之后要补课。刘国梁就撺掇孔令辉去向教练报告计划已全部完成。

没承想蔡指导一听就拉脸了："给你们数着哪！根本没完成，有一组打了十七个回合，不诚实！"

两人一听脸就红了，相互看了一眼，也不敢说什么。说实在的，两人也没认真数。刚调到一队挺有优越感的，觉得自己年龄小，球也好，到一队也能打个中游水平，没想到刚刚有点得意忘形，就让蔡指导抓个正着！

更让小哥俩没料到的是全队集合讲评时，蔡指导宣布："刘国梁、孔令辉训练不认真，不如数完成教练下达的训练计划还说完成了，这是欺骗教练的行为，因此罚两人从明天起回二队……”

孔令辉、刘国梁一听就傻眼了。一是觉得自己丢人现眼：好不容易升到一队，刚待一礼拜就被教练给淘汰回了二队；二是欺骗教练可是品质问题，比打不好球问题还严重，这下子可够呛，给主教练留下个坏印象，什么时候能挽回啊！

两人肠子都悔青了，想找尹指导讲讲情又不敢。他也得听主教练的呀，何况这两徒弟给他丢人现眼也够让他上火的。

两人灰头土脸地回了二队，最担心的是蔡指导从此不重视他们了，那可永无出头之日了。早知这样，别说三组二十个回合，十组也得打满了呀……

小哥俩儿仨魂儿吓掉了俩，从回二队起就拼上小命练，以此来证明自己悔过自新。二队教练看在眼里喜在心上，一星期后向蔡指导去反映两小将的进步情况，蔡指导一点头，小哥俩又调回一队。

这回两人可不敢掉以轻心了，处处严格要求自己，训练起来一丝不苟，生怕有什么闪失又被罚回二队。

十九年后两人已成男队主教练和女队教练。在接受我们采访时，两人不约而同地讲起这段往事，可见这一罚使他们终生难忘，也深深地影响了他们事业的发展和做人的轨迹。

当时受震慑的自然不止孔、刘二人，罚回二队的严格处分让全队吃了一惊：蔡指导真是够狠的！有不少人心想：“刘国梁、孔令辉不过是训练完成得不够数，这有什么呀！”其实这种事儿在队员中屡有发生。教练在眼前自然是不敢偷懒耍滑，但老虎也有打盹时，教练的视线不可能一分钟也不离开你，实在太累了，趁教练注意力转移到别的队员那里去时“偷工减料”，也是件趣事，既不伤教练的面子又给自己一个喘息的机会。没想到蔡指导为此发这么大的火，处罚得这么严厉！像刘国梁、孔令辉这样众教练的宠儿都一撸到底，别人更轻饶不了，还是小心点吧……

队员们百思不解的还有一点：蔡指导规定教练在训练场上站着看训练，他又不是只看一个，他怎么知道刘国梁、孔令辉的训练没够数呢？以后真得小心点！

随着时间的推移，队员们明白了蔡振华的良苦用心。中国有句俗话说“响鼓不用重锤”，但喜欢逆向思维的蔡指导是响鼓更用重锤。几年后刘国梁曾在一篇文章中说：“蔡指导的执教风格是，他越是觉得你有希望，对你就管得越严。如果他不管你了，不骂你了，对你听之任之，那就说明你已经没有什么希望了。”

正因为如此，追求完美的蔡振华在以后的日子里，对他寄予厚望的弟子继续不断地用重锤敲打……

第六章
世界冠军的挑战

蔡振华开始他的主教练生涯时，还不到三十岁，不仅圈内的前辈、同行、专家半信半疑，就连那些队员们也有心里不落底的：他的资历，他的能力，能胜任这个风口浪尖上的职位吗？这不，在全队艰苦备战世界杯时，蔡振华遇到了世界冠军的挑战。

唯一的单打冠军马文革

第 41 届世锦赛后，江嘉良、陈龙灿、陈志斌这些老冠军老队员都退役了。这些功臣带着他们的荣耀也带着他们的遗憾离去了。

这样，原来蔡振华带过一段时间的马文革、张雷、吕林、肖战等人就成了资格最老的队员，而原来一抓一大把世界冠军的国家男队，只剩下一个世界单打冠军，那就是马文革。

马文革在第 40 届世乒赛中，已是团体赛成员。本来许绍发希望他与于沈潼能像当年第 36 届世乒赛时谢赛克、蔡振华那样头次亮相世界大赛就大放异彩，但在团体赛头几轮当中，看他们输球较多，显得稚嫩，所以考虑再三，团体决赛就没敢让他俩上。

但出乎许绍发的意料，在单打中马文革却勇猛冲杀，发挥不错。

瑞典队老将阿佩伊伦曾在赛前扬言单打冠军非他莫属，在团体决赛中他先后赢了中国一、二号主力江嘉良、陈龙灿，为瑞典队独拿二分。在单打中他与马文革相遇，根本没把这个曾数次败在他手下的中国新手放在眼里。但马文革

马文革在天津第 43 届世乒赛比赛中　　齐大征摄

在许绍发的指导下敢打敢拼，发挥出色，以 3∶2 将阿佩伊伦拉下马，爆了世锦赛上的一大冷门，也让许绍发对他的潜力更有了信心。

在团体赛结束后回旅馆的大巴上，许绍发扭头对坐在他身后的马文革说：“咱们直板正胶打法已经陈旧，没有明显优势，对付欧洲弧圈球没有好办法，关键时刻没稳定性。正胶有时连打一星期，弹性就差了，你必须改打法。”接着许绍发提出两种方案，一是大破大立，推倒重来，把反手正胶改长胶；二是风险小些，把反手正胶改反胶。

马文革二十年后在接受笔者采访时说：“那时我确实年龄小，没考虑改什么打法，觉得到国家队再改打法太晚了，有种从头再来的感觉，风险太大，所以我当时对许指导说：‘我还是改反胶。’”

回国后马文革就把球拍反面的正胶改成反胶。改后马文革经过苦练技术大有长进。半年后，刚回国的蔡振华带他在内罗毕举行的第 10 届世界杯男子单打比赛中获得了他人生中的第一个世界冠军。

马文革对蔡振华心存感激，也很服气。蔡振华当了男队主教练，马文革当然很兴奋，因为在留下的队员里与蔡指导接触最多、成绩最好的非他莫属！

但马文革做梦也没想到，蔡振华严格管理整治队风的大刀砍中的第一人，竟是自己！

“蔡指导，我今天打不了了”

(1)

那是个周六的清晨。忘了说了，当全国人民早已享受双休日时，国家队的健儿们仍然过的是单休日。传统节假日对他们的训练基本没影响。除特殊情况，一般是一周休一天。所以周六要照常训练，一分钟也不少。

运动员食堂早餐时间是7：00～8：30。乒乓球队规定是7：15必须就餐，8：00集合去训练馆。

这天早晨马文革醒来特别困，同屋队员匆匆离去后，他又迷糊过去了。再一睁开眼，不好！差几分就8点了。

他急忙穿上衣服，背着双肩包下了楼，朝训练馆跑去。他心里有些忐忑：“坏了，马上要打世界杯了，平时迟到还好点……”

进了训练馆，马文革见球房内蔡振华已站在队前，他来不及换鞋，就赶忙往队里站。

蔡振华板着脸：“你为什么这么晚才下来？”

马文革知道蔡振华最烦别人骗他，所以老实回答：“睡过了。”

蔡振华心里很生气，这已经不是他第一次迟到了。什么，睡过了？这是理由吗？为什么别人睡不过唯独你马文革能睡过、敢睡过？还不是仗着自己是队内唯一的世界冠军而自我膨胀吗？众目睽睽之下，如果不敢拿大牌开刀，那怎么能让其他队员心服口服呢？

这时摆在蔡振华面前的有两种处理方法，一是说句“下次注意，下不为例”，二是大做文章杀一儆百。他觉得轻描淡写不仅对马文革没什么好处，对全队也是一种错误信号：瞧，马文革是冠军，第一主力，蔡指导也得让他三分！

如果这样，以后这支队伍怎么带？

蔡振华神色严厉地批评马文革，说了大约有十分钟。其中让马文革最受刺激的是这样几句："你是不是感觉地球没了你就不能转了？国家队没你就不能活了？"

马文革低头听着，全队人都在，他过去挨批时不还嘴，现在更不敢接茬，但心里很别扭，觉得蔡指导这人太不给面子，有点小题大做，不就是迟到了嘛！

蔡振华批完后，就让大家做准备活动。

马文革到休息室换球衣，他刚弯腰解鞋带，蔡振华进来了，对马文革说："你跟我来！"

马文革跟在蔡振华身后进了他的办公室。

蔡振华坐在椅子上，语气温和了许多："你看你起这么晚不吃饭，你怎么打球啊？今天上午队内打比赛你不知道吗？起那么晚，你昨天干什么去了？"

马文革瞬间感觉像是在家里惹了祸被家长痛打以后又给了点亲情。

"什么也没干啊，就是起晚了。"

"你不吃饭，你上午还能打吗？"

"能！"

"你板还没粘吧？"

"没有。"

看到这，有的读者可能要问："球拍还要天天粘吗？"

不一定，但马文革这块球拍一定要在用前一两小时把胶皮撕下来重新抹快干胶水粘上。这样打起来弹性好，对旋转、速度都有帮助，运动员拿在手上感觉相对好控制。粘胶皮的这种胶水是欧洲人发明的，后来在第40届世乒赛时，用的范围相当广泛，但中国队尚未采用。蔡振华回国时，自己买了一些胶水带回来，正好马文革改反胶，就用上了。

蔡振华一听到球拍胶皮还没粘，火又上来了。他火的是马文革对训练是如此掉以轻心！因为胶皮从撕下，到抹上胶水，到粘上，再干燥到能用，这是需要一段时间的。这个准备工作运动员应在宿舍里完成，这样进了训练馆后就可以马上进行训练了。

"你总是迟到！别人到了馆内就打球，你还要粘球板！总以为是队里的老大怎么着？别以为这队里没你就怎么着！"

马文革一听也火了："这事我知道，这是我的错。我来晚了，我不粘也没法打啊。"

"我说你的时候，你总是有理由！为什么我说你，你总有理由？"

"我没把自己当老大，也没认为没有我就不行了，我没这么想……"马文革不服气地辩解着。

蔡振华见马文革不但不认错，还在那儿顶撞自己，就更火了。目前只是个世界杯单打冠军就这么难管，将来成了世锦赛、奥运会冠军还不得蹬鼻子上脸？想到这儿，蔡振华压了压心里的火气，对马文革一挥手："今儿就谈到这儿吧！别为你一个人耽误大伙儿训练！"

马文革返回休息室换衣服，蔡振华回到训练房。

如果马文革回到球房后好好训练，这场风波可能就会平息下来，很快被大家忘记。因为蔡指导是个急脾气，发火是常事儿。他发过脾气并不记恨谁，事后就像什么也没发生一样。

马文革太年轻了，个性又很强，他不懂得如何化解矛盾，更不会约束自己。他一边跟大家做准备活动，一边回忆刚才蔡指导批评自己的那些话，越想越觉得委屈、憋气。在他身上有着天津人的幽默、仗义、慷慨的优点，也有天津人死爱面子的偏执。终于，后者占了上风，他想出了一个馊招儿，要在大家面前挽回点面子——给蔡指导来个小小的难题。

准备活动结束了，大家正准备开始打比赛时，马文革突然举手说："蔡指导，我今天打不了了。"

"为什么？"

“我胃疼!”

蔡振华一听就明白了，这分明是对我的批评来个变相抗议嘛！想拿一把?

这时所有队员都盯着蔡振华，看他怎么回答这个难题：说胃疼也得打，显然有点情理不通；同意他休息，马文革就赢了一分！因为再小的队员也看得出他是因不满蔡指导的批评而以胃疼要挟。这哪里是请假，分明是向教练的权威挑战!

蔡振华沉默，马文革发过来的这个球很刁钻，不接丢分，接不好也丢分。

蔡振华走到马文革眼前，语气忽然变得舒缓：“你是不是打不了了，要回家休息了?”

“是，我想回宿舍休息。”马文革回答得很精准，把回家这个敏感的重量级词修正为“回宿舍”。

“拿着你的东西回你的天津去吧！不用再回来了。你不要以为国家队现在是困难时期，我就不敢管你，或者说队里有这样那样的理由可以放纵你!”蔡振华终于爆发了。

马文革没想到蔡指导不但接了他的发球，而且“叭”的一板反抽回来。速度和旋转如此凌厉、如此狠辣，打了他个措手不及！他一下子傻了，呆呆地站在那儿，脑子里顿时一片空白，走不是待着也不是。

“你必须马上走!”蔡振华又来了一句，然后快步走到一个球台前，示意队员们开始比赛。

马文革转身走了。他有点赌气，但更多的是不知道该怎么办。他彻底栽了，在全队面前……

(2)

马文革走了，蔡振华心里抽搐了一下：一个月后要打世界杯团体赛，有马文革无疑还能拼一拼，没有他，实力必然削弱许多。他如果真走了，队内必然会引起一些紧张情绪……首先要统一教练的认识，想到这里，蔡振华立即把尹霄、李晓东、陆元盛、吴敬平找来，说了处理意见。四位教练一听，当然都意识到了问题的严重性。把一号主力打发回家了怎么打世界杯呀？

蔡振华仿佛看出了教练们内心的忧虑，他神色凝重地说："没有马文革，打世界杯肯定不利。我们现在还不具备打翻身仗的条件。乒乓球队拿冠军，不是靠个人，是靠整个集体。我们应该从长远的眼光看，先把管理抓起来。你们想，他这样，我们如果不管，别的运动员就会这样想，马文革能这样我们为什么不能这样？这个队伍就没法带了！"

四位教练也懂这个道理，事已至此，只能支持他。关键是，下一步棋怎么走。其实此时蔡振华心里也意识到形势危急，作为管理者既要敢管又要善于管，管的目的是提高队伍的战斗力，而不是削弱战斗力。

他相信，马文革冷静下来后会意识到问题的严重性，他肯定不愿这样回天津去，这意味着他的大好前程将发生逆转，在中国谁离开国家队都将一事无成。

下一步棋要深思熟虑。

难道真要被罚回天津吗？

马文革背着双肩包，刚要下楼，后面有人叫他名字，他扭头一看，是尹霄教练。

尹霄把马文革拉到一边："你冷静点，今天的事本身是你的问题，你还跟他犟，他又在气头上。你就别再逞能了！赶紧去赔个不是，认个错过去就算了。"

人在气头上有两种心态：一种人别人越劝越来气，越劝越不理智，反而会产生反作用力；一种人是能听劝，理智地按劝说者搭的台阶走向转弯地带，摆脱危机。可惜马文革是第一种人，尹指导劝了半天，他还是不愿意拐弯，说了句"我还是回天津吧"。尹霄摇了摇头，失望地走了。

马文革的心里还气鼓鼓的。他清楚一号主力在队里举足轻重的作用。你蔡指导气头上让我回去，消了气不是还得让我回来？

马文革背着包，出了训练馆，风一吹，脑子清醒了几分。他有点后悔自己刚才没听尹指导劝，现在没法回头了。“你必须马上走！”他头脑里反复响着蔡指导这句驱逐令，心里感到有凉风吹进，脚下似乎沉重了许多。

他木然地回到宿舍，收拾好自己的东西。看着队服上的“中国队”的字样，心里有种难以割舍的隐痛……

他扔下衣服，给女朋友李番打电话：“李番，我要回天津了！”

“啊？为什么？”话筒里传来李番惊愕的声音。

“见面再说，我现在就到你那儿去！”

李番是天坛饭店商务部的一位小白领，她们饭店就和运动员大楼隔条马路。她听出马文革的声音有些异样，估计一定发生了什么重大的事情。她在办公室有点坐立不安，就出了饭店迎马文革。这时马文革已从马路对面走来。

两人在马路便道上谈起来。了解了事情原委，李番两条弯眉皱了起来：“这就是你不对了，你做错了事，还不接受批评。教练当然要火了！你这是错上加错！蔡指导一定是气头上罚你回天津，你别傻了，赶快找教练承认错误，事情还有挽回余地，你要真赌气回了天津，那可就不好说了。”

李番柔声细语的批评使马文革脑子彻底冷静下来。他陷入了矛盾之中：回天津吧，可能把事情闹得更大，万一蔡指导不召回自己，那就真彻底完了；回去认错吧，自己又有点抹不开面子，万一蔡指导还不改口，那自己怎么办啊，训练馆又没地缝让自己钻……

又一想，自己毕竟是队里唯一的世界冠军啊，再过一个月就要打世界杯了，把我赶回天津不是自断左膀右臂吗？不，蔡指导看来不在乎这个，他要真在乎，就不能这么不依不饶地整我……

“文革，还愣着干什么？快去啊！”李番急迫的声音在耳边响起，“你冲着我也得去向蔡指导认错。你想，你万一回天津，咱们见次面多不易啊……”

李番的真情打动了马文革，他想回去认错又怕蔡指导火没消把自己骂出来，就对李番说：“我头疼，先回宿舍，下午再说。”

“梁”言苦口利于“病”

北京的体育爱好者，对梁言这个名字非常熟悉，当然更熟悉的是他那带磁性的声音。每天早晨六点半，他会像老朋友那样准时在北京人民广播电台《体育之声》栏目里开始他的播音，因而听众送他一个绰号“大公鸡”。梁言听了十分高兴。

梁言毕业于中国广播界最高学府——北京广播学院播音系。他是个十分活跃的人，丰满的脸上那一双大眼睛透着仿佛用不完的精气神儿。他谈话十分流畅，还不时抖个包袱，使人感到他的聪明与幽默。生活中的梁言待人很实在，所以朋友很多。他在北京电视台也是常客，评的最多的是足球，而且口碑不错，因为他敢说实话。

梁言在乒乓球队是无人不识。他不光对乒乓球宣传倾心尽力，而且和队里上上下下都特别熟悉。在许绍发当总教练时，他就是编外政委，许多运动员有些话不敢对教练讲，就跟梁言说。队员的心理情报教练员有时也会托梁言去探听。所以梁言在乒乓球队享受到了其他媒体人士没有的信任和欢迎。

蔡指导和梁言相识于1989年第39届世乒赛。蔡振华刚回国任助理教练，没房子住，梁言就雪中送炭，把自己刚分到的两居室借给蔡振华一家住。蔡振华更是重情义之人，两人很快成了无话不谈的好朋友。

蔡振华知道梁言跟马文革交情不错，所以选定他做解铃人。他打电话给梁言：“赶快过来，马蛋的事！”

梁言一听蔡振华声音异常，立刻就意识到问题的严重，莫非马文革出了大事？什么大事让小蔡这铁汉声音都颤抖了？出了什么意外？

梁言不敢往下想，立即骑上自行车直奔体育馆路运动员大楼。进楼后头一个碰见的是陆元盛。陆元盛很紧张地说：“吵起来了，要动手了！”

梁言赶忙爬楼到了乒乓球队宿舍，推开马文革的房门，见他正盖着被子，蒙头躺在床上呢。梁言上前一步掀开被子。马文革一激灵，见是梁言，一骨碌坐了起来。梁言问道："怎么啦?"

马文革如同受委屈的孩子见到亲人，眼圈都红了，哭丧着脸说："他说我啦!"接着不待梁言细问，一五一十把事情讲了一遍，委屈之情溢于言表。

梁言知道老队员都特别爱面子。有一次许绍发总结时说了江嘉良几句，江嘉良当着全队的面，站起来就走了……他怎么办？必须把马文革"镇压"下去，于是他劈头盖脸先把马文革"骂"一顿，接着又细细给他讲道理，分析他错在哪里。

马文革本来就有悔意，听梁言一说觉得自己不该"拿一把"，挑战主教练的权威，他低着头不吭气了……

半晌，马文革问道："梁哥，您说我该怎么办？我听您的!"

"认错吧，还能怎么办!"

说完，梁言给蔡振华打电话，说马文革怎么后悔，认识到自己错误严重云云。打完电话梁言又让马文革去找蔡振华检讨认错。

马文革找到蔡振华开宗明义："蔡指导，我错了，我们能不能好好谈一谈?"

"你要跟我好好谈谈？行啊，你说你错在哪儿?"

马文革开始检讨自己，说得很诚恳，并且深挖了产生错误的思想根源。

此时蔡振华也很冷静了，他也说得很真挚，讲到带马文革以来所抱的期望，特别是任主教练以来，要带全队打翻身仗困难重重，在这时非常希望老队员、主力队员能起带头作用。因为小队员和一般队员是看着你们的一举一动来决定自己的言行的。你们主力队员出错，我这当教练的纵容，不仅害了你们，也害了小队员。你今天的做法是挑战教练的权威性，如果我听之任之，这支队伍还能带好吗?

蔡振华说得很动情，马文革想想自己有今天，蔡指导也没少花心血。马文革流泪了，他看见蔡指导也流泪了，更加为自己今天的使性子感到羞愧……

周一早晨 8 点，全队集合后，蔡振华说："前天上午马文革迟到的事儿影响很坏，他写了个检讨，认识到自己的错误，现在让他给大家念一下，大家看看他认识得是否到位，检查是否诚恳。”

马文革打开手中的几页纸，念道：“我的悔过书。”大家一听，哇，不是检讨而是悔过——想笑又不敢笑。马文革首先悔过对自己要求不严，没有考虑到自己目前的位置，一举一动都会给其他队员造成影响。接着检讨自己懒散的习惯，不按时睡觉不按时起床，认为是小事一桩，所以对蔡指导的批评心里产生抵触，认为是小题大做不给面子，所以敢这样，就是认为自己是主力，教练应该对我另眼相看，教练不给留面子，当众批评，就受不了了，就耍大牌……

队员们还吃惊地发现，当时广播里刚出现的“反思”一词，马文革的检讨里也用上了：“反思过去，出现这些问题的根源就是骄傲自满……”

悔过真是很深刻。马文革念完，大家使劲鼓掌通过。在鼓掌的同时，队员人人脸上浮现着微笑：马哥终于留下啦，我们需要你啊！以后千万别犯事啦，哈哈，我们也要瞪起眼睛好好练啦，蔡指导是真厉害啊，换个教练谁敢这时候把一号主力整成这样啊？

从此，马文革精神面貌焕然一新，全队也都上紧了弦，全力以赴刻苦训练。

蔡振华根据队内选手打法单一的状况，又从欧洲召回著名削球手、世界团体冠军王浩加盟主力大军。

吴敬平回忆说：“当时训练局那矮小封闭的旧训练馆里，空气都好像是凝固的，压抑的气氛让人喘不过气来，教练员们的脸上看不到一丝笑容，整个训练馆里就只听见球在球台上的弹跳声和运动员不停跑动的脚步声。球台上、地板上到处都是运动员洒下的汗水。”

蔡振华在训练中把很大精力花在了马文革和王涛身上，希望他们能够担起翻身仗的重担……

没记者跟踪的世界杯团体赛

1991 年 11 月 15 日，这个日子许多老教练、老队员仍然记忆犹新。

那天上午，阴沉的天气下着细雨。有人不免有几分嘀咕："这天儿太不够意思了，听说第40届世乒赛出发那天也是天气阴沉下着雨雪……"

是的，来送行的教练员、队员心里都是沉甸甸的，仿佛压了块铅，没有人说话。这无形中增添了几分压力和悲壮色彩。出征的教练员、队员上车时和大家都是紧紧握一下手，千万嘱托和良好祝福都尽在不言之中。

王浩　　齐大征摄

大家望着蔡振华，他依然那样严肃，但眼神透着坚毅和信心。再看看他带的五名参赛队员，马文革、王浩、王涛、谢超杰、张雷，脸上都有种和他们年龄不相称的凝重神色。

载着出征指挥员和战士的汽车缓缓开走了，剩下的人望着汽车的背影还在频频挥手，心里默默地祝福我们的教练、我们的队友凯旋。

剩下的日子似乎很漫长，报纸电视上没有任何关于第2届世界杯团体赛的报道。后来才得知国内没有任何一家媒体派出他们的记者跟踪报道。这种漠视和40届、41届世乒赛时有三十多家媒体参与的盛况形成鲜明反差。大概是因为谁也没想到41届打第七的中国男队会有什么新闻可报。即使相信他们会重新崛起，但半年时间毕竟是太短暂了。

1991年11月19日，第2届世界杯团体赛在西班牙巴塞罗那开赛。距第1届世界杯已有一年半。在首届团体赛上，中国男队继40届世乒赛后第二次败在瑞典队手下，屈居亚军。

尽管半年的时间对于一支球队元气的恢复是太短暂了，但是蔡振华和他的将士们充满信心。他们一场场打一盘盘赢，终于过五关斩六将打进了决赛，对手仍是瑞典队。

这回是瑞典队犯了经验主义错误。他们认定半年时间不会使一个队有质的飞跃。他们低估了三次输给他们的中国队，决赛时瓦尔德内尔竟然没上场。结果中国队一鼓作气拿下了冠军。

从没为输球流过泪的马文革，心头一热，鼻子一酸，泪水盈眶。他想忍，可就是忍不住，泪水扑簌簌滚下来……

这胜利来得是这样快捷，实在是出乎所有人的意料，包括出征世界杯的全体选手都有点不敢相信眼前的事实。调皮的队员学着蔡振华的声音说："发长球，输了算我的！"随即是一片笑声。原来马文革在与对手决胜局打到20:20时，千钧一发事关成败，全场静得大气不敢出，蔡指导叫暂停镇定地对马文革说："发长球，输了算我的！"这无疑给马文革吃了颗定心丸，果然一个长球发过去，对方就吃了，下边一个球又痛快地得分，迎来了全局的胜利！

蔡指导高超的指导艺术太神了，队员们为有这样的少帅而得意！

这时有细心的人喊道："快给家里报消息！"

当前方传来中国队在决赛中战胜瑞典队夺得世界杯团体冠军时，全队沸腾了！这个胜利对于处在低谷的中国乒乓球男队乃至全国乒坛实在是太重要、太及时了。人心思外、人心思散、看不到前途是当时大多数国家队队员和省、市运动员的心理状态。恐瑞症、恐欧症像毒瘤一样在当时国家队运动员的心理上扩散或转移。这个胜利无疑是给处于低谷的中国乒乓球男队注入了一剂强心针，使他们又看到了希望，增强了自信心……

事隔二十年吴敬平忆起当年的胜利喜悦仍兴奋不已。而陆元盛却难忘当晚和他同住一屋的蔡振华问他的一句话："陆指导，这是真的吗？像做梦一样，这么快？"

问完蔡振华自己也笑了。当然不会这么快。世界杯的胜利是鼓舞人心的，但如果不看到其有某种偶然性，不看到中瑞两方实力还有相当差距，那就不是蔡振华。

但世界杯的胜利，毕竟是一个可贵的突破，犹如一颗晨星，使大家看到了希望：黑暗的日子毕竟在一天天快速地过去，等待我们的，也许是红日喷薄而出的清晨……

第七章
巴塞罗那奥运会，智取男双夺首金

从“局外人”到参战指挥员

如果说世界杯是小试牛刀，那么1992年第25届巴塞罗那奥运会对于男队来说就是大考。因为奥运会是全球最受瞩目的综合性体育盛会，从申办到筹办，从开幕式到闭幕式，每个环节都会引起全世界的关注，更不要说其间各个项目比赛的激烈搏杀了。

乒乓球项目是1988年才列入奥运会正式比赛项目的。那时对国球抱着热切期待的中国人无不认为乒乓球拿金牌如囊中取物——中国队已在第36届至39届世乒赛上连创佳绩，甚至包揽过七项金银牌，如今遇到奥运会岂有不拼搏的理？再看看1987年公布的男女种子选手名单，男子选手前五名里，只有列第二的瓦尔德内尔一名外国选手；女子优秀选手前七名中只有列第二的梁英子是外国选手，其优势不言而喻。

汉城奥运会是蔡振华第一次参加奥运会，那时他执教的意大利乒乓球队本无资格参赛，但因为朝鲜弃权，国际乒联便给了意大利一个参赛名额。这样蔡振华就领着意大利队一名三十五岁的老队员去了汉城奥运会。

去汉城前，蔡振华于8月底率意大利国家乒乓球队回故乡无锡参加“石塘湾化工杯”国际乒乓球邀请赛。《体育时报》记者梅海、范星采访了他。这篇题为“游子故乡话乒球”的文章有这样一段文字：

问及奥运会乒乓球赛的前景，小蔡略加思索说：目前中国乒乓水平状况不佳，欧洲的瑞典、法国、南斯拉夫等都成立了职业乒乓球队，进行系统训练并引进技术，水平与我们越来越近。以往中国队在团体上占优势，而现在并非如此。单打比赛争夺将更加激烈，谁占优势很难判定……

蔡振华对自己没有参加过奥运会深感遗憾。他寄希望于中国的乒乓健儿为祖国、为人民争光，把五星红旗升起在奥运会乒乓馆的上空。

乒坛前辈，左起为胡炳权、张燮林、庄则栋、张钧汉、徐寅生、李富荣　　齐大征摄

在汉城和中国队见面时，大家自然是十分欣喜。徐寅生和李富荣还问蔡振华何时回国当教练。国家公派他去意大利是一年，但因蔡振华出色的工作使意大利十分满意，故又连续续约两次，所以在某种意义上来说已经“超期”了。

当时“超期”援外是普遍现象，更多是公派到期转为自费。由于中国队员的水平世界一流，原本不重视乒乓球运动的国家在得知乒乓球列入奥运会正式参赛项目后，纷纷出高价邀请中国选手到本国任教或到著名俱乐部打球，以期提高水平，获取1988年汉城奥运会乒乓球项目的参赛资格。

蔡振华亲自体验了奥运会大赛压力巨大的氛围，但也有些异样感觉。首先，他看见祖国选手江嘉良、陈龙灿、韦晴光和许增才等都是当年和自己一起打球的队员，如今他们驰骋拼杀在奥运会赛场为祖国荣誉而战，而自己有劲使不上，仿佛是个局外人。所以他在感情上萌发了回国效力的闪念。

再一点让他很别扭的是，奥运会没有团体赛，只有单项比赛。女队囊括女单金、银、铜牌，而男单不仅金牌被韩国刘南奎夺走，连个银牌、铜牌也未能拿下。如果不是陈龙灿、韦晴光拿下双打金牌，真不知如何向国人交代！难怪外电称男单全线失利的那天是“黑色星期四”。

令蔡振华万万没想到的是，第 24 届汉城奥运会上男队不理想的成绩，只不过显示了中国男队由珠峰滑坠的第一步……

如今，蔡振华已由当年的“局外人”变成参战队伍的指挥员了。想到这里，他心里充满了激情。

突破口选在薄弱处

鉴于男队的实际情况，第 25 届巴塞罗那奥运会，国家体委下达的任务是进前八。蔡振华想，应该争取进前三名，超额完成任务。

雄心要有现实基础，怎么确保夺得一块铜牌呢?

单打有可能吗？蔡振华清楚，只有一号主力马文革才有夺牌的实力。但与他水平相近的外国选手不下十几人，拼杀起来马文革将是孤军作战，困难较大。这个险冒不得，如失手不仅辜负祖国人民厚望，对全队刚刚恢复的自信心也会形成致命打击。

那么双打呢？蔡振华心头一动：王涛、吕林这对双打曾在第 41 届世乒赛上拿过亚军。他们一左手握拍一右手握拍，是双打的最佳搭配，不会因顺撇而增加两人身体位置躲闪的难度。他们有大赛经验，这一点十分重要。

运动员出身的蔡振华深知第一次参加大赛的巨大压力，有人连平时的 70% 水平都发挥不出来。何况这是奥运会，其压力远比世乒赛大。因为世乒赛两年一届，这届没打好还可指望下一届，但奥运会四年一次，这次没打好四年后可能运动青春已经过去了。而且奥运会影响也大于世乒赛，各国选手都会拼尽全力去搏杀，不仅对体力、技术要求甚高，对经验和心理也是严峻考验。

再看对手情况。他知道世界各国对双打不像对单打那么重视，配对有时是临时拼凑，技战术研究也不像单打那么深入，训练投入的时间比例也较少，可算是单项比赛中的薄弱环节。他拿起一张纸，写下一串双打好手的名字：

南朝鲜——刘南奎/金择洙；

德国——罗斯科普夫/费茨纳尔；

南斯拉夫——卢普莱斯库/普利莫拉茨；

瑞典——瓦尔德内尔/阿佩伊伦；林德/皮特卡松。

如果讲实力，王涛/吕林和他们差不多。如果把双打作为重点先行一步，把双打的战略意识、训练方法、技术要求研究透，机会肯定多于单打，也可能做回乱世英雄！

堡垒往往要从薄弱地方攻克，双打就是单项比赛中的突破口！

善于逆向思维和不拘一格的蔡振华顿觉柳暗花明。

蔡振华把自己的想法在教练组讲明后展开讨论，大家畅所欲言，讲了以下一些不同看法：

一、备战奥运会的重点不放在单打上，是否有点缺少雄心壮志？因为男单是单项比赛中分量最重的。把双打当作突破口，是否有避重就轻之嫌？

二、双打马文革不行，男队内拿过名次的只有王涛、吕林这一对，王涛单打曾在全国和一些一般国际比赛中拿过冠军，进攻凶狠可以顶一阵，吕林的单打水平就不敢恭维了，他们能担起奥运夺牌的重任吗？

第一个分歧很快就统一了。徐寅生与李富荣也支持选双打作为突破口。

吕林能否重用？这是一个关系全局胜负的要害问题。

其实这个问题蔡振华也做了“功课”。1989 年他回国后，就成为吕林的主管教练，因而对吕林的情况十分了解。

吕林是浙江台州人，1969 年出身于一个教师家庭。父母良好的教育使他成为一名德智体全面发展的好学生。他小时候打球虽没经过系统训练，但十岁时就被选拔到省队。1986年，十七岁的吕林被选拔到刚组建的国家青年队。吕林曾说："选我主要是我年龄大，打得还行，能给他们当陪练。"其实吕林身上有很多优点：喜欢读书，爱动脑筋，有很强的自律能力，遵守作息时间，训练认真投入，待人接物讲礼貌，队内关系和谐。所以有人曾开玩笑说："都像吕林这样，教练都没事干了。"

1988年吕林调进国家一队，师从任国强，后入蔡振华门下。蔡振华根据分管队员的不同情况分别制订了系统的训练计划，使吕林受益匪浅。在训练中他打球跑动范围大，防守好，与王涛配对相得益彰。蔡振华觉得吕林训练很扎实，意志品质坚强，比赛现场发挥出色，因而对他很看重。一个运动员在关键时刻能否出色发挥，决不仅仅是技战术水平起作用，某些时候素质、意志、思想、斗志比技术更重要。

他去找吕林谈心，看似无意，实则是摸底。当话题转到奥运会比赛时，蔡振华问道："你对奥运会比赛有什么想法？"

吕林说："我对双打进前三名还是有信心的。我跟王涛配，发挥好了，冲击冠军的可能性也是有的！"

蔡振华听了很高兴。

蔡振华相信，像吕林这样性格沉稳、外柔内刚的人，这样的话是不会随便说的。

1967年出生的王涛，是个乐观活泼且有坚强意志的选手。他的父亲王世俊是位音乐工作者，为儿子能成为世界冠军倾注了大量心血和精力。王涛四岁开始学打球，后在北京什刹海体校师从王锡添，一步一步经受了正规而严格的基础训练，打下了扎实的基本功。他七岁获得北京西城区单打冠军，十一岁获北京市少年乒乓球赛男团冠军，十九岁获得全国青年锦标赛男团冠军，二十岁获第6届全运会团体冠军、单打冠军。从十七岁开始，王涛涉足国际比赛，团体冠军、单打冠军、男双冠军、混双冠军都有斩获，特别突出的是在第41届世乒赛上，在男队打得哀鸿遍野时，他和刘伟搭档夺取了混双冠军，和吕林搭档获得男双亚军。1991年他随队出征，夺取了第2届世界杯男团冠军。无论实力、素质还是大赛经验，他都是队里最优秀的双打选手。

随后讨论参赛名单，这是最让教练们伤脑筋的事儿。只能报四个人。这样必须割爱一些本来也有潜力可以去拼一拼的队员，最无奈的是一些主力队员，不能参加奥运会对他们自然是很大的打击。

张雷落选醉酒未醉人

张雷人高马大，他从七岁开始打球，十三岁进北京队，十七岁入选国家队，右手横握球拍两面拉弧圈。

张雷应算是蔡振华的“嫡系”队员。1989 年蔡振华回国后主管的队员中就有张雷。

张雷自小就有当世界冠军的雄心，进了国家队这种欲望就更强烈了。好不容易熬到第 41 届世乒赛，报上了个团体赛，没想到打了个第七，滑到了历史低谷。当然谁都知道这是大势所趋，哪个队员也撑不住。不过第一回当第二主力就如此窝囊，张雷心里又委屈又不服气。1/4 决赛中自己一板侧身冲失误使中国队失去进入前四名的机会，几乎成了反面典型，被重复出现在许多媒体报道中。张雷感觉自己好像被钉在了耻辱柱上……

从那以后张雷就憋着口气想要雪耻。他师从蔡指导后非常刻苦，蔡指导也为他花了不少心血。

1991 年 11 月，张雷又跟随蔡指导代表国家队出征第 2 届世界杯团体赛，总算打了个冠军，他心里这口气才稍稍平息了一些。

但他的心并没放下，他还惦记着 1992 年的巴塞罗那奥运会，他还想再拼一回。他算过，那时生于 1968 年的他已二十四岁，如果这次参加不了奥运会，那四年后肯定是没戏了。

蔡振华任主教练后不再主管队员，所以张雷被分到了陆元盛教练名下。这天下午，陆指导对张雷说：“晚上找你谈话。”

张雷一听，立刻紧张地问：“是公事还是私事?”

“是公事。”陆指导故意说得轻描淡写。

此时有什么公事，还要下毛毛雨预约？张雷着急地问道：“是不是报名的事儿？”

“是的。”陆指导说完就匆匆走了。

晚上张雷来到陆指导房间，陆指导让他坐下，对他说：“代表团定的，你不上……”陆指导还要接着往下说什么，却被张雷一句话拦了回去：“您也别做我工作了，就是我和于沈潼俩选一，没有就没有吧！”

陆指导也深知这思想工作很难做：像张雷这样年龄临界的队员，有机会或没有机会结果往往两重天，这是任何人都明白的事。怎么安慰？怎么做思想工作？讲大道理有的队员比你还能说。安慰一下？这样关系终身一搏的大事，又岂是几句话能安慰得了的？只能让队员自己慢慢消化了。

晚上7点钟开全队大会，李富荣局长来宣布名单。散会后张雷去买了瓶二锅头，迷迷瞪瞪回到宿舍，一口气咕嘟咕嘟全给喝了，干脆来个一醉方休！

喝完后，他觉得头晕晕乎乎，视线也开始模糊，他朝自己的床铺走去。他是上铺，得蹬床头扶梯上去，可刚走到床跟前，就一头栽到下铺上不省人事了……

第二天一早张雷醒来时，觉得脑袋像炸开一样痛。他听到宿舍里队员们吵吵闹闹的说话声，知道起床时间到了。他想起床，可浑身软塌塌的，真不想动。但脑子里却有个声音对自己说：“怎么？趴下了？你躺着算怎么回事？叫小队员看见什么影响？起来！你要是条汉子就起来！”

张雷咬着牙爬起来。一个队员过来对他说：“你昨天睡在下铺了，醉得一塌糊涂，我们四个人把你抬到上铺的！今天爬不起来了吧？”

“谁说爬不起来？”张雷吼了一声，硬撑着起来。

“出操就别去了，你看你，眼珠子都是红的！”

“去！为什么不去？”张雷摇摆着走到卫生间，打开水龙头，冷水一激，似乎清醒了许多……

早操集合时，大家吃惊地望着站在排头的张雷，谁都没想到他会来出操，昨晚上不是喝得不省人事了吗？

陆指导过来，轻声问道："昨天晚上喝酒了吧？"

训练中间，张雷捡球时，蔡指导走到张雷跟前轻声说："我知道你很痛苦，给你十天假，是不是回北京队调整一下，等我回来咱们再好好聊聊。"

"我不放假了，你也不用找我聊，打球是靠自己！"张雷说完拿着乒乓球回到球台前继续训练。

蔡振华望着张雷离去的背影，心头一热。是条汉子！

蔡振华对张雷的痛苦感同身受，第 38 届世乒赛自己也曾一下子由主力变成陪练，这种痛苦经历是刻骨铭心的。他希望张雷痛苦中不要失态，但也深知面对这种痛苦要理智对待是多么的艰难。正因为如此，他在感动中看到了张雷那颗坚强的心！那颗装着他人、装着集体的心！有这样的徒弟他深感自豪，因为张雷学到的不仅是球技，还有更加宝贵的乒乓球队的传统品德。

张雷明白蔡指导的用心良苦，但他不想回北京队"调整"。他觉得那样太小家子气了。不就是落选了吗？中国乒乓球队成立三十多年，各种大赛有多少，哪届没有落选的人？你张雷毕竟还当主力打过世乒赛、世界杯，那些陪练队员打十几年一次国都没出过的不有的是吗？人家不痛苦吗？再说，谁让你的球技不更上乘一些呢，如果是马文革那样的第一主力能落选吗？当然这其中也有运气，如果不是以双打为突破口，说不定自己能搭上这班车。

张雷一天也没休息，他继续练球，还主动给报名参赛的主力当陪练。他这陪练可不好打，每次想赢他都挺费劲。

不久，张雷在重庆参加一场热身赛，他把主力都打赢了，夺得了冠军。大家都很纳闷，他怎么没闹什么情绪？是什么动力使他很快从遭受挫折的沮丧中解脱出来的？

后来张雷被派去日本打球，当北京队需要人时，他像师父一样抛下高薪又回北京了。执教生涯也有大挫折，但他同样没趴下，挺过来了。他说当教练好多招儿是学蔡指导那套。伦敦奥运会团体冠军马龙就是当年张雷慧眼识珠选中的苗子，管了四年，也像管自己孩子一样呕心沥血。如今，张雷已荣任北京队总教练，见了蔡振华仍是毕恭毕敬：“当年我当队员没给您争光，现在争取当个好教练给您争点光。”

张雷将在国家队的岁月视为自己一生中的宝贵财富，就是白发爬上头时，也不会忘记奥运会落选醉酒这段经历，他在失去的同时又得到了许多许多……

“张晓蓬，你回去看录像带……”

“从现在开始，我们没有冬训的概念，训练要一直延续到奥运会比赛前夕。男队面临的训练任务就是如何使队员思想作风过硬，意志品质坚强，战斗力无坚不摧，心理在各种场合、条件下平衡！……”

蔡振华不离身的厚厚的大本子上每天都写着许多训练方面的计划、队员动向、发现的问题等等，字迹密密麻麻但十分工整，显示着书写者一丝不苟的心态。

在集训地江苏扬州，蔡振华带领他的团队和队员开始了大练兵。我国第一位乒乓球博士张晓蓬一直跟踪男队搞科研，二十年后他对那场大练兵仍记忆犹新：

> 在以前，人们更多的是看单打的实力来进行双打的组合，中国人一直是这样，欧洲人也是这样的，而真正像羽毛球这样去研究双打的不多。当时蔡指导就说：“我们在这个地界下点功夫，备不住在1992年的时候就会有点儿收获。”
>
> 在备战1992年奥运会的时候，就是以双打为突破口。当时百分之八十的人在习惯上是侧重于单打，把重点放在单打上。在这种情况下，他就提出来我们要拿出百分之四十的力量放在双打上。当时马文革想不通，那时候他是奥运会单打主力，但是蔡振华还是坚持了。
>
> 1992年我认为是对他的创新有启发的一年。在这个时候队内摸索双打，双打到底在哪个地方出现问题了，原来大伙儿的认识都比较模糊，认为你单打打得好，双打肯定也行。

> 真正研究双打以后，才逐渐地意识到，双打最关键的是第二板，也就是接发球和接发球以后的下一板与第四板的衔接，要将一、二与第四板的衔接解决好。当时在说这件事的时候他也是很认真。有一次王涛、吕林晚上在那儿练，王涛第四板的时候，吕林第二板，接完发球应该怎么动？因为这时候蔡指导已经意识到这个环节可能是双打制胜最重要的环节。当时李晓东、吴敬平、尹霄、陆元盛都在那儿。说到吕林接完了以后，到底应该怎么动，大伙儿也都各抒己见，僵持不下。因为王涛是左手，吕林右手接完了以后，王涛这个左手就在他身后，紧接着是往左还是往右？我当时也在那儿，大家意见不一致，蔡振华就对我说你现在马上回去看录像，看看欧洲人怎么动，再看看我们怎么动，然后再看看应该怎么动比较好。我回去看了至少半个小时录像，回来跟他说，这个人是这样的，那个人是那样的。最后他就琢磨着确定下来吕林第二板的时候要往外动，因为王涛靠台子比较近，直接从后边顶到前边来打。这是当时给我印象比较深刻的一件事。

就这样，一个环节一个环节地研究、讨论，深入地解决双打中大家从未思考过的问题。不仅教练员和科研人员一起研究，而且还把全队队员集合起来看录像。不料想，一次队员看录像时，发生了一件大事儿……

不许当散沙，必须抱成团

集训期间，蔡振华每周三次晚上召集队员在会议室看技术录像。张晓蓬找来历次大赛双打决赛的录像，大家一边看，一边讨论，七嘴八舌，把在奥运会上可能碰到的双打强手逐对剖析，找出他们的技术特长和短板，再商量如何战胜他们。

这天晚上是看南斯拉夫卢普莱斯库/普利莫拉茨的一场比赛。他们曾是第39届世乒赛双打亚军。蔡振华像往常一样，用简短的语言介绍了录像中的选手。

“这是我们在奥运会上双打主要对手之一。”

看完录像，蔡振华就和大家一起讨论。他对坐在一角的队员谢超杰说道："小谢，你打过这对选手，谈谈他们的主要特点。"

谈乒乓球的事儿，蔡振华的记忆是超人的。队内每位主力都打过什么比赛，打过什么对手，成绩如何，他都记得一清二楚。在1989年第40届世乒赛上，林志刚和谢超杰这对年轻双打选手曾淘汰了卢普莱斯库/普里莫拉茨，爆了一个大冷门。

谢超杰是广西来的选手，1965年生，右手直板左推右攻打法。1991年谢超杰曾跟随蔡振华出征第2届世界杯团体赛，和队友协同作战，荣登世界冠军宝座，成为队里五位世界冠军之一。谢超杰崇尚的格言是：士气，斗志旺盛、情绪高涨、跃跃欲试、作风硬朗；杀气，攻势凌厉、咄咄逼人、板板奏效、刺刀见红。可他本人戴副眼镜，看上去像个文弱书生。平时他性格内向，不显山露水的，和大家相处也挺随和。

刚才谢超杰脑子溜号了，没想到蔡指导点名让他发言。他一激灵，有些慌神，因为刚才放录像时他根本没怎么看，大家讨论时他也是在想其他的事儿。他脑子顿时一片空白，甚至蔡指导让说谁他都拿不准了，便脱口而出："谁呀？马祖诺夫那哥儿俩？"

大伙儿一听，先是一愣，继而有的装作没听见，眼看天花板好憋住要发出的笑声；有的忍不住就缩脖子笑了起来；还有的做鬼脸，再一看蔡指导，脸都涨红了，不好，要火！赶忙板正面孔做严肃状。

蔡振华压住了火气，用平静的语调对谢超杰说："你先回房间，开完会后我找你。"

谢超杰知道自己出了洋相，慌忙解释说："我眼镜坏了。"说罢摘下眼镜，翻来翻去，装出找毛病的样子。

说完这话，谢超杰顿时就后悔了，他恨不得扇自己一个嘴巴子。老实承认错误不就完了吗，欲盖弥彰！不知道蔡指导最恨别人撒谎吗？说这么句废话干吗？

"参加奥运会的虽然只有马文革他们四个人，但他们是代表我们全队、代表国家！他们去是为我们全队、为我们国家争夺荣誉！话说回来，乒乓球出了几十个世界冠军，如果没有领导的全力支持，教练的费心指教，队友的鼎力相助，还会有那么多世界冠军吗？你回省队去好好想想吧！”

这下全队都愣住了，有些人不禁同情地望着谢超杰，也有人不敢看他。他这人是可恨，怎么敢在蔡指导眼皮底下思想溜号？怎么样，抓了个正着！再说溜号就赶快认错呗，还在那儿瞎说，叫你回房间你老实回去也行啊，还狡辩！这回一罚到底了吧？

谢超杰果真被罚回了广西队。他一路上追悔莫及。说实在的，他不恨蔡指导，就恨自己不争气！蔡指导真是一针见血，自己思想深处还真是像他批评的那样，觉得自己不参赛用不着太用心，反正是参赛人去打，自己想使劲也使不上。要都这样想，全队不就成一盘散沙了吗？

罚回省队，可以说是国家队对队员最严厉的处罚。一般情况下教练是不会用这个杀手锏的。这意味着两种可能：你表现好，或许被召回来；表现不好，就半途而废了。所以一般队员回省队后都会拼命练，用行动、用成绩表达自己的悔过之意。

谢超杰想通了，他下了火车，没回家，背着行李就直奔省集训队了。找教练报完到，他就去了球馆。

过了段时间，谢超杰给国家队教练组写了一封长长的信，对自己的错误行为及根源作了深刻的检讨。半个月后，在全国乒协杯比赛上，他打得非常出色，在决赛中战胜了马文革，用实际行动显示了自己的“悔过自新”。后来谢超杰又被召回国家队，当然这是后话了。

当时谢超杰这位世界冠军被发回省队，对全队无疑是很大震慑。他们强烈地感受到，你想在国家队战斗下去，那就必须和集体抱团，而不能只想自己单打独斗，不能当散沙。国家队的集体主义传统不是说说的，而是体现在点点滴滴的行动中。

第 43 届世乒赛男双冠军王涛、吕林　　齐大征摄

王涛、吕林倒地喜泣三分钟

巴塞罗那奥运会乒乓球双打决赛所在的体育馆，瞬间成了沸腾的海洋，德国球迷们用各种方式为他们的双打选手罗斯科普夫/费茨纳尔加油鼓劲。有人跺脚，有人摇国旗，有人呐喊，有人吹喇叭，一点儿也不比足球赛的氛围差。这对选手是他们心中的英雄，他们曾在四年前的第40届世乒赛上荣获了男子双打冠军，今天他们又打进了奥运会乒乓球的男子双打决赛。眼下他们与王涛、吕林这对中国选手的激战打到了20:15，眼看就要拿下第一局，球迷们怎么能不激动呢?

挡板外的蔡振华神色凝重，他盯着王涛和吕林盘算着。

大赛的喧闹氛围他不担心，因为在集训时训练场天天放喇叭，用敲锣打鼓声、喝彩声和嘈杂的录音来干扰队员，为的是让他们适应赛场上的氛围。他们还曾玩过一种叫“加棒”的游戏，就是赛队员的集中注意力的能力。为了增加紧张度，规定胜奖输罚。“发10个不出台的球，出台一个罚10元。”这一来队员们呼啦啦一起围上来，有人叫好，有人起哄，还有凑热闹押宝的，仿佛是世界大赛双方打成20平的氛围。有人往球台前一站手就抖，还有人第二个球就发出了台。而吕林不管别人怎么起哄，都如入无人之境，两次都得第一，显示了非凡的定力。所以他和王涛不会因赛场的嘈杂氛围而受干扰。但今天一早参赛前的险情倒是对他们产生了一些影响。

决赛时间是上午11点，9点25分蔡振华就带着王涛、吕林到停车场等待班车。按计划班车应是9点35分出发，可是等来等去不见班车的影子。蔡振华当机立断，不等了。三人跑步出了奥运村，但出村又打不着出租车。三人边跑边找车，跑了好远一段路才截到一辆出租车。此时蔡振华已急得一头大汗，王涛和吕林也都大汗淋漓。到赛场时，离开赛时间只有四十分钟了。两位选手匆匆忙忙做了一些准备活动，开赛时还心有余悸呢。这多少影响了他们的发挥，被罗斯科普夫/费茨纳尔牢牢掌握了主动权。

蔡振华很了解罗斯科普夫/费茨纳尔这对选手。中国男队在训练时曾看过他们的技术录像，研究过这辆“德国战车”的特点与对付他们的技战术，因而王涛、吕林对他俩并不陌生，关键是现场发挥了。从王涛、吕林半决赛力挫韩国劲敌刘南奎/金择洙的表现来看，他们还是有希望的。

现在15:20，是关键时刻，就怕两位小将手软……好！两小将耳语了两句，左手横握拍的王涛发了一个近网球，罗斯科普夫回球不过网。王涛如法炮制，罗斯科普夫再次下网。17:20，德国人慌了。接着吕林打中费茨纳尔的反手，罗斯科普夫两度扣球失误，转眼比分成了20平。

看台上，德国球迷愕然片刻，又为自己的选手猛烈敲鼓加油。比赛进入了白热化。此后王涛、吕林四度领先，但德国选手四次将比分扳平，双方真是杀红了眼。球如流星一样来回穿梭。罗斯科普夫一板打飞，引来满场惋惜声。紧接着这位欧洲单打冠军又一次回球不过，26:24。中国选手拿下了第一局，让许多德国球迷恍如梦中，难以相信眼前的事实！

这两对从未交过手的世界最佳双打搭档，讲实力难分伯仲，如今相逢在奥运会的决赛场上，决定胜负的是心理的砝码孰轻孰重。

第二局比赛，戏剧性地上演了第一局比赛的翻版。不过这回是德国选手落后，他们在12:18的不利情况下，小个子费茨纳尔的正反手弧圈球连连得手，压住吕林的反手，最后竟神奇地连得九分而拿下第二局。

针对对手的长处，蔡振华让王涛和吕林把球打在对方近台和远台的结合部位。后来蔡振华看对方逐渐适应了这种打法，大比分2:2打成平手，又及时对王涛、吕林说：“你们在输球时有些保守，要敢于发挥，打出你们的特长：快。左右要配合好，把对方尽力逼到远台，压住他们的火力……”

决胜局一开始，罗斯科普夫与费茨纳尔先声夺人，一口气拿下三分。但是王涛和吕林不急不躁，他们按照蔡振华的指点改变战术，搓小球，再打大角度，打得狠中有巧。加强落点的变化，使得步伐失去章法的对手接连回球失误。打成9平后，王涛和吕林势如破竹，而对手却阵脚大乱，以打法凶猛而著称的这对德国选手在中台对攻中失误频频。当罗斯科普夫又一次将球打飞后，记分牌上亮出了21:14，中国小将3:2夺得了奥运男双冠军！

王涛、吕林飞一般奔向了挡板外的蔡振华，师徒三人紧紧拥抱在一起。先是王涛热泪夺眶而出，紧接着吕林泪流而下，蔡振华含笑拍着两弟子的肩膀。王涛、吕林实在难以抑制自己的极度喜悦，双双倒在地上抱着头、捂着脸足足有三分多钟，各国记者纷纷奔过来抢拍这一激动人心的时刻。

三分钟，在平时会一闪而过，而在这万众瞩目的时刻却显得十分漫长。这对年轻的中国选手此时此刻想到了什么？

浓眉大眼、英气勃发的小虎将王涛，你想到了什么？是被委以担当奥运会突破口先锋时的惊喜，还是在临近奥运会开幕一月时，怪病突袭使你粒米难进，在高烧中与病魔“打相持战”时的痛苦？是奥运会双打开赛以来一场又一场的搏杀，还是清晨没有班车差点延误决赛的虚惊？是备战一年多以来陪练队友不知疲倦的步伐，还是队医们寻医找药、按摩时额头上的汗珠？是主管教练、科研人员挑灯夜战伏案统计分析的倦容，还是父母坐在电视机前观赛时的心惊肉跳？

儒雅文静的小生选手吕林，你想到了什么？是深藏内心的期待的目光？是不被有些人看好的委屈？是蔡指导充满期待的眼神？是夜深难眠时重温技术录像？还是刚才球台上的超水平发挥？

一切的一切都是那样宝贵，都是那样难忘……

所有的记者都举起了手中的照相机，把镜头对准这对中国选手，抢拍下了这宝贵的镜头，随即又去追踪男队少帅蔡振华，和享誉已久的中国代表团副团长李富荣。

李富荣满脸喜气地说：“德国罗斯科普夫和费茨纳尔这对选手是很有实力的，他们是世锦赛的双打冠军。今天两位小将在一段逆境中不慌乱，及时应变，敢打敢拼，变得越来越成熟了，我们为他们高兴。”

陆元盛则说：“巴塞罗那是我们的风水宝地。去年11月世界杯团体赛，也是在这个赛场，我们击败了强大的瑞典队。今天王涛、吕林拿下奥运双打金牌实属不易。他俩从未碰上过罗斯科普夫和费茨纳尔，但重大比赛就是这样，大家都紧张，技术都走样，就看谁走样少！这对德国选手虽然中远台弧圈技术强于我们，但他们也有明显的弱点，即近台后再退台时，步伐衔接得不好，两人往往容易‘撞车’，在最后一局所丢失的那一分就是如此，一高一矮挤到了一块。王涛和吕林按照赛前蔡振华教练的部署，拼命对他俩‘打一个角’，终于在关键的第五局夺取了最后胜利!”

而远在北京家中，蔡振华的妻子黄胜在电视机前看完了这场比赛后，只说了一句话：“蔡振华的白头发没白长啊!”

马文革单打获得一枚铜牌，王涛、吕林双打实现了夺金，一切都验证了蔡振华作战计划之正确，指挥之得当。男队拧成一股绳，超额完成国家体委下达的任务，给全国人民带来了惊喜。

此时人们多想听听添了白发的蔡振华怎么说、怎么想。乒乓球队8月11日凯旋后，《乒乓世界》记者苏丕宪想电话采访蔡振华时，他正在伏案写总结。

半小时后，他接受了记者采访。

记　者：王涛、吕林勇摘男子双打金牌，实现了男队赛前抓双打的战略意图。请问，王涛、吕林的胜利，是否意味着在男子双打项目上我队已处在领先的位置上?

蔡振华：还不能这样讲。我男队只是从世界乒坛目前男子的状况出发，选择双打作为突破口，以此来增强队员的自信心，加强战斗力。从双打实力上讲，我们与欧亚几对强手差不多。相对而言，我们在技战术上想得更细一些。但关键还是王涛、吕林敢拼，是拼下来的。

记　者：中国男队的小伙子们这次打得很不错。除双打问鼎外，马文革获得单打铜牌，王涛也打进了前八强。这是否说明中国男队已从低谷中走出?

蔡振华：应该说，男队现在呈回升趋势。队员们经过训练、大赛的磨炼，实力正在不断加强，特别是自信心恢复了，敢于“碰硬”，相信自己的实力。当然，我们与瑞典队相比，还有差距，但这种差距正在逐步缩小。

记　者： 本届比赛您认为最精彩、最难忘的是哪一场球？

蔡振华： 说实话，进入第二阶段后，比赛都很好看，一定要说出哪一场最精彩，我看单打要数马文革对盖亭这场，真是惊心动魄，回味无穷。但队员们说，马文革对佩尔森那场球打得好。马文革抢先上手，正手连续攻，反手控制，都恰到好处，发挥得很出色。大概是每个人评论比赛的角度不同吧。双打嘛，我看半决赛王涛/吕林战金择洙/刘南奎这场球最好看。可以看得出，韩国队这对也是经过认真准备的，从他们的一招一式便可知晓。双方实力相当，又作了充分准备，拼劲很足，这样的球能不精彩吗？关键时刻，王涛、吕林总算把握住了机会，冲入决赛圈。

记　者： 奥运会后，男队有何新打算？下一个目标是什么？

蔡振华： 第42届！我在接男队时，便提出要打好“三大战役”，即世界杯团体赛、奥运会和第42届世乒赛。我们在去年11月夺取了世界杯团体赛冠军，今年又在奥运会上有了突破，关键是要在明年的第42届世乒赛上争取好成绩。

是的，中国乒乓球队经过奥运会大赛的考验，比以往更加成熟了。他们十分珍惜这来之不易的荣誉，他们将继续保持清醒的头脑，“一切从零开始”，争取再创佳绩！

第八章
哥德堡的悲欢记忆

与曹燕华并肩夺得混双冠军的地方

第 25 届巴塞罗那奥运会结束后，中国男队就开始向下一个目标——第 42 届世乒赛进军。蔡振华团队与他的队员们渴望着在瑞典首都哥德堡打一场翻身仗，把阔别四年之久的斯韦思林杯夺回来。

哥德堡，瑞典语意思是耸立在哥德河畔的城堡。尽管距 1985 年来到哥德堡已有八年时间，但蔡振华对北欧这第一大港口城市记忆犹新，因为这里是他运动员生涯中最后一搏的地方，也是他和曹燕华捧得混合双打兹·赫杜塞杜克杯的地方。

那时蔡振华只有二十四岁，但事业上已经历了几次大起大落。

1981 年第 36 届世乒赛，他担当了男子团体赛主力。蔡振华一战成名，回国后几乎所有和体育沾边和不沾边的媒体都来采访他、宣传他。他被誉为李富荣总教练手中的“秘密武器”。特别是他战胜了瑞典队天才运动员瓦尔德内尔这件事，轰动了国际乒坛，他也被媒体誉为“魔杖”。

那时的蔡振华被光环笼罩、被球迷追捧，是真正的乒乓界明星，1984 年的男运动员种子选手名单，他的名字排在首位。

不想国际乒联发布的一条新规，宣布了蔡振华球拍的死刑。此后他换了胶皮苦练过，但却没法达到原来的水平。他在国内外赛场上的战绩一落千丈，似乎变成了一个不会打球的选手。

第38届世乒赛备战时主教练许绍发找他谈话，明确告诉他："团体赛决定不报你了，单打中国队一共出八个人，你如果上的话，年轻队员就得少去一个人。"

蔡振华是聪明人，他当然听得出许指导的弦外之音：八个人得守八条线，以确保中国人夺冠。你守一条线风险很大，万一有闪失责任重大！

许绍发又对他说："男子双打一向是中国队的弱项，你集中精力攻一下双打，争取把伊朗杯抱回来。还有，你和曹燕华的混双打也要搏一搏！"

"无论团体、单打还是双打，我一切听从祖国的安排，有多大力出多大力，请组织上放心！"

他被任命为队长，小蔡似乎一下子变成了大蔡，变成了老大哥。江嘉良有困难，他鼎力相助；陈新华思想波动，他找他谈心；队里的杂事儿，他主动抢着干：给大家送报纸，分信件，帮教练发训练用的实心球、跳绳，练完后又归置好训练器材，为的是让主力队员多休息一会儿。

蔡振华本来伤病不少，但他为了让队医多腾出些时间来为主力队员治疗，就很少去医疗室，常常是自己采取点措施。在开会时，队医想乘机给他按摩一下，他却指指江嘉良、戴丽丽："先给他们按摩吧。"

蔡振华的表现赢得了队友、教练、领队的赞赏。

在哥德堡，蔡振华和领队、教练、队友度过了一次难忘的世乒赛。在赛前训练时，蔡振华主动为主力当陪练，他边模仿欧洲选手的打法拉着弧圈球，边喊着瑞典队选手的名字："我是阿佩伊伦！我是阿佩伊伦！"以此来激发队友的斗志。打团体赛时，蔡振华坐在挡板外给队友加油助威。有时教练忙不过来，他还主动当场外参谋，给队员送饮料、出点子，当他看到主教练和队员登上领奖台捧起斯韦思林杯时，他发自内心地为中国的胜利纵情欢呼……

单项比赛开始后，蔡振华和江嘉良的双打在半决赛时输给了捷克斯洛伐克选手潘斯基和奥洛克斯基，只拿了个第三名。

蔡振华心里很难过，他不想自己的运动员生涯在这次世乒赛上留有遗憾，他必须把与曹燕华的混双打好，这将是他作为运动员为国争光的最后一搏了！

混双开赛后，打得还算顺利。曹燕华是讲义气的人，她虽然对混双冠军不是志在必得，但心里很同情蔡振华这哥们儿的遭遇。想想他今后将无缘世乒赛，也想配合他拿下这个混双。

蔡振华、曹燕华遇到的决赛对手是捷克斯洛伐克名将潘斯基和赫霍娃。他们简直打疯了，一口气战胜了中国三对选手——江嘉良、戴丽丽，王会元、齐宝香，陈新华、童玲，创造了捷克选手自20世纪60年代以来混合双打比赛的最佳战绩。而蔡振华到现在还时而会想到男子双打决赛时的一幕幕。曹燕华因为从早晨就开始比赛，一场场身心高度紧张地拼杀下来，她头晕恶心，呕吐了半天后，含着泪水参加了比赛，一时还难以兴奋起来。

第一局两人还未进入状态，比分就打成了15:19，转眼就16:21失去了一局。按新颁发的比赛规则，双打比赛只要拿下两局就算赢。这下两个人都一惊：之前他们俩配混双已经打过两届世乒赛了，可一次冠军也没拿过。这第三次搭档，难道又要泡汤吗?

蔡振华哪里能认输？他悄悄对曹燕华说："第二局，我们拼吧！"

曹燕华点点头，她在训练时曾对蔡振华说过："我觉得混双最有信心。"现在她要履行诺言，她满怀信心地说："我们能赢！"

这时曹燕华的主管教练周兰荪、蔡振华的主管教练庄家富又对他们现场指导一番，二人心领神会。

第二局开始，曹燕华按周教练的指点改用长胶接对方来球，结果捷克斯洛伐克选手对这种飘过来的球很不适应，回球偏高。蔡振华看准机会进攻，果然连连得分。这样二人轻松地拿下第二局。

第三局开始，蔡振华、曹燕华先发制人，以12:4领先，对手乱了阵脚。曹燕华与蔡振华越打越顺，越打越有，以21:12轻松拿下。

蔡振华以自己的最后一拼为祖国夺取了一项冠军。

如今，重返哥德堡的蔡振华已由当年一名敢打敢冲的小青年，变成了而立之年统领中国男队的主教练。这是他第一次带队出征世乒赛，能不能如大家期望的那样捧得斯韦思林杯凯旋呢?

“名单被我抓住了！”

每次团体赛排兵布阵都是双方教练员智商的一次较量。第42届世乒赛团体决赛，蔡振华和几位教练也下了很大功夫，可以说是殚精竭虑。

半决赛3:1获胜后，中国男队要第三次与瑞典队进行巅峰对决。蔡振华心里充满期待。就实力来讲，中国队虽然尚弱于瑞典队，但全队士气高涨，老将王浩大赛经验丰富，可担重任；小将刘国梁初生牛犊潜力无限；主力队员马文革、王涛羽翼渐丰，被瑞典新闻界十分看好，称他俩是众多强手中最难对付的。一个月前，王涛在日本举行的公开赛上，连胜瑞典队三员大将而登上冠军宝座，显示了不俗的实力。

其实此时蔡振华心里还有不踏实之处，他在抵达哥德堡后曾对记者透露说，他有三怕：一怕青年选手经验不足乱了阵脚，二怕队员信心太足盲目乐观，三怕意外事件干扰，如伤病、球拍不合格要求临时换拍等。

不幸第一条最早被他言中。团体赛五名队员中排第五的是刘国梁，一年前他在成都举行的中国乒乓球公开赛上一举成名，先打败了韩国姜熙灿和金择洙，又战胜瑞典的林德和瓦尔德内尔。这一下就引起了轰动。瓦尔德内尔当时炙手可热，简直是国际乒坛的一个神话，他不仅作为主力为瑞典队蝉联世乒赛团体冠军立下奇功，而且连续获得第40届世乒赛、第11届世界杯和第25届巴塞罗那奥运会男单冠军，被各国选手视为不可逾越的高峰。他竟然被十七岁的中国小将拉下马来，成为乒乓界一桩美谈。

从此，刘国梁被视为中国乒乓界的希望之星，因而这次世乒赛入选团体赛阵容。

哥德堡战役团体赛打响之后，刘国梁获得了较多的上场机会，没想到这次比赛与成都公开赛时判若两人，打得很不理想。在决赛时，蔡振华只能忍痛割爱。这样他手里只有马文革、王涛、王浩、吕林四张牌了。

瑞典队出了个新星卡尔松，他在团体赛中保持不败，极有可能会打决赛。卡尔松最怕打削球，瑞典队会千方百计使其避开王浩。此外瑞典队可能会想到，中国队正常情况下会把马文革排第一主力，这样瑞典队可能会把卡尔松排在第一号主力位，让他与马文革对阵。经过反复推敲，蔡振华决定把削球手王浩排在第一主力位置，马文革、王涛排在第二、第三主力位。

双方排阵名单一交换，蔡振华不禁喜上眉梢，果然瑞典队把卡尔松排在第一主力位，正好被王浩抓个正着。如果前三盘结束战斗是最佳方案，能占上风也有胜利希望。而瑞典教练通斯特罗姆却双眉紧皱，显然中国队的排阵大大出乎他的意料。

“恨不得马上再重打一场！”

中央电视台现场直播解说员是大名鼎鼎的宋世雄。他那为中国广大观众和听众极为熟悉的声音总是激情飞扬，仿佛可以力透三山五岳在云中回荡。当他介绍完中瑞双方男团决赛的排阵名单后，中国乒乓界的行家全都欢欣鼓舞，认为胜算已有三成。

王涛的父亲王世俊、母亲何玉芳此时正在澳洲探望大儿子。临近世乒赛开赛时才得知澳洲不能转播比赛实况。夫妻俩急坏了，恨不得坐飞机回北京通过电视看爱子打比赛。王涛的哥哥理解父母的急切心情，到处打听哪里有电视转播，后来终于获知有位中国留学生的电视机安装了一部能接受 CCTV 节目的电视接收器。

王涛父母听了喜出望外，连晚饭也顾不上吃，就跟大儿子到了那位留学生家看转播。

王世俊虽是音乐工作者，其培养儿子当世界冠军的雄心一点不比刘国梁、孔令辉的父亲差。为了王涛的成长，他不断地学习乒乓球知识，观摩各级别的乒乓球赛，日积月累，也成了一个内行。关于这届世乒赛，他也早早做足了功课，特别是对中国队的老对手瑞典队，他精心作了研究，有了自己的认识和预测。这会儿他对目不转睛盯着电视的妻子说：“这场球很难打，人家瑞典队在家门口打，天时、地利、人和占全了，又有老瓦和佩尔森这样的名将、顶尖选手，要拿下难度很大。”

决赛开始了，卡尔松碰上削球老将王浩，心里忐忑不安。王浩上场后打得主动，顺利拿下了第一局。第二局又一路领先打到19:16，眼看这一盘要拿下，不想卡尔松此时倒卸掉了包袱，不管不顾地拼杀起来，一口气竟拿下五分，反败为胜。双方1:1打成平手。关键的第三局，卡尔松已经适应了王浩的球路，王浩不免心存焦虑，又有些懊悔，结果又输一局。这样，卡尔松就为瑞典队拿下开局的宝贵一分。

本来抱有希望的开局没拿下来，第二局马文革对瓦尔德内尔让人不敢有奢望。但马文革如同炸碉堡的勇士，前面战友的倒下不但没让他减缓冲锋的步伐，反而更加激发了前仆后继的血性。他面对世界乒坛一号种子选手又拉又攻，忘我地耍着他的大刀，为中国队拿下重建信心的一分。中瑞双方战成1:1。

第三盘是王涛对佩尔森，双方都发挥得极为出色。身为世界冠军的佩尔森仿佛忘了不久前他曾被王涛打败，对王涛打过来角度很大的球，他飞身连扑带拉，竟然全都成功救起过网。观众席上响起阵阵喝彩的掌声。最后王涛1:2输了第三盘。

第四盘王浩对瓦尔德内尔，球路和实力上王浩都处于下风，最后瑞典队3:1战胜中国队，第三次捧走斯韦思林杯。

当小伙子们跟在蔡指导后面登上亚军领奖台时，每个人都眼含泪光。

赛后所有观球的人都称赞双方发挥出了最高水平，国际乒联主席荻村伊智朗称赞说：“这是有史以来最精彩、最有水平的决赛。”

瑞典报刊也评论说：“中国队虽败犹荣，打出了很高水平。”

面对记者采访，蔡振华说：“我当运动员时就老不满足，可能这一辈子也改变不了。中国男队近两年来取得世界杯团体冠军，奥运会男双冠军、男单第三，这次又从上届团体第七打进决赛，取得亚军，队员们尽了很大努力，我对他们是满意的。但我们的目标是世界冠军，这次却没能把握住机会。比赛中暴露了我们技术、训练上的一些问题。新人还不够成熟，与冠军队尚有距离。然而，失败并没有使我们失去信心，我只想告诉国人，请再给我一点时间。”

蔡振华这段话全面而坦率，字里行间透着不服气。

也许失败比成功给人留下的记忆更为深刻。《乒乓世界》执行主编夏娃曾在《新体育》《中国体育报》当过多年记者，她从大学毕业分配到《新体育》接受的第一个采访任务就是到乒乓球队采访1989年归国任教的蔡振华，当时写了篇《蔡振华归国记》，广获好评。由于她喜欢文学，又懂音乐，人极聪明，所以文章写得不落窠臼，善于抓细节、抓人物心理活动。她在回忆那届世乒赛时说：

> 1993年第42届哥德堡世乒赛想打翻身仗，其实实力上跟瑞典比还是差一点，但运动员的士气已经调动起来了，打翻身仗的决心也有了。进入决赛，我印象特别深的是，我一进场地，蔡指导就过来说："哎，我名单抓住了！"挺兴奋。后来还是输了。第一场王浩输了以后，坐在那里。当时他胳膊有伤，大夫马上就到旁边给他做冰敷。王浩动过手术，还没全好，给他冰敷的时候我就站在他旁边，看到他眼泪吧嗒吧嗒地掉在地上了。王浩属于性格特别外向的人。领奖台上有一幕，我记得很清楚，上去以后王浩又流泪了。我当时在场下用一个佳能胶片照相机给他们拍照。我这个人见不得人家哭，王浩一哭我眼睛也模糊了，镜头也看不清……
>
> 往回走的路上，我问蔡指导，刚才领奖台上你想什么来着？他当时只说了一句话，"我真想再重打一场"。这句话后来用到文章标题里了，因为很能反映出他那种不甘心、不服输的个性。回到房间后乔红给老蔡泡了一袋方便面。老蔡背对着我们在那儿吃方便面。我注意到一个细节，他吃了两口以后，就跑洗手间去了。我不知道他是不是流泪了，过后，他曾跟我说："咱们实力稍微弱一点，但是排阵抓住了，队员心气也很盛，应该是有机会的。"他认为他当时犯了一个错误。他说："我抓住了名单以后，不应该脸上表现出太多的喜悦，这种表现会给队员一种压力。"

哥德堡没夺回斯韦思林杯，其实队员也都跟蔡指导一样，个个不服气。比赛第二天，王涛就给远在澳洲的父母打长途电话："决赛我们输了，但我们不服气；在第43届世乒赛时再较量！反正在我们这一代人手里，非把斯韦思林杯夺回来不可！”

而马文革对当时心中的遗憾也难以忘记，事隔十八年后他接受《乒乓世界》记者采访时还说：“第42届世乒赛时我的状态是最好的，遗憾的是团体赛没能再打一盘。”是啊，照他当时那股杀气，把老瓦拉下马，战胜其他瑞典名将也是极有可能的。

对这场团体赛“遗恨千古”的是王浩。

铁人王浩虽败犹荣

有幸被国家队选为第42届世乒赛团体成员，我很高兴。除了感到自身的价值得以体现外，更重要的是得到了您和其他领导、教练的信任，尤其是团体决赛时您果断地排我打一、四号位，事实证明这个排阵是完全正确的，连我们的对手都佩服您的大胆和果断。没有拿到冠军，唯一要负责任的是我，面对一个我从没有输过的对手，只差两分我却拿不下来，而这两分很有可能让中国队获得团体冠军。输了后我对您说“对不起”，但也无法改写那段历史了。42届世乒赛已经过去半年了，一回忆起那段比赛我就伤心。我想征求一下队里的意见，是否还想用我。我自己还想打一届，一是第42届世乒赛我输得不服气，二是男队仍然处于困难时期，一两年内还无法从根本上改变这种状况。在这个过渡时期，我的水平和打法也许还有价值。我现在面临的最关键问题就是如何保持技术状态。42届世乒赛输给卡尔松的主要原因是在西班牙的一年训练和比赛都没有好的对手，回去集训的一个多月又经常受伤。如果用我，我有两种选择，一是打一年高水平德国联赛，二是回国训练，最多就是我明年不挣钱了，如果能有机会在天津打翻身仗，给我100万美金我都不换。

这是王浩在西班牙写给蔡振华的一封长信的部分内容。

王浩在第42届世乒赛团体赛上输了两分，作为第一主力，自然是有不可推卸的责任。从此，这场比赛就像一个钉子钉在了他的心上，他永远不能忘记，永远不能原谅自己。

人的一生中会犯许多大大小小的错误，有的错误是可改正的，有的错误却没有机会改正。王浩认为自己在第42届世乒赛上所犯的错误是很难有机会改正的，除非他再打胜一场世乒赛的团体赛。因而他写了这封长信给蔡指导，三页纸正反面写得满满的，把心里的忏悔与渴望向蔡指导倾诉。

王浩出生于1966年11月。他八岁开始打球，十一岁进省队，十五岁入选国家队，右手横握拍，打削球。

1987年第39届世乒赛上王浩曾作为团体冠军队员登上领奖台，他的名字刻上了斯韦思林杯。后来因为伤病不得不离开国家队出国打球。那年他才二十一岁。

王浩的乒乓生涯充满了坎坷，伤病如同魔鬼，隔个三年五载就会来纠缠他。他十七岁时，右臂不幸骨折，做了第一次手术。因手术效果不理想，为了能打球，他二次躺到手术台上。后来又因肘关节患脆性软骨炎，做了第三次手术。1988年他的肩关节脱臼，不得不离队治疗。

王浩在德国一边治病，一边代表俱乐部打球。他带领俱乐部夺得欧洲俱乐部团体冠军、德国俱乐部联赛和德国杯的冠军。1991年蔡振华率队备战世界杯团体赛，请王浩加盟出征。王浩从德国直飞西班牙巴塞罗那，与马文革、王涛合力夺得冠军。获胜后，王浩激动地躺在场地上，心中充满了为国争光的豪情。这次夺杯对处于低谷的中国队无疑是战略转折点。

这次比赛把王浩的心打活了。他开始清醒地认识到，原以为出国挣钱是很好的事情，回国后有了钱想干什么干什么，可如今打了这场比赛，却发现自己内心深处最在乎的还是那小小的银球所承载的祖国荣誉。在国外球打得再风光，心里也没有为祖国效力那种神圣感。因而他渴望能有机会再次为祖国出征。

两年过去了，1993年4月，王浩第四次被召回国家队，备战哥德堡42届世乒赛。其实他与西班牙皇家港口俱乐部的合约尚未到期，但他毫不犹豫地飞回北京，根本不在乎金钱的损失。

在集训时，这位比主教练只小五岁的老队员，以他的球技、人品和燕赵之风赢得了队友们的尊敬。到了哥德堡，他用流利的英语接受瑞典电视台采访所表现出来的豪气，更使年轻队员佩服得五体投地。

团体赛小组赛中，七场比赛王浩打了四场，是唯一保持不败的选手。半决赛时，蔡振华把他排在第三号主力位去拼弗兰茨，他削得稳，攻得凶，以2:0获胜。

谁也没想到，在中瑞男团“世纪之战”中，被排在第一主力位置的王浩独失二分。失常的表现导致中国队攻坚未果，第三大战役未能打胜。王浩心里充满了愧疚，他不想找伤病的客观原因，他觉得自己没有把握好机会，如果第二局19:16时不保守，卡尔松就不可能起死回生反败为胜，如果这局拿下来，后边的赛程肯定就大不一样了。

比赛看起来乒乒乓乓一局要打21分，实际上关键球往往就那么一两个。心态摆平，可能就如猛虎下山取得战果；把握不好，也可能一败涂地。在关键球的处理上，拼的不光是球技，还有胆量和综合素质，这就是竞技体育的残酷性和魅力所在！而对运动员来说，往往一球输赢关乎一生荣辱！

自己拖了中国队后腿！王浩泪流满面地和蔡指导、队友站在亚军领奖台上。尽管有瑞典人评价他与瓦尔德内尔的比赛“是最美的一场体育艺术比赛”，尽管一头金发的瑞典小女孩请他在笔记本上签名，赞美他说“你是世界上最伟大的运动员”。

硝烟散去，王浩又回到西班牙，但他再也坐不住了，当他得知第43届世乒赛在天津举行时，他十分渴望能参加这场在家门口的翻身仗，因而提笔给蔡振华写了一封长信请战。

为了参加打翻身仗，他终止了五年的高薪酬悠闲自在的生活，回到了祖国。

有记者问他：“你满腔热忱归队效力，如果参加不上第43届世乒赛，你会后悔吗?”

“第43届世乒赛对我来说确实是十分难得的，也可能是最后一次机会。但我必须参加队里的公平竞争，争取以令人信服的实力入选。在这一年中，我会尽最大的努力争取参加比赛。如果我伤病很重，或者竞技状态不佳，或者我竞争不过年轻选手，我不会让教练为难的。我归队的目的是为了这个集体，集体的荣誉远比我个人的得失重要。即使报不上名，我也不后悔自己的选择！”

王浩的思想境界，表明了他不愧是中国乒乓球队这个光荣集体培养出的一名优秀运动员，哥德堡之战虽是他的心头之痛，但没打倒这位慷慨悲歌之士！

如今是河北省乒乓球队总教练的王浩，正用心血培育幼苗，期待在这些后来人的身上延续自己未实现的梦想……

第九章
海河畔那场感天动地翻身仗

“同仇敌忾，打败瑞典，誓夺斯韦思林杯！”

乒乓球训练馆里，悬挂着这条标语。

这条标语不是用墨写的，是中国男队用意志写下的誓言。

这十五个大字在蔡振华心里回荡了六年多了，也在中国乒乓球队每名战士心中回荡了六年多。它是镌刻在中国乒乓男儿心中的战旗、目标……

他们准备着，他们苦熬着，他们积淀着，他们向往着，因为这座斯韦思林杯是世界乒坛的最高荣誉，是世界乒乓男儿的最强实力的象征，是智慧、意志和技巧的综合检测仪。

第43届世乒赛，定于1995年5月1日在天津举行。这是我国继1961年承办第26届世乒赛后第二次承办世乒赛，引起了举国上下的关注。

天津市建造了崭新的体育馆，为迎接来自世界各国和地区的男女乒乓健儿做好了各种准备。

为了尽早熟悉场地，蔡振华率领男队于4月29日离开集训地，直奔天津，他们要提前进新馆进行适应性训练。

从教练员到运动员，从领队到工作人员，个个摩拳擦掌，准备打一个漂亮的翻身仗！

男团决赛排名单费踌躇

团体赛是乒乓球世界锦标赛的重头戏，它体现的是一个国家的整体实力。中国队历来重视团队精神，团体金牌的分量重于泰山。

和单项比赛不同，团体赛上三个人。上谁，次序如何排，非同小可，如同两军对垒的排兵布阵。每位运动员打法不同，因而也都有其特长和软肋，如果排兵布阵思考不周，有可能就是以短搏长处处受制；排好了，就是用飞毛腿导弹打对方的冲锋枪。此外，团体赛五局三胜。开局很重要，派谁冲头，派谁殿后，都要反复思量，稍有闪失，就可能满盘皆输。

除了考虑运动员的技术、打法，还要考虑其性格特征和心理素质。有人是比赛型的，人来疯，观众越多越来劲儿，往往会超常发挥。有人平时训练技术出色，但一比赛就紧张。还有人甚至连日失眠，这种队员要考虑到其比赛起来实力会打折扣。

在外行看来，乒乓球就是你来我往，全是即兴“创作”。其实不然，小至每球，大至每局，以至每盘比赛，都要精心准备、算计，就像一个战役中包括多场大小战斗，大至军师团，小至连排班，每场战斗都要有周密的作战计划。所以教练员指挥比赛如同将帅指挥战斗，什么时候攻什么时候守，什么时候根据战况转攻为守或转守为攻，对谁攻对谁守，教练员的心里都要有数，决不是随意说说的。

作为国家乒乓球队男队主教练，蔡振华在这届大赛中要指挥团体及单项多场战斗，其中至关重要的当然是男团比赛。

这次男团报名参赛的有王涛、马文革、刘国梁、孔令辉、丁松五名运动员。他们特点不同，打法各异，这让蔡振华调兵遣将时有了回旋余地。

5 月 1 日，第 43 届世乒赛拉开战幕。

团体赛第一阶段小组赛，蔡振华就布下迷魂阵，让五名参赛队员轮流上场，使对手看不出准备要用谁打决赛，谁是主力。蔡振华对外宣称：“现在我队的五张牌都可以打。”

第二阶段淘汰赛，从 1/4 决赛开始，就吸引了各方眼球。中国队对日本，刘国梁 2:0 胜岩崎清信，马文革 2:0 胜松下浩二，王涛 2:1 胜涩谷浩。与此同时，瑞典 3:2 胜德国，法国 3:1 胜南斯拉夫，韩国 3:2 胜比利时。

接着在半决赛中，中国 3:2 胜韩国。几场比赛分别是王涛 2:0 胜刘南奎，马文革 1:2 负金择洙，孔令辉 2:0 胜李哲承，马文革 1:2 负刘南奎，王涛 2:0 胜金择洙。

与此同时，瑞典 3:1 胜法国。

决赛将在中瑞两国之间举行。这是自第 40 届世乒赛以来，中瑞男团第三次巅峰对决，也是世乒赛上中瑞两队第九次打团体决赛。

中国有句俗话叫“不是冤家不聚头”。中瑞两队的“爱恨情仇”由来已久。

瑞典队的崛起是以单兵突破的形式出现的。他们引起中国人的关注是因为 1970 年在斯堪的纳维亚乒乓球公开赛上，还是新秀的本格森在半决赛中打败了三届单打冠军庄则栋，爆了个大冷门。

转过年来，在第 31 届世乒赛上，男团决赛双方就是瑞典和中国队。虽然瑞典队 3:5 输给中国队未能捧杯，但本格森却在单打中一路凯歌。在第三轮他与团体赛中胜过自己的李景光相遇，经过五局激战终于胜出，最后捧得圣伯莱德杯。

在第 32 届萨拉热窝世乒赛上，瑞典队与中国队第二次交锋争夺斯韦思林杯，结果是金杯易主，被瑞典捧走。

但斯韦思林杯在瑞典人手里只待了两年，在第 33 届加尔各答世乒赛上就又被中国队夺了回来。此后七届世乒赛，中国人除了第 35 届失手，斯韦思林杯有六次被中国人骄傲地捧回。这期间瑞典队曾三次向中国队发起冲击，但均以失败告终。

第 40 届多特蒙德世乒赛，瑞典队由瓦尔德内尔、阿佩伊伦、林德组成团体赛阵容与中国队鏖战，结果 5:0 大胜。从此他们一连三届捧走了斯韦思林杯。

如今，中瑞两队又要打一场争夺斯韦思林杯的大战。上一届在哥德堡，在瑞典队家门口打；这一届在天津，在中国队家门口打。

仿佛是天意，如果男团不在中瑞两队中决出雌雄，似乎等待了六年之久的中国人民会不称心，等待了六年之久的中国乒乓健儿会抱憾终生。

天时、地利、人和，是良机，也是压力。而这压力上面千条线，下面一针穿，这一根针就是主教练蔡振华。

从一进入天津下榻的运动员宾馆起，蔡振华就高度兴奋。给吴敬平印象特别深的是主教练带队员进入比赛场地第一个动作，他双手叉腰，眼神里充满对胜利的渴望，满怀信心和激情地环视了一下体育馆四周。犹如大战前一位身经百战的将军来到前沿阵地。他的那种气势一下子感染了第一次参加世乒赛的吴敬平……

决赛的排兵布阵面临两个难点，一是半决赛中马文革打韩国输了两分，决赛时用还是不用？一般惯例是不宜再用，因为半决赛输球的阴影会形成心理负担；二是排兵布阵时是二老带一新，还是二新加一老。

体委副主任徐寅生和训练局局长李富荣于决赛前一天——5 月 7 日的中午先后亲临队里，和教练组一起看瑞典选手的技术录像，分析比赛形势，推敲排兵布阵方案。

大家一致认为，对方的优势在于实力和经验，我方优势在斗志和人和。瑞典队可能会让瓦尔德内尔打第一主力，佩尔森打第二主力。对方还会考虑由于马文革在半决赛中输两分而被排除在决赛名单之外，这样中国队就会派出王涛带两名新手上阵，所以瑞典极有可能把卡尔松排在第三位置。

如果对方这样排阵，我方如何应对？王涛近况不错，出他是无疑的。第二、第三人选出谁？如果马文革半决赛未输球，当然是不二人选。但他却输了两分，还敢不敢用？

蔡振华对此事也是考虑再三，有人告诉他马文革输球后说了这样的话：“下次打比赛，别让我打半决赛，直接打决赛！”颇有不服输的劲儿。

蔡振华还听说马文革怕决赛不让他上场，在屋里跟张雷嘀咕。蔡振华到他屋里把他“骂”了一顿：“不让你上场让你来干什么？不好好准备，在这儿嘀咕什么？”

蔡振华事后又派人去找马文革摸底：“你打第三场如何？”

马文革直来直去：“要我打就打第一、第二场，第三场我不打！”

蔡振华听了这个回答倒心里踏实了。

他想起自己打第37届世乒赛时，也曾在关键场次输了两分，但很是不服气，怕决赛领导不让自己上场，想去请战又怕挨剋，央求同屋的老大哥李振恃去替他请战。李振恃去敲领导的门时，屋里坐满了人，正在商量决赛名单的事儿。大家见李振恃来，以为是他来请战要求上场的，不料李振恃却说：“蔡振华让我来说说，他输两分是因为对手也是左手，他过去打左手少，所以输了，但打决赛还是有信心的！”很庆幸，领导信任他，让他参加了决赛，结果赢了两分！

此外他还想到，在第42届世乒赛上，马文革曾战胜瓦尔德内尔，为中国队拿下仅有的一分。依他当时的技术状态和士气，如有机会再上场也还可能再拿一分。瓦尔德内尔无疑是中国队最主要的对手，除了刘国梁、马文革，中国队员胜过他的人还没有。

蔡振华拍板，上马文革！

第三人选大家商量来商量去，主要在刘国梁和丁松两人之间选择。刘国梁有过胜瓦尔德内尔的实战经验，丁松在打法上是削球，但攻球也不错，如果对付卡尔松还是大有希望拿下的。

对丁松本人的自信心，蔡振华也曾亲自找他摸底，丁松话不多：“打老瓦得输，卡尔松没打过，有百分之六十的把握。”

名单定下来了，王涛、马文革、丁松。两老带一新。

定下后，大家如释重负，李晓东说：“咱们这阵有三奇：使用在半决赛中丢两分的马文革打主力是一奇，而状态颇佳的王涛冲头保底是二奇，舍掉前面屡屡出场的刘国梁而大胆启用削球手丁松是三奇。瑞典队做梦也没想到咱们会这样排兵布阵，咱们是以奇制胜！”

蔡振华担心刘国梁上不了决赛影响情绪，就悄悄叮嘱尹霄提前跟刘国梁打个招呼，免得开全队会一宣布，刘国梁没思想准备，因为大家知道刘国梁是憋足了劲要打决赛的……

刘国梁请战未果纠结落泪

尹霄从蔡振华那儿接了任务就直奔刘国梁的房间，边走边琢磨话该怎么说。其实他心里也不是滋味。

为了今天这场比赛，国梁付出了多少努力他最清楚。远的不说，就说他第42届世乒赛成为团体赛队员时，全队上上下下以至全国都对他寄予厚望，因为他在1992年成都公开赛上连赢了好几位顶尖选手，瓦尔德内尔也败在了他手下。一时媒体接二连三地采访，文章铺天盖地地发在全国各大报刊上。刘国梁一战成名，他的直拍横打也成了传统直拍快攻继续威震天下的希望所在。尽管李富荣、蔡振华都指出了他的不足之处，但十六岁的刘国梁毕竟太年轻了，既没认真听取、消化教练的意见，也沉不下心来练枯燥的基本功，结果在第42届世乒赛团体赛第一阶段，虽出战八次仅负一盘，但始终没打出应有的水平。蔡振华不得不在半决赛后将他“冷冻”起来。

当时刘国梁特别想不通，心理产生了变化，结果单打第一轮就输给了日本一位名气不大的选手而被淘汰出局。

面对这样的惨痛教训，刘国梁在教练的循循善诱下终于认清了自己走的弯路。从此以后，他对基本功训练十分投入，实力大增，不仅在相持技术方面进行一些新的尝试和改进，还练就反面发球等新技术。1994年冬训，蔡振华组织男队教练对刘国梁进行了集体“会诊”，对他提出了“保持灵气，加强实力，进行艰苦系统训练”的要求，使他认识到加强基本功训练才是成大器的基础。

此外，为了让刘国梁能集中精力进行长周期的系统训练，教练组特意减少了他的国外比赛安排。这样，刘国梁在技术、心理和意志方面终于逐步走向成熟。

1994 年 11 月 16 日，在法国尼姆举行的第 3 届世界杯男子团体赛上，刘国梁第一个上场迎战卡尔松。一上场，刘国梁就牢牢抓住对方的弱点，利用多变的发球抢攻和侧身抢攻，先发制人，以秋风扫落叶之势 2:0 为中国队开了好头。接下来在第四盘，刘国梁又与佩尔森对垒。决胜局，刘国梁在 8:11 落后的劣势下，临危不惧，抓住战机，连得六分，最终为中国队卫冕画下完美的句号。他以七胜一负的出色表现被大会评为最佳运动员。

尽管此时的刘国梁已让教练和队友刮目相看，但他未有丝毫松懈。他在用更高的目标激励自己，以更加刻苦与勤奋的状态等待着打翻身仗的日子——第 43 届世乒赛。

在这样的翘首期盼中，自己却被决策班子忍痛割爱了，他能经得住这个打击吗？如果想不通会不会又重蹈第 42 届世乒赛的覆辙呢？

刘国梁是何等聪明的人，他看见尹指导进来时的表情就已感到不妙。

尹指导开口了："国梁，蔡指导让我跟你打个招呼，这次决赛出于全盘考虑，你就不上了，小辉也不上了！"

尹霄还没说完，就看见刘国梁脸上现出了失望和不解的神色。

刘国梁迫不及待地说："为了打这场球，我整整准备了四年！从我和孔令辉刚调到一队不久，蔡指导就说：'中国队翻身仗就指望你们了！'这句话给我们多大动力啊，我一天也没忘记过！相信小辉也没忘记过！"言外之意很清楚，我们能冲锋陷阵了，却不用我们了，这是为什么？

尹霄当然清楚，孔令辉由于打法原因不会反应这么强烈。而国梁却早已认为自己是打瑞典的重要人选。

尹霄此时心里也很为国梁惋惜和遗憾，但他必须掩饰自己的心情，帮刘国梁走出落选的阴影。他开导说："决策班子也是反复讨论斟酌，很慎重。不用我说你也明白，这仗必须打赢！这是全局利益，任何个人都得服从大局，服从集体。你很年轻，今后还会有机会。现在要调整好心态，准备好单项比赛。你应该是真正的强者。"

"是强者为什么不让我打团体？"刘国梁话到嘴边又咽了回去。他知道尹指

刘国梁在比赛中　　齐大征摄

导心里并不比自己轻松。再说“决策班子”人多着哪，还有徐主任、李局长两位领导，还有一些老教练，还有男队教练班子，尹指导就是想让我上他也扭转不了大局……

刘国梁是太想打这场球了，而且可以说他从没想过跟瑞典决赛会落下自己。除去马文革、王涛这两员大将，剩下的队员最多能和瑞典人打成平手，而自己跟瑞典队的战绩是全胜，老瓦、佩尔森、卡尔松全赢过，不管从哪个方面说也该让我上！再说我想上也不全是为自己考虑，咱们打瑞典还不占上风，去拼他们，用我胜率高一些！刘国梁想到这里实在憋不住了，忍不住就朝尹指导嘟囔了一句：“说我跟小辉都不上，这不是安慰我吗？小辉本来就肯定不上，他打瑞典人一局都没赢过！”说到这里国梁也觉得牢骚有点发过了，扯人家小辉干什么？随即他极力用平静的语态问道：

“这是什么时间决定的？”

“昨天晚上。”

刘国梁又来火了：“为什么不早点告诉我？”他在尹指导面前就像孩子对父亲，不高兴时会耍脾气，尹指导也不会怪罪与计较。

“上丁松更有利啊！”尹指导说这句话自己底气也不甚足。

“别人都跟瑞典人输过球，而我在半年前打世界杯团体赛，决赛中一人拿回两分。我已经准备了这么长时间，总不相信我也不行啊！”

尹指导为了让他死心，就说：“待会儿全队开会就宣布了。”

不料刘国梁站起来就冲出了门。

尹霄追到门口，见国梁匆匆向616房间走去。他知道国梁是去找蔡指导了。他已来不及阻止，后来一想，去说说也好，蔡指导跟他说透了，他就会想通。

刘国梁跑到蔡指导门前，犹豫了一下，他内心深处还是挺怕蔡指导，尽管他也知道蔡指导挺喜欢自己，重视自己，有时还有点欣赏自己。说不说呢？他知道蔡指导从开赛以来，每天只睡三四个小时，有时半夜醒来还要看技术录像。蔡指导太累了。

不说吧，又不甘心。说！怕什么？又不是干坏事。蔡指导不是一再强调叫我打球有“突击”精神吗？我“突击”一下也说不定能让他们重新考虑，也许能柳暗花明呢！对！“人生能有几回搏，此时不搏，更待何时！”一想起容国团那句豪迈的名言，他心里顿生勇气，就举手敲响了蔡指导的门。

蔡振华一看推门进来的是刘国梁，心里也就明白了几分。他故作平淡地问：“干吗？”

刘国梁尽量控制自己的情绪，用一种可怜兮兮的语调——这是他的狡黠之处，他觉得对蔡指导这样的大男人来横的肯定没好果子吃，装弱势反而会得到他的同情。因此他用了低调门加点哭音来请战：“我听说，领导决定不让我上……蔡指导！我觉得自己应该上！”后一句终于憋不住了，像从火山口喷了出来。

蔡指导不动声色：“为什么应该你上？”

“我觉得我的战绩最好！”点到主题，刘国梁非凡的口才复活了，“两年前自己年轻，42 届没出上力，现在我已经十九岁了，是大人了，这半年我是有进步的，半年前世界杯我在决赛拿了两分……”

蔡指导一看手表说：“马上开会了，开完会再说吧！”

全队会议，蔡指导作动员。刘国梁心里一直打鼓。他想，尹指导不是说一会儿宣布名单吗？如果蔡指导真宣布，那就完了，没有挽回的余地了。如果不宣布，那就有点门儿。

结果会议结束时，并没有宣布晚上打决赛的上场名单。散会了，队员都回了房间，尹指导被留下开会。刘国梁知道自己的请战在蔡指导那儿起了作用，不然为什么教练又开会呢？但愿他们能改变初衷，给我机会上场拼一回！

刘国梁故意把门开着，一会儿上走廊转一圈。他看见李富荣来了，徐寅生也来了，看来是教练组要重新研究名单了，说不定有戏……

多年后李富荣曾接受过上海《新民晚报》记者的采访。在这次与家乡记者的畅谈中，李富荣谈到了 43 届定名单的事情：

在关键比赛中，我们派上不同类型的选手，往往能起到牵制对手、搅乱对方的作用。1995年第43届世乒赛男团决赛前，中国队已经连续六次输给瑞典队。决赛那一天下午3点多，蔡振华来敲我的门，汇报男队教练组研究决赛对瑞典队的出场名单，究竟是上刘国梁还是丁松意见不一致。当时，我建议要看看两人访欧的比赛录像再定。在仔细看了二十分钟的录像，比较了两人的情况后，建议上丁松。

为保万无一失，李富荣还征求了徐寅生和庄家富的意见，他们也都主张出丁松，大家的出发点只有一个：誓夺斯韦思林杯！

这个决定对刘国梁来说当然是当头一棒。

“丁松的获胜概率是比较高的，教练组定的，希望你能接受。如果接受了你晚上要先去场地和小辉训练，去迷惑对手。如果接受不了，就晚点去吧，别让人看出来，这个非常重要……”

他明白，这是给他请战的最后答复。这结果彻底粉碎了他的期待！但不管怎么说就是想不通，教练组还是不相信我呀……

回到房间，刘国梁尽管心里非常难受，但有一点是稍感安慰的，蔡指导对自己的请战还是考虑了，不然不会重新开会看录像，还请了徐主任和李局来。

难受归难受，他下意识地开始换比赛服——怪了，教练说想不通就不用去练球，可自己压根儿就没想不去练，那样就太小家子气了。化悲痛为力量吧……他又拿出球拍，开始刷胶水，像真要去打决赛一样。

这时尹指导来了。刘国梁没抬头，听脚步声就知道是尹指导。后面是背着双肩包的孔令辉，他用同情的眼光瞧着自己。

刘国梁强忍住将夺眶而出的泪水，小声说：“我去……”说完又使劲往球拍上拍了两下，好像怕胶皮粘不牢会掉下来似的。

刘国梁请战虽未成功，但蔡振华内心深处还是很赞赏他的。他也从这个年龄走过，他也能体会到这位十九岁热血青年内心的痛苦。这小伙子非常聪明，脑子快，口才又好，打球用心，鬼点子多，如果健康成长，能担大任，这点蔡振华一点儿也不怀疑。

但打翻身仗不容有丝毫闪失，否则不仅对不起全国人民，也会在失手的队员心理上造成很大的阴影，有的人一辈子都走不出这阴影，能走出来的人也要掉一层皮。对刘国梁这样前景十分看好的新星来说，不拔苗助长也许是种爱护。但愿他能理解教练组的良苦用心，不要因为这次没能上场而被挫伤积极性。

看见刘国梁、孔令辉穿着比赛服进入场地，两人开始认真地练球，蔡振华脸上闪过一丝笑意。这小子总算来了！好样的！刘国梁、孔令辉能够在这种心情下来当烟幕弹迷惑对手，说明集体主义、爱国主义这些中国乒乓球队的光荣传统在年轻选手身上得到了传承。

排阵占上风，开局却不利

蔡振华拿到瑞典队名单打开一看，心中暗喜，果然，瑞典队出场的次序是瓦尔德内尔、佩尔森、卡尔松，和教练组推测的一模一样。而瑞典队教练看到名单却脸色一变。他们弄不清蔡振华怎么这么聪明，每次排兵布阵都压他们一头。他们记得第42届世乒赛决赛的排兵布阵也对瑞典队很不利。所以，比赛结束后佩尔森曾悄悄地问马文革：“下届蔡还当教练吗？”

“你问这干什么？”马文革的语气充满了警惕。

“蔡的脑袋太聪明了！”

这次中国队的出场名单又占了上风，这样首先从心理与士气上得了分，给对手以压力。

决赛在万众瞩目下开始了。

第一个上场的是王涛。瑞典队是大名鼎鼎的瓦尔德内尔。

排兵布阵出奇制胜固然很重要，但最终决胜负还得靠临场队员的勇气和技术发挥。在中国队的比赛史上，有过排兵布阵好，但队员上场发挥不够理想而败北的例子，也有过名单被对方捉住了，但队员发挥出色，浴血奋战而取胜的例子。当然最理想的是名单出得好，队员又打得好。大家都盼着这回在家门口的中瑞大战能有这种结果。

蔡振华端坐在挡板外，眼睛盯着比赛场地中央的那唯一的一张球台。

开赛后，由于王涛主动上手不够和中局没把握好有利战机，以16:21先失一局。第二局，王涛加强了反手攻和侧身攻的速度和力量，压住对方的左角，破坏了瓦尔德内尔利用旋转发球抢攻的战术，以21:15扳回一局。

两人打成了平手：1:1。

悬念在一万三千多观众心里回荡。这瓦尔德内尔是什么选手？但是王涛也是好样的，尽管在四年前，蔡振华刚上任时王涛一见瓦尔德内尔打球便会大呼小叫，崇拜得五体投地，但经过这四年的训练与比赛，他像一头羽翼渐丰的鹰隼，开始飞越一座座高峰。特别是1994年，对于王涛来说是幸运之年，是登攀之年，也是丰收之年。他参加大大小小赛事凯歌高奏，连他自己都说："大大小小的冠军不知拿了多少个。"王涛已步入事业的巅峰期。

更让蔡振华和主管教练李晓东满意的是，王涛在球技有了长足进步的同时，他的思想意志品质、心理素质诸方面都成熟了许多。去年他被国家队派出参加世界明星职业赛总决赛时，是典型的单兵作战，既无教练又无翻译。王涛独立思考，自我调节，最终夺得总决赛的冠军，世界排名也上升到第一位。

进入决赛局，双方都使出了浑身解数，争夺愈加激烈，比分咬得很紧，9:9，12:12，16:16，一直打到19平，共打出10次平手，可谓势均力敌。关键时刻，瓦尔德内尔的杀手锏发球抢攻起了作用，王涛以两分之差输了第三局。

大比分中国队0:1落后。

"中国队，加油！加油，中国队！"体育馆内响起了观众此起彼伏的呐喊，还有雷鸣般的掌声，无数面五星红旗在手中挥动，这声音，这色彩，是召唤，也是压力……

马文革带伤挽狂澜

第二盘，马文革出战佩尔森。这是一场硬仗。马文革如果能赢，则大比分可打平手；马文革如输，大比分 0:2，将对后面的战局形成巨大压力，那样的话除非中国队逆转连赢三盘，否则后果不堪设想。

这一点，打球的人和指挥作战的人心知肚明，看球的人也会想到。

马文革这位两面拉弧圈的横板大刀，面临着巨大的压力。

蔡振华看着这位他曾花费了无数心血的再熟悉不过的弟子，内心深处也有一点担忧。马文革是带伤上场的。他的右肩一年前拉伤了，一直在治疗中，并没有痊愈。蔡振华希望他能上场打翻身仗，又担心肩伤影响他的实力发挥。3 月份马文革赶到正定训练基地时，教练组正商量 43 届大赛报名单的事儿。行不行，球台上见，马文革报到第二天就让他打比赛，结果他赢了王涛，这让教练们心中有了底。

但实际上开赛以来，马文革还是受到了肩伤的困扰。蔡振华曾问他肩伤的感觉，他说拉四五板就特别酸，但能坚持。

蔡振华对马文革还是很有信心的，一是他的技术水平已进入成熟期，二是他的性格爱说爱笑爱热闹，特别喜欢打比赛，更喜欢决赛的氛围。还有一点很重要，天津是马文革的家乡，在父老乡亲面前打球，无形中会给他很大的动力！

蔡指导的确是很成功的心理学家。马文革从4 月29 日随队提前来到天津进行适应性训练以来，一直情绪高涨。是啊，天津！这里有他熟悉亲切的乡音，这里有他吃不够的大麻花、狗不理，这里有引他走上乒乓事业的二姐，这里有为他打下体能基础的小学体育老师，这里有三年里不分酷暑严寒用自行车驮他去借来的场地训练的体育教练，这里还有把他推举到国家队的市集训队的指导……

这些为自己成长付出过心血和汗水的恩人师长，不为名利，不求回报，只希望为天津、为国家培养出一名顶级国球手。他站在冠军领奖台上，听到国歌奏响，就是对所有付出的回报！

现在这难得的机会来了，天津的儿子马文革将拿着球拍上阵，对手无盛名焉能彰显海河儿女一往无前的勇毅，搏杀不残酷岂能展示热血高手降龙伏虎的硬功！

对手佩尔森，这位一头金棕色卷发的高大男人，打起小球来却百般狡黠，灵活万分。

二十八岁的佩尔森是瑞典人心目中的英雄。

他从1983年开始作为瑞典队团体赛成员参赛，在冰岛北欧锦标赛上以5:0击败冰岛队。他不仅是1989年夺取第40届世乒赛斯韦思林杯的主力，而且第41届还在为瑞典队蝉联团体冠军的同时摘取了男单冠军，把圣伯莱德杯捧回了

在第43届世乒赛团体决赛中蔡振华为马文革作指导　齐大征摄

瑞典王国。同年 9 月他又获得在吉隆坡举行的第 12 届世界杯男子单打冠军，成为世界排名第一的顶尖选手。

佩尔森的综合技术实力雄厚。他的台内球处理手法多变，能挑能撇，反手可以直接挑打台内球。他常在比赛中利用身体的晃动来拉球，在触球的瞬间会突然改变击球方位从而变化落点，让对手猝不及防，这指东打西的晃拉技巧是他的绝活之一。在中远台，他具备相当的对拉能力，稳定性很高。可以说，佩尔森具备了全方位的进攻能力和攻防转换能力。

佩尔森的发球很厉害，他发的球比较拱，但多是半出台。比赛中佩尔森敢变，在节奏上尽量不让对手打稳。更可怕的一点是他能够始终保持头脑清晰，战术执行坚决，少有犹豫迟疑。

两位高手交锋，第一局双方比分交错上升。进入中局，马文革逐渐占了上风，打到 18:12，众人都认为这局拿下无疑，不料佩尔森连连攻击马文革正手，频频得分，反以 24:22 拿下一局。

第二局佩尔森乘胜追击，以 9:4 领先，这时看台上不少人都觉得这局没戏了，坐在挡板外的蔡振华心头也闪过一念：“看来又要再等两年了……”

而此时马文革却并未放弃：“我不能就这样输给他啊！”坚定了信心，他反而镇静下来，严格按照蔡振华交代的战术打拉冲，命中率也高了。好，得分！好，又得一分！他一板又一板地咬，一分又一分地追，越追越有信心，结果以 21:18 反败为胜！

观众席上掌声四起。马文革拿起大毛巾擦了擦脸上的汗。蔡振华握紧拳头为他加油，他心中顿时生出一股杀气。

第三局，马文革充分发挥了正手前冲弧圈球的威力，加上他反手弹打的优势，比分从 6:6 后便迅速拉开：10:6！15:10！19:16！马文革一直控制着场上的主动权，最终以 21:18 拿下第三局。

体育馆内顿时欢声雷动，掌声震耳欲聋。马文革迈着大步走出挡板，脸上洋溢着自豪的微笑：这场球总算没辜负全队的委托、教练的信任和一千多万天津老少爷们儿的期盼！

一鸣惊人的"怪"丁松

（1）

第三盘中国出场的是丁松，瑞典出场的是卡尔松。这场比赛充满了悬念。

1971 年出生的卡尔松是瑞典队最年轻的主力队员，世界排名第四。在欧洲一系列比赛中卡尔松胜多负少，在欧洲十二强单打比赛中仅负于塞弗，夺得亚军。卡尔松近年随瑞典队南征北战，技术水平已超过老将阿佩伊伦、林德甚至世界冠军佩尔森，成为瑞典队第二号主力。他既有瑞典队技术细腻的特点，又跟上了欧洲向凶狠方向发展的潮流。他曾获第 40 届、41 届、42 届世乒赛男子

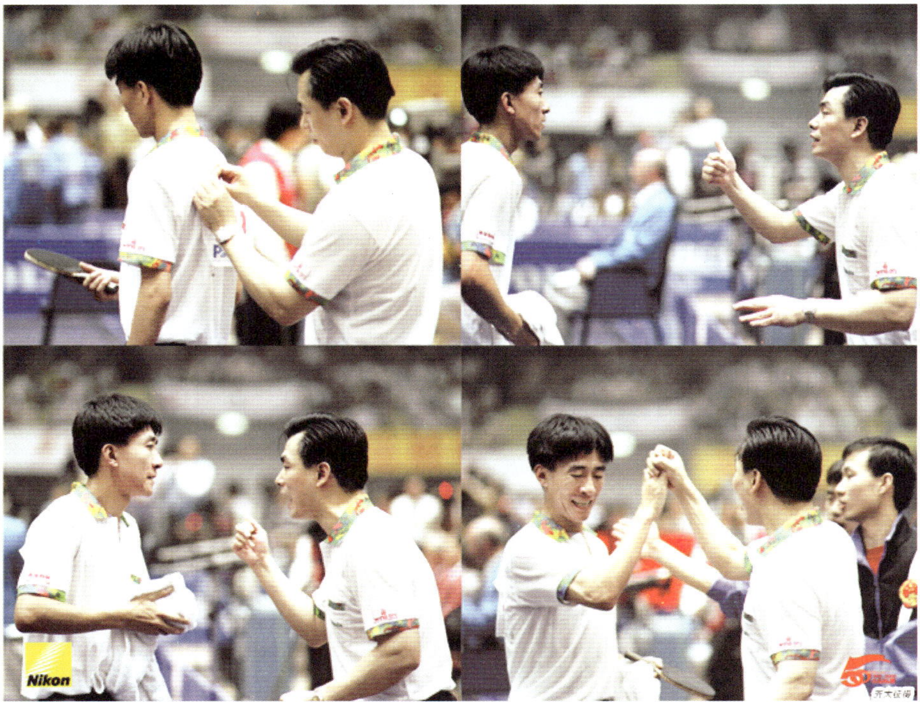

在第 43 届世乒赛中，蔡振华出奇兵，派出攻防结合打法的丁松，击败瑞典选手卡尔松，获得关键的一分　　齐大征摄

团体冠军，第 41 届男子双打冠军。

卡尔松一向怵打削球手。第 42 届世乒赛决赛中国队排兵布阵把他抓个正着，给他准备了削球手王浩。出乎所有人意料的是，王浩在先赢一局，第二局比分又大幅领先的情况下，竟被卡尔松翻盘。这使得中国队的夺杯之战功亏一篑。这回蔡振华又为他准备了另一名削球手——丁松。卡尔松还会重演 42 届世乒赛的惊人之举吗？

丁松在国内乒坛上早已声名远扬，倒不是因为他的比赛成绩，而是因为他的怪脾气。

丁松世界排名第二十一，离卡尔松有点远，但这并不妨碍他信心十足要“削”倒这位誉满全球的世界冠军，一为中国人打翻身仗拿下一分，二为王浩大哥报两年前的一箭之仇，长长中国削球手的威风。

丁松的信心可不是一天里树立起来的。往远了说，是几起几落；往近了说，也有两年了。他能有今天，承担打翻身仗的大任，首先要感谢他的主管教练陆元盛。

不过陆指导管他的时间可不只是自 1991 年入国家队这四年，在 1989 年陆指导担任上海男队主教练时就抓住了他。1991 年蔡指导邀请陆指导来国家队，一是冲着陆指导是世界冠军，还因为陆指导当了上海男队主教练后，在不长时间里，把在 1988 年全国比赛中打十七名落到乙级队的上海男队，指导得打进全国团体赛前八名、前六名，以至前三名，显示了他出色的执教才能。

蔡指导要调陆元盛还有一个原因就是他慧眼识珠看中了丁松这棵好苗子。丁松 1986 年就被选进国家青年队，但他性格桀骜不驯，独来独往，因而有了“孤独松”的绰号，后因一次严重违纪被发回上海队。在他落魄之时，正赶上陆元盛当了男队主教练。陆指导爱才心切，将丁松留下来，帮他解决实际困难，使他不仅恢复了上进心，而且球艺也大有长进。1990 年全国锦标赛上，丁松出场赢了吕林这样一些国家队好手，为上海队获第六名立下汗马功劳。

1991 年陆元盛赴京报到，蔡振华同他谈教练班子工作时，就曾开门见山问道：“两年后第 42 届世乒赛我想用丁松，你看有没有戏唱？”

陆元盛听了深解其意，40 届世乒赛上了三员大将都是直板快攻，41 届上了三员大将又全是横板大刀，结果都是惨败，其中原因之一是打法单一。蔡振华作为主教练自然要考虑到主力打法配置问题。

经过一番努力，丁松的球技有进步，但在国际大赛上又出现反复。无奈之下，蔡振华才把王浩请回来。

第42 届世乒赛后，蔡振华又布局43 届打翻身仗，再次给陆元盛明确任务："你现在的任务就是要把丁松带出来，我们打翻身仗要靠出奇兵，他是你组里的……"

其实陆元盛心里何尝不着急，他想出招来让丁松改拍，先是打长胶，不行又改反胶，连丁松自己都泄气了，要求放他回上海。陆元盛略施小计稳住了他。陆指导拿来一块正胶一块生胶给丁松："你挑吧，43 届能不能打上就看你的运气了。"

丁松选了正胶，与陆元盛的想法不谋而合。这样，陆元盛就为丁松设计了一条打破传统、全攻全守的削球新路。由于丁松手感非常好，经过反复探索，丁松的球"活"了，连马文革打起来都觉得别扭。而丁松自己越打越来劲儿，蔡振华看了暗暗高兴。

有次陆元盛出国打比赛回来，发现丁松在宿舍蒙头大睡，一细问才知道丁松已有三天没训练。因为训练时他该赢的球没赢，蔡指导让他写检讨，他就来个不写也不练，准备破罐子破摔了。

陆元盛一看十分生气，他觉得丁松这种自我放任的怪脾气简直是自毁前程！蔡指导一句话就可以把你发回上海，你这样胡闹谁也帮不了你！

使陆指导吃惊的是，对丁松，蔡振华表现出了少有的好脾气。他虽说了句"不检讨就回上海"，但丁松没写他居然没像对马文革那样逼他立刻离队，还对陆元盛说："你好好给他上上课！"

当时队员也都认为丁松这回的表现足够发回上海的水平了，但一直未见蔡指导下令，都挺纳闷。后来陆元盛严肃地批评丁松，丁松认了错，也写了检讨，一场风波居然就这样平息了。

梁言对蔡振华性格的多层面有过很中肯的剖析：

> 蔡振华是一个有狠劲、有杀气的人，但在一些问题上，他还是粗中有细。他在战术的指导思想上和队伍的整体设计上，有自己总体的考虑。这些方面现在年轻教练还不一定能做好。比如丁松的使用，丁松的性格非常古怪。乒乓球这个项目非常自我，而丁松是自我到极限的人。1994 年一次到南斯拉夫访问，第二天就要出发了，前一天晚上找不到丁松了，这是很大的事，赶紧让施之皓去找。结果他回上海了。施之皓知道以他的性格他也不会回家，直接去上海队的运动员宿舍找他，果然他在。施之皓问他："你为什么回上海？"他说："没意思，去那儿干什么？"他不想去了，在上海待着。就这么一个怪人，蔡振华坚定不移地要用，而且想尽一切办法，你丁松性格怪就怪，我想办法调整你，泡着你、黏着你、逗着你、哄着你。他就这么一个人，但是见到蔡振华，丁松永远都是尊敬的，永远不敢犯怪，永远都是毕恭毕敬，在国外的时间，每年过年都要给蔡振华打个电话问候。

由于蔡振华高超的管理艺术，他使性格迥异的队员都成了气候，都成了材，他们内心深处自然会感恩戴德。

（2）

陆元盛也加强了对丁松思想及心理上的关心教育，丁松终于开窍了。在陆指导的精心指导下，他练就了一手变化多端的发球、搓球、削球和令人生畏的爆冲。在 1994 年 11 月举行的第三届世界杯男子团体赛中，他上场五次，四胜一负，让带队的李晓东十分惊喜。丁松私下说："就凭我的感觉，不打出大名堂，真太可惜了！"真是语出惊人！

如今这 43 届世乒赛给了丁松打出大名堂的舞台，但这个舞台太高太大了。你想啊，最高规格的世界乒乓球锦标赛，又在家门口。开幕式上，国家主席、总书记江泽民，全国政协主席李瑞环都来了。打好是应该的，打不好简直是犯罪啊！心理压力能不大吗？

陆元盛当运动员时打过两届世乒赛，这种经历使他能十分了解丁松的心态。他估计到决赛丁松上场的可能性很大，晚上就跑到丁松房间来。

果然，丁松有点担忧："陆指导，输了怎么办？"

"输了算我的！其实你的技术稳够！"

"我输了，还是在天津体育馆，不挖个洞我还出得去呀？"

陆元盛就给他鼓劲儿："我跟你说啊，当运动员就是要参加团体赛，就是要打决赛。你前面打了半天，到关键时刻你一定要上！我当年当运动员时就觉得谁也打不过我。33 届我们和南斯拉夫打决赛，当时李振恃、许绍发是快攻，关键是我和梁戈亮谁上。领导、教练开会，开了一上午。我听到风声说决赛我不上场。我看张钧汉领队在医务室，就进去了，问他：'晚上我打决赛吗？老张，我来打吧。'张钧汉说：'你请战？'我说：'当然了，来了还不打决赛，对不对？前面我也赢了。我半决赛打日本，拿了两分。'这话不用说，张领队全清楚。后来我一琢磨，梁戈亮是老队员，领导和教练开会讨论，肯定我的票数少。所以中午我就睡觉了。睡到下午 4 点钟李富荣跑到我房间。'起来！起来！'我说：'干吗？''起来练对打，晚上让你上场！'

"这下我来劲了。李富荣说：'这个会开了两个小时，因为第 32 届输了，这 33 届今天晚上赢不下来不好交代！小陆子，让你上，你对排阵怎么考虑的？'我说：'没有，给我打就可以！对谁都可以！''那你快活动去！'

"给我的任务是打一、五、九的位置，结果我在第五场用多变的发球和稳定的防守 2:0 力挫南斯拉夫第一主力舒尔贝克，最后中国队以 5:3 击败南斯拉夫队夺得男团冠军。"

这个故事对丁松当然是鼓舞，师傅看上去瘦瘦小小尚有此胆量，我怕什么？白长这么大个子了？队里有多少人想上决赛，我有机会为什么不搏一次？

（3）

前边王涛打时，陆元盛为了让丁松适应一下赛场氛围，就让他到场地外边看看比赛。他在休息室忙着给丁松粘球板。

过一会儿，丁松进来了："陆指导，完了，弄不好我们 0:2 落后了！"

"0:2 落后跟你没关系，你还要赢他的！你赢了就是 1:2 了！你进去，就到场地里面去看！”

丁松返身走了。过一会儿丁松又回来了：“陆指导，现在比分打平了！”

“好！你还是回场地去看！”

丁松又返身回去了。

陆元盛为什么三次支使丁松到场上看比赛？就是让他提前感受适应赛场氛围，缓解他的紧张情绪。

该丁松上场了。他感觉自己的腿有点抖，蔡振华一眼就看明白了，对他喊：“丁松，跳一跳！”

丁松使劲跳了跳，果然好多了。

陆元盛曾跟他讲过打决赛应该怎么打，这些经验对年轻运动员无疑是宝贵的。

运动员上了场，就像化好妆的演员穿好行头登上舞台。不论怎么紧张，你必须按预定的排练把旋律唱出来，把台词讲出来，把动作做到位。只要注意力往这上面一集中，紧张情绪便会开始消退。

丁松对卡尔松这场球打得精彩极了，技术水平发挥得淋漓尽致。他独特的旋转不定的削球、发球技术和削中大力反冲，忽攻忽守，节奏变化快，上下旋反差也大，使卡尔松一会儿下网，一会儿出界，茫然不知所措。而丁松赢下第一局 21:14 后，心中充满了胜利的信心。卡尔松的球衣后背湿了一大片，不得不在一局结束后换了一件新的比赛服。

蔡振华利用暂停时间简明扼要地给丁松布置技战术。丁松越打精神越集中，第二局 10:5 领先时，他竟以为是第三局，走向对面要和卡尔松交换场地，弄得卡尔松莫名其妙。第二局丁松兵不血刃，以 21:10 轻松拿下。

好样的丁松，一鸣惊人，使中国队大比分领先一分！

蔡振华长吁一口气。他心里感觉稳了，不仅因为丁松拿下了非常关键、宝贵的一分，而且挫伤了瑞典队的锐气。通常在世界比赛决赛中，因为双方实力接近，比分都咬得很紧。而丁松打得卡尔松没有还手之力，比分差距那么大，把对方的气势压下去了。

进到运动员休息室，丁松对陆指导说："我完全不知道比分，我一直以为比分是1:1，所以我总是不停地进攻、进攻、再进攻！"

陆元盛用力拍拍丁松的肩膀。丁松内心里忽然有一种感动。那种感觉他从来没有体会过。他抬头看看陆元盛，轻声说道："陆指导，我现在什么对手都不怕了！"

"左撇子"王涛发虎威

（1）

第四盘是马文革战瓦尔德内尔，开始马文革以21:13赢了第一局。但瓦尔德内尔第二局一开始就用上了他的拿手好戏，一是加大发球的旋转，二是频频使用发球后的抢攻，再加上穿插使用反手发力，结果以21:12拿下第二局。第三局十分关键，马文革胜，则中国队以3:1夺冠；马文革输，则大比分拉成2:2。

王涛、吕林1992年巴塞罗那奥运会夺得男双冠军后凯旋　　齐大征摄

决胜局开始，双方都抢先上手，展开了一场对拉弧圈球的较量，先是正手对拉，继而反手对拉，又从反手拉到侧身对拉。精彩球来回十几拍，观众屏住呼吸，紧张得不敢出声，容纳万余人的体育馆中心的球台上，只见银球来回穿梭，忽左忽右、忽上忽下、忽远忽近，令人目不暇接；只听

球拍与小球、小球与球台连环撞击，乒乒乓乓十分悦耳，直到小球落地或下网，观众才长吁一口气。

这样的精彩球不止一个，把决赛的气氛一次次推向高潮。此时谁得分谁丢分似乎已在次要，观众在尽情地欣赏乒乓运动的魅力，欣赏顶尖球手的精湛球艺。

15:16，马文革落后一分，接着正手发力冲和反手加力攻失误，丢掉两分。而瓦尔德内尔却不急不慌稳扎稳打，以21:17拿下第四盘。

大比分成2:2，这样第五盘就成了决定生死的拼杀。

王涛上场了，他的对手是佩尔森。

两年前在第42届世乒赛上，王涛曾输给佩尔森。今天王涛下定决心要报这一箭之仇。凑巧的是两人在前边的比赛各丢了一分：王涛输给了老瓦，佩尔森输给了马文革。现在两人都憋足了劲儿要戴罪立功。

两人都是横板弧圈球打法，王涛以快见长，佩尔森以重著称。这场比赛不仅是速度与力量的较量，更是两人心理承受能力的较量、斗志的比拼。

这场决赛前，门票早被一抢而空。不仅是馆内座无虚席，连走廊和过道台阶也都应观众要求加了1 000多张站票。据说这次一张入场门票已炒到1 000多元，这在1995年是罕见的高价。可见天津和全国各地赶来的球迷的热情空前高涨。

王涛的爸妈本来特想从北京赶到天津为儿子加油助威，但王涛考虑到父母年纪大了，特别是父亲心脏不好，怕他承受不了赛场的巨大压力和紧张气氛，因而劝老人在家看电视。

王涛随队刚来天津时，竞技状态非常好，不想团体赛一开打，王涛在小组赛里有点失常，输给两名不该输的选手。这下二石激起千重浪，媒体高度关注，有题为《王涛该醒醒了!》《王涛怎么了?》这样的文章见诸报刊。

球队内外也十分关注。徐寅生、李富荣在饭桌上和王涛交谈，帮他卸包袱，国务委员李铁映还以球友的身份和王涛进行交流，主管教练李晓东密切跟踪关注。王涛老爸也几次打来电话询问情况，王涛说：“爸爸，放心吧，随着大赛的紧张程度升级，我会调整好状态的。”

果不其然，打到半决赛，中国遇到老对手韩国队。韩国队刚把劲敌比利时队打败，信心百倍地准备与中国队一决雌雄。蔡振华用人不疑，疑人不用，仍派王涛打第一主力。

王涛首战刘南奎，观众都很紧张。提起这刘南奎可是大名鼎鼎。他是奥运会第一位男子单打冠军，还是世界杯男子双打冠军和世乒赛混合双打冠军。这位名将左手握拍弧圈球打法，擅长快速正手长抽、凶狠的反手搏杀，为韩国队屡建功勋。如今虽已二十七岁，仍是欧洲选手怵头的顶尖选手。与比利时争夺半决赛时，他连胜大塞弗、小塞弗，真是老将出马，一个顶俩！

可王涛却信心满满，他曾和刘南奎在各种赛事上交锋十一次，没有败过，圈内人士称他是刘南奎的克星。

两人接上火后，刘南奎打得主动积极，以 7:5 领先。但王涛并没有慌神。他一个短球突击，使猛奔的刘南奎打了一个趔趄。接着王涛长抽短吊、声东击西、变线突击，打得刘南奎泄了气，前两天连擒塞弗兄弟的杀气荡然无存！

后边不料马文革发挥失常，丢了两分。幸亏第一次打世乒赛的孔令辉，以两个 21:18 完胜李哲承，为中国队扳平了比分。

大比分 2:2，王涛上场唱压轴戏。如他胜，则中国队进决赛，获争夺斯韦思林杯的资格；如他输，中国队就与冠军无缘了。

真可谓千钧重担一肩挑！

对手是世界排名第六位的金择洙。他的正手抽杀力量重、旋转强，是哪个国家的选手都不敢小觑的高手。

王涛这场球打得举重若轻，轻灵飘逸，显示了很高的手腕功夫。金择洙仿佛失去了往日的杀气与霸气，只有招架之功，没有还手之力，结果步了刘南奎后尘，败下阵来。

王涛这场球超水平发挥，赛后连韩国队教练都承认：“王涛太强了！我们输在了王涛手下！”而媒体则以“英雄的本色”“王涛威风八面”等醒目的标题来赞扬王涛。

这场半决赛打完后，全国球迷以及圈内人士说起王涛无不交口称赞。连王涛的主管教练李晓东也兴奋得难以掩饰脸上的笑容。王涛成材了！王涛成大器了！哪个教练看见弟子出息了不扬眉吐气呢！

（2）

今天中瑞决赛王涛冲头没打好，现在他又面临保底的重任，有谁不为他捏把汗呢？

在这场对垒中，或许技术上二人难分伯仲，但心理上呢？王涛有足够的勇气走出第一盘失利的阴影，敢打敢拼，为中国队拿下这关键的一分吗？

这一分包含了男队为打翻身仗四年里1460个日夜的拼搏与准备，这一分凝聚着几十位热血男儿登上巅峰的志气和意志，这一分承载着中国乒乓大树几代人心血与智慧的硕果，这一分寄托着十几亿中国人借国球扬国威的夙愿！

李晓东对弟子充满信心。他对王涛的了解也许比别人更多些。1986年王涛在全国青年锦标赛上脱颖而出时，曾被媒体誉为“左撇子虎将”。别看王涛长得浓眉大眼，天庭饱满，脸上释放着善良与喜兴，但他身上真有虎气。王涛曾给李晓东讲过小时候背着父母干的一件“虎”事儿。

小时候，王涛每天放学上体校训练。有时候体校放假，他也不告诉父母，像没事人似的拿着球拍去了动物园。他到动物园不是看美丽的孔雀，也不是看身着花衫的长颈鹿，而是到狼舍看狼。你说这孩子胆大不大？狼在大人口中或是童话里都是残忍、狡猾、吃羊咬牛食人的嗜血动物。可小王涛不但不怕狼，还敢和它较量谁有劲儿。他常找根棍子伸进铁笼子里招惹狼。狼一口咬住木棍，正中小王涛下怀，他死死抓住棍子和狼“较劲”，嘿哟嘿哟，他一步步地往后蹭，很多次都拔得狼吃不住劲了，被拖到笼子边上，只好松了口。“拔河”就以小王涛的胜利结束。有时小王涛坚持不住了，被狼“拔”得直往笼边出溜。小王涛有勇有智，他才不会被狼拖到笼子边呢，那多危险啊！他看不行了就松手，给狼一个趔趄，自己则逃之夭夭，边走边回忆战斗过程，心里真有几分得意呢！

这样的冒险行为，小王涛竟能守口如瓶，父母都一直以为他是特别守规矩不越雷池一步的乖孩子呢！

父母的文艺细胞在王涛身上得到继承，但他身上却因从小苦练乒乓球多了几分刚性。砖头砸伤了脚，他要坚持训练；发高烧三十九度，也要坚持训练。为了练好乒乓球的基本功，他不断地加练，竟因运动量超负荷而左臂关节脱臼。为了不中断乒乓事业，他在十三岁这年毅然决然告别了父母，独自去遥远、陌生、神秘的新疆当兵，而十三岁正处在应该得到父母、老师加倍关爱和引领的青春"危险"期啊！

北京什刹海少体校建校五十周年庆祝活动中，蔡振华与体校首批学员合影　孙婷婷摄

王涛靠他对乒乓球的坚守和球艺的长足进步打进了八一队，又靠 1988 年全国锦标赛单打冠军及 1989 年第三届全运会团体和单打冠军的实力打进国家队。

如果说 1991 年刚进国家队两年尚无大赛经历的王涛，能在 41 届世乒赛男队团体赛惨败后与刘伟搭档夺下混双金牌，与吕林夺下男双银牌，已显露出他超人的胆略和实力的话，那么此后 1992 年巴塞罗那第 25 届奥运会上承担突破重任的王涛又和吕林夺下一金，给了在沼泽中跋涉的男队以极大的信心，也显示出了他本人敢担大任的虎气。

经过艰苦磨炼的王涛，今日不搏更待何时！他定会搏，而且他会搏得胜利！

（3）

蔡振华是个追求完美的人，他对队员是爱之愈深责之愈切。43 届前在正定训练基地备战，一次队内比赛，王涛和熊柯打居然打输了。打完后王涛说熊柯球路怪。蔡指导十分不满意，说他不“咬”，让他俩重打。结果王涛又输了。

这下蔡振华火了。他对王涛什么都满意，只有一条不满意，就是王涛有时比赛有虎气，有时又太软，像绵羊，“咬”不住对手。看王涛两场都输给熊柯，蔡振华立刻宣布“王涛停练”，全然不给王涛这个主力选手留什么面子。

这下给王涛也敲了警钟，他开始反思自己比赛中是否有懈怠，是否没全力搏杀。

李晓东、蔡振华都找他个别谈话，使王涛认识到，这不是输一两场球的事，而是你在最困难时，想不想顶、能不能顶的问题，这恰恰是考验你意志品质的关键时刻，你咬住了，坚持下来了，就是胜者；咬不住，就给了对手可趁之机。

王涛想通了，队内又安排他和熊柯打第三次比赛。这次比赛时全队都停练，围着一张球台观战。

开赛后，王涛又打得很困难、很艰苦，先是打成一平，接着决胜局王涛15∶18落后，但他这次虎气上来了，咬住不放，顶住不退，结果赢了熊柯。

蔡振华相信，有严酷的训练打底，王涛这关键一局能打赢！

中瑞决赛的最后时刻来到了。王涛上场了，他神色显得很自信。

首局比赛开始，王涛一度 2∶6 落后于佩尔森，后追成 6∶6。接近中局后，王涛果断地发球抢攻、接发球抢攻，以 18∶12 占据优势。此时的佩尔森显得心理压力很重，打得保守，王涛以 21∶14 拿下首局。观众席内有不少人站了起来，掀起激情的浪涛、加油的浪涛、掌声的浪涛、红旗的浪涛……

王涛拿着球拍走向挡板外的蔡振华，比赛时场外指导是运动员的精神支柱。蔡振华递给王涛一瓶矿泉水，王涛咕嘟咕嘟喝了几大口。比起对水的渴望，王涛更渴望的是聆听蔡指导言简意赅的战术布置。

王涛爸爸看儿子赢了一局，意识到儿子离胜利又迈进了一步，中国队离斯韦思林杯又近了一步。他情不自禁地对荧屏喊：“涛涛顶住！顶住！”

涛涛妈妈一看吓坏了，赶快让丈夫吃救心丸，以防不测。

第二局从中局开始，王涛虎威大发，连取八分，大比分领先佩尔森。胜利就在眼前了！观众席上的人全都站起来了，迫不及待地等着王涛快点拿下最后一分。王涛每得一分，观众席就爆发出震耳欲聋的欢呼声和加油声。

王涛乘胜追击，以快速左右调动的战术瓦解佩尔森的攻势。佩尔森虽竭尽全力，却无法抵挡王涛急如流星的左攻右杀。佩尔森感觉今晚的王涛如有神助，与两年前哥德堡世乒赛上的王涛判若两人。

20:10！王涛只要再拿下一分，中国队就赢了！

佩尔森不愧为久经沙场的老将，此时他大胆地搏杀起来。得了一分！又得一分！！哎呀，又得一分！！！佩尔森竟然连得三分！

20:13！

王涛稍微镇定一下，他意识到要“咬”住！王涛放开手脚，大胆搏杀。几个回合后，王涛一个大跨步侧身直线强攻，佩尔森回球下网。

赢了！中国队赢了！王涛激动地将球拍抛向空中，他紧握双拳猛地伸向空中，然后就势仰头向后一倒……这时挡板外的队友马文革、丁松、刘国梁、孔令辉也都呼喊着冲入场内，一个个以高台跳水的动作扑向王涛，将王涛紧紧地压在下边。记者们也都一下子涌过来，抢占最佳位置，拍下这感人的瞬间……

全场一万多观众也都欢呼沸腾了，有的吹喇叭，有的击大鼓，有的雀跃呐喊，有的喜极而泣……天津体育馆顿时成了一个欢乐的海洋。主席台上的国家领导人李瑞环、万里、李铁映也都起立鼓掌。

这时队员猛醒，忙把王涛扶起，一起拥向蔡振华，拥抱已不过瘾，干脆抛一下，就像当年中国女排夺冠抛她们又敬又爱又怕的教练袁伟民一样。于是有人拉胳膊有人拽腿有人托腰，然后一齐发力，将蔡振华抛向空中！一次，又一次……

观众们开心地笑了，报以热烈掌声，恨不得也进场去抛一下这位被媒体称为少帅的好教练，这位用崇高理想和无坚不摧的锐气引领中国热血男儿重新夺回了斯韦思林杯的英雄！

在这神圣时刻，队员哭了，教练哭了，主教练哭了，领队哭了。

憋了六年的眼泪尽情流吧！

让泪水洗刷六年的艰辛，洗刷六年的压抑，洗刷六年的渴望，洗刷六年的坎坷，洗刷六年的耻辱！

这哪里是泪水啊，这是乒乓健儿热血的喷涌，报国豪情的彰显，青春凯歌的高奏！想想走过的漫漫翻身路，他们应该骄傲，应该自豪，应该欢呼！力没白出，汗没白淌，苦没白吃，伤没白痛，脑没白费，架没白吵，检讨没白写……

今天，1995 年 5 月 8 日，我们终于可以向祖国和人民响亮地说："中国男队已走出低谷的沼泽地，重新攀上了世界乒乓球的巅峰！象征着乒坛最高荣誉的斯韦思林杯又重新回到了中国！"

发奖仪式在音乐声中开始了，蔡振华率王涛、马文革、刘国梁、孔令辉、丁松五员大将穿着紫罗兰色的领奖服，依次雄赳赳气昂昂地向领奖台走去。全场观众拍着与乐曲节奏吻合的掌声，向他们传递发自内心的祝贺与敬意。

音乐声中，英格兰乒协主席兰萨姆向中国男队授予斯韦思林杯，国际乒联主席哈马隆德为中国教练与参赛选手挂上金牌。这是蔡振华第一次以主教练身份和队员登上世乒赛男团冠军的领奖台，心中充满喜悦和激情。头顶上的五星红旗映红了他们的脸颊，耳旁奏响的国歌激荡着他们的心房！一万三千人的热烈掌声与欢呼声，冲击着体育馆屋顶。在这掌声和欢呼声中，蔡振华一次次高举起手中擎着的斯韦思林杯。杯上刻着中国乒乓队许多前辈的姓名，也将刻上他和王涛、马文革、丁松、孔令辉、刘国梁的姓名。当然，荣誉不仅属于杯上有名字的人，她属于中国乒乓球队，属于中国体育界，属于中国人，十三亿奋发图强走向新时代的中国人！

5月8日：今夜无眠

(1)

时光已进入5月9日零点30分，但人们还在继续着5月8日夜晚的欢乐，仿佛不愿割断与送走8日晚上的一切。0:30分，在男女团体赛中双双捧杯的中国乒乓球队在阳光娱乐城吃晚餐，举杯庆祝这里程碑式的胜利。中国体育报记者夏娃见缝插针把尹霄请到一边进行采访。

尹霄远离欢乐的人群，用沙哑的声音，对夏娃讲述了五名选手五张牌是如何变成一张威力无比的王牌的："五名选手打法各异，特点不同，实力平均，这是中国队的优势。为了对瑞典队这场比赛，中国队在每场比赛中试阵，第一阶段小组赛、第二阶段淘汰赛，五名队员都打过第一主力或第二主力的位置，根据要交战每个队的不同特点，教练组安排最合适的队员上场。这样做的另一个目的是让每个选手在各种位置上都打一打，承受住第一盘打头炮、第三盘承上启下、第五盘挑重担的不同压力，为中瑞决战作准备。团体赛共打了10场球，因为我们手里的五张牌个个能用，在排兵布阵上有很大的回旋余地，所以没有对手能在排阵上抓住中国队。相反，我们在前面的比赛中虚虚实实用兵，反反复复试阵，使五张牌变成一张王牌！"

已到凌晨1点，庆功宴还在进行。虽是夜晚，阳光娱乐城却使人感到灯光似阳光，洒照在每个人心里。五名团体冠军成员，王涛神采飞扬，马文革谈笑风生、妙语连珠，丁松依旧是少言寡语、沉默是金，孔令辉从容淡定，刘国梁喜悦中夹杂着几分遗憾，他们个个斟满酒杯走到每张餐桌前敬酒：先敬徐寅生副主任、李富荣局长，再敬男女队所有教练及领队，还有全队战友；特别敬一下我们的陪练，今天夺杯你们也功不可没；队医，队医更得敬，没有你们的辛苦，精心治疗，我们也打不了冠军！

凡是帮助支持过我们的所有工作人员都应敬一杯！

餐桌上说来说去还是离不开刚才的那场决赛。

尹霄赞丁松："看得出来他对外界所有的一切都不知道了，他只知道比赛，只知道一分一分去打！”

李晓东赞弟子王涛：“这小子第五场对佩尔森打得真漂亮。回来后说他第一局2:6落后，他自己愣不知道：我什么时候落后了？他完全打进去了，在团体赛最后一场显出了男子汉的本色。咦，王涛呢？”

此时王涛拿着手机在大餐厅外正往家里打电话呢，但他打了几次，都没人接。他心里有点不踏实，老爸有心脏病，不会激动得犯病了吧？这么晚能到哪去呢？

他的担心还真不是空穴来风。他的爸爸、妈妈看了整晚决赛，虽然激动紧张，但还安然无恙。没想到王涛打赢佩尔森扔拍倒地那一瞬间，王涛妈妈扑向电视机喊了声“涛涛”时，王涛爸爸却一下子倒在沙发上没有声音了！

王涛妈妈一看丈夫犯了心脏病，赶快打120电话叫急救车。到了和平门急救中心，经医生抢救，王涛爸爸终于苏醒过来。他睁开眼时，眼眶里还饱含泪水。

王涛妈妈见此情景终于松了口气，又喜又嗔地对丈夫说：“你真把人吓死了！涛涛已圆了你的梦了，不要再打了。他再打下去，我们都受不了了。”

涛涛爸什么也说不出来，只是一个劲儿地流泪，心里却不停地呼唤儿子的名字：“涛涛！好孩子！涛涛！好孩子！真是好孩子啊！”

凌晨三点钟，王涛爸妈才回到自己家。没进门就听见电话铃响个不停。老两口进了门就接电话，接了一个又一个。所有人开口都问：“为什么电话长时间没人接？”

王涛爸妈会意地交换眼色，回答说：“朋友们请我们喝庆功酒去了！”

最有意思的是远在山西的涛涛的大姑竟在电话里哭诉起来：“哥，我从晚上十一点就打电话，不是占线就是没人接，不知你们怎么了？我着急问问涛涛晕倒在地上，醒过来没有？没大碍吧？”

涛涛爸妈听了笑起来，争先恐后对着话筒喊起来：“涛涛不是昏倒了，是激动得躺倒撒欢哪！”

大姑还是不放心：“那么多人压着他，他没有事吧？”

“不会有事，放心吧！”

刚放下电话，铃声又响了，王世俊忙拿起话筒，耳边响起儿子关切的声音："爸，我打了好几次电话，怎么家里没人接，电视转播看了吗？"

"看了！"

"我担心你们心情太激动，没有事吧？"

王世俊见妻子直向自己摆手，忙说："还好，没有事，就是太激动了！"

"那我就放心了。"王涛在任何时候，在父母面前都是那么孝顺，那么懂事。

"爸，我还要告您一件事，中央电视台明天要在《烽火台》这个栏目里，安排我和您与全国电视观众见面。"

"我还是不去为好，你和观众见面就行了。"

"我已经答应他们了，人家体育部主任岑传理找的队里。咱们不能言而无信，打乱人家的安排啊。您别管，在家等着就行了，电视台到时候有车来接您！"

王涛打完了这个电话，心里悬着的一块石头才落了地。

（2）

打团体的五位队员在宴会厅给蔡振华敬酒时，蔡指导一饮而尽，脸色涨得通红。他容光焕发，搂住陆元盛的肩膀，对队员们笑着说："今天可以放开乐一乐，明天就要拼单项了。"

这话中有软"钉子"。看来蔡指导已将思路转向单项比赛了。王涛此次担任团体、单打、双打、混双四项比赛任务，现在只完成了团体赛，确实要趁9号好好休息调整一下体力，想想下边的比赛。

王涛在走廊遇见了步履匆匆的夏娃，她采访了许多人，现在要去616房间采访主教练蔡振华。

（3）

蔡振华靠在沙发上吸烟。像一根绷紧了多时的弹簧猛一放松，很难完全回到原来的平衡度，他有些疲倦，但却没有任何睡意。

自从第43届世乒赛开赛以来，他始终处于高度亢奋之中，他太想赢这场球了！他知道队员也太想赢这场球了！这是男队欠的一笔债，怎么能不还呢？

1995 年蔡振华率队重夺斯韦思林杯　　齐大征摄

这笔债欠的时间太长了，一晃就是六年。人家女队丢杯比男队晚两年，41 届丢的，42 届就捧回来了。可男队已有两届没夺回来，这回占尽天时地利人和，如再夺不回来，以何面目面对国家，面对人民！

尽管他在就职演说中说过，准备“牺牲”在黎明前的黑暗中，准备当铺路石，但他内心没有一刻甘当铺路石。这是他的性格，没办法，半辈子就是这么走过来的。

第 42 届世乒赛失利后，他曾对自己进行了深刻的反思。人非圣贤，孰能无过。但他不允许自己犯同样的错误！惨痛的教训他一刻也没忘记，夺杯的使命他一刻也没有忘记！所以在 8 日下午 1 点半开技术准备会时，他面带笑容，首先肯定半决赛对韩国队一仗打得漂亮，如愿以偿进入决赛，接着面带严肃的神色说："两年前，我们差一点就把斯韦思林杯从瑞典队手里夺回来。哥德堡回来，我们一直在准备这场球，这口气憋了很久。现在'报仇'的机会到了，相信今天大家会士气高昂，把准备的技术都发挥出来，打一个漂亮的翻身仗！"然后，蔡振华提醒上场队员要处理好三个关系：第一，我们要去拼对手，但必须拼得脚踏实地，不能有任何侥幸心理，不能像第 42 届那样寄希望于抽签抓住对手、对手发挥不好等等。我们要立足于自己发挥正常，在各种困难情况下去拼对手，作好打持久战的准备。要想到大比分 0:1、0:2、第三盘打到第三局等可能出现的困境，不能赢一场就兴奋了，认为稳赢，输一场就没信心。在场上要把战术考虑放到最前面，把患得患失的想法减少到零点。第二，处理好自己与同伴的关系，相信队友，又不能相互依赖，万一别人失利，要能坚守自己的阵地。第三，有信心打翻身仗，但不能为此背上包袱，要利用天时地利人和，在场上要静下心来去拼。

动员完后，蔡振华给大家详细布置技战术。蔡振华房间里堆放着三十多盘技术录像，世界各国顶尖选手在历届比赛中的比赛录像都单独编辑成专辑。不仅如此，还有科研所吴焕群、张晓蓬、秦志锋等新老专家和研究员所作的详尽技术分析：第 40 届瓦尔德内尔是怎么打江嘉良的？他发球得了多少分，强攻得了多少分，拉弧圈得了多少分？他丢分是什么状况下丢的？第 41 届老瓦怎么打的？佩尔森又有哪些特长，得分手段主要是什么？

在正定集训基地，队员们已反复观摩了这些主要对手的技术录像，和他们交过手的队员再谈些体会，胜利的经验和失败的教训都成为全队共有的技术财富。

进入第 43 届世乒赛以来，针对面临的下场对手，蔡振华还领大家复习技战术，让队员熟记于心，消化成下意识的反应，并将比赛中发现的对手的技术新发展也补充进去，研究出对策。

在看完瑞典队三员主将的技术录像后，蔡振华会把自己反复琢磨出来的对手打球规律和相应的对策告诉队员：瓦尔德内尔的发球已经被我们摸到规律了，第一个球基本上发转，下一个是不转……蔡振华讲完规律和对策，所有和瓦尔德内尔交过锋的队员进行补充，为马文革、王涛出谋划策。接下来看卡尔松、佩尔森专辑，吕林、王浩、孔令辉不时补充自己的见解，马文革、王涛、丁松、刘国梁眼睛始终不离电视屏幕。

这样的技术准备会开了一个小时后，蔡振华宣布散会，让队员回屋睡午觉，而他又领着尹霄、陆元盛、李晓东、吴敬平再推敲研究一下名单，因为刘国梁请战了。

中瑞大战的胜利验证了蔡振华的指挥才干。为了确保夺回斯韦思林杯，教练组对冬训的时间安排、训练重点和计划等等，都是把男子团体打翻身仗作为重中之重。蔡振华明确地说："我们宁可少拿金牌，也要把团体冠军夺回来，因为斯韦思林杯是世界乒坛最高荣誉，代表一个国家乒乓技术的整体水平！"

冬训时就提出的"誓夺斯韦思林杯"的口号，无疑是把蔡振华自己和全队逼到了江边去打背水一战，也因此给队员增加了压力，给自己增加了更大的压力。

开赛以来，蔡振华感受到了比参加 1991 年世界杯、1993 年第 42 届世乒赛以及 1992 年第 25 届奥运会更大的压力。他每天都睡不好觉，满脑子都是问题，像大战打响后，指挥员站在军事地图前那样，时刻反复思考着、检查着每个细节，布兵、战术、后勤以及战斗员的心理变化，这一切的一切都不允许误判。

中瑞大决赛前一天晚上，他在六楼走廊里走来走去，一直走到 8 日凌晨 3 点。开电梯的工作人员十分惊奇，不知这位乒乓队的教练哪来的这么大精神头儿，每天深更半夜在走廊里走来走去，真不知道他靠什么熬下来的。直到电视里反复播出中国男队夺回斯韦思林杯，队员们把蔡振华抛向空中时，这位工作人员才似乎明白了些什么。

出乎夏娃的意料，大胜后的少帅没有超常的喜悦，倒显出几分淡定。这使夏娃觉出少帅的变化与成熟。

夏娃这次采访第 43 届世乒赛，开始没有特种证件。中国队住的天津体育宾馆，安保十分严密，她进不去，只好谎称他是丁松的表姐往里混。有一回李富荣团长碰见了，不但没怪她，反而帮她进行了证件升级。从此她可以在代表团比赛住地、休息室畅通无阻了。

蔡振华见到夏娃，开口就说："感觉像做梦一样，我们的目标突然间就实现了，好像应该更难一些。"这句话给了夏娃一个灵感。后来她发的一篇中国男队重夺斯韦思林杯纪事的文章，大标题就叫"圆梦"。此外，她还发了《决战前六小时》《蒙面削球走世界，一夜成名是丁松》等脍炙人口的名篇。这位见证了男队打翻身仗六年艰辛历程的女才子，也终于厚积薄发，名震新闻界了。

后来夏娃被调到《乒乓世界》，从编辑部主任到副主编到执行总编辑，并担任中国乒协新闻委员会主任，活跃在中国乒坛以至国际乒坛。这当然是后话了。

夏娃共采访了蔡振华五个问题，最后一个问题是："中国男队夺回斯韦思林杯，你认为靠的是什么？"

"团结和士气。五个团体队员在遇到困难的时候互相鼓励，在别人失败的时候自己能守住阵地。他们五个人像五个手指握成拳头，力量就大。我和尹霄、李晓东、陆元盛、吴敬平五名教练也握成拳头。遇到困难的时候能够齐心协力，互相鼓励，保持信心。"

蔡振华说着话，从抽屉里拿出单打秩序册，寻找中国选手的名字。比赛还没打完，还有圣伯莱德杯、伊朗杯、兹·赫杜塞克杯在召唤！

第十章
孔令辉：一步一脚印名刻圣伯莱德杯

捧回斯韦思林杯，男队实现了战略性突破，接着就乘着东风，信心百倍地投入到单项比赛中。

单项比赛当然是男单分量最重，有谁能捧得这尊与斯韦思林杯同时失去，告别中国选手已六载的奖杯呢？

媒体及专家权威纷纷预测，但最爆冷门的是尹霄的预测：

“刘国梁和孔令辉在这次大赛上，肯定都会有出色的表现，特别是孔令辉，他和王涛一样，是最有能力和希望赢得单打冠军的中国选手。”

要说王涛能拿单打冠军，大家都信。因为 1994 年是“王涛年”，他似乎已有打遍天下无对手的趋势了。但孔令辉只不过十九岁，尽管大家都知道他有打球天赋，有冠军相，但有拿世乒赛冠军的实力吗？

尹指导不是那种吹牛放炮的人。他对媒体说出此预言，说明他对孔令辉有足够信心。

孔令辉能实现尹指导的预言吗？

下下签，1/8 决赛碰上“不讲理”的盖亭

在团体赛中，孔令辉在半决赛时战胜了韩国选手李哲承，为中国队拿下一分。决赛时，他和刘国梁都没上场。中国队 3:2 取胜，夺回了斯韦思林杯。跟着蔡指导上台领奖杯时，孔令辉内心深处有点不安，觉得自己没出上多大力。

但 5 月 8 日那个夜晚，将永远铭刻在孔令辉心里。比赛打到激烈时居然电

闪雷鸣下起了大雨。看来是中国热血男儿志冲云霄的激情把天公也打动了。这时他想起了高尔基的名言：“让暴风雨来得更猛烈些吧！”

海燕不畏惧暴风雨，它的翅膀在暴风雨中锻炼得更坚强，而这种战斗激情是企鹅永远享受不到的！

现在我们进入了单打，我们个个是海燕，我要冲进比赛的暴风雨里，在海空迎接最严峻的考验，决不放弃这展翅高飞的机会！

小组赛时，孔令辉很顺利地出了线。但下边的淘汰赛他抽了个下下签：1/8决赛，他的对手是上届世乒赛单打冠军盖亭！

第 42 届世乒赛，法国名将盖亭夺得男子单打冠军　　齐大征摄

盖亭，在 20 世纪 80 年代中期初出茅庐时，便引起率队访欧比赛的总教练许绍发的关注，他回来对圈内人说：“欧洲出了几个打球不讲理的年轻选手，虽然他们的成绩还不稳定，但他们的打法极具冲击力，不久将会对瑞典、中国产生威胁。”

这“不讲理打法”的代表人物就是盖亭。

盖亭，1968 年 10 月出生于法国南都，五岁开始打球，十三岁赴巴黎体育学院学习，左手横拍，是两面反胶进攻型选手。

许绍发的预见几年后得到验证。1985 年盖亭在一场国际比赛中战胜了当时世界排名第六的中国选手滕义。1992 年盖亭在第 25 届巴塞罗那奥运会的男子单打半决赛中，3:2 力克名将马文革，决赛败给瓦尔德内尔，屈居亚军。赛后，瓦尔德内尔曾说：“盖亭将取代我的位置称霸乒坛。”

盖亭从此成为国际乒坛一颗耀眼明星，成为90年代欧洲乒乓球年青一代心中的偶像。

在1993年第42届世乒赛上，盖亭终于捧得圣伯莱德杯，成为世界男子单打冠军。他在决赛中与比利时选手塞弗相遇，打出了一场火星碰地球的经典之战。从此盖亭的大名与他那顽强凶狠的打法、勇者无惧的风格和钢铁般的意志深深印在了世界各国球迷的心里。

1994年，盖亭率法国队夺得欧洲锦标赛团体冠军。他个人获第15届世界杯单打冠军。

初出茅庐的孔令辉竟然碰上这么个猛将，不是下下签又是什么？

当时舆论都认为他凶多吉少，大家都替孔令辉捏把汗，但孔令辉却不以为然。他心想："打球嘛，除了看过去的成绩更要看现在的状态。"他觉得自己状态正佳，每一刻都像有能量要迸发出来！

三教练打造了一名中国式横板先锋

尹霄把弟子叫到屋里，帮他详细分析，准备这场球的技战术。

尹霄对盖亭并不陌生，他早在1993年就曾在《乒乓世界》上发表文章《无冕之王盖亭》，文中介绍了对盖亭技术特点的研究与认识：

> 盖亭的打法朝着超速度的方向发展，他成功地把速度与旋转融为一体，这正是他勇敢地向欧洲传统的以旋转为主的打法提出的挑战。
>
> 盖亭正手拉球动作小，能拉出高速度的强烈弧圈球，威胁极大，而更多的是采用中国人的短打战术。因此，盖亭的前三板技术是十分出色的。他的抢攻方式与众不同，发球以右短侧上旋为主，让对方挑，只要对方挑的质量不是很好，就能运用反手快撕、正手快拉技术，得分率很高；他再配合两角长球的变化，发球抢攻打得相当活。一般来说，发球方抢攻下旋把握性相对大一点，而盖亭则擅长抢拉上旋球甚至弧圈球。从这一点不难看出，盖亭的前三板技术是有自己的特色的。同时，由于他解决了抢攻上

旋和一般弧圈的技术难点，使他抢攻的速度明显快于其他人，这也正是盖亭打法凶狠、令人生畏的地方。

孔令辉在第43届世乒赛上　　《乒乓世界》提供

更引起我们注意的是，盖亭第四、五板球的训练和研究走在了前头，从而丰富和充实了前几板球的内容。笔者认为，第四、五板球是承上启下的关键环节，是转入相持球的衔接点。第四、五板球能否争取主动，直接关系到相持主动权掌握在谁手里的问题。盖亭在处理第四、五板球时一般采用两种方式：一种是以我为主，积极上手来取得相持主动权；另一种是运用底线长球控制对方，造成对方上手质量降低，然后进行反拉。这种先舍后取的方法同样能取得相持主动权。盖亭通过这些手段加快了被动转主动的攻防转换速度，充分体现了他打法简练、有效的风格，可以称得上是制胜的绝招。换言之，减少过渡球的运用，加快攻防转换速度，是现代乒乓球发展的必然需要。

尹霄在这篇文章中，还概括了盖亭技术的缺陷："由于盖亭过于依赖正手，空当大，反手显得空虚薄弱，尤其相持时，反手缺乏攻击能力；其次，由于打法凶狠搏杀球多，技术发挥不够稳定。这些不足，是影响他成绩的主要原因。"

尹霄写这篇文章时，盖亭还不是世界冠军，但尹霄却以敏锐的洞察力和深刻的分析力，关注到了这颗希望之星，并在后来的岁月里给予细心的跟踪。

盖亭的对手不是一个孔令辉，而是一个强有力的团队。

"知彼知己，百战不殆"，盖亭碰上中国团队，运气不佳；孔令辉有尹霄这样一位主管教练，幸莫大焉！

关于孔令辉，尹霄并没有因为他是横板打法而放弃技术创新，他像一个非常有创造力的设计师，不忘因材施教。

孔令辉是右手横握球拍，两面反胶，弧圈球结合快攻。这种打法是人高马大的欧洲选手所擅长的，而孔令辉的身体恰恰不够强壮，力量与爆发力也都不足。因而尹指导一开始就根据孔令辉力量轻、台前速度快、手感好的特点，为他制订了具有中国特色的横拍弧圈球打法的路子。

孔祥智也十分赞赏尹指导给儿子制订的打法创新途径，并一再叮嘱儿子：在闯出自己打法的路上，切不可急于求成，要甘于寂寞，只有慢工才能出细活，才能练出自己的风格，成为真正的实力派选手。

一位内行而睿智的父亲，一位如父亲般关爱弟子的主管教练，再加上一位高瞻远瞩、洞悉世界乒坛技术潮流与趋势、具有领先意识创新能力的主教练，孔令辉如鱼得水，慢慢强大起来。在他的身上，既具备以往中国横拍结合弧圈快攻打法选手前三板进攻上有威力的优势，又没有欧洲选手相持球处理、球路、节奏变化上的短板。

这是因为蔡振华花几年时间带领众教练和队员实现技术上的新突破时，一直把增加球路和节奏的变化，提高在高速对抗中的相持和进攻能力，当成重点突击目标。他让孔令辉把在欧洲打球时学到的瑞典打法精华与自己速度快、正反手实力俱佳的特长融合到一起，经过长期摸索磨炼，逐渐形成自己独特的富有中国特色的新横拍打法。

这种技术上的“远缘杂交”，使孔令辉的横板打法已不同于任何一个中国横拍选手和任何一个欧洲弧圈球横拍选手。不久，孔令辉获得了1994年世界青年锦标赛冠军，并在43届世乒赛之前的一系列国内、队内比赛中，保持了很高的胜率。

小辉不再是“小”辉，他羽翼已丰，是一只敢于到暴风雨中去搏击长空的矫健海燕了。与盖亭的一战，将是对他的意志、心理、技术水平的综合考验！

孔令辉对这场硬仗作了充分的准备，全队教练、队友都在用目光、微笑、握紧的拳头向他示意，给他打气：“一定要拿下盖亭，不然留下他是个很大的麻烦！”

更来劲的是，比赛这天，已是三鼎公司董事长的许绍发亲自出马来给孔令辉当场外指导。老将出马，一个顶俩！在运动员休息室，许绍发将他深思熟虑的技战术面授孔令辉：“多发近网球。多打对方反手位来抑制盖亭攻杀特长的发挥。在发球抢攻和接发球抢攻环节上大胆抓住机会，打他个措手不及。还有一点特别重要，一定要耐心！对付盖亭这样的选手，绝对要作好打持久战的准备，切不可急于求成！”

孔令辉、盖亭上场了。比赛一开始，盖亭就想用他所擅长的快速大力进攻取得主动。孔令辉则施展出自己的特长：反应快，正反手平衡，灵活地与盖亭周旋。在全场沸腾的欢呼声中，在队友热切的关注下，他打得十分顺手，一口气拿下两局。

眼看再拿下一局就淘汰盖亭了，不料在这关键时刻，盖亭显示了超人的实力与良好的心理素质。他一鼓作气扳回了两局，把场上的比分追成了2:2。

这时候，尹霄不禁心里一紧，这个盖亭有“五局专家”的绰号，因为每逢硬仗都能打满五局，而且第五局多以他的胜利收场。这回，他又要重现往日的传奇不成?

许绍发给满头大汗的孔令辉递上一瓶矿泉水，又简明扼要地指导几句。令他欣慰的是这员十九岁的小将眼神里没有迷茫或恐惧，而是杀气!

第五局比赛中，出现了戏剧性的场面。原以为两人会有一场恶战，结果盖亭全然不见往日“五局专家”的神威！在孔令辉掌握了场上主动的情况下，盖亭似乎对他连续不断的发球抢攻显得无心恋战。是中国小将神出鬼没的打法使他一筹莫展，还是全场观众一边倒的加油呐喊声使他心烦意乱？反正这局本来大家认为会杀得天昏地暗、吉凶难料的恶仗，却速战速决了，盖亭全局只得2分就败下阵去。

这场比赛爆了一大冷门，全场观众，不，全国观众以至全球观众记住了孔令辉这个名字，记住了他搏杀时的英姿，以及偶像般的英俊面容……

1/4 决赛遇卡尔松，今非昔比

（1）

盖亭是孔令辉通往世界冠军之路的第一个拦路虎。降服他之后，1/4 决赛与卡尔松的搏杀，对孔令辉是又一严峻的考验。

孔令辉十七岁就和卡尔松交过手，不过不是国际比赛上，而是在瑞典的卡尔玛俱乐部打球时。

那是 1992 年 9 月，瑞典卡尔玛俱乐部邀请中国选手去他们那儿打球。

按照惯例，这种机会只能给退役的国手或陪练队员。国家队现役队员根本不允许临时离队到国外打球。但蔡振华为了加快对新生力量的培养，消灭恐欧症，在乒羽中心支持下，曾派马文革、王涛这些队员见缝插针到欧洲一些俱乐部去打一个月球。这次他破例派孔令辉到瑞典卡尔玛俱乐部打一个赛季，共五个月时间。

蔡振华这样做有其长远的考虑：孔令辉是横板两面反胶打法，和欧洲运动员打法相似；加之他球感好，有实力，具有和欧洲运动员抗衡的条件，中国队打翻身仗必须有各种打法的主力，才能在布阵时游刃有余。

刚得到这个消息时，孔令辉心里十分高兴。能去瑞典卡尔玛俱乐部打球当然是难得的学习机会，这样能近距离观察学习瓦尔德内尔、佩尔森、卡尔松这些世界一流选手的绝活儿，并且有机会和欧洲各国选手打比赛，积累比赛经验。

可转念一想，自己一句外语也不会，以前出国打比赛都是有教练、有翻译，还有领队，自己什么事儿都不用操心，只需打球就是了，这次是单飞，会不会出娄子呢？听说去瑞典没有直航飞机，还需要在英国转机，万一上错了飞机，飞到美国或是又飞回北京，岂不是闹大笑话了吗？

这一点连蔡指导也不放心呢，他半开玩笑地跟孔令辉说："小辉，我现在心里老在想一件事，你能不能平平安安到达瑞典。你可要作好充分准备，在路上千万不能出一点差错！"

孔令辉把这消息打电话告诉爸爸，他多么渴望爸爸来北京送送自己，帮助安排一下。可孔祥智说工作忙脱不开身，让儿子跟在上海出差的妈妈联系一下。还说万一联系不到妈妈，让孔令辉作好单兵作战的准备。

孔令辉一听只好硬着头皮自己作准备。他找经常出国的教练和老队员请教，如何办理转机手续呀，碰到难题如何向机场工作人员求助呀，等等，一一记在小本上。他还用汉字记了几句简单英语。他想实在不行就找当地使馆或领事馆，他们会帮助自己的。

谷淑霞在上海接到了丈夫电话，得知儿子明天要一个人去欧洲，心急火燎，急忙找到一位懂英文的同志帮忙写了日常用语小卡片，一面写中文，一面写英文。这样儿子遇到什么问题需和当地人打交道时便可掏出小卡片来交流。

写完小卡片，谷淑霞连夜坐火车奔北京，翌日上午到了北京。一出北京站，谷淑霞就赶忙给乒乓球队打电话。不料对方说："您是小辉妈妈呀？快点吧，他已经出发去机场了！"

谷淑霞忙中不乱，问清了孔令辉乘坐的航班及航空公司名字后，立即从火车站直奔机场，到了机场马不停蹄找到孔令辉，这才松了口气。

母子俩来不及多说什么，谷淑霞立刻把小卡片交给儿子，又帮他买些食品，这样还不放心，就挨个询问候机的乘客："您是从英国转机去瑞典吗？""您是从英国转机去瑞典吗？"

一路问去，终于有一位中国男人点头称是。谷淑霞如遇救星，立即把孔令辉的情况和困难告诉这位男子，希望他在英国转机时帮助一下孔令辉。

这位男子是出国考察的学者，他听完后很痛快地答应了："你放心，我会负责把他带上去瑞典的飞机！"

谷淑霞再三致谢，又赶忙嘱咐儿子到瑞典打球应注意的一些事项。

就这样，孔令辉总算顺利到达瑞典。那位先生又帮孔令辉搭上去卡尔玛俱乐部所在小镇的大巴车，两人才挥手依依告别。

蔡振华为孔令辉作指导　　齐大征摄

卡尔玛俱乐部所在小镇人不多，根本见不到中国人。通过一位懂一点中文的东南亚华侨的翻译，孔令辉得知俱乐部安排他住在当地一个居民家里，每天吃饭须乘车到较远的一个新加坡人开的中国餐馆。

使孔令辉想不到的是，他飞了十几个小时，时差还没倒过来，很想马上好好睡一觉，但俱乐部根本不考虑这些，通知他立刻出发到另外一个地方去打比赛，因为瑞典联赛已经开始了。

结果第一场比赛，孔令辉输了球。并非孔令辉不卖力，而是他的实力比起瑞典这些强手来，本来就差一截，再加上长途跋涉十几小时，体能消耗很大，怎么可能赢呢？

孔令辉一下场，看见那位一直站在场边看自己打球的俱乐部老板脸色阴沉，连个招呼都不打。

孔令辉是个自尊心很强的人，见老板对自己这态度，心里很感郁闷。随即又一想，人家俱乐部花钱请你来打球，可不是让你来输球的。再说我到这儿不是让人家捧着哄着的，是来取经学习的，只要能学到真本事，受点委屈又算什么？

卡尔玛俱乐部当时聚集了不少瑞典和欧洲的高手。在联赛中，孔令辉有机会与瓦尔德内尔、佩尔森、阿佩伊伦、卡尔松频繁交手，近距离观察、体会这些国际乒坛大腕的横拍打法真功夫，学到了不少东西。

孔令辉另一大收获是他的英语水平突飞猛进。刚到时，教练指导说什么，他都听不懂。后来自己刻苦学习，打球的一些术语都能听懂了。

打了一个赛季的联赛，赢了 10 场，输 18 场。当时他最开心的是赢了一次瓦尔德内尔。但与卡尔松交手，他从未赢过。

（2）

回国后，队里教练、队员都很关注孔令辉有哪些变化。一些行家说，在孔令辉身上似乎可以看到瓦尔德内尔的影子。

尽管在队内孔令辉比王涛、马文革这样的主力还是差一截，但尹霄却看出弟子打球中一些技战术动作的变化，这种变化就是他有一些与以往中国横拍打法不同的特点。尹霄高兴地说："小伙子这趟瑞典没有白去，他要长球了！"

瑞典人的横拍弧圈球与其他欧洲选手的最大不同之处，就是他们善于变化，特别是瓦尔德内尔，就更是一位变化大师。与他同台竞技的每个运动员都有共同的体会，比赛刚开始时，你通常并不会感到瓦尔德内尔有多厉害，甚至你往往还可以占据上风。不过打到后面，当他对你的球路和特长、短板都有了一定的了解之后，他就要动真格的了，这时他打出的每一板球都是直接奔着你的短处而来，使你疲于招架，不知不觉就走向了失败。难怪从老早起，瓦尔德内尔就有了这样的绰号——"游击队长"。

蔡振华与其他教练员都对瓦尔德内尔这种极富节奏、速度、落点、旋转等变化的打法十分欣赏，极为重视，认为这正是中国运动员应该学习的东西。以往，我们那些采用直拍弧圈球结合快攻打法的运动员，主要是在前三板进攻上比较有能力，而对相持球的处理，特别是在相持中采取多种变化，进而得以由守转攻，做到攻守平衡的能力，却一直比较弱。现在尹指导从孔令辉的身上，看到了灵活多变打法的影子。他觉得，只要帮孔令辉把国外打球得来的体会加以升华，形成理念上的自觉意识，再到训练中磨炼出这种与意识相一致的配套的技术、战术，孔令辉就完全可以在不太长的时间内，完成向世界一流选手的飞跃。

他向孔令辉提出了具体的奋斗目标：完善理念，苦练技术，形成具有中国选手特色的横拍弧圈球打法新风格。

但长球非一日之功。它是一个由量变到质变的过程。孔令辉见自己在欧洲打球胜率不高，回国后也未见质变，不免有些情绪低落。

蔡振华见了心如明镜，就激他说："你要是输了球就垂头丧气，我劝你趁早别在国家队待着！"

这下把孔令辉不服输的倔脾气给激起来了。他剃了个大光头，削发明志，不练出个模样来誓不罢休！果然孔令辉的精神面貌发生了巨大变化：训练时，别人一个月穿破两双球鞋，他就穿破四双球鞋。队友见他如此玩儿命，就跟他开玩笑："怎么着哥们儿，真拼啦？"

孔令辉撂下一句话："拼了！你不服？"

（3）

1993年11月冬训，教练班子引进竞争机制，在队内展开"以赛代练"积分制。每周三、六队内打比赛。每人胜一场加8分，负一场减8分，谁的积分位居前列，第二年就有资格去打重大国际比赛。

这一赛，孔令辉脱颖而出了。冬训开始时，孔令辉的起始分为800分，位于最低档次；而到了1994年初冬训结束时，孔令辉以1500多分位居全队之首，不仅比第二名多了300多分，而且有打败王涛、马文革两大主力的战绩。

随后在国际赛事中，孔令辉上演了一出"步步高"，2月他拿下第二届世界青年锦标赛男团、男单冠军；6月他先在中国公开赛上获得单打亚军，又在韩国公开赛上击败刘南奎、金择洙等名将夺得冠军！

至此，孔令辉世界排名跃入前二十，显示了巨大的潜力。

此时的孔令辉羽翼渐丰，但还需要经受国际大赛的锤炼与考验。

蔡振华及时地为造就人才提供了大舞台。

1994年的广岛亚运会，是仅次于世乒赛、世界杯的重大赛事。由于它是综合性运动会，每个国家的奖牌数总是与国家荣誉当然地联系到一起。

蔡振华让孔令辉参加亚运会打团体赛，但在小组赛中让他打了两场后，就将他雪藏起来，小组出线后八进四、四进二都没让孔令辉露面。之后，让他在与韩国队决赛时突然上场，一是给韩国队一个突然袭击，让他们做梦也没想到中国会派孔令辉打第三场，二是有意让孔令辉在决赛中经受大赛的考验。

孔令辉经受住了考验，为中国队拿下关键一分，中国队3:1战胜韩国队夺得男团冠军。

孔令辉还与邓亚萍搭档拿下了混双冠军。

通过打亚运会，孔令辉提高了心理素质与技战术水平，成为队里年轻的主力。

这次海河畔的男团翻身仗后，孔令辉不再是三年前的孔令辉，尽管他从未赢过卡尔松，连一局都没赢过，他却命令自己这次一定要赢卡尔松！他要当世界冠军，就要敢于战胜任何强大的对手！如果不敢字当头，也就没有胜利的种子！

有了压倒一切的气势，孔令辉与卡尔松一战打出了火花，打出了水平。他虽然先以大比分 1∶2 落后，但他没有气馁，而是坚守、进攻，结果反败为胜，以 3∶2 战胜了卡尔松。后两局卡尔松每局只得了 11 分。进入前四名后，更多的人相信了尹霄的预言：看来这回小辉有戏！

打赢半决赛后，不少人纷纷向孔令辉表示祝贺。但孔令辉既没有过度兴奋更没有忘乎所以。他耳边响起父亲的一句话：“小辉，到目前为止，得过全国少年冠军的运动员里，可还没有谁最后成为世界冠军的！”

这句话在孔令辉耳旁响了近七年，他永远忘不了爸爸讲这段话时的深沉目光和严肃表情。

那是自己 1988 年被调进国家青年队一年后，孔令辉在全国少年乒乓球赛上拿到了冠军。赛后队里放假。他回到哈尔滨同父母一起去看奶奶，妈妈捧杯给奶奶看时，爸爸说了这番话。

从此孔令辉就记住了爸爸这句话，反复琢磨这句话。随着年纪增长，他更加深刻地理解了爸爸这句话的丰富内涵。

他想，现在，经过七年的磨砺，我终于有机会站在世乒赛战场上为争当世界冠军而战。我一定要拼，我必须要拼！为了爸爸那句话，为了教练的苦心培养，为了队友的期望，更为了祖国的荣耀，我一定要争当世界冠军！一定！

然而令孔令辉万万没想到的是，他战胜了队友丁松进入决赛时，他的对手竟是与他形影不离的刘国梁！

“双子星”相逢决赛场

（1）

媒体曾送给孔令辉、刘国梁一个很美的称号：“双子星座”。关于他们之间的友谊，有过许多动人故事，其中最令人动容的恐怕莫过于他们相逢在第 43

届世乒赛男子单打的决赛场，两位好友在万众瞩目下，上演了一场残酷的冠军争夺赛。

谁也没想到会有这一幕，包括他们本人。

比赛没开始时，住在一屋的孔令辉和刘国梁自然免不了聊世乒赛的事儿。爱开玩笑的刘国梁对孔令辉说："要是冠亚军决赛让咱俩碰上了，那可怎么办啊？"

乒坛"双子星"刘国梁、孔令辉　　《乒乓世界》提供

孔令辉怔了一下，他没想到刘国梁会开这样的玩笑。当世界冠军？当然想过，可真能打进决赛，而且是我们哥俩吗？

“干脆咱们俩弃权，全当冠军算了！”脑瓜贼快的刘国梁已想出了答案。

小哥儿俩全笑了，显然这样很圆满，既不伤感情，又都当了冠军！

没想到，这个玩笑竟然变成了现实。

本来，刘国梁因为团体赛请战未能如愿，心里十分沮丧，尽管他理智上也认为教练们最后决定用丁松是正确的。男队打败瑞典队夺回斯韦思林杯的当晚，刘国梁一夜睡不着，翻来覆去地想自己的过去和将来，想到最后怀疑是教练不信任自己，顿时觉得没了前途。嗨！打完世乒赛干脆到外国俱乐部打球算了，我这样的水平他们还求之不得呢。

基于这种心态，单项比赛开始后，刘国梁没怎么用心打。后来打着打着，听说老瓦比赛前放出风声，说：“中国三小将（刘国梁、孔令辉、丁松）至今没有太大作为。对付直板我有特殊的办法。”

这下可把刘国梁的血性激起来了：“好啊，你这个老瓦不就仗着打团体决赛你一人独拿两分吗？在成都公开赛你还不是输给我刘国梁了吗？那可是三年前的刘国梁，那时你不服可以，我的功夫还嫩点，现在咱们就来个刘国梁二擒老瓦。”

他要打好比赛，用战果让老瓦眼中有人，也让教练们看看，刘国梁不是条虫，能担起大任！

在1/8决赛中，刘国梁果然与瓦尔德内尔相遇。因为瓦尔德内尔是中国队最大的威胁，因而不少人把它当成单打决赛来看。如果刘国梁失利放老瓦进了半决赛，那威胁远远大于盖亭！

这场比赛打得异常激烈。瓦尔德内尔不愧是乒坛顶级选手，球路变化多端，每次大赛都有新东西。刘国梁凭他发球的绝活儿、神出鬼没的技战术，与老瓦打得难解难分。大比分2平后，决胜局刘国梁陷入了4:10落后的险恶情势。不过刘国梁手不软、心不慌，他的斗志没有丝毫动摇，他的灵感瞬间降临。他背水一战，把在训练中新练的尚未在大赛中用过的新招儿都用上了。他掉转拍面，时而反胶发球、正胶进攻，时而正胶发球，正手用反胶对拉，并配合反手横打。瓦尔德内尔被打迷糊了，晕头转向，败下阵来！

（2）

当得知要和自己最好的朋友打决赛时，孔令辉和刘国梁都觉得心情很复杂。打赢了吧，怕伤了自己的好朋友，弄不好会失去从十二岁进队就朝夕相处，并且十分默契、感情深厚的好朋友，那可是巨大损失啊！打输了呢，对不起自己的远大理想，对不起家长，更对不起教练的苦心栽培。这可怎么办啊？

尹霄敏锐地发现了这两位爱徒神情的异样。他的心情也很复杂。虽说谁打赢了他这当教练的都脸上有光，但他也很怕这场决赛打成他们友情的决裂之战。

尹霄装作若无其事地问两人："对这场比赛你们怎么想的？"

"这场球您让我们怎么打？"徒弟把球又踢给了教练。

因为决赛双方都是中国队员，所以队内不会干涉"内政"，更不会像从前那样指定谁让给谁，教练也不给任何一方当场外指导。

这一点是蔡振华当教练后的一个改革。

孔令辉和刘国梁没有让球任务，但心里仍很纠结。他们望着尹霄这位领他们度过了七载春秋的师父，希望能从他那里得到一个正确答案。

在此之前，曾有一位记者问尹霄："尹指导，你希望哪个爱徒拿冠军？"

尹霄说："要讲对他俩的感情，我是绝对不偏不倚分不出彼此的。但就这次比赛说，我也许更希望国梁赢。因为他这种打法遇到的困难太多了，他付出的也太多了。"记者听了笑着点头表示赞同。

如今两位弟子又提出这个问题，尹霄此时内心也很不平静，他想起1991年他俩随自己去朝鲜打公开赛时，两个小家伙一上场就把布置的技战术忘得一干二净，输得一塌糊涂，自己当时狠狠把他们训了一顿。转眼，两个少年都已长大，他们不仅品德、心理、技术都走向成熟了，而且能打进世乒赛的决赛，这是蔡指导、教练组、全队期盼已久的局面啊！两爱徒在此刻还如此重情义，说明他们不仅球打得好，人格也高尚。这是比一场球的输赢更宝贵的东西！

想到这儿，尹霄心里充满了欣慰，他为这两个爱徒感到十分自豪，百倍骄傲。但比赛是事业的重要组成部分，不能因情而“跑水”，更不能打假球来蒙骗观众。他更知道这样的机会对一个运动员来说，也许一生只有一次，因而无论是对公对私，都必须竭尽全力来打，打出真正的水平。于是他说：“虽然这是一场在亲密队友之间进行的决赛，但你们还是应该尽全力把它打好，不应有丝毫的犹豫或保留。你们之间的友谊的确很宝贵，但友谊同赛场上的竞争并不应该发生矛盾，相反应该成为你们奋发图强为祖国争取荣誉的动力。随着年龄的增长你们就会深刻理解，真正的友谊该是怎样的。”

(3)

孔令辉与刘国梁的决赛打得十分精彩。尽管刘国梁打老外有一些绝活儿，但孔令辉对他的绝招儿太熟悉了。他一举手一投足，孔令辉都能猜到他要出什么招儿。从打法上看，刘国梁是不占上风的，他在队内比赛基本赢不了孔令辉。

比赛开始，刘国梁先是一度以 2:1 领先，但最终孔令辉翻盘，以 3:2 摘取圣伯莱德杯。

细心的人发现，在两人站在高高的领奖台上时，荣获世界冠军的孔令辉并没有显得欣喜若狂，他内心的激情似乎受到理智的控制。他脸上的笑容仿佛还夹杂着几分羞涩。

这场比赛进行时，刘国梁的哥哥刘国栋比场上的弟弟还要紧张。他在观众席上根本坐不住，一会儿进来，一会儿出去，在走廊里听声儿。在场内，他感觉喘不过气来。走廊里还有一位女孩儿叫王瑾，她是国梁未公开的恋人。她压根儿不敢进去看。她原是乒乓球运动员，自然知道这场球对国梁的巨大压力。想到刘国梁这种打法能赢两局，而且还能一度领先，她感到这简直是超水平发挥了。此时她不禁暗暗祈愿心上人能创造奇迹，能夺冠，因为他为直板横打付出的太多了。后来，她一见刘国栋出来了，就知道刘国梁输了，和刘国栋两人不禁哭起来。

若干年后，成为刘国梁夫人的王瑾特地给《乒乓世界》的记者讲述了当年刘国梁的银牌故事。在她眼里，这块银牌的分量和意义一点也不比那些金牌差。

让刘国梁难忘的还有孔令辉那小心翼翼的神情。他太珍惜和在意与国梁的友情了，不愿在这个特殊的敏感时刻因自己的不当言行刺伤朋友的心。

而蔡指导也想到了这点。这么繁忙的大赛他居然细心到关注这场决赛的另一种结果：两个小伙子的友谊和情感是否会受到影响呢?

他特别叮嘱两个小伙子说："希望你们往后还要像小时候一样好。"

话虽不多，却让孔令辉、刘国梁感动。几句话表达了蔡指导的期望，希望他们不管是打球，还是为人处世，都能够在队里起表率作用。

刘国梁所以喜欢孔令辉，正是他的品行使他心仪。当年自己一夜成名打败老瓦等名手后，媒体曾接连不断地宣传自己，可孔令辉一点都不嫉妒，脸上露出的总是由衷的微笑。如今他先我一步当上世界冠军，不正是给我吹响前进的号角吗？好兄弟，等着瞧，我会当上世界冠军的！

而孔令辉看刘国梁的眼神分明是在说："国梁，这次是我拿了冠军，下回就该轮到你了！"

孔令辉是有心人，他曾听老队员说："比赛时别想那么多，一轮一轮去打。别这轮比赛还没赢呢，就想着下一轮。"他想，这叫扎扎实实，专心致志。对待比赛是这样，对待人生不也应该这样吗?

孔令辉做事喜欢一步一个脚印。就凭着这种扎实的人生态度，五个月后，在第16届世界杯单打比赛上，他又拿下一个单打冠军。

据说在此之前，只有佩尔森创造过一年内拿下两项世界大赛单打冠军的辉煌。如今又有一位二十岁的青年选手追上来，他是中国人，名叫孔令辉。

他的名字将刻在圣伯莱德杯上！

从鲜花和掌声中走出来

第43届世乒赛中国乒乓球队在中国乒乓球史上立下了又一座丰碑：继第36届世乒赛一举包揽七项冠军后，历经二十四载沉浮重上巅峰。

男团冠军：马文革、王涛、刘国梁、孔令辉、丁松。

女团冠军：邓亚萍、乔红、刘伟、乔云萍。

男单冠军：孔令辉。亚军：刘国梁。季军：王涛、丁松。

女单冠军：邓亚萍。亚军：乔红。季军：刘伟、乔云萍。

男双冠军：王涛、吕林。季军：刘国梁、林志刚。

女双冠军：邓亚萍、乔红。亚军：刘伟、乔云萍。季军：王晨、邬娜。

混双冠军：王涛、刘伟。亚军：孔令辉、邓亚萍。

这样显赫的成绩，令全国人民振奋欢呼。特别是男队从谷底重登巅峰，更令人钦佩，而这跃起翻身自蔡振华教练班子接任起只不过用了不到四年时间！

孔令辉　　韩力摄　《乒乓世界》提供

中国乒乓球队载誉由津回京后，徐寅生、李富荣两位领导满面笑容来看望大家。不过出乎大多数人的意料，领导不是给大伙庆功的，也不是送奖金的，而是来给大家泼冷水的！其中有这样沉甸甸的话："乒乓队谁也不要牛！在这个集体，努力会得到肯定，谁一旦脱离这个集体就什么都不是了。"给大家降温，这是第一轮。

第二轮来自蔡振华，他找到许多不足，然后说："中国队有个好传统，失败时我们坚信能成功；成功时，我们一切从零开始。""从零开始"，乒乓球队的传统不能丢！

说是从鲜花和掌声中走出来，但并不容易。人天生是感情动物，不可能面对这巨大的胜利而无动于衷。得意一下也好，激动一下也好，暗暗欣赏一下自己也好，都是人之常情。重要的是膨胀期要很快结束，头脑要尽快清醒起来，因为前面还有更长的路要走，还有更恶的仗要去打。

蔡振华很坦荡，对自己严加解剖，觉得自己打完翻身仗也有点自我膨胀。但他很快从荣誉中走了出来，又变成那个打翻身仗前时刻瞪大眼睛找缺点的铁面教头……

黄胜有次对媒体说了这样一段话：

"我觉得有些问题当中也有老蔡做得不够完美的一面。他也被宠坏过。比如天津世乒赛后，他一下子也有点飘飘忽忽、云里雾里的，觉得自己不容易。可能每个人成功以后，都有被胜利冲昏头脑的时候。虽然他对我的态度一直没变，但我也在观察他，工作上的不同意见、跟别人的分歧，和他的思想状态肯定有关系，一个人自我感觉好的时候，就有可能听不进别人的不同意见，幸好他很快就明白过来了。"

第十一章
奥运大赛前少帅遭病魔突袭

尽管国人都在欢庆中国乒乓球队创下的包揽七杯的丰功伟绩，但也有些业内精明之士心存忧虑，43届世乒赛是在家门口打的，天时地利加人和，自然有利于球手发挥。加之全国上下鼎力相助，精神力量也起了很大作用。中国乒乓球队是否真的翻身了，还要看来年的亚特兰大奥运会。

备战奥运会，蔡振华与他的团队想到了不少可能遇到的难题：

第43届世乒赛后，中国队重新成为各国的众矢之的，他们会针对中国的强手加以分析，并找出对付的办法；

尽管孔令辉拿到男单冠军，并不表明他的实力已高于世界一流选手，而是相差无多，关键还要看现场发挥和技战术。而孔令辉作为世界一号选手肯定也成了各国选手的靶子，他们会把他当成假想敌，进行系统的、反复的分析，并寻找战胜他的突破口；

奥运会举办地在美国的亚特兰大，气候又潮又热，必须让队员适应这样的气候环境……

他们把可能遇到的困难想得很多，想得很细致，但绝没想到的是，蔡振华的身体出了问题！

突发重病撂倒蔡振华

蔡振华被突如其来的重病撂倒在福建漳州！

4月14日，蔡振华从广州乘飞机去厦门，因为全国乒协杯赛在漳州举行。

国家队队员已回各省（市）参加比赛，教练组已先行在那里搞调研。与他同行的还有《羊城晚报》的吴广崖。吴广崖是跑体育的记者，跟蔡振华很熟悉。他们在飞机上聊的是一个半月后亚特兰大奥运会比赛的话题。

下飞机时，蔡振华肩背双肩包，手拉登机箱。到了取行李的大转盘前，等行李来了，蔡振华使劲一拽，随即马上停在那里一动不动。一阵钻心的剧痛从后腰窜散开来，他不禁咬牙长吸了一口气，脸上露出痛苦的神色。

吴广崖见他神情异样，忙问道："蔡指导，怎么了，有什么问题吗？"

蔡振华双眉紧皱："可能是腰扭伤了。"

汽车从厦门机场开往漳州的路上，蔡振华感觉腰越来越不对劲儿，疼痛越来越剧烈，后来连动都不能动了，只能移至车厢最后一排趴着。

忽然，一种不祥的预感涌上心头。他侧脸对吴广崖说："糟了，我怎么感觉这腰的疼痛感和我在意大利犯病时一样！"

"您在意大利腰就有病？"

"我这腰病是做运动员时落下的病，主要是运动量过大引起的。后来到意大利待了一段就加重了，也是不能动了，剧痛，到医院做了激光手术，把第四、第五腰椎之间突出的纤维软骨环切除了一小块，休息了两个月才恢复。"

吴广崖一听心里直冒凉气。他想，老天保佑，千万不要是旧病复发，如果蔡指导一病倒，那训练就没了主心骨，怎么应对亚特兰大奥运会这场大战啊？

到了漳州，刚任副领队的黄飚让队医厉彦虎给蔡振华检查一下，赶紧按摩治疗。

不料蔡振华的病情却越发严重起来，第二天翻身都困难了，连吃饭都需要人来喂。

黄飚没经过这么大的事。因为教练们全都下去搞调研了，也找不到人商量，一时拿不定主意。这么坚持下去，蔡振华要忍受巨大的痛苦不说，也压根儿没法工作。把他送回北京？

蔡振华的脾气他也了解，这时候他是绝对不肯离开队伍的！

1996 年国务院授予中国乒乓球队先进集体光荣称号，领队黄飚在人民大会堂领奖　　齐大征摄

黄飚正左右为难，忽然听说老领队沈积长来漳州了。他是应许绍发之邀帮助筹备 CCTV 擂台赛的。黄飚决定去请教一下他，请老前辈帮助拿个主意！

沈积长来漳州后就直奔基地而来，想看望一下蔡振华。他看到蔡振华躺在床上，心里不由得一惊。他了解蔡振华，如果不是伤势严重，这个钢铁汉子决不会倒在那里一动不动。考虑到漳州医疗条件有限，他悄悄对黄飚说："马上送他回北京！得到北医三院治疗！"

黄飚立刻给训练局长李富荣打电话，汇报了蔡振华的病情，李富荣下令马上送蔡振华回京，越快越好！

"蔡指导，我会很小心地飞……"

黄飚当即与机场联系。机场的人一听说去年在第 43 届世乒赛上率男队打翻身仗的少帅蔡振华病了，着急回北京，眼前立即浮现出世乒赛上男团夺冠后男队队员把蔡振华抛向空中的一幕。他们知道他临危受命的事迹，更知道他目前有备战奥运会的重任在身，各部门二话不说大开绿灯，立刻安排蔡振华及护送人员乘当天下午的一趟航班飞回北京。

得知蔡振华此时不能坐，更不能走，只能趴在担架上，稍微一动就痛入骨髓，机组人员拆掉经济舱最前边的两排座位，给担架腾出空间。

救护车开到了机场停机坪，吴敬平、队医厉彦虎以及机场工作人员一起小心翼翼地抬着担架登上飞机。

蔡振华一行人上飞机刚安顿好，航空小姐就送来了毛巾、水果和饮料表示问候。机长也来到蔡振华身边，蹲下对他说："蔡指导，您放心，我会很小心地飞，不会让您感到一点痛苦。"

"谢谢！"蔡振华不仅用语言，也用目光传达了他的谢意。

站在旁边的吴敬平眼睛湿润了。他亲身感受到了国人对乒乓球队的热爱与支持！他为自己是乒乓球队的一分子而深感荣幸！

飞机在万里云空飞得很稳，每逢可能有气流时，航空小姐都会及时提醒厉大夫和吴敬平把稳担架，不让蔡指导因飞机颠簸而增加痛苦。

此时使蔡振华痛苦的不仅是他的肉体，更折磨他的是心理上的负担：大赛前一天恨不能当两天用，而自己偏偏这时病倒了，给队里和大伙儿添了这么多麻烦。

飞机一降落在首都机场，吴敬平就发现北京医学院三院的救护车和医护人员已经等候在那里。他们小心地把蔡振华抬下飞机，医护人员立即把担架抬上救护车，快速地朝北京医学院三院驶去……

机场人员目送着救护车飞驰而去，他们才放下手臂，心里既为顺利完成这一特殊运输任务而松了一口气，更虔诚地祝福蔡振华能早日康复，率领中国队的小伙子们去亚特兰大夺取更大的胜利！

拍板丈夫做手术，黄胜说："有人在为我承担！"

（1）

2010年炎夏曹燕华在沪接受采访，她说："蔡振华能走到这一步，和他有黄胜这样一位妻子有很大关系。"

这话含义很丰富。黄胜自己从来低调，她从不愿说自己对丈夫的事业作了哪些贡献。但有些事人们看到了，听到了，都对这位睿智、贤惠的女人交口称赞。

就说蔡振华病倒这件事，黄胜在接到电话，得知丈夫已躺在北京医学院第三医院时，她的心跳顿时就加速了。怎么会呢？他走时还好好的，怎么突然就病倒了呢？

在乘车赶往北医三院的途中，黄胜猛然惊醒：不是突然病倒呀！前一个月他就说过腰疼，当时自己还提醒他注意，因为腰是动过手术的。

1987年，蔡振华在意大利当教练时，有一天突然腰疼得不能动了，腿还发麻。黄胜吓坏了，打电话叫来救护车，把丈夫送到了医院。

那一刹那，她感到了从未有过的孤独。孑然一身，没有人可以求助，可以商量。所有亲人都在万里以外的中国。

在护士给丈夫打了一针后，他就睡着了，还打着呼噜。护理人员要把丈夫推进手术室的那一瞬间，黄胜心里突然产生了几分莫名的恐惧。她握了一下丈夫的手，他却因打了麻药而沉睡着。因为语言不是特别通，她无法得知丈夫这次手术的危险性有多大，也不知是否有比动手术更好的方案。她只能听从大夫的建议，在手术单上签上自己的名字。

签名时，她感觉自己的手冰凉……

手术室的门关上了，她无力地坐在走廊的椅子上，泪水唰的一下就流了下来。她低头抽泣着，感到万分无助。

她不敢想象这手术怎么做，反正要受很多皮肉之苦。好在他已经打了麻药，感觉不到疼痛了……

这种等待是把时间无限放慢的一种等待，感觉上应有一个小时了，看看手表只有十几分钟；这种等待是把距离无限伸展的等待，看上去只有十几米远，却仿佛亲人是在遥不可及的彼岸，简直无法触及。

平时，夫妻俩生活很规律。他忙着训练队员，外出打比赛，黄胜忙着到工厂上班，洗衣做饭。日复一日，月复一月，这种夫唱妇随的生活已成了一种常规。

常规会冲淡感觉，常规会减轻分量，常规会习以为常。但此刻常规打破了，她才感受到这种看上去平平淡淡的日子是多么有滋有味，是多么幸福美满，是多么不可替代。

事后黄胜才明白那手术不是特别大，丈夫几天后出院了，在家躺了一个月就康复了。这次怎么样呢？肯定比上回要严重，不然不会这样兴师动众，坐飞机被抬回来了。

一路上黄胜思绪如潮。待到了医院后，她被领进了一间办公室。国家体委乒乓球管理中心副主任杨树安已等在那里。

黄胜听蔡振华提过杨主任，说他原是徐寅生的秘书，外语非常好，笔头子也硬，是位挺有才华的机关干部。今天杨主任出面，看来丈夫的病情不一般。

黄胜走进办公室，没有像有的家属那样惊慌失措哭哭啼啼，也没有开口提出什么要求，诸如一定要请好大夫啊，一定要保证病人安全啊，她显得很镇静，尽管心里是翻江倒海。

杨树安告诉她，对蔡振华的病情，国家体委领导很重视，北京医学院第三医院领导也很重视。医院准备成立医疗领导小组，尽一切力量来给蔡振华治病。他刚才已与医院有关领导和大夫商谈了治疗方案，一是做手术，二是保守治疗，现在要征求一下她的意见。

杨树安说："做手术有风险，失败率是5%。失败后果是：一、瘫痪；二、腿瘸；三、丧失性功能。保守治疗安全度高，但疗效甚微。现在你可以考虑一下，定下后告诉我。另外有什么不清楚的地方可找大夫咨询一下。"

黄胜想了一会儿，然后向曲院长仔细咨询。

“大夫，做手术有生命危险吗?”

“庆幸他回来得还算及时，再晚一天，手术就做不了了。”

黄胜又问：“这么严重！还是腰椎间盘突出吗?”

曲院长详细地给她讲解了蔡振华的病情：“蔡指导的腰伤很重，我们诊断为腰椎间盘脱出。腰椎是由五块椎骨构成，每节椎骨之间由纤维软骨环连接着，也就是大家常说的椎间盘，在人体跳跃、承重时起保护、缓冲作用。如果椎间盘受损伤会突出，就是腰椎间盘突出。但现在蔡指导的椎间盘损伤严重，不是突出，而是整个脱出了，进入了脊髓腔内，压迫了脊髓神经。如果不及时手术，将脱出的软骨取出，会对脊神经造成不可逆转的损害，使下肢瘫痪。”

黄胜问：“大夫，保守治疗有什么办法吗?”

“这种情况保守治疗恐怕疗效甚微。当然手术时也可能发生意外，损伤到脊髓神经，出现下肢功能异常的后果。不过，我们会尽全力把手术做好。”

黄胜全神贯注地听着曲大夫的解释，明白这次丈夫的病和在意大利时的腰病部位虽相同，但是严重得不能再严重了！她眼前浮现出丈夫平时风风火火的那股劲头，让他注意休息，他从来都当耳旁风。其实在意大利做完手术后医生也嘱咐过的，不能过于劳累，不能过度负重。可为了打翻身仗，他早把医嘱抛到了九霄云外，在训练馆内一站就是一天。听说这还是他当主教练新立的规矩，原来训练时教练是可以坐着看训练的。他立这条规矩时早把他的腰病抛到脑后了。问题是这种强度不是一天一个月，也不是一年半载，转眼五年过去了，铁打的身子这么拼也要出毛病的。

曲院长还告诉黄胜，也曾考虑请外国专家来实施手术，但这需要时间联系、检查、商定医疗方案，怕拖下去病情恶化。而北医三院在国内是治疗运动创伤最有名也最权威的医院。黄胜还了解到，曲院长现在虽然退休了，但还承担着许多学术活动和教学任务。医院决定请他回来主刀，手术的成功概率虽不能说百分之百，但还是有相当把握的。另外还有两名教授级大夫给曲院长做助手，连护士都是主任医师担任，可以说手术组是豪华阵容。曲院长语气温和地对黄胜说：“当然，不同意做可以保守治疗。保守治疗风险毕竟比做手术还是小多了，体委有的领导也比较倾向保守治疗。”

“我同意开刀！”黄胜当机立断，说出自己的意见。尽管黄胜的选择是曲大夫赞同的，但他没想到黄胜决定得这么干脆。他又提醒说：“你可以再想一想，不一定马上决定。”

“我相信党和体委！领导和医院这么重视，我相信手术会成功。即使万一有什么，那也只能认命了！”

“您去病房看看蔡指导，两口子再商量商量，毕竟这是一个复杂的手术，最后定下来再告诉我们。”

（2）

走进蔡振华病房前，黄胜就叮嘱自己一定要控制好表情，不要太沉重，要轻松，要精神，给他愉悦而不是压力，这样对丈夫的病才有好处。

黄胜出生在一个医生家庭，父亲是浙江省嵊州一带有名的中医，母亲学的是西医护理，妹妹也是一名西医。她从小耳濡目染，懂得一些医学知识。她深知，病人的心情好坏对治疗起很大的作用。

她还想到此时丈夫内心肯定更痛苦，因为病得太不是时候了，奥运会还有两个多月就要开幕了。他若不能亲临前线和他的战友、队员去为祖国争金夺银，那才是终生不愈的心灵创伤！

蔡振华见妻子来了，苦笑了一下。他想缓解紧张情绪，就开玩笑地说：“上次在意大利做手术，出院后是你给我打针。还记得吗？你胆子特别小，第一次扎针时针头扎进皮肤不敢推药。”

“是啊，我那时手拿着注射器心里嘭嘭跳，怎么也不敢推那针管。你一个劲儿地说，推呀，不疼的！没事，不要怕！结果我还是把针拔出来了……”黄胜笑了，想起当时自己胆小的样子，真感到挺好笑的。

“你第二次就打进去了，每天一针，以后都打得蛮好的！”说到这里，蔡振华似乎回到了意大利的那个家里。那里的确留下了许多温馨的回忆，哪怕是挨针扎这种苦事似乎也苦乐参半了。

黄胜脱口说了句：“现在看来那是次小手术。”

“是啊，手术后躺两个月就好了。这回也不太……”看着妻子的目光，蔡振华戛然而止，说不下去了。他平生最讨厌说谎的人，现在也不想说谎：“这次和意大利那次有些不同。”

“杨树安和大夫都跟我说了。这回医疗条件多好啊！关心的人很多，领导也十分重视，当做一件大事来办。”

“你紧张吗？”

“比在意大利时好多了。国家会想一切办法给你治疗的，放心吧！”

见妻子给自己鼓劲儿，蔡振华笑了一下。黄胜的表现比他想象的要坚强多了。

“儿子挺好吧？”

“挺好的！就是很淘气，不过比起你小时候还差远了。男孩子淘点有出息。你小时候不是很淘气吗？天天有人上门找爸妈告状……”

蔡振华也跟着笑了：“你的谍报工作不错啊，我小时候的一些‘劣迹’全都被你从老妈那儿套来了。”

“医院跟我说了，如果手术，会请曲院长主刀，尽快安排你的手术。这回我算知道乒乓球在大家心目中的地位了，这次若做手术，护士都是由主任医师担任，规格很高啊！”

“你同意了？到时候可是要家属在手术单上签字啊！一切后果你要负责的！”

“我不怕，有人在为我承担！”

果然，在蔡振华的手术单上签名的不是黄胜，而是杨树安！

这意味着什么？这个名字写在手术单上，已经不是以一个主任的名义了。他是代表组织签字的，不仅如此，还代表了全国千千万万乒乓球爱好者，代表了十三亿中国人民对少帅的祝福，对奥运会胜利的祈盼！这个签名，太有分量了。

在手术实施的全过程中，等在手术室外边的有蔡振华的两位亲人，一位是妻子黄胜，另一位是代表组织的杨树安。

（3）

4 月 29 日，蔡振华被推进了手术室。在做手术时，黄胜一直等在走廊里。不过这回她没哭，心里很踏实。她感觉所有的风险都被分担了，每个人都会对蔡振华百分百地负责！而手术整个过程中，杨树安也一直守在手术室门口。

进行了一个小时四十多分钟的手术非常成功！蔡振华有望一个月后能下地。

这消息传到国家体委，乒乓球管理中心，乒乓球队，大家都不约而同地松了一口气。

蔡振华手术前后，病房里摆满了形形色色的大花篮，不断有人来看他：国家体委主任伍绍祖，副主任袁伟民、徐寅生、李富荣，前总教练许绍发，还有首都大大小小媒体的朋友，来了一拨儿又一拨，有时病房里都快挤满了，大家说说笑笑，给了蔡振华精神上很大鼓励。

乒乓球男队的教练和王涛、孔令辉、刘国梁、丁松等队员也都仨一群俩一伙地来了，女队的邓亚萍、乔红等人也都来看蔡指导了。医护人员见到这些乒乓明星十分激动，他们是全国人民心中的英雄啊！

不少集邮爱好者、乒乓球迷就守在病房门口求这些球星签名，不光医护人员来求签名，后来一些病号也都闻讯赶来了。

黄胜自然是跑得最辛苦的，每天她要早早起床，做好丈夫喜欢吃的一些饭菜，然后送儿子上学，再从学校直奔丈夫的病房。

他们家住在幸福大街的体委宿舍，这套三居室是许绍发卸职后出国前让蔡振华“接管”的。他本可以不腾这房子，因为他还要回来。但他看蔡振华仍然住在外单位朋友梁言的一套两居室里，就转给了蔡振华。

幸福大街位于北京东二环的东南角光明桥一带，而北医三院位于北三环中部北太平庄一带。每次，黄胜到病房后，和丈夫说说话儿，再替丈夫擦擦身，换换衣服。到了午饭时间，服侍丈夫吃完午饭，她就带着空饭盒往家里赶，除了要为第二天的饭菜做准备，还要到学校去接孩子回家，按老师要求督促孩子写作业，再忙晚饭。晚饭后要洗衣服，打扫卫生，烹调一些长时间才能完成的荤菜，如炖鸡、炖烧排骨等等。待到她脚不离地地忙完一天躺在床上时，四肢都是酸痛肿胀的。

但她不以为苦，第二天又是干劲十足地开始一天的劳作。她唯一盼望的就是可以让丈夫早日恢复健康，自己再苦再累也心甘情愿。

有一天，黄胜刚进家门，电话响了，原来是丈夫叫她马上到医院，有紧急情况。原来蔡振华大便时从不肯让医护人员帮忙，总是靠黄胜。这天队医袁素芬来看他，赶上他要大便，但他却怎么也不肯让袁大夫帮忙。

袁大夫都急了："我比你大一二十岁，这有什么？再说我干了几十年护理工作，什么样病人没见过，还没见过你这样的病人！"可争来争去，她犟不过蔡振华，只好给黄胜打电话，把她折腾回来解决问题！

有一天在病房，蔡振华对黄胜说："你知道吗？曲大夫他们都谈你呢！"

"谈我什么？我有什么好谈的？我又不是梦之队的教练！"黄胜半开玩笑地说。

"他们说，蔡振华的爱人看上去文文弱弱的样子，没想到胆真大，真敢决定啊！"

黄胜明白"敢决定"指的是丈夫开刀一事："你没告诉他们我胆子小得很，打针不敢推药？"

"可关键时刻冲得上去啊！"说到这儿，蔡振华忽然问道，"你想过没有，如果手术失败性功能丧失了怎么办？"

"丧失就丧失！我也去动手术开一刀，把我的性功能也丧失就完了！"

蔡振华平时虽知道黄胜善解人意、通情达理，但真没发现她内心如此坚贞，也没想到妻子能说出这么破釜沉舟、大义凛然的话来。患难见真情，此时此刻，他看到了妻子那颗金子般的真心！

亲人的痴情，使蔡振华心里充满了暖意、爱意。他忽然觉得自己很快就会好起来了，很快就能战胜病魔，挺直腰杆参加奥运会！

没想到没过几天，这对结婚近十载都没吵过架的夫妻，居然产生了严重分歧……

第十二章
祖国，你的名字比我生命更重要

令医生头痛的病人

（1）

蔡振华病倒的消息传出后，男队的运动员心里都很忐忑。奥运会大战前夕，指挥员病倒了，如何能确保战役的胜利？大家都盼着蔡指导能早日痊愈，重新挺立在他们面前，率领他们去战斗。

其实大家的心情非常矛盾：一方面希望蔡指导安心养病，身体恢复得棒棒的再出院；一方面又恨不得蔡指导早日出院，越早越好。因为奥运会是7月24日开幕，而现在已是5月了，每天的备战时间都很宝贵啊。特别是5月29日要进行奥运会前最后一次封闭集训，分分秒秒都是金啊！

当队员们千方百计打探蔡指导的出院时间时，领队和教练们仿佛串通好了一个固定台词："蔡指导出院时间不是我说了算，也不是你说了算，得看身体恢复状况而定，安心搞你的训练吧。不然蔡指导回来一见你退步了，可饶不了你！"

大多数人没想到的是，在教练和队员们5月29日登机准备飞往扬州时，一辆救护车停在了飞机前，四个医护人员抬着一副担架从飞机的另一个舱门登上飞机。

蔡指导！蔡指导来了！

眼尖的人大叫一声，本来井然有序的队伍一下乱了，队员的目光全部朝着担架望去。

停机坪上还有电视记者举着摄像机在捕捉这动人的一幕。

在领队的敦促下，大家才又排好队进入机舱，找到自己座位后，纷纷向蔡指导挥手致意，有的调皮男队员还来了个飞吻。

其他乘客好奇地询问到底这拨人怎么了？很快有人发现了蔡振华，也发现了孔令辉、刘国梁、王涛、吕林这些球星。机舱内登时活跃起来，还有人迫不及待去找他们签名……

飞机马上就要起飞，广播里叮嘱大家在座位上系上安全带，关上电脑与手机。

吴敬平与马琳　　《乒乓世界》提供

尽管乒乓球队每人都规规矩矩地稳坐在自己的席位上，但心里却是充满了难以平息的巨大喜悦和些许恍惚，蔡指导难道真的和我们同行去扬州吗？不会是做梦吧？

他们哪里知道，蔡指导今日能与他们同行，可是经历了三番五次的舌战呢！

（2）

蔡振华被重病撂倒后，不管身体多痛苦，脑子里想的都是一件事：怎么行使主教练的使命与责任，怎么确保亚特兰大奥运会再夺金。因为这是大事儿，是关系到祖国荣誉的大事。

躺在医院的病床上，蔡振华的心一直想着训练场。一会儿想想刘国梁，一会儿想想孔令辉，一会儿琢磨一下王涛、吕林的双打为什么威慑力不如从前了……他想到一点，就在训练笔记上记下一点。

这记训练笔记，也可看出蔡振华的敬业精神。据施之皓讲，蔡振华的训练笔记有二十多本，不仅字迹工整，要点突出，还有许多思想的火花和系统训练计划的执行情况。

在写作本书时，我们曾多渠道三番五次地想找到蔡指导的训练笔记，如果能找到，不仅会为本书的写作提供丰富素材，其中许多深度思考也会给我们以启迪。可惜这个愿望落空了。后来笔者不死心又去问黄胜，黄胜虽是十分支持，但翻箱倒柜只找出一本，是1999年2月至2000年8月的训练笔记。惊喜之余，笔者十分渴望能多有几本，可惜再也找不到了。希望这些训练笔记有朝一日能“出土”，那肯定是中国与世界乒乓史研究的宝贵资料。

话扯远了，还是回到蔡振华所在的病房吧。在领导和医院商讨手术方案时，蔡振华让吴敬平拿来许多技术录像资料，一盘盘地播放、思考，把心得和备忘的技术要点写在训练笔记上。他在用心血勾勒亚特兰大奥运会乒乓队夺金的战斗方案。

只要他一看到技术录像中所显现的乒乓大战搏杀场面，他就会忘记病痛，忘记烦恼，就会像一位渴望战斗的军事家从望远镜里看到敌军阵营那般兴奋……

蔡振华每天最难熬的时刻是装成规矩的病号等候护士来送药、打针、量体温及医生查房的时候，还有手术前进行的各种体检。

他听大夫说手术后一个月可康复，非常兴奋。他算计着日子：手术是4月29日，一个月后5月29日，正是男队要去扬州进行最后一轮封闭训练的日子，我必须做好准备！

（3）

从蔡振华病倒那一刻起，吴敬平心里就像压上了块大铅块，不论干什么都感到心里沉甸甸的，始终觉得很压抑。

此时的吴敬平，还未成大器，不像后来那样，队里四个主力队员他带着三个，不得不让新少帅刘国梁下令，让他舍出一个来。当然，他也还不知会有那样一天，在2008年北京奥运会上进入单打决赛的两名中国队员马琳和王皓，竟然全是自己的弟子。那时他那本名为《乒乓球直板反胶打法训练》的大作也还没有出版。但当时他分管的吕林与王涛的双打已在男队翻身仗中屡立战功。然而吴敬平从不以此为资本。他认为自己分管吕林前，吕林在前任教练任国强手中已打下基础，后又经蔡振华亲自分管两年，已有突破性进步。他谦虚地说，吕林夺冠，不是他的功劳，而是他跟着吕林沾了光。其实他为吕林也耗费了不少心血，做了很多细致工作。

吴敬平在蔡振华这届教练班子里，最初可能是知名度最低、资历最浅的一位。他在来国家队前，且不说是打“野球”出身，没什么令人炫目的全国冠军的头衔，更没有世界冠军的这个杯那个杯，当教练最高也就是在四川二队，也没教出什么名球员，因而他一步登天来到国家队任教，对他的质疑声曾一度泛滥。在这样的环境里，他最初可说是忍辱负重。但他所以能坚持下来，并用实际的功绩证明了自己的价值，一是靠他内心不服输的高远志向，二是靠蔡振华的信任、影响和关键时刻的点拨、施压与帮助。

在刚来国家队时，吴敬平一周未说一句话。蔡振华却坚信恩师杨光炎的眼力，他对忐忑不安的吴敬平说：“我相信你！”

“我相信你!”这四个字此刻从主教练嘴里说出来，就让吴敬平永远深铭五内了。这四个字从此就是一个取之不尽的能量库，支撑着吴敬平走下去。

吴敬平珍惜每一天，他细心地向每位教练学习，默默地积累、观察、消化蔡振华在管理、创新、打造运动员特长诸方面所展现出来的魄力、智慧、方法以至思维模式，一步一步不断提高自己。

现在蔡振华突然病倒了，而且病情这样严重，吴敬平心情糟透了。回京后，他一有时间就挤上公交车，朝北医三院奔去。他觉得蔡振华肯定是身在医院心在队，他就把队内的情况跟他说一说。蔡振华也会说些自己对这些问题的看法。

有一天蔡振华说：“老吴，我多想看看外面是什么样，哪怕是看看别人走路也好!”

吴敬平听了，心里一阵酸楚。他特别能体会蔡振华此时的心情。蔡振华像一头充满智慧和力量的狮王。每天，他需要腾跃，需要发出吼声，需要有所斩获。现在他被病魔击倒，连走路这最平常的行动能力都被剥夺了。他被关在病房犹如雄狮被困在小山洞，情绪怎能不焦虑!

好在手术非常成功，蔡振华恢复得很快。他身体内的细胞好像也被他顽强的意志感染了，变得异常坚强起来。

手术做完后，曲院长一再叮嘱蔡振华、黄胜，手术虽然成功，但至少要卧床静养恢复三个月，否则还会有严重后果，甚至导致瘫痪，千万不可大意。

可蔡振华哪里躺得住?他做完手术第二天就尝试自己翻身，不料竟翻了过来!尽管痛得满头大汗，他还是感到万分惊喜，因为4 月15 日以后他一直靠别人来翻身。手术真是立竿见影!

过不了几天，小护士进来吓一跳，原来蔡振华正手扶着墙壁一步一步蹭，练习走路呢!

小护士三步并作两步跑过去搀住他：“蔡指导，您这么早下地太危险了，出了问题谁负责啊!”

蔡振华把食指放在嘴边摇了摇，示意她别作声，然后压低声音说：“你要为我保密，不许到大夫那儿揭发我！”

“我告状是为您好啊！您这么早下地，不考虑自己后半辈子了？回头我要告诉黄阿姨。”

蔡振华头一摆：“那比告诉曲大夫还严重！我问你，你觉得咱们乒乓队到奥运会上该不该拿冠军啊？”

“当然得拿冠军啦，乒乓球是国球啊！”

蔡振华笑了：“这么说我们俩想法是一致的。我练走路是为了早日归队，带队员去奥运会拿金牌。可是拿金牌要有把握，必须先训练，不苦练怎么拿金牌？队员打球离开主教练没主心骨，我不康复怎么能行？我不锻炼怎么能康复？

“可是，可是……”

“你放心，我会慢慢来。不会有什么后果。有后果我也不会说你知道，你呢也要替我保密。”

好不容易过了小护士这一关，蔡振华又得寸进尺说服了来探病的吴敬平，让他扶着自己一点点增加步数。虽然每次都痛得汗水湿透了后背，但他还是不肯中断锻炼走路。

有一天蔡振华的违纪行为被曲院长发现了。他很生气，因为像蔡振华这样不遵医嘱是要出医疗事故的！

蔡振华尽管在训练场上、赛场上叱咤风云，但在医生面前还是毕恭毕敬。医生讲的不遵医嘱的严重后果，他并非不知道，但他有不可放弃的大目标。说到最后蔡振华不得不对医生坦白交代：“曲教授，我们乒乓队 5 月 29 日要去扬州，进行奥运会前最后一次封闭训练，我想和他们一起去！”

“不行！不可能的！”曲院长不断摇头。他觉得蔡振华简直是异想天开！像这么大的手术一般要静卧三个月，他手术不到一个月就想出院，还要坐飞机远赴外地封闭训练，这想法太、太……曲院长一时都没词了。他异常严肃地说：“蔡指导，打乒乓球我听您的，治病您要听医生的。我劝您打消这个念头。不信您可以问问您的夫人，我相信她也不会同意您去的。太违反医学规律了！”

爱情挡不住冲锋陷阵的人

果然不出医生所料，黄胜一听蔡振华要去扬州集训，瞪圆了她那双大眼睛，望着自己的丈夫半天没说出一句话来。

黄胜太了解蔡振华的性格了。只要他下决心要做的事儿，天王老子都挡不住。劝是没用的，强行阻拦更是无济于事，还会弄得夫妻俩伤和气，因此在一般想法不同的情况下，她都是放弃己见夫唱妇随。比如 1989 年，蔡振华见国家队输球，突下决心要回国；又比如回国后，房子等存在诸多不便之处，蔡振华要她回娘家生孩子，回去一呆八个月；再比如巴塞罗那奥运会奖金他坚持教练都拿一样的，他作为主教练不多拿一分钱……这些事儿尽管她也有不同意见，但都没有坚持，因而也没引起什么矛盾。

但这回不一样了。作为妻子，如果不劝阻丈夫这种不顾后果的行为，出了问题，自己要后悔终生！为了孩子，为了这个幸福美满的家，更为了尽妻子的责任，黄胜下决心要当一回“拦路虎”。

蔡振华这人表面上看上去是硬汉，但实际生活中他重感情，很在意自己的亲人。

蔡振华刚上任时，很爱发火。他恨不能明天就把斯韦思林杯夺回来，但现状距他的想法太远，因而他着急上火，脾气很大。

然而在家里，蔡振华却从不发火。他和黄胜夫妻这么些年，不但没吵过架，甚至没红过脸，顶嘴至多三句，两人就没声了。

不论在班上，在工作中，蔡振华遇到了什么困难，有什么不开心的事儿，他回到家都不会说，黄胜也看不出来有什么异样。他从来不把工作中的坏情绪带回家来，无论有什么事，自己都一个人扛着。

有一回蔡振华对黄胜说：“我有很多火，在家里发泄没有用的，没用还不如不发。”

第 47 届世乒赛上，蔡振华为王励勤作现场指导　　齐大征摄

在家里，一般黄胜提的要求，蔡振华都会很在意地放在心上，尽量满足自己的妻子。所以黄胜感觉，丈夫还是很给自己面子的。

这回，黄胜希望丈夫给自己一次大面子。她也跟大夫讲了，尽全力去说服丈夫不去扬州。尽管没打保票，但她内心深处还是觉得有几分希望。

不料在病房，黄胜刚提到去扬州集训说不定会有严重后果，蔡振华脸上的笑容马上就消失了，他说："大夫的态度我能理解，那么你呢？你也不同意我去吗？"

"不同意！除非你老婆是傻子才会同意！俗话说：'留得青山在，不怕没柴烧。'你身体搞垮了，不但给自己、给家人带来很大痛苦，你自己的事业也终止了。那时你后悔可是没有用的！"黄胜的语气很坚决，摆出一副不妥协的样子。

蔡振华沉默了。他何尝不知道妻子是为自己的健康考虑。他不愿伤害她的自尊，但也不能听从她的劝阻。他必须想一种两全其美的法子来说服妻子。

黄胜见丈夫不说话，趁热打铁，充满感情地说："你身体没问题时我可没拖过你后腿。你现在这个样子，还要去集训，你真有点什么事儿，我一辈子都要倒霉啦！不能看在我的面子上不去吗？"

蔡振华马上沉下脸来："这事我希望你不要再说第二遍了。不让我去是不可能的！事业做到这个份上，眼看奥运会就要来了，我是不可能放弃的！养兵千日，用兵一时，现在就是国家要用我一时的关键点，作为一个男人，能不拼一把吗？"

泪水在黄胜眼眶里打转。她一向是十分自尊的女人，丈夫把话说到这份上了，她明白，再多说就是愚蠢。她望着丈夫那张熟悉的脸庞，心想：既然你已经决定了，我为什么还要说呢？说了也没用啊！又一想，让他去吧，领导和同志们都会关心照顾他的，也许不至于出什么漏子……

这就是聪明女人和愚蠢女人的区别。夫妻关系虽是世上最亲密的关系之一，但也要懂得给对方留出选择余地，特别是在男人面临他一生中不多的重大选择时，更不能自以为是地坚持己见，死缠烂打地让对方采纳自己的意见。

望着沉默无语的妻子，蔡振华也觉得自己太急躁了，他转而用平静的语气缓缓吐露自己的心声："奥运会四年才一次，无论我个人冒多大风险，无论今后会付出什么代价，我都要尽快回到队里去，要挺直腰杆把队伍带到亚特兰大。只要中国乒乓球队能在奥运会上取得好成绩，我个人付出多大的代价都值得，即使瘫了也值！"

领导和队里其他人听说蔡振华要去扬州，也都纷纷来劝阻蔡振华，但都没有奏效。后来有人提出可以去，但要再静卧一个月。可就是这样，蔡振华也不松口。他说："你们都是为我好，我也领情。可我的性格你们也知道，那边热火朝天流大汗，我在这边白床单上躺着什么也不干，这不是要我的命吗？"

乒乓史上从未见过的训练场景

（1）

在扬州，从市体委主任陈侠到司机都会自豪地说：“扬州是中国乒乓球男队的风水宝地。”这是因为1992年巴塞罗那奥运会前，刚上任一年的蔡振华曾带领男队在扬州市体育馆进行封闭训练，结果如愿以偿男子双打夺金，外加单打铜牌。

集训选在扬州，更主要的是因为扬州的气候和亚特兰大颇为相似。亚特兰大7月最高湿度为90%，而扬州5月的湿度达到90%到95%。在这样环境相似的地方集训，是为了保证将来运动员在比赛时，不会因气候不适应而影响成绩。

训练，特别是封闭训练，是异常艰苦的大练兵。教练员和运动员每天都要换几套运动服，擦汗的大毛巾都能拧出水来，汗滴在地板上能连成一片湿地，将运动员滑一趔趄。

除了白天八九个小时的训练，晚上还常常安排看技术录像，细心观摩、研究、讨论对手的打法。几个主要对手不仅大名上了“黑名单”，贴在训练场地门旁的墙上，而且他们的“黑材料”——四十多盘技术录像资料也拿到了扬州。

要说苦，自然是蔡振华最苦；要说累，当然也是蔡振华最累。他行动仍然不能完全自理，腰上扎着又宽又厚的硬板腰带，不能弯腰穿鞋，不能站立和久坐，起居行动身边始终离不开人。所以有人开玩笑说：“蔡指导成了皇上，什么都得人伺候。”

虽然是未痊愈的病人，蔡振华依然保持着“少帅”的风度。一向注重仪表仪容的他，在训练馆亮相时，白色的运动衫干净平整，没有一点褶儿，浓密的头发依然整齐光滑，没有一丝乱发。队员们被他抖擞的精气神儿所感染，几乎忘记了蔡指导刚刚做过大手术。

刚开始两天，蔡振华站不了两分钟就得找张空球台躺下，躺一会儿再下来站一会儿，但不管是躺着还是站着，都不影响他“执法”如山，哪个运动员也别想偷懒儿。特别是主力队员，他盯得特紧。

队医厉彦虎对蔡指导的病情了如指掌。他懂得，人站立时腰椎承重有100公斤；而躺下时只承重20公斤，所以蔡指导在训练场上每站一秒钟都要忍受巨大的痛苦。别看他没什么剧烈动作，但额头上的汗却不停地出。厉彦虎大夫和袁素芬大夫背后常嘀咕，怎么想个法子让蔡指导躺下来看训练呢？

（2）

蔡振华一向很有记者缘儿，他和众多媒体始终保持着坦诚、开放、友好的关系。这次他一到扬州，记者们就蜂拥而至。采访蔡振华并不是那么容易，因为训练时间是不允许采访干扰的，天王老子也不行！据说，有一次一家电视台一位与队里关系很好的记者急着为采访过的一位运动员补录一句话，回去好抢时间剪接制作，所以队里就破例让训练停了一下。事后蔡振华得知，发了很大的火儿，批评十分严厉。从此没人敢再破这个规矩。

这次男队来扬州集训，记者们带着许多问号来到体育馆探营：一、奥运会男队夺金有何目标，实现把握有多大？二、参赛人选的出台基于哪些考虑，为什么没有马文革、丁松？三、少帅蔡振华术后未愈，冒险跟队员来集训地，身体是否能吃得消？

当记者们走进体育馆内训练场地时，看见有两面旗帜非常夺目，一面是五星红旗，一面是奥运五环旗；两条横幅悬挂红旗两侧，一条是：

“向高精难新夺取过硬的技术实力，以苦累艰辛磨炼超人的意志品质。”

另一条是：

“滴滴汗水铸就金牌壮国威，小小银球牵动亿万父老心。”

训练场地摆了九张球台。队员们在球台前挥汗如雨，乒乒乓乓地挥舞着手中的球拍，地上滚动着小小的黄色乒乓球；教练们站在球台旁，目不转睛地盯着队员的训练。

“咦，怎么不见蔡指导呢？”

记者们小声嘀咕着。

突然空中传来蔡振华的喊声：

“刘国梁，你少搓！”

“接发球，要多上手！”

记者们寻声抬头，不禁大吃一惊，原来，蔡指导躺在体育馆二层观众席第一排前过道上的一张长条桌上，双手撑在竹枕上，身底下铺着一领凉席，身体紧挨着铁栏杆，在那里指挥训练呢！

“这可真算是高屋建瓴，比在下面站着看得清楚多了！”一位记者开玩笑说。

另一位女记者的话充满同情：“你知道吗？虽说这里有空调，可热空气是往高处流动的。下边都这么闷热，蔡指导在那么高的位置看训练可真不是好受的！我最佩服蔡指导这一点了，真是铁骨铮铮！”

“补位要快，慢啦！”蔡振华手指刘国梁、孔令辉的球台喊道。

“这真是乒乓史上从未见过的训练场面！”此时，记者感到，眼前虽只有乒乓球的击打声和队员的脚步声，但每个队员心中都回荡着一股激情，似化作军歌的旋律：“背负着民族的希望，我们是一支不可战胜的力量！”

蔡指导的每句喊声，都像巨槌敲在大鼓上，在队员心中激起久久不能消逝的冲击波。队员、教练员看见的是中华民族坚挺的脊梁！还需要再训什么话吗？还需要再表什么态吗？干事业，就要像蔡指导这样玩命，做人就要像蔡指导这样，当祖国需要的时候，敢于豁出去，奉献一切，以至生命！

看着趴在条桌上的蔡振华，记者的眼前似乎出现了一段叠印镜头：手托炸药包高喊“为了新中国前进”炸碉堡的董存瑞；趴在隐蔽战壕里忍受烈火灼烧一动不动的邱少云；风雪中跳进水泥池用身体搅拌混凝土的王铁人……

不管是教练还是队员，不论过去心中存有多少分歧，不论过去心中存有多少委屈，不论过去心中存有多少误会，不论过去心中存有多少不解，在这一刻统统汇成一个心声：

蔡指导，好样的！无愧是一个血性男儿，无愧是一位开拓先锋，无愧是一名共产党员，无愧是一位乒坛巨人！

这哪里还是训练基地，分明是乒坛铁军大战前的宿营地，尽管没有誓师大会，但誓言却在每位指战员心中铿锵作响：

誓让五星红旗在奥运赛场冉冉升起！誓让中国国歌在亚特兰大响彻云霄！

马文革、张雷当陪练

20 世纪五六十年代曾流行一句话：榜样的力量是无穷的。如今在扬州训练基地，人们对这句话有了更充分的理解。

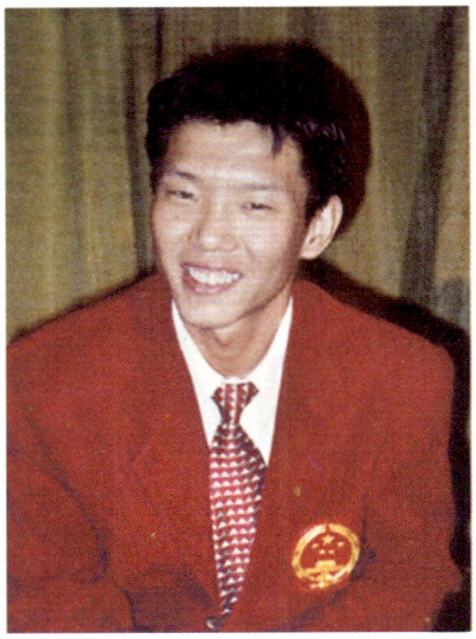

马文革　　齐大征摄

采访的记者大都是常年和乒乓球队打交道的人，因而他们熟悉教练，熟悉队员，熟悉队风，熟悉规矩，甚至熟悉一些人的语言和动作。但这次来扬州集训地，他们发现由于蔡指导的榜样力量，男队内有一些新的气象，新的细节，新的氛围，新的变化……

他们在队员中发现了马文革。这个一年前还是男队一号主力的"马大刀"，不是在第 43 届世乒赛后去德国俱乐部打球了吗？如今回来是备战奥运会吗？记者听说马文革并没有入选亚特兰大参赛选手名单，这对这位老将来说无疑是极大的失落，毕竟他目前世界排名还是第六啊！那他回来练这么起劲为什么？莫非他不知道自己落选了吗？

记者问，马文革坦然作答，全然不见了此前嘎小子似的脾气："我没回来前就听说队里定下的名单了，我这次回来就是给新人当陪练的。"

马文革当陪练？这可真是一大新闻。第 43 届世乒赛时，想派他打决赛的第三场，他都说："要打就打一、二场，第三场不打！"可如今怎么来了个 180 度大转弯呢？

马文革说："虽然我过去是主力，是一号，位置很高，也很想参加奥运会，但毕竟要服从大局需要。如今，年轻选手赶上来了，我应该为他们高兴，应该调整自己的心态。我这样想，过去我当主力时，他们那么认真地陪我练。现在他们成了主力，我理所当然要给他们当好陪练。从另一方面讲，年轻选手这两年进步很快，在世界乒坛影响也比较大，技术水平跟欧洲高手相比没有什么差距，让他们去打奥运会也一样。自己年龄大了，打不了多长时间了，我觉得应该抓紧时间多为队里作一点贡献。”

马文革成熟了，他一点也没辱没曾经是中国男乒一号主力的尊称。本来，他代表德国有上百年历史的奥森豪森俱乐部夺得欧洲冠军后，可以携带妻儿同俱乐部成员一起去西班牙度假。可他没去，而是赶回祖国参加奥运会备战。其实如果他不回来，谁也不会说什么，因为奥运会参赛名单没有他。

可是他回来了。6 月 5 日到了扬州训练基地后，他立刻融进队里成为一名普通队员。刚归队时，时差没倒过来，晚上睡不好觉，再加上训练强度和密度都比在德国时大得多，所以他浑身难受。如果他这时迟到早退也是大家都能理解的事儿。可马文革对自己要求十分严格，他一堂课都没缺过，就连课前的准备活动和课后的身体训练都没有一点马虎。

全队看在眼里，感动在心里，异口同声地夸道：“马文革不容易！”

从全国各地调来的三十多名陪练队员，见马哥这样的资深世界冠军成了陪练队伍的排头兵，而且尽心尽力，都钦佩不已。而这钦佩之情也都化成了动力。一天训练下来，再苦再累也没有人皱一下眉。只要主力队员需要，随叫随到，不讲任何条件，披挂上阵就是一场拼杀。

蔡振华看了马文革的表现甚感欣慰，他说：“这些年我们一直进行爱国主义的传统教育，在马文革身上我们看到了效果，这种教育还要抓下去。”

其实有这种境界的还不止马文革一人。张雷也是特地从日本赶回来的。他在日本打球近一年，终于等来了假期。可他回国不是探亲访友，也不是游山玩水放松调整，而是跑到又潮又热的扬州来给小师弟当陪练。

有趣的是，和过去在队里时一样，他又和马文革一个房间。两人一早一晚还像过去那样侃大山，说段子，可一到了训练馆就成了子弹上了膛要冲锋的战士了。他们不光单打拿出看家绝活儿，让小师弟们尝尝厉害，双打也配合默契，与对面的奥运双打选手比赛时，两人像真夺金牌一样，常停下来耳语几句，商量战术，不断制造难题，让王涛、吕林老经验失灵，孔令辉、刘国梁擦汗不止。

削球手陈卫星在匈牙利打完最后一场俱乐部比赛已是深夜 12 点了，但第二天凌晨6 点，他便乘飞机回国。到了北京，陈卫星马不停蹄转机去了扬州。陈卫星的削球与朝鲜的李根相、日本的松下浩二很相似，因而每星期他都要陪王涛、孔令辉、刘国梁各练一次单打，让他们熟悉李根相、松下浩二的技术。不陪练时，陈卫星就在另一个没有空调的小球馆里和一群小队员训练。练一轮发球，运动衫就会湿透。换件干的？真换不起，不是运动衫少，而是嫌浪费时间。每到这时，陈卫星就咬着牙穿着贴在前胸后背的运动衫继续训练。有时候他脑子里会闪现出家乡内蒙古的大草原，那里的清风和阳光有多好啊，刚洗的衣服一会儿就吹干了……

谁能拿到参赛奥运会的最后一张门票？

（1）

每次奥运会的报名对教练组来说就是一次考试，用谁舍谁，的确是很大的难题。

奥运会乒乓球参赛选手每个国家只能出四人，而且规定有三人兼顾单打与双打，一人只打双打。所以第 43 届世乒赛结束后，确定备战第 26 届亚特兰大奥运会参赛选手，不仅成了教练组的中心任务，也是主力队员剪不断、理还乱的心结。

一个个聪明的小脑瓜都开始琢磨了。孔令辉、王涛不用愁，人家世界排名第一和第四，是奥运会当然人选者。双打王涛离不开吕林，得，吕林也算上了保险。这最后一张船票是谁的呢？

按名气和实力有这样三位候选人：马文革、刘国梁、丁松。

没戏的人自然也不痴心妄想了，有戏的人就摆脱不了这个猜测：是谁？我有这个资格和运气吗？

马文革正在德国俱乐部打球，他是1995年世乒赛后去的。走时撂下话了，去德国一是治好肩伤，省得影响将来打奥运会；二是进一步提高技术水平，掌握欧洲选手的动向。估摸着要定奥运会名单了，马文革曾给蔡指导表示，自己将尽早回队参加集训。

马文革上届奥运会拿了男子单打一枚铜牌，这回是憋着劲儿要去夺金呢！无论从实力还是大赛经验，马文革都有资格和水平拿到这最后一张门票。

丁松，自从第43届世乒赛一战成名，“丁松专盯卡尔松”就成了乒坛流行语，为球迷们津津乐道。后来他又拿过全国乒协杯男子单打冠军，访欧比赛也战绩出众，可谓风头正劲。连《乒乓世界》的读者来信都建议用奇兵丁松参战奥运会，专家和业界就呼声更高了。

刘国梁嘴上不说，心里较着劲儿。他睡前常常反省自己，思前想后，本来自己1992年成都公开赛一战成名，比孔令辉、丁松都出头早，可自己不争气啊，一时竟然不知是几斤几两了。当记者夏娃来采访，问“你最怕的对手是谁”时，自己竟然答不出来，好像自己已是天下第一了。这事儿到现在刘国梁一想还脸红，怎么能那么肤浅呢？太肤浅了！那时尽管尹指导没少叮嘱、教导自己，蔡指导也没少训导自己，给自己敲警钟，可自个儿就是听不进去。

好，你不是能吗，教练组给你机会，十七岁就让你参加第42届世乒赛，打团体。结果怎么样？一下世锦赛的大海，才知道水性不够好，还呛了好几口水，技术水平没发挥出来。开始小组赛输不算，后来淘汰赛还输，要不是蔡指导把你冷冻了，中国队别说亚军拿不到，保不齐输得比41届还要惨！就你这表现，教练还敢信任你吗？

第43届世乒赛，盼了四年，名也报上了，战也请了，可最后决策层和蔡指导还是没敢用自己。上丁松是为了抓卡尔松，但如果你像王涛、马文革那样有实力，能让你决赛时去和小辉上场练球，演一场迷惑对手的戏吗？你不是演员啊，你是运动员，虽然去迷惑对手这一招儿蔡指导常用，可你为什么不能成为拿真刀真枪上阵杀敌的头号先锋呢?

刘国梁永远不能忘记，1995 年 5 月 8 日，中国男队战胜瑞典队捧回斯韦思林杯的那个辉煌夜晚，自己作为团体赛成员也跟蔡指导登上最高领奖台，面对万众欢呼自己也高兴，可怎么也是心存遗憾，觉得没出上力，是坐车的而不是拉车的，是跟团队沾了光。刘国梁当晚睡不着觉，翻来覆去，只想一个问题："教练为什么不相信我呢?"

真正的运动员哪有服输的?尽管后来在单打中胜了瓦尔德内尔，进了决赛，得了一枚银牌，但这距自己的宏图大志差远了。

这次奥运会是百年奥运会，如果自己不能参赛，别说下个百年见不着，就是下届奥运会自己还在不在国家队都难说了。我必须用行动来争取！我必须分秒必争来争取！此时不搏，更待何时！

(2)

1996 年初，男队爆出一条新闻，孔令辉和刘国梁这小哥儿俩要配双打了。

孔令辉与刘国梁的双打创意是来自教练还是他们本人，目前似乎已无从考证。有人说，他们配双打是教练提出的；也有人说，配双打是孔刘二人的想法，然后得到了教练组的支持。

我宁愿相信是小哥儿俩密谋后去要求配双打的。孔令辉觉得第 43 届世乒赛自己拿冠军似乎欠了国梁一点情，这回两人配双打并肩作战可增加感情；而刘国梁要和孔令辉配双打可能是一种变相的提前请战，也是从参选人员的筛选逻辑上摸准了脉搏。如果配对成功，对小哥儿俩来说双赢：孔令辉在队内再也找不到比刘国梁更默契、更信任的搭档了，这一点对双打来说至关重要；对刘国梁来说，和孔令辉捆绑在一起，万一自己参加亚洲地区预选赛拿不到冠军，和孔令辉配双打毕竟还有几分竞争参赛的筹码，有利于赢得参赛奥运的宝贵机会。

教练组所以同意他俩配对，一则可能对小哥儿俩的小算盘心领神会，二则也愿鼓励这种主动精神。但必须要先试试，因为就打法来讲，刘国梁与孔令辉配双打条件并非特别好，两人虽也是一直板一横板，但都是右手握拍，必然存在一些技术缺陷。不像王涛、吕林一直一横、一左一右配双打，属妙然天成。

一般双打配合，起码要经过一两年的磨合才能默契。刘国梁和孔令辉是1996年初才试配，不料这一试就不得了，他们先于1996年2月份的卡塔尔公开赛中战胜了罗斯科夫、费纳茨尔这对德国名将和刘南奎、金择洙这对世界一流强手，紧接着在4月中国乒协杯赛上夺得男子双打冠军。而原先曾获巴塞罗那奥运会和第42届、43届世乒赛双打冠军的王涛和吕林，却输给了他们。这一来，刘国梁、孔令辉这对双打顺理成章地入选奥运选手方阵，也使中国双打有了双保险。

这一对双打的表现，使决策层和蔡振华下了最后的决心，割舍了此前专家和球迷呼声很高的丁松。丁松落选后，丁松本人和上海体委表现出了服从大局的豁达，彰显了中国乒乓球界传统的爱国主义和集体主义精神。

第三部
保杯：捍卫巅峰荣誉

蔡振华　　齐大征摄

第十三章
百年奥运，国旗因我而升起

世人瞩目的亚特兰大奥运会于 1996 年 7 月 24 日开幕。

中国奥运代表团由 495 人组成，其中 309 名运动员。

这次中国奥运代表团以新选手、年轻选手为主将，共参加 26 个大项 153 个小项的比赛。

这是刘国梁、孔令辉第一次参加奥运会。

本来奥运会就是一个跨越地区、种族和信仰的团结友好的盛会，而 1996 年恰逢奥运会百年华诞，这就更为第 26 届亚特兰大奥运会增添了浓郁的节日气氛与特殊的意义。

亚特兰大这座名城，是 1836 年作为铁路终点而兴建的城市，位于美国阿巴拉契亚山脚下的森林里，是佐治亚州首府所在地，也是前总统卡特的故乡和风靡世界的小说《飘》的故乡。亚特兰大还是美国历史上著名的南北战争时南方军的战略重地。它在南北战争中被夷为平地，后又重建，发展成美国东南部陆空交通要地、金融中心，还招来了洛克希德飞机制造公司和可口可乐公司总部在此落户。

亚特兰大奥运会规模空前，魅力空前，这是一次 197 个会员国没有任何一家抵制或缺席的全家福盛会。亚特兰大奥运会将再一次向全球人民展示体育的魅力、突破的激情、攀登的意志，将再一次创造更快、更高、更强新历史的辉煌时刻。

远方恋人王瑾盼心上人突破

中国代表团内定的目标是：冲击第二集团军首位。金牌的数量至少要和第25届巴塞罗那奥运会所获金牌数持平。

在夺金把握度上，乒乓球显然是优势项目之一。副团长袁伟民批准蔡振华带病出征："抬也要抬到亚特兰大去！"短短一句话表现了这位当年带领女排获得五连冠的金牌教练对蔡振华的器重、信任与期待。

开幕式那天，身患帕金森综合征的拳王阿里用颤抖的手点燃火炬时，刘国梁的心在震颤，那是一份感动，那是一份激励，那是一种永不放弃的体育精神所产生的巨大感染力……

刘国梁、王瑾夫妇　　魏征摄　《乒乓世界》提供

在奥运村里，刘国梁最强烈的感觉是记者非常多，摩肩接踵，他心里想："怎么这么多记者啊？"

不过记者虽多，但采访刘国梁的却不多。有时迎面碰见了，记者会随口问道："怎么样啊？有信心吗？"

每逢听到这类问话，刘国梁只是淡然一笑说："信心当然是有的，也有这个实力。中国队很多队员都有这个实力。"

刘国梁的回答在有些记者听来，颇有几分滴水不漏的感觉。

刘国梁是何等聪明人，他觉得记者问这话本身表明他们对自己的信心也不高。他们主要追逐的目标是王涛和孔令辉。赛前舆论对他俩比较看好也是正常的。孔令辉打从第43届世乒赛夺冠后，简直是顺风顺水锐不可当，在不长的时间里连拿二十多个冠军，不说拿得手软，也拿得超出想象了。乘这气势奥运会上再添一枚金牌，也是顺理成章的事。

王涛更不用说，世界排名一直稳定在前二、三名。不说人家第25届奥运会就拿了双打冠军，43届世乒赛也拿了男团、男双冠军，就单是混双冠军和刘伟合作已是三连冠，给中国赢得了一尊永久保留的兹·赫杜塞克杯的复制杯。他在本届奥运会上拿下男单和男双冠军，是众望所归。

但尹霄总是独具慧眼。第43届世乒赛前他发文章说王涛与孔令辉是有希望夺单打冠军的选手，结果孔令辉一飞冲天捧起圣伯莱德杯。这回奥运会前他又发文章说男单有望夺冠的中国选手有三人，除了孔令辉、王涛，又加上刘国梁。这回是否能被他言中呢?

尽管师父这样预测，此时的刘国梁已非四年前参加成都公开赛的毛头小子，他心里一点儿也没有轻飘飘，宁静致远，他现在没有记者围追堵截，正好可以静下心来准备比赛。

奥运会比赛不像世乒赛安排那么满，基本上一天打一场。他除了准备比赛，有时也和尹指导聊聊天。蔡指导大赛前总是罕见的轻松，笑容总是挂在脸上。他甚至在饭后休息时间会叫队员一起打打扑克，调节一下运动员紧绷的神经。

刘国梁到了亚特兰大就给哥哥刘国栋打电话报平安。哥哥在国家队女队当陪练。哥哥接到电话会给父母通通气，还有就是给在日本打球的王瑾通风报信。因为乒乓球在日本不是热门项目，电视台根本不转播，没法子，王瑾和国栋约定，由国栋当人工转播台，把国梁比赛中的情况及时告诉她。

真是心有灵犀一点通，自从刘国梁进了奥运村，王瑾在日本就长了水痘。因怕传染给别人，只能停止训练独自待在宿舍里休息。

说是休息，可比训练还累，累的是心。刘国梁费了多大的劲儿才打进了奥运选手行列，她比谁都清楚。这次比赛对刘国梁来说至关重要，如果他再像42届世乒赛那样发挥不理想，前途怎样简直不敢想。

可王瑾相信刘国梁会打出来，她对他有信心。什么叫打出来？43届男团冠军不算打出来？43届男单亚军不算打出来？这样的成绩、这样顶级大赛的一金一银两枚奖牌放在外国选手名下，或是别的项目选手名下，足可炫耀终生，可在中国乒乓球队不光没人把这当成大餐，自己也认为是小菜一碟。你问当事人刘国梁，他也不好意思把这挂在嘴上，因为这离他的宏伟目标及前辈的辉煌还有相当大的距离。他还需要响当当的、货真价实的、含金量更高的金牌！这样的金牌只有世乒赛上有，只有奥运会上有。夺得这样的金牌才算打出来。可王瑾觉得刘国梁已经很了不起了。凭他那聪明劲儿，凭他那手感，凭他那刻苦劲儿，如果开始就打横板，说不定已经当单打世界冠军了。可他这直板快攻，再加个新的直拍横打，他比别人多付出了多少心血啊！大起大落遭了多少罪！也就是凭他那非凡的乐观性格和锲而不舍的攀上巅峰的梦想，才坚持到如今。

这回奥运会有戏吗？王瑾当然是盼着刘国梁有突破。但她也怕，怕像第43届在天津那样，决赛拿了块银牌。尽管王瑾觉得这银牌也弥足珍贵，可国梁固执地认为，要打就要拿冠军，拿亚军就是失败。

王瑾与刘国栋约好通话时间，可心里真是矛盾。她盼国栋哥来电话，又怕国栋哥来电话。盼的是他能传来奥运会上的捷报，怕的是国栋哥说的是令人沮丧的消息。所以她和国栋哥约好，如果是报佳音，就先说“飒飒飒”，让她那颗吊到嗓子眼儿的心先放下来。

刘国梁在电话里跟哥哥说了，男队金牌目标是保一争二。他首先要全力以赴和孔令辉打好双打，教练组所以要他们这对双打，是为了和王涛、吕林组成双保险。无论如何他们这对保险不能在关键时刻掉链子。

对于奥运会乒乓球比赛的前景，国内媒体普遍乐观，认为五年来，在蔡振华的带领下，中国男乒选手已经赶上欧洲选手的水平，昔日的差距已不复存在。第43届世乒赛标志着中国男队全面翻身，因而还有人称中国男队是梦之队。

不过蔡振华对此并不十分认同，他说："第43届世乒赛的成绩并不说明中国男队在亚特兰大一定能再次辉煌。世乒赛上的成功，使中国队成为各国选手的众矢之的。中国男选手要想在奥运会男单、男双比赛中夺冠，就得脚踏实地艰苦训练。躺在成绩簿上自鸣得意，必然会招致失败。"

记者们都十分关心参赛选手的保险系数，也有人询问启用孔令辉、刘国梁两位新秀是否存在一定风险。

蔡振华笑笑说："在中国男乒奥运会阵容中，孔令辉、刘国梁都是新秀，而丁松、马文革这样颇具实力的老队员没有入选。新秀因为年轻，总是比较有冲击力；也正因为年轻，有时就难免因经验不足而出现失误。三十多年来，中国乒乓球运动一直在薄冰上行走。作为主教练，我以为考虑应尽量缜密，但顾虑不可太多。顾虑太多，就会束缚思路。"

蔡振华还坦然承认，他唯一担心的是选手的心理状态，并且点了刘国梁的名。

刘国梁面对心理的湍流

蔡振华的高明之处，就是他不仅对世界单打、双打的对手了如指掌，而且细致入微地掌握着队员的心理状况。

诗人郭小川曾有这样脍炙人口的名句：

骏马
在平地上如飞地奔走，
有时却不敢越过
湍急的河流；
大雁

在春天爱唱豪迈的进行曲，
一到严厉的冬天
歌声里就满含着哀愁；
公民们！
你们
在祖国热烘烘的胸脯上长大，
会不会
在困难面前低下了头？

蔡振华团队在香山进行登山训练，左起为黄彪、施之皓、吴敬平、蔡振华、尹霄、李晓东、李隼
齐大征摄

奥运会比赛，什么事情都可能发生。骏马会失前蹄倒在湍急的河流里，壮志满怀的选手会爆冷输给名不见经传的选手，体会到夏日冰雪突袭的滋味。正因为不确定的因素太多，因而每个选手都是如履薄冰，带着巨大的压力度过这

段不同寻常的日子的。

孔令辉、刘国梁这对双打由于正式配对磨合期太短，技战术结合还不够完善，要想在奥运会上取得好成绩，难度之大是显而易见的。

参赛选手中刘国梁的心理压力最大。大在哪里？

一是派刘国梁去还是派丁松去，一直是争议焦点，最后定了刘国梁，他生怕打不好让大家失望。

二是集训阶段刘国梁的状态不怎么好，在队内输了不少场球，这使刘国梁万分焦灼。

有一回他悄悄对尹指导说："双打出线还可以，单打恐怕够呛！"

尹霄一听，不禁吃了一惊。大战之前气可鼓不可泄，这种心态技术上再完美也打不赢球啊，何况他的确还存在一些没解决的问题。

尹霄带刘国梁和孔令辉七八年，和他们相处的时间比和自己儿子相处的时间都长，可以说，他俩翅膀一亮，尹指导就知道他们要往哪飞。如何解开刘国梁的心结，尹指导心里着实琢磨了一番。

尹霄知道刘国梁是个很有主见的年轻人。他爱动脑筋，因此他的想法不是随便说出来的；一旦心里结上了疙瘩，也不是三言两语可以说通的，必须说到他心窝里，让他自己真正想通了，才能解决问题，否则说多少也是徒劳。

一向自信乐观的刘国梁为什么对奥运前景失去信心了呢？

尹霄琢磨来琢磨去，觉得自尊心特强的人往往心理比较脆弱。刘国梁从小打球就备受重视，不论是在八一队还是在国家青年队，以至国家二队、一队，他都是受教练和队友另眼看待的宠儿。他的聪明过人，他的打球天赋，他的出色口才，他的少年得志，使他一直处于被破格的环境里，十岁破格入八一队，十三岁破格入国青队，少年岁数破格和青年人打比赛，十六岁破格打败老瓦、林德、金择洙等超一流选手一举成名，十七岁破格入选世乒赛团体代表队……一系列的破格使刘国梁习惯性地把自己列在"破格"的位置。他对自己要求很高，处处要高队友一格，因而当经历了第42届世乒赛团体决赛被冷冻、第43届世乒赛团体决赛请战未果、男队单打决赛屈居亚军等一系列未达破格水平的赛事后，他的自信心严重受挫。他发现自己并不是什么天才，并没有那么出色，教练和队友也不是对自己那么百分百信任，自己的表现也并非那么出类拔萃，因而心理失去失衡，由高度自尊转化为自卑。

自信心是胜利的桥梁，没有强大的自信心，面对困难时就不可能产生必胜的意志，结果必然形成下旋通道，陷入表现不如意而导致缺乏自信心，再导致表现更不如意的恶性循环之中去。

刘国梁无疑是难得的人才，这一点，上至决策层，中至以蔡振华为首的教练组，下至国家队成员，都有共识。但即使是天才，也需要不断地经受磨砺甚至是失败才能成大器，百炼成钢啊，为什么不是一炼就成钢？因为还缺少实践的火候！

这次选拔奥运会参赛选手，刘国梁受的煎熬最厉害。和他同时入队、成名比他晚的好友孔令辉和大师兄王涛成为当然人选，而他却要和丁松比来比去；还有小报发表不负责任的文章，说蔡指导表示已不考虑刘国梁打奥运会的可能性，还说刘国梁是小船难承重任不可能有大作为……这些都对刘国梁的心理造成不小的刺激。虽然后来蔡指导和他谈话澄清了事实，他也因参加奥运会亚洲地区预选赛取得冠军而理直气壮地作为三号选手进了名单，但他的自尊心和自信心肯定受到了一定的打击。

现在他竟然说出这样的话来，说明他的自信心已到了谷底。

经过认真准备，尹霄找刘国梁进行了一次长谈。他说："国梁，我是你的主管教练，我不会给你吹气泡。我也相信你会认真考虑我的看法。知道吗，国梁，你的技术很好，而且这段时间练得也不错，状态不行主要还是心理问题。你为什么对自己没有信心呢？这可不是刘国梁的性格和胸怀啊！告诉你，我可是一点点给你记着账哪，你这几年参加重大比赛的成功率很高。"

刘国梁脸上露出一丝无奈的苦笑。尹霄看出弟子以为这是教练的安慰性语言，便给他逐条列出近几年他参加过的几次大赛的战绩：

1993 年第 42 届世乒赛，团体赛决赛没上，单打第一轮被淘汰。

1994 年世界杯团体赛战胜卡尔松、佩尔森独取两分，为战胜瑞典队夺冠立下战功；单打名列第三。

1995 年第 43 届世乒赛团体赛决赛虽没上场，但在单打中扫掉了中国选手最大的拦路虎瓦尔德内尔，获得亚军。

“三次大赛两次成功，你说你到底行不行？你世界排名第六，这可不是用钱买来的！”

经过尹指导这番分析，刘国梁一琢磨，心中豁然开朗，他的自信心终于提升了。他从牛角尖里退了出来，眼前是一片光明……

他又变成了原先那个刘国梁：自信，爱说爱笑，妙语连珠，时不时搞个恶作剧……但在训练时，则是一丝不苟，忘我投入。

在教练的帮助下，刘国梁勇敢地跨越了心理的湍流。

但是在大赛中，他还必须勇敢地跨越技术发挥的湍流。

金择洙阻断了孔令辉的夺冠之路

（1）

亚特兰大奥运会乒乓球比赛分为两个阶段。首先是小组循环赛，获各小组第一名的选手才能进入第二阶段的淘汰赛。小组赛采用三局两胜制，这就要求运动员不能有任何闪失，不然输一场球就有可能被淘汰。这可就应了中国那句俗话：“机不可失，时不再来。”

此外因为奥运会参赛人数少，单打六十四名，双打三十二对，选手都是精英，所以小组赛便可能与强手相遇。

双打小组赛的抽签结果并不美妙，孔令辉、刘国梁小组里有两对强手，一是法国的希拉、勒古，二是瑞典的卡尔松、冯舍。

这两场比赛都打得比较艰苦，主要是压力太大。孔令辉背有世乒赛、世界杯两大冠军盛名的压力，刘国梁害怕重蹈第 42 届世乒赛覆辙，生怕关键时刻掉链子。

还有一条是他们缺少大赛的经验，虽然参加过世锦赛和世界杯，但奥运会还是不一样，从规模到氛围到关注度，都不大相同，压力也空前大。

韩国名将金择洙　　齐大征摄

大赛经验对于运动员来说是必须经历的意志和心理考验，如果这两者不过关，再好的技术和球技也会变形。犹如戏班小学员，不管平时基本功练得多苦，台词、动作排练得多熟，锣鼓一敲琴声一响，从幕后走到灯光如昼的舞台中央一亮相，面对台下黑压压的观众，有的心慌意乱，有的荒腔走板，还有的忘了武打动作，踩不上锣鼓点儿，有的翻跟头趴在地上……

但你要成角儿，就得过这一关；你要成为真正的战士，就得面对强敌敢于拔出刺刀展开白刃战，除此别无捷径。

尽管蔡振华非常重视对弟子传授大赛经验，平时刘国梁和孔令辉也听老队员和教练讲了不少，但间接经验必须通过亲身体验才能深刻理解，参赛选手必须反复亲历才能融会贯通。

因为技战术准备得非常细致全面，困难估计得十分充分，加上孔令辉、刘国梁的天赋、默契、球技加友谊的支撑，所以比赛中虽比分咬得很紧，他俩还是先后把两场比赛都拿了下来。小组赛两对中国选手都顺利出线。

（2）

单打小组赛中，不断出现令人瞠目结舌的场面，爆出三大冷门：佩尔森被巴西选手小山雨果淘汰！卡尔松被俄罗斯的马祖诺夫淘汰！盖亭被捷克的科贝尔淘汰！

三位被淘汰的选手都是有夺冠实力的超一流选手，世界冠军。

可见奥运会赢得出线权实非易事。

冷门，对败者是刻骨铭心的教训，对胜者是终生的荣耀，对旁观者则是宝贵的前车之鉴。

中国三名单打选手小组出线后，进入第二阶段淘汰赛。刘国梁、孔令辉要同守上半区，王涛单守下半区。谁也没想到的是在男单十六进八的比赛中，孔令辉输给了世界排名第九的韩国选手金择洙。

这金择洙也不是无名之辈，他是国际乒坛的一位拼命三郎。他1970年5月出生于韩国一个热爱体育的家庭，大哥热衷于足球，二哥热衷于排球，他是老三，喜欢乒乓球，小弟弟是什么项目都喜欢。金择洙上高中时才开始练乒乓球，但几年后球技突飞猛进。他第一次进入中国选手和球迷的视野是在1989年。在当年的第40届世乒赛上，他淘汰了当时排名世界第二的世界冠军陈龙灿，进入男单八强。继这个大冷门之后，在1990年北京第11届亚运会上，金择洙作为韩国队夺取男团冠军的主力成员，又赢得众人喝彩。接着他和刘南奎一起蝉联了1990年、1992年世界杯男双冠军。

在四年前的巴塞罗那奥运会上，金择洙也大展神威。他不仅拿到男子单打铜牌（与马文革并列），还与刘南奎搭档摘取了双打的铜牌（与姜熙灿、李哲承并列）。

金择洙的打法其实并无先进可言，他是日式直板反胶单面拉弧圈，乍一看似有反手不能进攻的致命弱点，但他的正手进攻练得极具杀伤力，步法移动堪称一绝，无论移动范围、速度、方法，还是手脚发力的配合，都无人可比。比赛中他与任何高手交锋时，都可以满场跑动起板，将正手弧圈球的威力发挥到极致。

更令各国高手佩服的是，金择洙在大赛中不仅很少发挥失常，而且常常有一些意想不到的超水平发挥，关键球从不手软，落后时能咬能拼，因而所有超一流选手都不敢小觑他，尽管他从未获得世界级大赛单打世界冠军的桂冠。

一年前的第43届世乒赛给金择洙带来了终生遗憾：

他在单打中一路过关斩将进入八强。八进四时他与王涛相遇，他破天荒地赢了王涛。此前王涛被称为韩国的克星，在金择洙眼中最难对付的就是王涛，而这次他却战胜了王涛。

但他的球拍被裁判检测出胶水毒性超标，因而被取消比赛成绩，由王涛取而代之进入四强。

四年后，金择洙来中国参加“99国际乒乓球挑战赛”，接受记者采访时曾对此事作了解释：“1995年世乒赛‘胶水事件’，是我最遗憾的事儿。那天上午，我使用的胶皮经检查一切正常。但在上午打完比赛后那块胶皮坏了。下午我换了一块同一品牌的新胶皮，却被查出含有违禁成分。后来我们发现这其实不是胶水的问题，而是我用的这种胶皮本身就含有毒成分，它只有在打开包装24小时以后，有毒的成分才会挥发完，但当时大家谁都不知道。那届比赛在我之前，也有一些选手因为同样的问题被取消比赛资格，我只是因为进了前四名才格外引人注目。”

我们愿意相信金择洙的解释。因为像他这样一位有着献身精神的乒乓球运动的优秀球员，实在是没有必要冒天下之大不韪，弄虚作假，为自己争夺一枚有水分的金牌。

这回在亚特兰大奥运会上，金择洙一定是憋足了劲儿要雪耻，打个翻身仗，才这样拼搏。他竟然打败了他十分欣赏和佩服的孔令辉。

不过金择洙的确少点运气，幸运女神总是与他失之交臂。在奥运会上战胜世乒赛新科状元孔令辉的喜悦尚未淡去，他便在八进四时输给了德国名将罗斯科普夫。这场比赛可能金择洙又要懊悔很长时间，因为他是在领先的情况下未能把握战机，以2:3落败而未能进入四强的。命运之神再次给他以无情打击，又一次让无冕之王在距离世界冠军大门不远的地方戛然止步。

（3）

孔令辉与金择洙在亚特兰大奥运会前也有过数次交锋，而且是胜多负少。但不料这次老对手相逢，金择洙发挥得异常出色，孔令辉说：“谁知那天金择泆简直打疯了，技术上几乎找不到明显漏洞。而我则过于求稳，结果以1:3败下阵来，其中第四局我仅仅得了12分。”

蔡振华对这场比赛的点评是：“高手相遇全看发挥，孔令辉应该靠前三板去压制对方。但他因为心理压力大，有包袱，所以前三板求稳，相持过多。而且他大赛经验不够，临场变化不多。金择泆则是前三板台内球就争抢，有机会就攻。接球后有机会就搓长，直接转入相持，拉弧圈球抢冲。”

孔令辉失利，这对男队是猛烈一击。蔡振华首先想到的是不能让孔令辉因单打失利情绪不好再影响双打的发挥。

这么大的比赛，输球的难受劲儿不是一两次谈话就能平息的。孔令辉自然也是非常痛苦。他忍不住给家里打了个电话。接电话的是妈妈。孔令辉在电话里向妈妈报告了这个不好的消息，说着说着就泣不成声。

哈尔滨虽然和亚特兰大相隔万里，但妈妈似乎看到了儿子那边说边哭的情景，心里像针扎一样难受。但她不愧是当过教师的人，知道此时儿子需要的是抚平创伤以利再战，所以就若无其事地说了句：“儿子，就当你根本没报单打，只是参加双打比赛去了。”

知子莫若母，谷淑霞真是位聪明妈妈，她一句话就给儿子卸下了大包袱，一下子就把儿子从失败的井下拉到了地面上！

这么一想，孔令辉马上觉得心里轻松多了。他不禁想起在扬州集训时，教练组拟出的100条怎么办，其中有一条就是：“参加单打双打两项比赛，如果自己的单打项目失败了怎么办?”

妈妈的智慧切割了愁绪，教练的预见立竿见影。孔令辉终于清醒了。平时十分严厉的蔡指导不但没狠批自己，还鼓励自己打好双打，孔令辉立刻振奋起来。

孔令辉觉得自己拖累了团队，感觉很内疚。他觉得应该做些实事儿来弥补一下。

他撕下了自己球拍上的国产胶皮，贴上了一块日本套胶，怀着悲壮心情，主动去给王涛当陪练。因为根据抽签结果，自己出局后，王涛和刘国梁将要各守半个区进行拼搏，而王涛下面要对阵的是捷克选手科贝尔。

科贝尔这次在奥运会比赛中表现十分抢眼。在小组预赛中，他打败盖亭，在八进四的比赛中以3:0轻取比利时名将塞弗，引起各国选手的关注。连蔡指导都称赞："他的正反手都不错，尤其是反手漂亮，速度、衔接也不错。"

王涛看孔令辉来当陪练，心里很感动。他在乒乓疆场征战多年，体会过在呼声很高的情况下输球的巨大落差，那种滋味，真是欲哭无泪，欲语无言，会在心理上形成沉重包袱，需很长时间才能走出来。而孔令辉这么年轻，遭受这种打击，却能很快调整好心态来给队友当陪练，真正反映了这位小兄弟的思想境界，能做到这点的能有几人？

当他向孔令辉表示赞许时，孔令辉脱口而出道："中国队赢了是最重要的。"

王涛听了连连点头，想到自己恐怕是最后一次参加奥运会，为男队有这样的新秀而深感自豪。

看到孔令辉这一行动，蔡振华和尹霄都放下心来，知道孔令辉已经在严酷的打击下站起来了。

圈内人总说，人们很难正确预测比赛的胜负，如同难以预测股市的涨跌一样，但这恰恰是竞技体育的魅力所在。

孔令辉这位在第43届世锦赛上一飞冲天的新星，一年来顺风顺水，除了夺冠还是夺冠。在奥运会前他也作了艰苦的准备，却不料连八强都没进去，这实在是出乎所有人的意料。然而更出人意料的是他受挫后表现出了坚强的心理承受力、视集体荣誉高于一切的行动力。此后他终于不负众望，和刘国梁并肩战斗，一口气打进了双打的半决赛。

双打半决赛的准备会开了五小时

（1）

7月29日晚，对蔡振华和他的团队来说是生死攸关的一晚，因为这天晚上奥运会乒乓球双打将要进行半决赛。王涛、吕林对德国的罗斯科普夫、费茨纳尔，孔令辉、刘国梁对韩国的刘南奎、李哲承。

这两场半决赛在某种意义上来说，也许比决赛更重要，更难打。

罗斯科普夫、费茨纳尔是第40届世锦赛双打冠军，第25届巴塞罗那奥运会双打亚军。虽说他们上届奥运会曾是王涛、吕林的手下败将，但之前王涛、吕林也曾被他们打败过。加之王涛、吕林在奥运会前的一些国内外比赛中曾出现败绩，因而这场比赛充满悬念。

王涛、吕林这对搭档在巴塞罗那奥运会上成为“乱世英雄”，并蝉联第42届、43届世锦赛男双冠军后，已成为全世界男双选手的“头号敌人”。当他们在扬州集训地的房间里盯着视屏研究对手时，他们知道所有的外国对手也一定在通过录像把他们也研究了无数回。

王涛、吕林不但找对手的弱点，也互相找搭档的不足。若哪次打得感觉不好，就把过去打得好的比赛录像找出来看，看那时是怎么配合的。

当时上午全队进行单打集训，专攻双打一项的吕林也不闲着，而是与王涛的替身张勇练习双打技术。一个技术动作他往往反复训练多次，不达要求决不罢休。而主管教练吴敬平则一直盯在旁边，发现有什么问题就叫停，两人轻声交谈后，吕林再上场练。

王涛挥汗如雨，但却着装整齐，即使运动衫湿得一拍呱唧作响，他也不肯脱，因为他心里想的是：“奥运会时出再多的汗也不能光膀子，所以现在再热也不能脱。”

当时教练组为了加大难度，出了个“馊”点子：奥运选手与陪练选手打比赛时，一律先让三分。这比赛立马就难打了，特别是遇到马文革、张雷这样的对手，不输球已不可能。但不论是老选手王涛、吕林还是新选手孔令辉、刘国梁，输了都嗷嗷直叫，非要同马文革、张雷重打一场不可……

孔令辉、刘国梁面对的是韩国对手刘南奎、李哲承，虽然过去在单打中交过手，但双打还是第一次刺刀见红，无论讲实力还是大赛经验都不可大意。

韩国这次似乎也想用双打作为突破口，像中国上届奥运会那样做一回“乱世英雄”。这种想法并非空中楼阁。在第25届巴塞罗那奥运会上，金择洙、刘南奎这对黄金搭档与新秀姜熙灿、李哲承配对的双打并列第三名，获得两枚奥运会铜牌。这次大约为了“双保险”，他们采用一老一新交叉组合，于是有了刘南奎、李哲承与金择洙、姜熙灿这样两对双打选手。

刘南奎与李哲承前一场刚刚淘汰了瑞典的第一双打瓦尔德内尔和佩尔森，而且是3:0！

这次瑞典队的表现让人大跌眼镜。奥运会前，他们刚刚取得了欧洲锦标赛的全部冠军。瓦尔德内尔是上届奥运会男子单打冠军，在瑞典成为家喻户晓的英雄。这次他是唯一有实力拿金牌的选手，所以在奥运会开幕式运动员入场时，瓦尔德内尔是瑞典代表团的旗手。瑞典国王与王后专程来到奥运会赛场观看比赛，为瑞典选手打气助威。

瑞典乒乓选手个个踌躇满志，在中国男队选手第一天训练时，他们的教练就搬了把椅子坐在挡板外观阵，不知是想来了解一下中国选手的状态，还是来示威挑战。这一看就是两天。

蔡振华看了不禁有些哭笑不得，尹霄和李晓东也在一旁议论：“不好好抓紧时间训练，跑这儿看什么？”

蔡振华说：“真是的，看我们干什么？也许他们还没见中国队面就给淘汰了！”

当时大家听了一笑，并没当真。不料开赛后还真被蔡振华说中了，瑞典队的三位永恒主力都在不该输的对手面前被淘汰出局。

瑞典队的惨剧也给中国队敲了警钟：万不可掉以轻心。实力是一方面，比赛中摆正态度更为重要。蔡振华深知参赛选手的训练水平提升之后，要看临场发挥，而教练帮选手制定的技战术则是他们制胜的路线图。在这里，有准备与没准备是不一样的，认真准备与一般准备是不一样的，细致入微的准备与粗线条准备也是不一样的。

（2）

外国选手面对中国队总是感到势单力薄。可能就个人水平而言，他不一定输给中国队所有选手，但是就凝聚力和团体力量而言，真可谓撼大树易，撼中国队难。

蔡振华的腰当然是不堪劳累，他只能躺在床上领着大伙开会。他和李晓东住一个房间，每当他起床下地走路时，总是满头大汗。李晓东看了虽然十分同情，但也没什么办法减轻蔡指导的痛苦。李晓东平时是个待人处世有几分傲气的人，看不上的人，话都懒得说；真正佩服的人，则会从内心产生由衷的敬意。这次蔡振华带病看训练、出征亚特兰大的忘我精神，令李晓东十分感动。他服了，他从心底佩服蔡振华，觉得他是个真正的铁汉，是个大写的“人”。

这次准备会，蔡振华领大家开了五个小时。尹霄、李晓东都畅所欲言，有些英雄所见略同，也有些异曲同工。蔡振华早有一套思考成熟的方案。

正定国家乒乓球训练基地，刘国梁和马琳在交流球技　　齐大征摄

经过反复推敲、研究后，针对德国那对选手的特长与短板，蔡振华要求王涛、吕林重点处理好台内球，抢先起板。王涛在前台封、扣，吕林在中台拉、冲。

针对韩国那对选手，考虑到他们两人单面拉很凶，要求孔令辉、刘国梁尽量打对方两个大角，并发挥多变的发球抢攻争取主动。

散会前蔡振华说道："希望决赛是在两对中国选手之间进行。"

大家会心地笑了。

乒乓球赛场设立在佐治亚世界会议中心，训练场就设在赛场旁边。蔡振华看了一会儿训练后，亲自拿拍和陪练队员一起与孔令辉、刘国梁打起了双打。

练了一会儿，三名队员都劝蔡指导休息，蔡指导不仅满头大汗，而且队服也被汗水浸透了。大约是疼得实在难以支撑了，蔡振华交代了几句就躺在地板上休息。

有位记者看了这一幕十分感动，在采访副团长袁伟民时忍不住力赞蔡振华的敬业精神。出乎记者意料，一向要求下属严格吝用赞美语言的袁伟民，给予蔡振华高度评价。他告诉记者，在中国代表团奥运会期间树立的榜样中，蔡振华是教练员的代表人物。

强将手下无弱兵！四名中国选手决心把两对外国选手挡在决赛圈外，绝不能放虎进山！如若真让他们其中一对杀入决赛，拿金牌就有50%的风险！这也正是奥运代表团领导和蔡振华再三给四位选手卸包袱鼓斗志的原因。

王涛、吕林打得非常顺利。两位德国名将面对王涛快节奏的击球，根本发挥不出前冲弧圈球的威力，比赛中一直处于被动，结果中国选手3:0取胜进入决赛。

孔令辉、刘国梁也发挥得十分出色，比分同样出现了一面倒的战况，最后也是3:0干脆利落地战胜了强敌。

双打决赛真在两对中国选手中进行了！金银牌已入男队囊中。

此时喜气弥漫在大家心头。《人民日报》记者刘小明7月29日发于亚特兰大的电讯稿，结尾一段是这样写的：

> 拿下双打前两名后，有记者问蔡振华单打能不能再夺冠军。蔡振华说，饭要一口一口吃，男双没拿下之前，全队集中考虑如何打好男双。现在首先要准备男单1/4决赛，我们先不能考虑半决赛、决赛的事，而要全

力准备王涛打萨姆索诺夫、刘国梁迎战黄文冠两场球，这将是两场遭遇战，彼此交锋不多。我们总的战术指导思想是充分发挥自己的特长，遏制对方的特长。王涛要快中求准，刘国梁要在前三板争得主动，速战速决，少和对方打相持球。

李富荣、蔡振华逼刘国梁“打突击”

（1）

刘国梁自己没想到他能成为奥运会单打冠军。

双打决赛他和孔令辉赢了王涛、吕林。这个结果并不十分令人意外，因为孔令辉、刘国梁这对双打试配后就显露出了所向披靡的冲击力。而王涛、吕林这对选手在双打巅峰上坚守了四年，拿了多枚金牌后，在 1996 年上半年已出现了一些不如意的战况。

男子单打金牌是奥运会乒乓项目中分量最重的金牌，自然是所有选手都梦寐以求的。

双打金牌挂在胸前后，刘国梁和孔令辉终于圆了同拿冠军的美好愿望。孔令辉不像刘国梁那么激动，他可能还在为自己不如意的单打成绩而深感遗憾吧。

而刘国梁第一次拿世界冠军就是顶级的奥运会冠军，这个辉煌成绩比起集训时他自己对尹指导说的“双打小组能出线，单打够呛”的估计真是天壤之别。

双打结束后紧接着就是一场单打八进四的比赛，对手是加拿大选手黄文冠。

黄文冠 1963 年生于广东，右手横握球拍快攻打法。他曾是国家队队员，和江嘉良搭档拿下了第 6 届全运会双打冠军。此后他移居加拿大，1991 年代表加拿大参加第 41 届世乒赛，为加拿大获得男团第八名立下了汗马功劳。1993 年第 43 届世乒赛上，他与耿丽娟合作，获得混合双打第 3 名。

7 月 28 日上午，黄文冠和瓦尔德内尔交锋。赛前大家都认为这是场没有悬念的比赛。瑞典国王和王后亲临赛场观战助威。这无形中给瓦尔德内尔增加了压力。此前他的亲密战友佩尔森、卡尔松小组没出线就被淘汰了，他和佩尔森的双打又输给了刘南奎、李哲承。现在他是十亩地一棵苗了，如再有闪失，瑞典金牌将颗粒无收。位于巅峰的瓦尔德内尔大约由于单打小组赛中发挥得极为出色，所以没有把黄文冠放在眼里。

两人一交锋，黄文冠拼劲十足，而瓦尔德内尔却似睡眼惺忪。赛了几个球后，观众发现黄文冠对这场比赛做足了功课，对瓦尔德内尔正手发球的多变判断准确，回击落点刁钻。两人打起回合后，黄文冠很主动，一会儿发力，一会儿变线，结果瓦尔德内尔始终处于被动，最后 1:3 被淘汰。

奥运会乒乓球赛爆了大冷门的黄文冠气势正旺。他的下一个对手就是刘国梁。

（2）

7 月 30 日下午，距男单争夺前四名的比赛时间还有几个小时。历经了十天漫长赛程的刘国梁，精力、体力消耗都很大。的确，这次打奥运会，刘国梁抽签不利，碰的强硬对手特别多。

在单打中他也连续打掉了几名强手：比利时的小塞弗、波兰的格鲁奇科、日本的松下浩二……本来准备下边战老瓦，没想到老瓦输给了黄文冠。

尹霄及时提醒刘国梁：“瓦尔德内尔的失手，看上去好像是减轻了你过关的难度，实际上并不见得如此。黄文冠的打法与你相近，你只有立足于拼，才有取胜的把握。”

为什么尹指导跟刘国梁强调要拼？为什么蔡指导在赛前对记者说，他最担心的是选手的心理素质，并点名说了刘国梁？因为刘国梁的打法直板快攻中，一项最主要的技术是“打突击”，这要求运动员要多在近台起板扣杀，以凌厉的连续攻势迅速置对手于死地。这项特长在 60 至 80 年代就一直是中国选手对付外国选手的制胜法宝。可自 80 年代中期以来，因为欧洲弧圈球结合快攻打法的崛起，特别是第 40 届、41 届世乒赛中威震世界的直板快攻选手连续输球，在人们看来这项法宝似乎失灵了，打近台快攻的选手越来越少，“打突击”也似乎有失传的危险。

刘国梁担起直拍横打的实践重任后，尽管有1992年成都公开赛的辉煌，但也有1993年第42届世乒赛的不如意。刘国梁成了双刃剑，打好时，任何强手都能横扫，打不好时成绩又一落千丈。因而在第43届世乒赛前，对刘国梁在世界重大比赛中到底能打出什么样水平大家心中都没底，教练没底，刘国梁也没底。

最后，这个瓶颈被蔡振华破解，他发现了一条规律：凡是刘国梁打突击好的场次，球都赢得很漂亮；反之不敢打突击或打得不大成功时，多半就要输球。

因此蔡振华对刘国梁明确指示：必须高度重视打突击这一手段，要重点掌握、熟练运用这一手段。

当时刘国梁嘴上答应，心里还是有点嘀咕。他事后回忆这事时说：“嘴上说打突击容易，而要落实到实际中却很难，因为这要冒极大的风险。时至90年代，外国选手的技术远比以往全面，无论是旋转、速度、力量还是球路的变化，都不比我们差。在这样的情况下你还要在前三板起板大力扣杀，说不定你弄不死人家，反而会马上‘自杀身亡’。由于有这种顾虑，我打突击一直并不十分坚决。”

这种游离徘徊的心态一直拖到1995年第43届世乒赛前。蔡振华急了，给刘国梁下死命令：“比赛中必须毫不犹豫地采用突击打法，不管输赢都得这样做！”

蔡振华见刘国梁面露几分为难之色，又给他进一步解释采用打突击的理由：“你刘国梁作为采用中国传统近台快攻打法的选手，如果不主动进攻，而只靠打控制球和一两项技术特长，根本不可能在大赛上获胜。”

尹霄也给刘国梁做工作：“练直板横打就是为了弥补传统打法在进攻全面性上的不足，归根到底它还是要为正手进攻服务。”

1997 年刘国梁代表八一队参加全运会乒乓球比赛　　齐大征摄

刘国梁见两位教练异口同声，觉得自己应该下决心去实践，在第43届世锦赛上他终于下狠心放开打突击了。在单打中对瓦尔德内尔那场比赛打到第五局本来落后，刘国梁急中生智，大胆采用打突击战术，结果把老瓦打蒙了。老瓦一恍惚，刘国梁就噼里啪啦把比分追平，以21:19险胜！

（3）

尽管第43届世乒赛尝着了打突击的甜头，但真正变成运动员的风格，不是短期能牢固铸就的。亚特兰大奥运会前，刘国梁因为和丁松竞争参选名额，压力非常大，因而训练中想得比较多，总怕打不好落选，患得患失，结果反而不敢打突击了。

求稳，球的锋芒就出不来了，输了许多不该输的球，队内比赛光熊柯就胜他四次。这一来自信心大为削弱。

有一次热身赛，刘国梁打得很不理想。来看比赛的李富荣局长把他叫到主席台上，先给他点评一下今天的比赛，接着对他说："刘国梁，你呀，就放开了去打，去拼。你本身就不是实力型选手，你就是搏杀性很强的，之所以用你就是用你的拼劲和冲击力。我也是打直板正胶出身，这种打法本身的特点就是难度大、风险大。但越难越险你越不能犹豫。你就一抹脸去拼，搏出来就是你刘国梁，就有可能天下无敌。但是你搏不出来……"

听到这儿，刘国梁心里"咯噔"一下，以为局长会说"你搏不出来也问心无愧了"，那可就等于宣布我运动生命结束了。

没想到李局长说："搏不出来就搏不出来！反正你还年轻，以后还有机会！"

刘国梁一听这番话，茅塞顿开，心里特别高兴。原来他就怕搏不出来失去领导和教练的信任，以后不用你了，那不就完了嘛！可李局长说了搏不出来就搏不出来，这次搏不出来以后还有机会，反正你还年轻！那我还怕啥？

事隔十三年后，刘国梁在一篇文章中说："局长的一句话点醒了我，我觉得对我来说这可能是这一生中最重要的一句话，现在我还记得。"

刘国梁由此彻底放下思想包袱，状态慢慢得以恢复。参加亚洲地区预选赛，他就坚定地执行打突击的技战术，主动上手，结果拿到了奥运会比赛的入场券。

不想奥运比赛一开始，单打小组赛抽了个下下签，又弄得他有些心虚。结果关键一仗对手是欧洲青年冠军格鲁奇科，上来就输了一局。

蔡振华铁青着脸激他："接发球不敢上手攻，让他打开了。记住，要有刺刀见红的胆量！我看着你，看你敢不敢豁出去？"

刘国梁知道自己又犯老毛病了，心想，怕什么，谁也没指望你这第一次参加奥运会的三号选手去拿冠军！这么一想倒一下子打出了气势，顺利进入前十六名！

接着，他又凭着这气势，打突击，越来越准，越来越狠，搏进了 1/4 决赛，与从未交过手的黄文冠相逢。

尹指导提醒刘国梁要拼，是怕刘国梁面对也是快攻打法的黄文冠时犯和老瓦同样的错误，或是执行打突击技战术不坚决。

（4）

7 月 30 日下午。比赛前的几小时。尹霄见刘国梁有些倦容。他离开球台慢慢走到场边，靠在一个墙角坐了下去，两眼直直地盯着前方。

尹霄本想提醒他抓紧时间活动一下，可几次想开口又咽了回去。刘国梁是那种心里想大事的年轻人，相信他会考虑下边的比赛。他所以没活动，是因为太累了。

这十天来，全队所有的人每天从早到晚，无不是绷紧了神经苦战。不是在场上全力以赴打比赛，就是在场下殚精竭虑思考准备下面的比赛。体力和心力都付出很多，而刘国梁偏偏吃不惯西餐，所以每天这么大消耗只吃一顿饭。比赛前怕体力撑不住，就泡一碗方便面垫一垫。

尽管如此，尹霄并不给他特殊待遇。小组赛结束后，教练还安排他做了大运动量的体能训练，一点也不减量，因为减量怕他体力顶不下来。

刘国梁靠在墙角上想什么？想老瓦的失常，想瑞典队这次反常的表现。

他还有些庆幸，觉得中国队准备工作细致周到，蔡指导抓得一丝不苟，科研工作都带到了奥运会上。前些日子双打中为了掌握新配对的金择洙、姜熙灿和刘南奎、李哲承的现状，队里组织大伙儿将他们在奥运会上比赛的现场录像都连夜看了一番，分析、研究对策，所以上场时都是胸有成竹。

下边打黄文冠，刘国梁还是充满了信心。尹指导说得对，要拼，“横的怕不要命的”，要打突击，不能犹豫。昨晚和哥哥通了电话，哥哥说了他和王瑾打赢先报“飒飒飒”的约定，希望他这个报信者能一直把“飒飒飒”报到底：“弟弟努力啊！我和咱爸咱妈还有王瑾都等你的好消息！”

想到这里，刘国梁眼前闪现出王瑾那熟悉的面容。王瑾笑时很好看，有一种迷人的温馨。每逢想到她，他心里就荡漾起一种别样的甜蜜感觉。这感觉能使他滋生无穷动力。他在心里说：“放心吧！我会去拼的！你们等着我的好消息吧！”

当然，所有这些都是一闪念，不同的画面在他脑海里闪过，使他瞬间远离了疲惫，忘记了压力，感觉干渴的心灵有了滋润。

想想下场比赛的技战术吧！刘国梁随即又恢复了他平时生龙活虎的劲头，从墙角站起来，从双肩包里拿出了他宝贵的球拍。而尹指导，已微笑着朝他走来……

刘国梁与黄文冠一交手，便感受到了一股不小的压力。黄文冠果然是有备而来。他显然对和自己一样球路的刘国梁并不畏惧，运用的技战术，也真是打到了刘国梁的短处上。

面对这种局面，场外指导蔡振华心里一紧，看台上的尹霄也紧皱双眉，看来黄文冠是来者不善啊！

果然，9:21，第一局刘国梁很快败下阵来。

蔡指导递给刘国梁一瓶矿泉水，言简意赅地布置战术：“你得真正凶起来！你压不住他，他就要压你！这场球主要打的是气势，你的技术水平并不比他差！要打突击！突击，再突击！记住一定要抢攻在前！”

刘国梁一低头看到蔡指导那扎着护腰而隆起的腰部，觉得自己是缺了点豁出去的劲儿。他想："是呀，我都打到这种地步了，怎么着这场球也不能输！"

"不能输！"必胜的信念充满胸膛，刘国梁再次走向球台时气壮如牛。他十分坚定地执行抢攻在前的战术。黄文冠顿时乱了方寸。

《新体育》杂志记者逄伟在他的报道文章中这样描写刘国梁抢攻在前之战："起板！再起板！只要是对方接发球稍高，刘国梁便马上大力抽杀，即使是退至中台进入相持的时候，刘国梁也以积极的正反手变线，压住了对方的旋转弧圈，一有机会，就是侧身抢攻，再加上发球的旋转变化，黄文冠只有招架之功，早没了还手之力。一场首局处于绝对劣势的比赛，终于被扭转成了刘国梁的完胜之局！"

刘国梁　　齐大征摄

小伙子的状态这回可真上来了。而他这凶猛攻球手的状态一上来，又有谁人可挡！

战胜黄文冠后，刘国梁进入半决赛，对手是去年世界杯上曾赢过他的德国名将罗斯科夫。他的中文译名，亦有人写成罗斯科普夫。

球迷对 1969 年出生的罗斯科夫并不陌生。他在 1989 年 40 届世乒赛上与费茨纳尔获得双打冠军。他和费茨纳尔被誉为"德国战车"。

罗斯科夫是左手横握

球拍两面拉弧圈打法，特点是反手弧圈球上手快，力量重，以凶狠著称。他打起球来站位近，侧身积极，在与对手打相持球时能主动转入发力前冲或发力扣杀。一些在常规看来不该发力的球他敢发力，不该扣杀的球他敢扣杀，因而也曾被许绍发戏称为“不讲理打法”的代表人物之一，发挥好时会超水平，发挥不好时也会输得很惨。罗斯科夫是位捉摸不定的对手，他的打法无疑给对手造成了巨大的心理压力。

刘国梁和他一交手，罗斯科夫果然打得很凶狠，不管输球赢球脸上表情都没有丝毫变化，显示出心理上的老练。前两局两人战成平手。第三局刘国梁发挥出色打成18:13。此时罗斯科夫拿出“不讲理打法”的杀手锏，球拍在他手中看似胡抡，却板板命中，转眼竟被他追成18平！

然而此时的刘国梁气势上已如猛虎下山，雄鹰凌云，势不可当。罗斯科夫是昨日赢家又如何？今日也要让你尝尝崛起的中国直板新星的厉害！刘国梁不仅有让人眼花缭乱的直板连珠炮，还有变幻莫测的接发球技术，穿插上反手横打的创新绝招儿，罗斯科夫心中的底气像饱满的气球打了几个眼儿，开始泄了。

就在这时，发生了一个意想不到的干扰：刘国梁正与罗斯科夫打得十分胶着，一位欧洲裁判突然从椅子上跳下来，直奔坐在教练席上的蔡振华，给他亮出一张黄牌。

蔡振华吃了一惊，露出百思不解的神色，继而摊开双手表示不解，那位裁判说：“你摸鼻子了，是暗示！”

刘国梁站的位置背对蔡振华，一听观众席有骚动声，回过头来一看，这位欧洲裁判正拿着一张黄牌对蔡振华说什么。蔡振华见刘国梁看着他这里，生怕由此分散刘国梁的注意力，示意裁判快恢复比赛。

刘国梁立刻收心继续比赛。

打赢罗斯科夫后，蔡指导自然十分高兴。

回到奥运村进餐时，蔡振华说他含冤领了黄牌之事，不料坐在一桌的张燮林说：“新规则不允许教练员比赛中间指点运动员，违者为犯规。可邓亚萍到我身边捡球，我说了句‘加油’，也不是指点什么呀，结果裁判不懂中文，以为我指点她，还罚我吃了张黄牌呢。”

蔡振华接着说道：“你只吃了一张，可我已经吃了两张。上次刘国梁单打小组循环赛时，正和比利时的小塞弗打得难解难分，就是这位欧洲裁判突然窜到我跟前，给我一张黄牌！说我摸耳朵，是对刘国梁暗示！当时我想申辩，怕分散刘国梁的精力，就把这口气咽下去了，示意他赶快接着比赛。不想他今天又说我摸鼻子，又给我吃一张！”

咱们中国人是太厚道了，但也不能无限宽容！蔡振华饭后叫上翻译去找那位罚他黄牌的裁判，刘国梁也跟在后边。

蔡振华问裁判：“你鼻子痒了，耳朵痒了，摸不摸一下？”

裁判说：“摸。”

蔡振华问：“那罚我的这两张黄牌怎么解释？”

裁判眨眨眼睛说：“你摸鼻子是示意运动员打短球，摸耳朵可能是示意他打长球。”

刘国梁一听又好笑又好气，说道：“佩服佩服，还是你聪明！教练意图我都没看懂，你却理解了！”

围观的中外人士听翻译翻这段话后，都发出了笑声。那位自作聪明的裁判瞪圆了眼睛尴尬地站在那儿无言以对。

晚上刘国梁给哥哥国栋打了个电话说：“这场球拼得太凶了，打到后来右脚伤了，不过我没让他看出来！打完后脚疼，腰痛，感觉特别累！”

刘国栋说：“你这场球确实打得很漂亮，尤其是在第三局被追成 18 平时，你还能坚决果断地进攻。这几天看你比赛觉得你突然长大了许多……”

又一场让刘国梁纠结的单打决赛

(1)

刘国梁怎么也没想到，男子单打决赛会在他和王涛两人之间进行。

刘国梁心里很纠结。

一是从球路上讲，在队里有两个人的球他最不愿意碰，一是孔令辉，二是王涛。但老天爷偏偏让他在去年第43届世乒赛上和孔令辉打决赛，事过一年又让他在第26届奥运会上和王涛打决赛。

刘国梁心里很清楚，孔令辉和王涛都是实力型选手，发挥稳定，而自己这打法就是靠前三板抢攻，靠发球和接发球变化来赢对手。

可他和孔令辉同一个屋住了七八年，和王涛同属八一队，一样军装穿了八九年，他有什么招儿能瞒过他俩？所以打起来肯定是输多赢少，发挥不出他球路的威力。

再一点就是，王涛是他的大师兄，在他小小年纪刚入八一队时，王涛已是乒坛的一员虎将。刘国梁在心中把王涛当成了榜样和赶超目标。

刘国梁1986年进入八一队，1990年开始和王涛并肩作战。第一年可以说是王涛带着他打球。团体比赛中，王涛常拿两分，再加上双打一分。两人配双打从未输过。这年刘国梁拿到他乒乓生涯中的第一个全国冠军。从那以后，他和王涛合作共获得过两次全国锦标赛冠军、两届全运会冠军、两次乒协杯冠军、两次俱乐部联赛冠军。

生活中，王涛和刘国梁也像亲兄弟，你洗衣服时我搭上两件，我洗衣服时也给你捎上洗了。王涛喜欢唱歌，常在开心时一展歌喉，而刘国梁则是忠实听众，听罢哥哥放歌一曲，准送上热烈掌声。

后来两人先后入选国家队，也曾同住一屋。

如今这两个曾在同一战壕里并肩作战杀敌立功的战友竟然相逢在奥运会单打决赛，又要像1995年世乒赛那样演出一场同室操戈的决斗，刘国梁心里怎能不纠结呢？

自从去年第43届世乒赛男单决赛输给孔令辉后，刘国梁就憋足了劲儿要拿男单金牌。这次，他一路如履薄冰杀进决赛，没想到又碰上了师兄王涛。从年龄上讲，师兄已二十九岁，不可能再参加下届奥运会。他拿过世乒赛男团、男双、混双金牌，奥运会他拿了男双金牌，独缺男单金牌，如果他拿不到，将是终生遗憾！

刘国梁又想起去年他和孔令辉决赛前，尹指导说的话：“这种机会对每个人来说都不多，放开好好打！”

想到这里，刘国梁稍微坦然了些。无论从奥运精神还是从比赛道德来讲，自己都必须“放开好好打”，反正已拿了一块双打金牌，而单打输赢都是中国人的，五星红旗铁定要升起在亚特兰大。这已经是最大的胜利！

决赛那天，队内好多队员已不太关心谁胜谁负，有人去逛大街了，有人去看其他比赛。他们所以这样做，也都是出于同一个想法吧？

更为有趣的是，场场做场外指导的蔡振华也放了“假”。场外指导的活儿交给尹霄和李晓东了，他要坐在观众席上当一回纯粹的观众！来采访的梁言坐他身边，笑曰：“让他们紧张去，我们今天享受金牌。”

而王涛和刘国梁一如既往，住一屋里有说有笑，去运动员餐厅吃饭，互相关照。一同训练，一同走进决赛的场馆。只有在两人换上了不同颜色的比赛服站在球台两边时，才看出了双方是对手。

赛前大多数同行仍是看好王涛。媒体记者大多数也预测王涛实力更强些，大赛经验更丰富些。但也有人看好刘国梁，认为他在奥运会上的表现与成绩表明他在心理上、技术上已产生了质的飞跃。他的反手位攻击力明显加强，打恶仗时能放开，拼得很凶，颇有中国老国手顽强拼搏的风范。

（2）

决赛开始了，这场决赛不仅牵动全球乒乓球爱好者的心，更牵动着两人亲属的心。

在北京家中的王涛父母早早打开了电视机。CCTV 预告决赛时间是北京时间 8 月 2 号凌晨两点，他们盼望儿子能圆大满贯的美好梦想。

坐在国家队宿舍的刘国栋也早早打开了电视机。乒乓队留在家的队员也都惦记着这场决赛，会议室电视机前坐满了人。刘国栋知道今夜远在日本的王瑾肯定也在急切地等待，等待他早传佳音——“飒飒飒”！

今天，1996 年 8 月 2 日，王瑾像被人蒙住眼睛的小姑娘，看不见决赛场，只能耐心地在日本的宿舍里等待！

她做好了国梁输球的思想准备，他输给王涛如同他输给孔令辉一样是正常的。刘南奎这样的世界冠军被王涛打败了十九次，国梁输一次也正常。

这次和去年不一样，王瑾心里已有一块双打金牌垫底。即使输了，国梁也是奥运冠军！饭要一口一口吃，冠军要一个一个拿！

电话铃终于响了，王瑾一激灵，她奔到电话跟前，拿起话筒前又停了一下，只觉得心在怦怦直跳……

“国梁赢了，国梁是双料冠军了！”

国栋太激动了，竟然忘记了约定的“飒飒飒”！

王瑾惊呆了，她简直不敢相信自己的耳朵，是真的吗？国梁又拿了一块金牌？哎呀……

“国梁今天发挥特别出色，打得特别拼，王涛可能是太想拿这块金牌了，打得不像平常那么放得开，恐怕也是年纪大一些，有些累了，步伐移动也不像平常那么灵活。3:1，3:1 赢的！”

后来发生了什么，王瑾如同在梦中都记不太清了，她只记得，她的水痘第二天就全好了。

其实刘国梁这场决赛打得并不轻松。王涛在双打决赛时，一下子坐在地上，脚上受了伤，单打就这样一直坚持下来。刘国梁在与罗斯科夫半决赛时，也受了伤，只要一侧身，脚就特别疼。

赛前热身时，大夫给他简单地包扎了一下，因为包得挺紧的，感觉疼得更厉害了。刘国梁觉得这样上去肯定要影响比赛，干脆一不做二不休把绷带扯下来了。他问大夫要了一管可以止痛的药，准备着如果赛中疼得太厉害，就用止痛药喷一下。结果上场后这药根本没用上，因为没感觉到脚痛。

这种忘我的拼劲对刘国梁来说，还真非绝无仅有，他的队友高飞曾在国手征文中写了篇《刘国梁给我上了一课》，其中写道：

在一个星期六下午的多球训练中，我正好和刘国梁一起练球。由于在前两天的训练中我的肩拉伤了，一打球就疼得厉害，所以就想：“反正是这星期最后一堂课了，随便练练完了。”正想到这，队医厉大夫走过来给刘国梁肩上涂了很多药膏。我问刘国梁是不是肩也有伤，他一笑说：“老伤了，一抬胳膊就特别疼。”说完就走到台前，示意我给他发多球。

在训练中他一板一眼，每一个球都用尽全力，仿佛不是在训练，而是在打国际比赛，一筐球打完后汗水浸湿了他的衣服。我问他：“你的肩疼不疼？”他说：“怎么会不疼？但既然是训练就要练好。否则还不如休息呢。”我又问他：“怎么打起球来一点也看不出你的肩有伤呢？”刘国梁又说：“关键是训练要投入，当你把全部精力都集中在球上时，就不会觉得肩疼了。”听完他的话我想了很多，刘国梁平时训练总是特别投入，遇到伤病他不但能够坚持训练，还不降低训练的质量。正因为平时刘国梁轻伤不下火线，把训练当成国际比赛打，因而在需要他在大赛中拼搏时，他才有这种超人毅力和意志去打比赛。

根据刘国梁事后回忆，他考虑这场决赛如果按部就班地打，自己肯定机会不大，只有搏杀才有一线生机。“说实话，那场比赛是我到退役为止打得最好的一场球。本来自信心不是很强，但最后把所有的困难包袱都甩给了对手，尽量使自己轻装上阵，尽量给自己鼓劲，执行赛前制定的技战术也比较坚决，赛场又是超水平发挥。”

尹霄回忆那场超水平发挥比赛时说：“正手有，反手也有，平时练得好的球有，平时很少用的直拍反打也有，总之什么球都有，简直打神了！”

也许刘国梁与王涛这场决赛是他心理和技术突破多年的瓶颈实现登顶的一次总跨越，所以打神了。首先是他心理上没有包袱：“我当时就想，反正有一枚金牌在手了，保一争二。我比较年轻，1996 年打完，2000 年还可以参加。而对王涛来说，1996 年奥运会是他最后一届，而且他还没获过奥运单打金牌，他的包袱肯定比我重。”

其次，他的技战术制定得正确，执行得坚决。当两人打成一平时，刘国梁信心不动摇地要拿下第三局，因为“只有想办法赢下第三局，先见了二之后才能给对手施加更大的心理压力，如果让他 2:1 领先，一旦他放下包袱正常发挥的话，我搏杀的空间就非常小了”。

第三局 20:19 刘国梁仅仅领先一分时，他处理这个关键球显示了强大的心理抗压能力和高超的技术能力：“我记得当时是他发球，他发了一个短球，这一瞬间我要选择是搓还是挑。挑，有一定冒险性；搓，会稳一点，但是搓完之后防守会被动一些。我本能地选择积极主动地挑打起来，也是硬着头皮吧，结果搏下了那一分。”

CCTV 才华横溢的女记者周到通过摄像机拍下了这样的镜头：“二十岁的刘国梁只让自己的喜悦的表情在脸上停留了一瞬，随即走过去和王涛击掌。表情甚至有些不好意思。绕过球台，他悄悄地仰了一下头，小小地为自己的胜利庆祝一下。”

这个细节非常动人，是揭示刘国梁内心的画龙点睛之笔！须知，他只是一位二十岁的青年，当第一次参加奥运会一举摘下双金时，他无论如何张扬如何释放自己的喜悦和压力都不为过。他没有张扬，他尽量用理智抑制内心的激情，为什么？因为他想到了王涛，他不愿自己巨大的喜悦不经意间刺激了王涛。

他在事后曾说：“1995 年孔令辉拿冠军很低调，1996 年我拿冠军也很低调，我们都尽量为对方着想。”此时此刻的刘国梁让他的教练队友感到，他成熟了，不仅技术上成熟了，心理上成熟了，思想上也成熟了。梁言至今还记得采访拿冠军后的刘国梁，刘国梁说：“我们队里像我这样的队员很多，但队里给了我机会，我只不过完成了交给我的任务。”一位二十多岁的青年在奥运会上创造了包揽两金的辉煌，但把话说得如此得体，不忘感恩，不忘“队里”，显示出集体主义的观念已深深印在他的心里。

王涛：战胜了所有外国对手的巨人

(1)

中国队看选手评选手，有一条很重要的标准，那就是看他对外国选手的战绩如何。如果选手技术很棒，但内战内行，外战外行，就不会受到重用。在比赛中输没输给外国人，是一条重要的评价标准。这个标准核心的内容是：国家荣誉第一。

王涛的打球风格是很凌厉的，他是近台快攻结合弧圈球打法，反手生胶，以快著称。

有不少外国选手都怵他。比如奥运会第一位乒乓球男子单打冠军刘南奎，幸亏比王涛早出道几年，不然 1988 年汉城奥运会的冠军他能否拿到手还是两说。

从 1990 年亚洲锦标赛上两人首次交锋开始，王涛对他保持了全胜纪录。有媒体称王涛是刘南奎的克星，是韩国的终结者，实非过誉之词。

1994 年第 12 届亚运会上，四年前没资格上场，眼睁睁在家门口看着男团金牌落入韩国人囊中的王涛，在男团决赛中连斩两员韩国大将，其中一位就是刘南奎。

两人对阵曾发生了这样一个插曲，王涛先是 1:0 领先，第二局王涛又以 20:19领先。这就意味着，王涛再拿下一分就是 2:0 完胜刘南奎。

下一个球开始后，刘南奎打了一个极轻微的擦边球。的确是很轻微、很轻微的擦边球，连当值裁判都没看出。他判王涛得分。记分牌上也亮出了 21:19 的数字。

观众都以为这场球王涛赢了，热烈鼓掌。可王涛没有收兵。他用手指不断指着台边，继而又举手示意主裁判，刚才的球是擦边球。

裁判重新进行改判，比分成了 20 平。观众也看清了王涛的示意，对他这种高尚的职业道德报以热烈的掌声。当时 CCTV 的著名解说宋世雄先生以他那独特、高亢的声音见缝插针点评了两句："王涛不仅球艺精湛，而且体育道德高尚！"

当时刘南奎望着王涛，他是被对手这种高尚的品格所震撼，还是在琢磨下边一个球能否起死回生？

但结果还是王涛赢了。

赛后记者们围住王涛，询问王涛为何非要指出擦边球的真相。

王涛回答：“体育比赛就是公平的竞争。像刚才那个擦边球，如果我不示意裁判，比赛就可以结束了。但靠这样取胜，我一辈子都不会舒服。我的良心会受到谴责，这是起码的体育职业道德。”

“这盘球你是拿下来了。万一最后输给对方，你不后悔吗？”

“这没什么可后悔的！赢球要靠实力。万一我输了，只能证明我的实力还有待进一步提高。但输赢都不能离开公平竞赛的原则。”

男单决赛中，王涛再次战胜刘南奎，夺得金牌。

在亚特兰大奥运会，男子双打半决赛中，王涛、吕林战胜金择洙、李哲承，又一次让韩国大将败于手下。

在男子单打比赛中，进入前十六名抽签时刘南奎很紧张，最怕遇上王涛。因为此前他已经在大大小小比赛中十八次负于王涛。刘南奎特意委托教练替他去抽签。

教练抽出一看还是王涛，脸色一下阴沉下来。刘南奎一见教练的表情，心里已泄了气。结果这场比赛比分一边倒，王涛以 3∶0 第十九次打败刘南奎，创造了一个让人瞠目结舌的奇迹。

刘南奎下场后又是摇头又是叹气，往日奥运冠军的威风一扫而光。

（2）

二十九岁的王涛披挂上阵参加第 26 届亚特兰大奥运会，兼单打、双打两项比赛。王涛、吕林有着丰富的大赛经验，他们顽强拼搏，把他们所守的半区内所有外国选手挡在了决赛门外，实现了中国人胜利会师决赛的目标。

对此，蔡振华给予他们高度评价。

在双打决赛中，王涛摔了一跤，坐在了地上。比赛暂停。蔡振华和队医急忙进到了场内，把王涛扶到座位上作紧急处理。赛场解说员播出了王涛脚部严重扭伤的消息。过了一会儿，王涛继续上场比赛，结果输给了孔令辉和刘国梁。

脚伤不可避免地影响了王涛的单打，但他独守下半区，知道自己责任重大，特别是孔令辉被淘汰出局后，王涛拿出军人坚守战壕的精神带伤参加比赛，一场一场地去拼，顽强地守着下半区。

其中有两场比赛很令蔡振华担心。

一是八进四打白俄罗斯选手萨姆索诺夫。

萨姆索诺夫虽然年轻，但心理素质很好，在打法上既有瓦尔德内尔的稳健，又有盖亭的凶狠，是位挺难对付的选手。

果然，比赛一开始，萨姆索诺夫就给王涛一个下马威。前两局他都赢了下来，2:0 领先。大家不禁为王涛捏把汗。

第三局，王涛开始显示他这左撇子虎将的虎威。

打成 13:8 领先时，突然赛场一片黑暗，原来是停电了。这还真是世界大赛中很少见的突发事故。

说来这届奥运会创新的事儿多，意外的事儿也多。在花 7 500 万美元修建的百年奥林匹克纪念公园举办了 567 场音乐会，共有 530 万人（次）欣赏了音乐会，130 个乐队、1 000 名歌手在这儿参加了演出。我国的女歌手韦唯也举办了一场演唱会，观众很踊跃。但不幸的是在 7 月 27 日清晨公园发生了一起爆炸案，死亡 1 人，伤 110 人。还有一次是说奥运村里有炸弹，弄得运动员、教练员半夜没能睡，结果是虚惊一场。这些事件自然会给运动员心理造成阴影，无端地消耗了他们的体力和精力。

赛场停电中时间过得特别缓慢，七八分钟好像有一个小时。这对观众是一种煎熬，对选手心理更是一种测试。

好，终于来电了。比赛接着往下打，停电事件似乎对王涛没什么影响，而萨姆索诺夫却有点进不了状态，结果王涛拿下第三局，大比分变成 1:2。

第四局开始，王涛发挥了他连珠炮式的快攻，角度打得很大，萨姆索诺夫只有招架之功。王涛又拿下第四局。

大比分 2:2。

第五局开局，王涛打得很出色，一直比分领先。交换场地后王涛 17:13 掌握了场上主动权时，场馆里却再次停电！

这次停电长达二十多分钟。王涛此时心态平和，集中精力考虑下边的球怎么打。而萨姆索诺夫却有些沉不住气了。他向裁判提出更换比赛时间，未获批准，只好无奈地等下去。

第二次停电结束了，比赛继续进行。王涛发挥得非常出色，一连拿下四分，将萨姆索诺夫打得没了脾气，结果王涛赢得了这场比赛，挺进四强。

（3）

半决赛王涛面对科贝尔。虽然前几年访问捷克时，王涛曾与科贝尔交过手，而且都赢了，但昨天的胜利不能保证今天的胜利。在这届奥运会上，沉寂了多年的科贝尔突然像座喷发的火山，显示了极大的爆发力。他先在小组赛淘汰了法国的盖亭，后又淘汰了比利时名将塞弗，士气正旺。

果然，一交手，科贝尔就以凶狠的抽杀占据了主动。王涛一直落后，15:20！王涛再丢一分就要丢掉这一局。场外的蔡指导屏住了呼吸，观众席上黑压压的人群也紧张得不敢出声。这时不知是哪位老外，用不纯熟的中国话喊了句："王涛，加油！"

该王涛发球了，王涛右手拿球在台上轻轻拍了几下，然后发了一个极其旋转的下旋球，科贝尔判断失误，丢了一分。

16:20！

王涛估摸对手会以为他发第二个球时会有变化，所以偏偏又发了个下旋球，科贝尔又吃了一个。

17:20！

王涛估摸科贝尔急于拿下一分好赢这第一局，因而思想上有些急。王涛第三个球发的是上旋球，科贝尔以为还是下旋球，一接，球高高地落到王涛的台面上。王涛立刻以迅雷不及掩耳之势用力一击。

18:20！

这时显然科贝尔有些心中犯疑惑了。他怎么也没想到，王涛在那样险恶的状态下竟能一连追上三分！一时间他心里有点冒凉气。

王涛发出第四个球，科贝尔好歹给接了过去，又被王涛用最拿手的反手弹打杀回去，科贝尔又丢一分。

19:20！

观众的情绪被调动起来了，全场都沸腾了，掌声、口哨声、喇叭声与欢呼声震耳欲聋。科贝尔显得有些烦躁，而王涛对这种嘈杂环境却早已训练有素。他靠发球再得一分，场上的记分牌出现两个相同数字：

20:20！

王涛一鼓作气，以22:20赢了第一局。

首局被王涛逆转后，科贝尔像泄气皮球，没有了开赛一上来那种要压倒对手的气势。他的思想难以高度集中，总为自己在第一局中领先五分未能拿下而懊悔。

科贝尔此时犯了比赛中的大忌：他思想溜号了。他想的不是技战术，而是被一些杂念所纠缠，难以摆脱。结果该赢的球没能赢，不该输的球输了。这种局面加深了科贝尔的懊悔，结果恶性循环，没有了还手能力，被王涛3:0剃了个光头。

（4）

王涛打败男单比赛路上最后一个外国对手后，他的父亲王世俊当然期待儿子进入决赛后能夺下金牌。据他了解，平时刘国梁与王涛在队内比赛中基本没赢过。

王涛从亚特兰大打来了电话，王世俊一接十分兴奋。他以为王涛会满怀信心地向老爸表达夺冠的决心，不料王涛却说："从双打到单打几十场打下来，身体疲惫不堪，特别是现在国梁也赢了，这枚金牌已稳落在中国人手里了，忽然感到脚伤的疼痛了。但您放心，我还是会全力打好决赛。"

王世俊在事后写的《王涛》这本书中这样描述儿子单打决赛后的感觉："结果对王涛来说是残酷的。王涛再次与冠军无缘，在乒坛生涯中留下了最后的遗憾。"

决赛结束后，王涛从亚特兰大打来电话，他说："爸，我都不知道是怎么进入决赛场地的。双腿迈不动，精神提不起来。我决赛前已把体力耗尽了。加上决赛是在中国人之间打，我就更没精神头了。"

王涛说这话时，王世俊感到他不像丢了金牌的心态和语气，他一时竟难以理解儿子的思维了。

在赛后的新闻发布会上，刘国梁与王涛坐在一起，这两位新科奥运会单打冠、亚军显得那样融洽。从王涛的面部表情上看不到懊悔、痛苦、遗憾或嫉妒、不服气的眼神。

而刘国梁呢，脸上也没有极度兴奋和自豪。他面对亿万电视观众倾诉心曲："比赛的现实是残酷的，冠军只有一个。我战胜了大师兄王涛。我心中挺愧疚。因为在双打和单打中都是我夺走了冠军。但是我不会忘记师兄王涛多年带我、帮我，领我一起参加亚运会打团体赛，还有双打我们并肩战斗的情景，我永远不会忘记他对我多年诚挚的帮助，没有他的传帮带，我进步不会这样快……"

说到这里，刘国梁眼含泪水，深深打动了观众的心，连王涛的父亲王世俊在家里都热泪盈眶了。

接着让广大观众感动的是王涛那发自肺腑的发言："我很想拿这块单打金牌，这也是我渴望已久的一块金牌。然而我没有拿到，心里深感遗憾。但是让我高兴的是中国男队年轻选手的脱颖而出，刘国梁是我小师弟，师弟战胜师兄，如同长江后浪推前浪，这是中国乒坛的希望所在！另外让我在遗憾中感到欣慰的是，我是输给了中国选手，我没有输给外国选手。我把住了关口，心里很坦然，个人遗憾是小事，国家利益是大事，我再次向刘国梁表示祝贺！"

看到王涛与刘国梁紧紧拥抱在一起，不少电视观众都感动得流下了眼泪。

新闻发布会产生了强烈的反响，有不少球迷纷纷给中央电视台和王涛家打电话，王世俊还接到中央电视台邀请，让他参加中央电视台的奥运会亲人热线对话节目。

王世俊问道："参加这个节目的不都是奥运会金牌得主和他们的亲属吗？王涛没得金牌啊！"

对方回答说："王涛是不拿金牌的金牌选手，您一定要来啊！"

王世俊此时感到，儿子得的两枚银牌分量不比金牌轻！

在CCTV演播室，刘国梁的父亲、王军霞的母亲、王涛的父亲一起参加了热线节目，他们分别向在亚特兰大为国争光的儿女倾诉了离情别绪，谆谆嘱咐儿女不忘祖国和人民的培养。

不久，中国残疾运动员代表团组成，准备参加亚特兰大残疾奥运会。代表团团长邓朴方在会上提到，我们残疾人运动员夺金牌要像邓亚萍，拼搏精神要像王义夫，精神文明、大将风度要像王涛。

代表团回国后，中央领导同志在北戴河接见了全体运动员和工作人员。江泽民总书记与王涛握手的照片，被八一体工队扩印成两米高的大幅照片，悬挂在大厅墙壁上。八一队为有王涛这样的好运动员感到骄傲。

王涛虽然个子不高，他曾自嘲"又矮又矬"，但是他无疑是体坛巨人。他是中国乒乓男队重上巅峰打翻身仗屡立奇功的大将、功臣！而且，他不但是胸前挂满金牌的乒坛巨人，更登上了精神文明的高峰！

在他家明亮的书柜和八宝格里，不仅有他从世乒赛、奥运会上夺来的金牌、银牌，还有中央军委嘉奖令，立功证书，全军、全国、亚洲最佳运动员奖杯，以及团中央授予他的"全国青年突击手"证书，全国总工会授予他的"全国五一劳动奖章"，国家体委授予他的功勋运动员奖章。1998年，他光荣地当选全国人大代表。

如今，他是八一体工队乒乓球队队长兼男队总教练，正师级干部。他把从国家队和八一队前辈那里学习到的治队法宝发扬光大，率领弟子们继续创造着"小国家队"的辉煌。

第十四章
新上任的总教练狠抓体能训练

1997 年，无论对蔡振华团队还是他个人，都是难忘的一年。这年他率男队参加第 44 届曼彻斯特世乒赛，蝉联男团冠军、男双冠军、混双冠军。与第 43 届天津世乒赛所不同的是男单冠军又被瓦尔德内尔夺走了。而刘国梁继续亚特兰大的强势，与孔令辉搭档夺得男双冠军，与邬娜搭档捧回混双冠军。

女队在这届世乒赛上继续保持优势，除夺得女团冠军外，邓亚萍这位用她的骄人战绩与光辉形象征服了世界、赢得奥委会主席萨马兰奇器重的传奇人物，一如既往地拿到了女团、女单、女双冠军，三座奖杯上又一次留下了她闪光的名字，也为她辉煌的运动生涯画上了圆满的句号。

比中国队捧回六尊奖杯更引人注目的是，中国乒乓球队载誉归来后，5 月 14 日，国家体委训练局局长李富荣当着全队的面，宣读了任命书：男队主教练蔡振华自即日起担任中国乒乓球队总教练，全面负责国家队各项工作，侧重抓男队。陆元盛担任副总教练，主抓女队。

三十六岁的蔡振华成为继徐寅生、李富荣、许绍发之后，中国乒乓球队第四任总教练，他也是中国乒乓球队史上最年轻的总教练。

蔡振华从此开始走向他执教生涯的新高度、新路程。与六年前他受命于危难所不同的是，中国乒乓队已扎扎实实地重登巅峰，未来所要面对的不是翻身仗，而是巅峰荣誉保卫战！

后来的岁月见证了蔡振华这位新上任的总教练率领他的将士在世界之巅所遭遇的一系列挑战与危机……

乒乓队来了位跳高教练史鸿范

从曼城载誉归来，蔡振华除了组织筹备中美乒乓外交纪念活动这件大事，就是要找一位体能教练。他亲自到训练局找到训练处处长江秀云，对她说："你给我找一个体能教练。"

江处长先后推荐了三个人，蔡振华最后选定了史鸿范。

史鸿范是中国著名跳高教练黄健的学生，1957 年曾跳出 2 米 02 的成绩，打破了全国纪录，受到过周恩来总理接见，后来当了二十五年跳高教练，到越南去援外两次。后任训练局咨询委员会委员，人很正派，很有事业心，因而蔡振华决定请他来乒乓队当体能教练。

体能教练史鸿范为孔令辉进行体能训练　齐大征摄

不料史鸿范听江处长一说，连连摆手："不去不去！"

史鸿范是典型的山东人，性格耿直，待人诚挚，热心肠。这回乒乓队请他，他为什么不积极呢？

原来他心里有顾虑，觉得乒乓队是体坛红旗标兵队，世界冠军那么多，不好伺候，所以直言拒绝了。

不几天，江秀云又在会议室堵住史鸿范对他说："乒乓队去大庆集训一个月，都过了十天了，你临时去帮一下嘛！"

史鸿范一听是"临时帮一下"，就答应了。怎么也得给处长个面子。

江秀云把他拉到乒乓队办公室，一进门江秀云对一位中等个儿、眉目清秀的男子说："给你找来了，这是史教练！"又对史鸿范说："这是领队黄飚！"

黄飚马上站起来，十分客气地伸出手来："欢迎欢迎！"接着开门见山地说："目前队里体能方面存在不少问题，希望您能来帮忙解决一下。现在队伍已去大庆了，我给您买好票，什么时候走打电话告诉您，接您去。"

史鸿范到了乒乓队集训地，猛抬头碰见了惠钧。他们两家住一个楼，互相都知道对方是干什么的，但没说过话，见面就是点点头。在陌生的大庆也算他乡遇"故知"了。

"惠指导，我得先找组织啊，找谁啊？哪位是领导？"

"领导就是陆元盛副总教练，蔡指导去美国参加乒乓外交纪念活动去了。"

史鸿范到陆元盛那里报了到，总算发现两个熟人：队医厉彦虎、刘天禄，他们原来都是田径队的大夫。

两位队医一见史鸿范都很高兴："我们本来想去接你，但离不开，忙啊！"

第一堂课是男队的体能课。史鸿范憋足了劲要上好第一课，心想："你别总觉得你是世界冠军，都得给我好好练！"

史鸿范喊集合时嗓门特别大。因场地条件有限，史鸿范因地制宜带队员搞灵敏训练——上下跑楼梯。

出乎史鸿范意料，队员们个个都十分认真。教练尹霄、李晓东、吴敬平都站在旁边认真看。

练完后，尹霄说了句："这才像体能训练呢！我们过去就是跑跑长跑，举举哑铃。"

显然教练们对新来的体能教练很满意。

史鸿范心里也很愉快，他原以为这些金牌教练都很牛的，没想到还挺谦虚，不错！

接着史鸿范又给女队上课，陆元盛还安排了教练鲁尧华拿着摄像机摄像。女队不管是王楠、杨影、李菊这些世界冠军还是年轻队员也都练得很认真。

紧接着一件事，彻底改变了史鸿范认为乒乓队“不好伺候”的成见：有一天住在斜对门的尹霄、李晓东请史鸿范到他们房间里，问了许多体能训练方面的问题，还介绍了过去乒乓队练体能的情况，向史鸿范请教。

8月初，蔡振华访美回国，大庆石油管理局宴请代表团。史鸿范领队员刚做完体能训练，就被招呼到宴会厅去了。他和李晓东坐在最后边。一位大庆干部打量史鸿范一会儿，问道：“教练您是干什么的？”

史鸿范答道：“我是搞田径的。”

“我看你也不像打乒乓球的，这么高，块头这么大。”

李晓东笑道：“这是我们刚请的体能教练。”

这时坐在前边主宾座上的蔡振华走过来，停到史鸿范跟前伸出手来热情地说：“史教练谢谢你，你的情况我都知道了。我住在你房间斜对面，吃完饭后我去找你。”

这是史教练与蔡振华的第一次交谈。蔡振华与史鸿范的谈话推心置腹，他告诉史鸿范：“第一点，我们乒乓队的体能方面出了问题。第44届世乒赛，暴露出我们队员在心理和体能上存在不足，导致技术不能正常发挥出来。比如刘国梁在团体第二阶段比赛中，因对瑞典、韩国、法国这三场球消耗了大量的精力和体力，出现了高峰后的疲劳期。随后尽管刘国梁休息了一天，还在单打比赛的前一天晚上跑了一次长跑，但第二天对南斯拉夫小将卡拉卡舍维奇的比赛前，出现头晕、四肢乏力的现象，导致水平失常输了球。刘国梁出现这样的问题并不是第一次。去年法国世界杯单打刘国梁夺冠后，紧接着打西班牙明星赛，也出现过类似情况。另外孔令辉在单项比赛中三个项目同时进入前四名，平均每天比赛有20局以上。在对萨姆索诺夫比赛前，中午打完混双半决赛和决赛，赛后又进行了尿检，一直在比赛场馆拖到晚上没得到休息，因此在与萨姆索诺夫比赛时，体力跟不上，速度和力量减弱，最后丢了单打决赛权。而欧洲一些优秀选手为保存体力，有的放弃混双比赛，有的根本就不打混双，这样他们在单打和双打比赛中体力比我们充沛，所以成绩比我们好。在选手技术水平接近的情况下，体力的好坏起了决定性作用。所以我们必须加强体能训练。

第二点，我们运动员步伐没有韩国运动员好，而步伐对于乒乓球非常重要。第三点，是伤病问题，腰伤啊、肩伤啊等等很多。第四点是运动寿命短。欧洲选手如瓦尔德内尔，我当运动员时就和他打过决赛，至今还是乒坛超级选手，今年世乒赛他已是三十一岁了，又拿了单打冠军。而我们的运动员打到二十六七岁就觉得老了，运动寿命短也和体能水平低有关系。”

史鸿范听了心里很吃惊，这位享誉中外的少帅在第44届世乒赛载誉归来被任命为总教练后，竟然十分冷静地找出训练中存在的不足，而且思考得这么深刻，他不由得从内心深处产生敬意。

最后蔡振华诚恳地表示：“你的情况我了解了，希望你来带乒乓队，成为咱们教练班子的一员。”

史鸿范感到蔡振华和乒乓队聘请他来做体能教练，不像有的项目那样是临时性措施，而是有其深谋远虑的。

这样，史鸿范就由“临时帮一下”变成了一干就是十几年的老教练，成为乒乓队大家庭的一分子。

世界冠军的检讨书

体能训练在有些体育项目中没有得到足够的重视。拿乒乓球来说，过去体能训练手段比较单一，总是长跑、力量、腰腹肌训练老三样，系统性和针对性较差。

如今，蔡振华上任总教练后抓的第一件事，就是把体能训练提到与技术训练同等重要的位置。这种举措虽然在教练组取得一致认识，但队员们却并非一下子能认识到位、做到位。

开始，出于新鲜好奇，大家还是热情高涨的。随着时间的延续，小伙子姑娘们积极性不高了。于是训练中有人想招儿探测史指导的底线，他们不断地说累啊累啊。史鸿范听了考虑到他们从小打球没有接受过系统的体能训练，承受力应慢慢加码，所以对队员的要求都给予满足。

跑步时，他们一边跑一边喊：“太多了，少一点吧！”做出一副难以承受的痛苦状。

还有人请假："教练，我感冒了，有点发烧。"

"发烧就别练了。"史鸿范说。按照运动学，发烧时坚持跑步对身体有害。

"发烧"的队员溜了，嘴角闪过一丝难以掩饰的笑意。

"史指导，我受伤了。"一准假，又溜走一个。

时间长了，史鸿范发现自己上当了。他发现打乒乓的人脑子比田径队员灵多了，嘴皮子也快多了，他们有时候是在涮我这外来人。

史鸿范还听说有的队员悄悄说："乒乓球练什么体能？我们是靠技术得分！"

从此，史鸿范不好糊弄了。

有人再说"我发烧了"，史指导一摸他脑门子就说："你跑跑长跑出出汗就好了！"

有人再说"史指导，我腰疼"，史指导哈哈一笑："腰痛啊？腰痛练一会儿，一会就好了。"

有这么几回，队员也明白了：史指导不好蒙了，干脆还是老实练吧！

有一回在正定训练基地专项训练结束后，10 点半开始体能训练。结果这个请假，那个走人，稀稀拉拉的。史鸿范火了，朝他们嚷嚷起来："你们这些孩子不懂事，不知道珍惜，不重视体能训练要吃亏的，要是老蔡带你们训练，你们敢这样吗？"

发脾气时，史鸿范以为蔡振华他们都走了，不想蔡振华又返回来了，正好听了个一清二楚。

蔡振华看史鸿范讲完了，马上过来接话茬说："批评得好！批评得对！"接着他又十分严厉地批评了队员一顿。这还不算完，下午开全体大会时蔡振华说起这件事，要上午没参加体能训练的队员写检讨，从三个方面谈认识：一、技术训练能练，为什么体能训练不练？二、要不要体能教练？三、为什么今天不参加体能训练？

被点名写检讨的大多是主力队员，有刘国梁、孔令辉、刘国正、王励勤、秦志戬、冯喆、王飞等人。

史鸿范把这些检讨书复印了一份保存至今。笔者读这些如今已成为誉满全球的主教练、教练和超一流选手的栋梁之材当年用稚嫩的笔触写下的检讨书时，忍俊不禁。

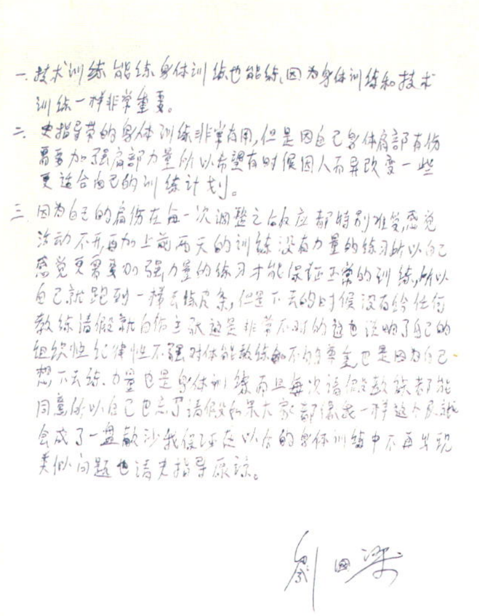
一、技术训练能练身体训练也能练，因为身体训练和技术训练一样非常重要。
二、史指导带的身体训练非常有用，但是因自己身体肩部有伤需要加强肩部力量，所以希望有时候因人而异改变一些更适合自己的训练计划。
三、因为自己的肩伤在每一次调整之后反应都特别难受，感觉活动不开，再加上前两天的训练没有力量的练习，所以自己感觉更需要加强力量的练习才能保证正常的训练，所以自己就跑到一楼去练皮条，但是下去的时候没有给任何教练请假就自作主张，这是非常不对的，这也说明了自己的组织性纪律性不强，对体能教练也不够尊重，也是因为自己想下去练，力量也是身体训练，而且每次请假教练都能同意，所以自己也忘了请假，如果大家都像我一样这个队就会成了一盘散沙，我保证在以后的身体训练中不再出现类似问题，也请史指导原谅。
刘国梁

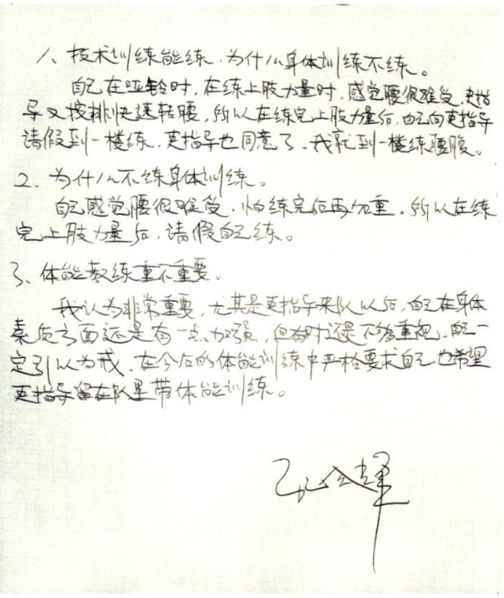
1、技术训练能练，为什么身体训练不练。
自己在哑铃时，在练上肢力量时，感觉腰很难受，史指导又安排快速转腰，所以在练完上肢力量后，自己向史指导请假到一楼练，史指导也同意了，我就到一楼练腰腹。
2、为什么不练身体训练。
自己感觉腰很难受，怕练完后再加重，所以在练完上肢力量后，请假自己练。
3、体能教练重不重要。
我认为非常重要，尤其是史指导来队以后，自己在身体素质方面还是有一点加强，但有时还不够重视，自己一定引以为戒，在今后的体能训练中严格要求自己，也希望史指导留在队里带体能训练。
孔令辉

赵　军摄

检讨书都十分简练，大多数是一页纸或半页纸，可谓惜墨如金。

第一个问题和第二个问题，分得不是很清楚，所以队员回答的原因虽不同，但大多承认自己对体能重视不够。当然也有形形色色的借口或原因：

刘国正写道：“我近一段腰有点疼，技术训练和身体训练都能坚持。但今天我练完哑铃后感觉特别疼，所以想下去练练背肌的力量。”

孔令辉写道：“自己在练上肢力量时，感觉腰很难受，史指导又安排快速转腰，我怕练完之后再加重，所以练完上肢力量后，向史指导请假到一楼练腰腹，史指导也同意了。”

秦志戬写道：“身体训练和技术训练同样重要，身体素质有保障后，在比赛中才能发挥出水平。今天身训第一部分是哑铃操，自己参加了。第二部分是跑跳训练，自己因为腰关节有伤确实不能练，给史教练请假后去一楼做力量。”

写得最有深度和“无罪申辩”最有力的是刘国梁：

“一、技术训练能练身体训练也能练，因为身体训练和技术训练一样非常重要。二、史指导带的身体训练非常有用，但是因为自己身体肩部有伤需要加强肩部力量，所以希望有时候因人而异，制订一些更适合自己的训练计划。三、因为自己的肩伤在每一次调整之后都特别难受，感觉活动不开，再加上前两天的训练没有力量，自己感觉更需要加强力量的训练才能保证正常的训练，所以自己就跑到一楼去练皮条，但是下去的时候没有给任何教练请假就自作主张，这是非常不对的，这也说明了自己的组织性纪律性不强，对体能教练不够尊重，也是觉得自己想下去练力量也是身体训练，而且每次请假教练都能同意，所以自己也忘了请假。如果大家都像我一样，这个队就会成了一盘散沙，我保证在以后的身体训练中不再出现类似问题，也请史指导原谅。”

而王励勤大约因为平常体能训练表现最佳，无错可查，聪明地将检讨书写成了一篇像小论文似的决心书：

“乒乓球发展到今天已不光是比技战术，比赛对体能的要求也越来越高。攻球的速度力量、判断反应都和身体素质有关。体能更能直接影响比赛中的持久性，考验大赛中连续作战能力。现在的比赛都是高强度、高对抗，对体能的要求就更高了。所以在平时体能训练中要更加投入。体能的提高不是一天两天、一堂课两堂课好好练就行的，而是要靠长时间严格要求，一点一滴地积累。史教练为了身体训练绞尽脑汁，制订结合我们专项的计划。我要在今后的体能训练中认真贯彻教练意图，严格完成计划，尤其要重视专项体能训练，为保证训练、防止伤病打下基础，提高身体素质水平，从而使技战术水平再进一步。”

事隔十二年再来读王励勤的“检讨书”，不禁感触颇深，难怪“大力”成了中国乒乓队的常青树，三十二岁了还能在各种世界大赛上显身手。这和他重视体能训练有极大关系。

王励勤是乒乓队公认的重视体能训练的标兵。史鸿范介绍他说：“队里曾开会专门讲王励勤的问题，王励勤在我来之前就开始重视体能训练了。他之前受过伤，之后他就开始自己练习。让我感受最深的是在封闭训练期间晚上或者休息的时候，王励勤会给我打电话，让我帮助他练体能。有一次他早上六点多从新加坡回来，下午就打电话给我说他想练习体能；雅典奥运会回来之后不久他就到田径场去训练。训练的时候站姿最标准的是王励勤，准备活动他也是最标准的队员之一。早上最早起来吃饭的也是王励勤，所以在总结开会当中就提出来怎么树立王励勤这个典型，让大家明白一个职业球员所应该具备的素质。这样的队员很省心，教练员就是指导方向，说清楚怎么练就可以了。关于王励勤，吴敬平曾专门为他写了篇总结。”

有一个细节让笔者感动。2010 年 4 月底，男队在宁波北仑基地集训，在“直通莫斯科”的大循环比赛中，王励勤未能胜出。对他这样的老主力来说，这肯定是件十分痛苦沮丧的事儿，其心情可想而知。不料当晚饭后我们在大厅沙发上采访时，却看见王励勤和史鸿范一起去球馆练体能。在这种情况下，他还有心思和毅力坚持练体能，真的令人非常感动。王励勤是乒乓队体能训练最自觉最刻苦的一位球星，体能训练可以说已融入他的体育生命中。

探索乒乓球体能训练的独特规律

蔡振华对体能训练的高度重视与有力推进，使史鸿范下决心在这一领域搞出点名堂来。他除了体能训练时间尽心尽力施教外，还从五个方面做了大量调研，不仅从实践中丰富、提高对体能训练的认识，而且抓紧一切机会提高自己的理论水平。他通过多种渠道了解了中国几代乒乓球名将，如徐寅生、李富荣、庄则栋、张燮林、郗恩庭、郭跃华、马文革等人对体能训练的认识和训练方法。他还在 2004 年后，四次参加美国体能训练班，听美国体能专家的讲座。这位全班年龄最大的学员，收获也是最大的。他发现了中国与美国在体能训练方面的差距：

首先，他发现美国体能专家有非常坚实的理论基础，不论是解剖学还是生理学方面都有很深的造诣，而我们的教练在这方面的知识几乎是空白。

第二条，美国有一批人专门研究体能问题。体能教练在美国是很受尊敬的职业，收入也颇丰。通过考核的达标者，能得到美国国防部的认证，世界各地都有他们的机构。显然中国对体能训练重要性的认识尚未达到应有的高度。

史鸿范学习引进国外体能的经验，丰富了乒乓队体能训练的手段和方法。

史鸿范积极探索，努力认识乒乓球项目对体能的要求与特点，并在乒乓球运动员要求什么样的体能这一关键问题上积累了丰富宝贵的经验。他努力探索个性化的训练，针对不同运动员、不同打法、不同水平和不同年龄段安排训练计划，使体能训练也都有了行之有效的训练手段和课程。当然，史鸿范也特别注意研究体能训练如何安排才更合理、更有效、更科学化。

刚开始的做法，是安排技术训练一个半小时或两个小时后再搞体能训练。这样有一些队员累了就不想练了，或是“偷工减料”地练。后来史鸿范意识到这样安排对运动员体力负荷的确有些超极限了，于是通过与主管教练沟通，作了一些改变，现在有时安排在早上，有时安排在下午，尽管因此史鸿范的课时负担重了，但效果上去了，他心里还是很高兴。

时间长了，队员们通过自身实践体会到了体能训练的重要性和益处，他们更加喜欢史鸿范这位个子一米八、敬业勤思的老爷子。十几年下来，几代主力男队员都经常给他打电话，请他为自己量身定做训练计划，现场指导训练。

但让史鸿范有时免不了手下留情的是那些女队员。史指导说：“看到队员们练得那么苦，我也心疼，可是要想打出好成绩，不严格要求是不行的，我也只能狠心一点了。有一次，范瑛在训练中不够专心，我就用一根木条打了她一下，下课后范瑛跑过来让我看腿上被打的红印，我心里挺难受的。可是，第二天范瑛还送巧克力给我吃。这些孩子太可爱了。”提起这事儿史教练一脸笑容。

有一回早上王楠向史鸿范诉苦说：“史指导，昨天我累得一晚上没睡着，躺在床上不知把腿搁在哪儿才好，什么姿势都没法减轻酸痛的感觉，一夜都没怎么睡。”

“那说明体能训练达到预期效果了，也说明你练得认真。”

后来，史鸿范得知队员在背后给他起了不少绰号：“魔鬼”，“使劲练”，“死里练”，“训练王子”……他笑了。尽管在乒乓队他和其他教练一样，全年没有节假日之说，每周足足工作六天，休一天，什么五一、十一、中秋、国庆……包括春节，小长假也好，大长假也好，全是周日休息一天。国人春运高峰奔亲人、奔故乡，乒乓队奔的是集训基地！

在封闭训练期间，史指导不仅要在专项训练以外的时间里观察队员的体能状态，还要在体能训练时间里实施指导，休息时间还要指导那些要求补课的队员练体能。

虽然挺累的，但看到队员们的体能状态明显好转，史鸿范感到无比欣慰。他从未想到自己结束了二十五载的田径教练生涯后，会在乒乓队开始一段新的施教生涯，不但有意义而且有成果。每想至此，他内心就无比感激蔡振华给自己的这个机会和在工作中给予的坚实有力的指引、支持。

乒乓队从上到下都把他当成自己人，所有会议和活动都让他参加，让他享受二队教练的待遇。更让他终生难忘的是在2000年奥运会前后，他做了两次

王励勤进行体能训练　　《乒乓世界》提供

大手术，检查住院期间，蔡振华和黄飚指定队医帮他联系医院，找大夫会诊，并亲自过问治疗情况。队员也都纷纷带着慰问品跑到医院看望他。秦志戬刚做完关节手术，也拄拐来了。还有的队员来时错过了探视时间，就想方设法和医院“泡蘑菇”，争取进到病房看史指导一眼。张勇干脆爬墙进院……

悉尼奥运会后，医院让史指导联系奥运冠军来做报告。史鸿范知道他们报告任务很重、很忙，觉得可能性不大。不料乒羽管理中心主任杨树安大力支持，和蔡振华一起率孔令辉、王楠两位奥运冠军给医院做了场精彩报告。医院听了上下振奋，对史鸿范的医治护理自然分外尽心尽力。

史鸿范大病未痊愈就回到队里工作，因为他想把自己的感激之情化为行动来报答蔡指导的知遇之恩，报答全队所有人对自己的深厚情谊。

2007 年，北京有所中学请史鸿范夫妇（他夫人陈梅玲也是田径名将）去训练他们的校田径队，不仅每月每人有四五千元薪酬，还提供一套两居室的住房。但史鸿范婉言谢绝了。他舍不得乒乓队这个集体，还想在体能训练这一充满挑战的领域继续探索……

第十五章
大满贯的领奖台与兴奋剂蒙冤的炼狱

直板正胶的巅峰绝唱

1999 年所发生的一切，注定要给国际乒坛与中国乒坛一个强烈印象：中国乒乓队经历了一个荣誉的峰巅后，又坠入了一个蒙冤的地狱，这一切都和一个人有关，他就是刘国梁。

3 月间，在中国队鼓足劲头要在科索沃第 45 届世乒赛上大展身手之时，北约的轰炸，不仅“误炸”了中国驻南斯拉夫大使馆，激起中国人的义愤，而且也迫使第 45 届世乒赛易地延期。国际乒联将筹备了两年多的世乒赛放在荷兰埃因霍温举行，时间改为同年 9 月。因筹备时间太短促，国际乒联决定将 5 项单打比赛与团体赛拆开举办，而在荷兰先举办单打比赛。

2011 年，中国队十二年后再次赴荷兰鹿特丹打第 51 届世乒赛时，梁宏达先生在《1999 年，直板正胶的绝唱》一文中写道：

> 1999 年荷兰世乒赛看刘国梁和马琳俩打决赛的时候，看得我惊心动魄。从技术上，刘国梁跟马琳比没有任何优势，什么便宜都占不了。但是他在气势上就可以把马琳打垮。刘国梁是直板正胶，防守不是很出色，但是当时马琳进攻，刘国梁推挡，就是打不死刘国梁；刘国梁扛住几板就找机会反击得分，最后他拿了冠军。
>
> 事实上中国队 1995 年在天津包揽七项冠军之后，90 年代后期男线的竞争已经开始从队外转到队内。刘国梁平时在队里是什么便宜都占不了

的，1995 年他打进男单决赛，是借着一股猛劲儿就上去了，但当时他跟孔令辉就没法打；1996 年奥运会他跟王涛决赛也是打出了少有的好球，他平时也是赢不了王涛的。所以刘国梁这个“大满贯”，既有自己的实力支撑，也有一点点运气的成分。

1999 年应该是中国直板正胶的绝唱了。刘国梁之后，直板正胶再也没有出过世界冠军。

刘国梁自己也回忆说：

从技战术发挥来说，1999 年荷兰世乒赛是我几次拿冠军过程中打得最差的，但是结果却是最好的一次，那届除了男单冠军，还跟孔令辉拿了男双金牌。当时我的自信心非常强，取胜的欲望和信念也非常坚定，对“大满贯”志在必得。比赛中，我自己感觉发挥得不是很理想，但当时就想着要一轮一轮地往前挤。单打比赛前面还算顺利，实际上只有两场球打得比较激烈，一场是跟盖亭打，第一局输了，第二局在 17:20 落后的情况下赢回来了；还有一场就是最后跟马琳的决赛，应该是打球以来最紧张的一场球。

马琳比我小几岁，当时他年龄上是小孩儿，但是球已经不是小孩儿了。荷兰世乒赛他的势头特别猛，前面赢了世界上最强的三个外国选手，金择洙、老萨和老瓦，闯进了决赛。他的冲击力、球的威胁和比赛场上的缠劲儿，还是给了我很大的压力，因为当时我也没有必胜的能力，有点像现在马琳跟许昕这帮年轻人打，好的时候也许能控制住局面，差的时候也不好打，输赢不好说。我觉得那次比赛自己主要是赢在比赛经验和必胜的信念上。

荷兰比赛之前，我的自我感觉良好，一直在给自己积极的心理暗示。说实话，如果那次比赛 4 月份在南斯拉夫举行，冠军可能就不是我的了。3 月在正定备战的时候，我整个感觉都不太好。我比较喜欢在 8 月份比赛，奥运会都是在 8 月份打，我在亚特兰大奥运会上发挥得就不错，所以我觉得 8 月是我的幸运月。而且，在夏天自己的身体状态和精神状态各方面的感觉都比4月份要好一些。4月份举行的世乒赛我打过好几届了，单打成绩都不好，有第一轮被淘汰的，有第二轮被淘汰的，有决赛输的。所以一听说世乒赛改期之后，我就暗示自己：如果4月份打比赛可能还是打不好，现在老天给了机会，改到8月了，比赛地点又改到了我比较喜欢的富有激情的荷兰，这不就是为我改的时间？

我还记得比赛的前一周，我们到荷兰的北部城市格罗宁根的一家俱乐部训练，原陕西队教练李济蜀到机场接我们，我是最后一个下车的，他一看见说："哟，冠军来了！"他的意思是世界冠军来了，因为我本来已经是世界冠军了嘛。我当时就跟马琳说："你看吧，这是能看懂的，知道冠军来了。"其实这都是一些积极的心理暗示，看到什么都会觉得这是为自己举办的一次比赛。所以1999年的荷兰世乒赛是我信心最强的一次，也是唯一一次从比赛之前到比赛最后一刻，我始终坚信自己。

刘国梁是一个能创造奇迹的运动员，他总是在人们不经意间创造出奇迹。1999年的刘国梁比起世界乒坛超一流选手瓦尔德内尔只差一个台阶。老瓦是世界第一名大满贯得主，而刘国梁只差一个世乒赛单打金牌 ，此时不搏更待何时？

总是善于审时度势的刘国梁不失时机地拿下了这枚金牌，成为世界第二位大满贯得主，也是中国乒乓史上第一位大满贯冠军。

当他登上冠军奖台，那个位置最高的领奖台时，意气风发的刘国梁引来场内无数崇拜和羡慕的目光。

双打他再次和孔令辉登上冠军领奖台。当小哥俩同捧着伊朗杯，各自用牙咬着金牌时，绝对没有想到厄运的魔爪正悄悄伸向刘国梁……

在台下看着弟子捧杯的蔡振华也十分欣慰，尽管他承受着国际乒联改革的"三板斧"：一、乒乓球由38毫米增加到40毫米，从下届比赛就要实行。二、比赛每局21分制改成11分制。三、发球实行无遮挡。这三项改革无疑对处于领先地位的中国队有着极大的冲击，怎么尽快摸清新规则的规律，减少新规则对巅峰状况的国手的冲击，是蔡振华面临的重大课题与严峻考验。

刘国梁　　《乒乓世界》提供

但他做梦也没想到的是，一个天外飞来的横祸像晴天霹雳炸响在他心灵深处！

刘国梁染指兴奋剂？

刘国梁的尿检呈阳性？这怎么可能呢？

但是权威实验室出具的检测通知写着：刘国梁 1999 年 8 月 8 日单打决赛后的兴奋剂检查中，尿样中有一项指标超常，呈阳性。

这个爆炸性的消息不仅炸晕了刘国梁本人，也使面临任何险境都不惧的蔡振华胆战。他第一个反应是："这怎么可能呢？"

中国乒乓队四十多年来没有人使用过兴奋剂。如果此事属实，那就不仅是刘国梁个人的丑闻，而且会使中国乒乓队以至中国体育蒙羞，其严重后果怎么估计都不为过！

10 月 24 日下午参加完奥地利公开赛男单决赛后，刘国梁被国际乒联竞赛经理乔尔达什叫到办公室里，听到了这个骇人听闻的检测单内容。

刘国梁打电话到北京将这消息报告给蔡振华。电话里蔡振华已听不出那是他极熟悉的刘国梁的声音了。

电话接完后，蔡振华彻底失眠了，他怎么也不相信刘国梁会使用违禁药品，他是一位极为优秀的运动员，他决不会拿自己以至中国队的荣誉去赌一个冠军！但是检测结果是不容置疑的，那又如何解释呢？

想来想去，蔡振华认为最大的可能是刘国梁在不知情的情况下服用了什么东西导致此恶果！

他恨不能立刻见到刘国梁，详细地询问一切细节，但刘国梁两天后才能回到北京。

26 号，刘国梁百感交集，独自走下飞机，内心里，五味杂陈。平时跟队伍回来，迎接他们的有鲜花、媒体朋友和有关领导，今天自己单飞回来，前途未卜；平时带回的是金杯、金牌和荣誉，今天成了兴奋剂嫌疑犯！人们会怎样看待我？他们会相信我刘国梁是清白的吗?!

取了行李，刘国梁推车走向首都国际机场大厅时，忽然看到他最想见的蔡指导一个人站在那里向他招手!

蔡指导？蔡指导竟然一个人来接我?

刘国梁简直不相信自己的眼睛！是在做梦么？是不是认错人了？不不，分明是蔡指导！他鼻子一酸，扔下行李车扑向亲人。

“怎么会这样？会不会搞错？是不是误判?”刘国梁扑在蔡振华怀里委屈地哭了，喃喃地倾吐着自己想了四十多个小时的巨大疑问。

这时刘国梁感到蔡指导拍了拍自己的肩头，耳边响起蔡指导熟悉的声音：“你是一个非常伟大的运动员，这时候千万不能趴下。如果你自己先倒下，即使你没错，别人也会怀疑你!”

蔡指导没有质问，没有怀疑，甚至没有半信半疑，他还是那样相信我！此时几近崩溃的刘国梁听了蔡振华的一番话，内心滋生了很大的热量，仿佛从冰窖里被人救上来后拉进了开足暖气的房间。但他清楚，沾上兴奋剂疑团，不是蔡指导一人相信能了结的，即使是李富荣局长、体育总局领导也不能了结，必须经过多次检测验明真相。

蔡振华让刘国梁仔细回忆8月7日与8日都吃了什么东西。刘国梁回忆说：“7日晚上一直睡不着，大概到凌晨3点半才睡。8号这天只是早上喝点牛奶，打完男单半决赛后吃了两个热狗，后因查尿时无尿，又喝了两杯啤酒……”

忽然，蔡振华又用十分严厉的语气问道：“告诉我，你自己有没有用过药物?”

“绝对没有!”刘国梁盯着蔡振华的眼睛斩钉截铁地回答。

“那好，现在你直接去检查。我知道你现在的心情，但在情绪上一定要控制住自己。对朋友、对父母和最亲近的人都不能讲。如果消息传出，不利于解决问题，后果很难收拾。”

李局送饭菜到运动员房间

三个月过去了，在高度保密的状态下，刘国梁一方面给国际乒联有关官员写信，请求尽快对他进行跟踪调查，并要求提供洛杉矶实验室的 A 瓶分析图和数据及 8 月 7 日和 8 日两次尿检的初筛结果；另一方面他在守口如瓶的情况下独自默默承受服用兴奋剂嫌疑犯的羞辱。炼狱是什么样？这回刘国梁体验到了，最大的痛苦是不能倾诉的痛苦，是任何亲友不能分担的痛苦。为了保障“飞行检查”的准确性，刘国梁一直按照 7 日与 8 日的作息表循环往复地一天天熬着，从身体到精神默默地承受着折磨，承受着炼狱般的折磨。

与此同时，国家队医务小组将工作重点放到了刘国梁身上。组长崔树清查阅各种医学资料，研究国际奥运会医学条例，请教有关专家，他担心刘国梁自身雄性激素高造成尿检中表睾酮之比超高，就带刘国梁一趟趟去协和医院，抽血，验尿，照 CT 检查尿上腺、性腺系统，都没查出什么异常来。

2001 年大阪第 46 届世乒赛中国乒乓球队夺得 7 项冠军，李富荣和蔡振华接受中央电视台采访　　齐大征摄

转眼到了2000年2月，受国际奥委会医学委员会委托的两位专家对刘国梁等人进行了三次飞行检查。几天后中国队来到吉隆坡参加第45届世乒赛团体赛。

到底让不让刘国梁参赛？这成了决策层和总教练蔡振华面临的一道难题：让他上，他带着如此沉重的思想包袱上场，很难正常发挥，更重要的是万一再次决赛后尿检呈阳性，中国队成绩将被取消。如果不让他上，那表明决策层和教练对他信任度也产生动摇，在没有真凭实据表明他服用了兴奋剂之前取消他的参赛资格，是不公平的，也会对运动员心理产生难以消除的阴影。

为此，中国乒乓球代表团团长李富荣、中国乒协主席徐寅生来到驻地，与蔡振华为首的教练组进行反复讨论，最后决定充分信任刘国梁，不仅让他打团体赛，而且第一场开始就让他打。

结果，刘国梁一人输了两分，中国队再次丢了斯韦思林杯。

赛后，李富荣和徐寅生亲自去中餐馆，买回热乎乎的饭菜送到运动员房间，逼着大家吃点东西。

李富荣故作轻松地说："没关系，把杯子借给他们一年，明年大阪咱们再拿回来！"

可能是由于自己输了两分，刘国梁对送饭这事儿记得特别清楚，他曾回忆说："我记得当时我就坐在床边的地毯上，李局长把饭和菜一样一盒给我端过来，说实话那时候我眼睛里确实有眼泪在转。我非常内疚，又是尿检风波，又是在领导和教练充分相信你的情况下上场却输了两分，害得团队输了球，大家都不好过。李局长一向很严厉，很少见到他慈父般的一面，而当我感觉自己是罪人，甚至完全丧失信心的时候，局长这个举动让我非常感动。我记得局长还对我说：'吃点东西吧，没事儿，大家都相信你，不相信你就不会让你上了。不就是一个比赛嘛，我相信你们有本事再拿回来。'"

刘国梁听了这话眼圈就红了。

他觉得，这几句话不仅是李局的态度，更是各级领导以至总局领导的态度。在他倒霉的这段日子里，没有比理解与信任更能给他勇气和力量的了。

李富荣在赛后将刘国梁反常的原因告诉了《乒乓世界》记者夏娃，并让她准备素材，在刘国梁沉冤昭雪之日好好写篇文章把真相告知天下。

接下重任的夏娃，趁在香港举行奥运会乒乓球亚洲区预选赛的空隙，找到刘国梁秘密采访。

憋了近四个月的刘国梁一口气谈了两个小时："刚接到尿检阳性通知的时候，我都懵了，这种事情怎么会落到我头上？中国乒乓球队拿了一百多个世界冠军，人家都没事儿，如果说我过去太顺了，运气太好了，可是十个世界冠军都是我自己拼出来的，就算是有些冠军可能不应该是我的，老天爷要考验我、惩罚我的话，你在球上找回去，兴奋剂这事，要毁人一生的，我有一百张嘴也说不清楚啊！刚开始那段时间，脑子里全是这件事，上厕所时我都会想，撒了二十多年的尿，怎么偏偏那泡尿有问题？有时候一个人开车出去，越想越觉得自己委屈，越觉得无望，眼泪就会不由自主地流下来。"

3 月 6 日，国际乒联转给中国乒协一份新的尿检结果，结果确认刘国梁 8 月 8 日尿样为阴性，即表睾酮超标由内源引起。

中国乒协接到通知的当天中午举行新闻通气会。

新华社当天播发了《刘国梁沉冤得雪》的英文稿后，美联社、路透社和法新社都有极大反响。

美联社说，经过悲惨的六个月，刘国梁终于洗刷了服用违禁药的嫌疑，这位亚特兰大奥运会双冠王将在悉尼"释放巨大的能量"。法新社的一位记者则采访了正在德国不来梅观看欧洲乒乓球锦标赛的国际乒联运动科学委员会主席让－弗朗索瓦·汉。汉博士是法国佩蒂·萨佩特里埃医院的生理学教授，他说，刘国梁体内表睾酮超标（每毫升 323 纳克，标准为每毫升 200 纳克），是内分泌系统所致。汉博士还说，国际乒联委托国际奥委会认可的德国科隆实验室，对刘国梁的尿样进行同位素质谱仪检测，发现没有任何外用表睾酮的根据。

而夏娃撰写的《刘国梁等待清白的日子》一文，以独家掌握的翔实材料及充满感情的描述打动了无数《乒乓世界》读者的心。

三年后，二十七岁的刘国梁成为男队最年轻的主教练时，在有争议声的同时也得到许多有识之士的力挺，也许和这段他“蒙难”的经历不无关系吧。

兴奋剂事件是刘国梁人生经受的沉重一劫，可喜的是他没有被砸垮，而是磨炼了意志，提升了境界，有如凤凰涅槃般重生，从而更加成熟、更加强大起来。

“不幸是一所最好的学校。”这一名言揭示的哲理在刘国梁身上再次得到验证。

第十六章
刘国正跨越七个赛点单骑救主

改大球后的第一次世乒赛

"大阪不是悉尼!"

在出征 2001 年 4 月 23 日至 5 月 6 日在日本大阪举行的第 46 届世乒赛前，面对媒体的发问，蔡振华说了这样一句话。

自蔡振华任总教练以来的三年多，中国乒乓队都是顺风顺水，男女队都创造了骄人的成绩。

1998 年第 13 届曼谷亚运会，中国队拿下了六块金牌!

同年，国际乒联职业巡回赛总决赛上，中国乒乓队创造了三项纪录：参赛人数最多，包揽全部冠亚军，对外国运动员保持一场不败的纪录。

1999 年第 45 届世乒赛单项比赛，在荷兰埃因霍温包揽五个单项冠军。

2000 年，中国队开始了第二次创业的征程。尽管第 45 届吉隆坡世乒赛团体赛丢了斯韦思林杯，因有刘国梁兴奋剂事件干扰的客观原因，所以业内并无多大谴责之声。而 9 月下旬在悉尼的第 27 届奥运会上，中国队包揽四金。

中国乒乓球队在国人眼中成了固若金汤的"梦之队"! 因而有记者问总教练大阪能否再现悉尼奥运会的辉煌，也是在情理之中的了。

但蔡振华为什么说大阪不是悉尼?

这是因为国际乒联从 2000 年 10 月 1 日开始了一系列改革，第一项是小球改换大球。原来乒乓球的直径 38 毫米，改革后变成 40 毫米，理由是球大有利

2001 年在日本大阪举行的第 46 届世乒赛中，蔡振华运筹帷幄，中国男队以 3:2 险胜韩国队，进入决赛。　齐大征摄

于观赏，可以促进乒乓球运动的发展，实质上是为了打破中国乒乓球队包揽金牌的局面，把坚守峰巅的中国队拉到山脚下，和其他国家选手站在同一条起跑线，重新开始登峰的竞争。

这项改革对一些超一流选手的冲击是空前的，在中国队对一年前刚晋升大满贯的刘国梁的冲击最大，对刚在悉尼奥运会战胜瓦尔德内尔夺得单打冠军的孔令辉影响也不小。在第 45 届世乒赛前进行封闭训练时，他们的状态一直平平，只是在最后半个月成绩有所回升。这两个领军人物犹如中弹受伤的英雄，虽有浴血奋战的气概和不屈的精神，但能否有当年横扫强手如卷席的战斗力已是未知数。

东方不亮西方亮，改大球对王励勤、马琳、刘国正打法冲击较小，他们对外成绩不错。马琳还拿下第一次大球比赛——2000 年扬州世界杯的男单冠军。但他们都对顶级世界大赛经验不足，还需要在烈火中检验含金量。

最大的压力是吉隆坡第45届世乒赛团体赛，中国队在最后一次小球比赛中丢了斯韦思林杯，这一届无论如何得从瑞典队手中夺回来！

比利时飓风刮倒瑞典霸王旗

第46届世乒赛，日本著名平面设计师浅叶克己设计了两幅招贴画：一是风神，二是雷神，其面目都有些杀气，仿佛预示着大阪世乒赛云谲波诡，不会风平浪静。飓风会吹倒哪棵大树？惊雷会斩断哪杆大旗？战壕中会冲出什么样的黑马？血泊中会倒下何等英雄？一系列未知数尽在难以猜中的谜团中……

中瑞两队的抗衡已长达近二十年，从第37届世乒赛开始，除了第41届世乒赛因中国男队失利未进半决赛而失之交臂，第44届提前在1/4决中相遇，其余七届世乒赛男团决赛都是在中瑞之间进行的。因此中瑞男团决赛往往成为世乒赛上最精彩纷呈的一场搏杀，也是参赛选手和观赛者最期盼的一场大戏。

一年前中国队因刘国梁兴奋剂事件的干扰，团体决赛输给了瑞典。谁都知道，中国队这次肯定要拼死夺回来，而瑞典队也会拼死捍卫斯韦思林杯。两强相遇，必有一场浴血之战。

然而出乎所有人意料，半决赛中，瑞典队竟然以1:3输给了比利时队！

这是一场大爆冷门的比赛，过程中充满了意外。

4月27日当瑞典队以3:0战胜奥地利进入半决赛时，许多记者对瑞典队提问的焦点，仍是他们和中国队决赛的预期："你们在决赛中有希望战胜中国队吗?"

意外的是，瑞典队不论是教练还是选手都避而不谈中国队，而是彬彬有礼地回答："我们只考虑怎样打好对比利时的比赛。"全然没有了往日瑞典队的霸气和信心满满地叫阵中国队、渴望与中国队交锋夺冠军的激情。

4月28日，东京时间12点30分，瑞典与比利时队半决赛开始了。

比利时队在教练王大勇率领下闯进半决赛已是第二次。第一次是在第41

届世乒赛上，那次他们获得男团第三名。

有人说过："比利时队是王大勇的。"也有人说："王大勇如果没有塞弗兄弟也难成气候。"

援外教练王大勇为比利时运动员塞弗作指导　　齐大征摄

王大勇堪称中国乒乓海外兵团的代表人物。他被国际奥委会主席罗格誉为"摆渡者"，也颇获中国三任驻比利时大使的好评。也许王大勇在国内打球当教练名气不算拔尖，但中国乒乓运动的技术与思想的真谛他是学到手了。从20世纪70年代开始，他援外的足迹到过非洲的索马里、美洲的智利和厄瓜多尔。有次他离开用汗水和大爱浇灌过乒乓之花的国度时，竟有数百人到机场与他洒泪告别。1989年王大勇到比利时任国家队主教练。在这里王大勇用自己的善良、认真、沉稳、谦虚和热心肠打破了欧洲人的心理隔膜与偏见。只用两年时间，王大勇就率比利时队在第41届世乒赛上实现了第一次历史性突破，拿到男团的铜牌。比利时两名誉满全球的主力——塞弗兄弟都是王大勇的弟子。他们在国际乒坛上有很高知名度，取得了不俗的战绩。小塞弗是球星，还是体育经纪人、体育官员。大塞弗则被誉为无冕之王。他 1993 年在第 42 届世乒赛上曾获得男单亚军，虽未捧得圣伯莱德杯，但他与盖亭在决赛中上演了一场“火星撞地球”的经典搏杀。次年他与盖亭又在世界杯男单决赛中相逢。他激情四射的气质、凶狠快速的球风、出色的接发球技术、漂亮的反冲弧圈都让人过目难忘。他喜悲形于色的表情、把短裤拉到大腿根的习惯及掺杂了娱乐表演成分的动作，都使他成为世界球迷喜欢的选手。在第 43 届世乒赛前，塞弗有一年多的时间雄踞国际乒联公布的排名榜首。

大塞弗在比利时是家喻户晓的明星、民族英雄，他写的自传《挑战再挑战》讲述了王大勇怎么把他从世界排名第五十位，带到世界排名第一的巅峰。书出版后销量达到十几万册。大塞弗在许多场合都热情地表达他对恩师的感激：“王教练和我是三种关系：一是教练，二是朋友，三是我第二个父亲。”

这次大阪世乒赛，王大勇又率比利时队打进半决赛。尽管他们的对手是第一世界的强队瑞典，但他们毫无惧色地进行拼杀。第一场是小塞弗对阵大名鼎鼎的佩尔森。小塞弗以往与佩尔森交锋从未胜过，但这次他却爆了个大冷门，拿下了至关重要的第一分。第二场是大塞弗对乒坛的第一传奇人物瓦尔德内尔，虽然开局一度领先，但终还是技逊一筹，被老瓦的发球抢拉、相持中正手频频发力等绝技打得束手无策而功亏一篑。

接下来比利时上场的是新人布拉塔诺夫・马赫丹。他是王大勇慧眼识珠提携的保加利亚移民，平时训练极其自觉、刻苦。这次他不负众望打败了瑞典三号哈坎松。

大塞弗满怀激情地上场，像他弟弟一样给了佩尔森致命打击。当他战胜了佩尔森改写了比利时队的历史后，兴奋得像脱缰野马，连续跨越三块挡板在赛场上狂奔，而比利时队队员们则与他们的中国师父王大勇紧紧相拥，泪洒赛场……

比利时队的胜出给瑞典队的强盛期画了个句号，他们在此后第 47 届至第 51 届的世乒赛男团比赛中再也没碰过斯韦思林杯。瑞典队意外失手，让朝思暮想要从瑞典队手中夺回斯韦思林杯的中国队扑了个空。

憋足劲的马琳激战柳承敏拿下宝贵一分

（1）

由于瑞典队没能打进决赛，中国队与韩国队的半决赛成了实质上的决赛，因而格外引人注目。中韩两队在世界大赛上曾有九次交锋，均以韩国队失败告终。这次他们还会重蹈覆辙么？韩国队第 43 届、44 届、45 届三次半决赛都被中国阻断夺冠之路，而这次决赛的对手是比利时队，所以只要战胜中国队，他们仰慕已久的斯韦思林杯就极有希望捧在手上！

这种机遇可说百年不遇。

若说一箭之仇必报，九箭之仇会积淀多少能量？韩国队个个摩拳擦掌，不，是磨刀霍霍，准备与中国队拼个你死我活，打进决赛。

而中国队蔡振华及其团队面临自第 43 届世乒赛后从未有过的严峻考验。

一是中韩这场半决赛只能赢不能输。

二是蔡振华手下的五虎将状态处于历史上最低潮时期：以往最放心的刘国梁因兴奋剂事件的阴影和改大球后技术上的重创尚未恢复元气，十六进八对荷兰就丢了 1 分，以后就没有再上场。而另一虎将排名世界第一的王励勤在八进四对德国队初出茅庐的波尔时发挥失常爆了一大冷门。鉴于王励勤以往在大赛中飘忽不定的发挥状况，在这场只能有“一万”不能有“万一”的中韩生死战中，也不宜派他上场。

这样蔡振华手下就只有孔令辉、马琳、刘国正这三人可以调遣了。

使蔡振华稍感欣慰的是，孔令辉在比赛中发挥得比想象的好，对德国队比赛他拿了两分。刘国正也发挥正常，对德国队拿下一分。而马琳是打韩国队最有把握的一员小将，所以在十六进八、八进四时都没派他上场，当秘密武器给冷藏起来了。

不料这一藏倒让马琳坐不住了。

（2）

马琳是国际乒联改大球的受益者。悉尼奥运会他落选没参加上，教练吴敬平就带他在家练大球。这一练就让马琳比别的选手先走了一步，摸到一些打大球的感觉与节奏。一个多月后，他在扬州举办的第21届男子单打世界杯赛上拿下了冠军。这是改大球后第一次世界级大赛。当时蔡振华还称赞他开了个好头，因而他心气挺高。但到大阪开赛以来只在小组赛时参加了一场对南斯拉夫的战斗，自己冲头，2:1战胜了格鲁奇克，任务完成得不错。但后来马琳见关键场次都没让自己上场，就有点沉不住气了，心想是不是蔡指导对我不放心，不敢用我？想到这儿，就有些嘀咕，想去直接找蔡指导请战，又有点怵，就去找主管教练吴敬平诉说自己的心事。

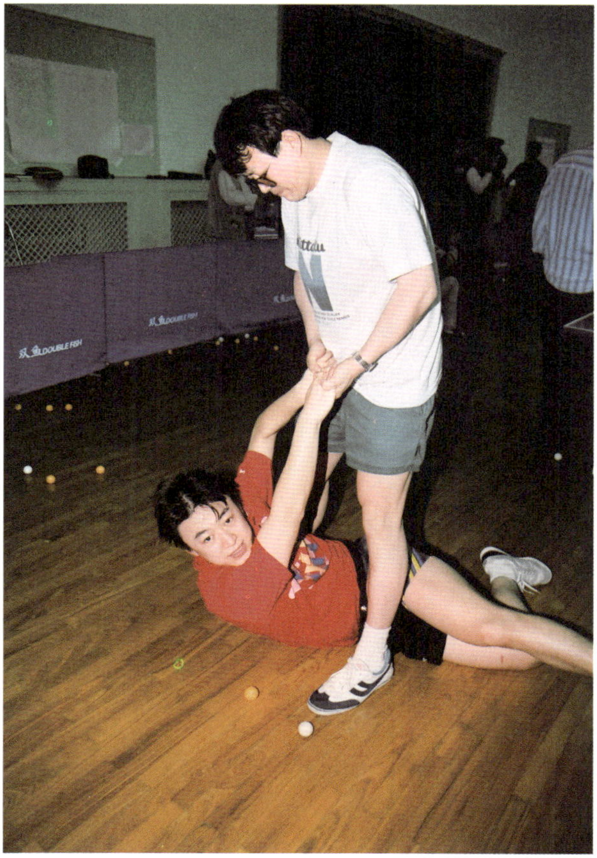

1999年在正定基地吴敬平在为马琳进行体能训练　　齐大征摄

其实吴敬平心里比马琳还着急，只不过他没露出来。他特别能理解马琳的想法。马琳1996年打进国家一队，由于他的打法落后，所以在大部分教练眼中并不被看好，不像刘国正、王励勤是“抢手货”。后来蔡振华将马琳交给吴敬平，不仅因为马琳曾是广东汕头一民营俱乐部的，吴敬平曾被蔡振华派去帮他们制订训练计划规章制度，更主要的是希望吴敬平在直板反胶打法上有所创新。

吴敬平废寝忘食、

呕心沥血地培养马琳，给他制定了发展规划：要在三年内培养他当世界冠军。这个“大目标”引起许多人怀疑，但吴敬平自有他的思考逻辑。他想到王涛、马文革面临退役，这样团体赛人选就会有两个空额，马琳竞争一个名额还是有希望的。

结果三年后在荷兰埃因霍温第45届世乒赛上，马琳和张莹莹搭档拿了混双冠军。他单打发挥得也很出色，不仅赢了金择洙、萨姆索诺夫，还赢了瓦尔德内尔，最后跟刘国梁会师决赛。“他防得太好了，从没见防得那么好的选手，赢也是有机会的。”吴敬平自内心发出了赞叹。但马琳终究不及刘国梁心理强大，气势压人，变化得心应手，结果屈居亚军。徐寅生见了马琳都夸他是无冕之王。

后来马琳的发展道路并不是一马平川。就像他的名字，本来叫马琳，后改成马林，后来又改回叫马琳，来了个否定之否定（本书为不混淆读者视觉，从头到尾统称他马琳）。

说起马琳来，全队的人都称他是极聪明的人。聪明到什么程度呢？据说全队除了刘国梁，没有第二人比他聪明。

可聪明人往往成长之路并不比老实巴交的人顺利。这是因为聪明人难免点子多，其中也不乏歪点子，那结果就是聪明反被聪明误。再有一点，你聪明出众，木秀于林，难免招来个别人的羡慕、嫉妒、心情不畅，以致马琳的一些小毛病，或许就会被夸大或曲解传到教练、总教练耳朵里，这也在马琳的成长路上挖了些小坑，制造了些舆论压力。

这时候，最心疼马琳的莫过于师父吴敬平了。师徒已相处五六年，情同父子。吴敬平了解马琳，认为有些小毛病不是品质问题。他一方面在蔡振华面前澄清一些事情真相，力挺弟子；一方面又把蔡指导的意见用自己的语言转达给马琳：“马琳啊，做人要大气。打球抠得细可以，生活上要洒脱，多跟大家一块儿，要敢于吃亏，不要什么事都想着自己……”

马琳后来虽然遇到些重大挫折，如第45届团体赛没能上场，悉尼奥运会与刘国正竞争落选，但他都表现得非常理智、坚强。奥运会落选第二天，大家休息，他就去当陪练，使一些对他有看法的人也都刮目相看了。现在好不容易有了施展抱负的机会，却一直没机会上场，马琳可不想当坐车的团体赛冠军！

吴敬平心里也有些急，琢磨蔡振华在使用直板运动员上是否过于谨慎。但出于对蔡振华的尊重，吴敬平没有去替马琳请战，而是安抚马琳做好打韩国的准备。

（3）

马琳施展抱负的机会来了。当得知教练组用他打中韩半决赛时，他十分激动。蔡指导排兵布阵如神，他算定韩国会派柳承敏打三号，就把马琳排在三号，让他去抓柳承敏。

到赛场一交换名单，果然不出蔡指导所料。韩国派吴尚垠冲头，金择洙打二号主力，柳承敏排三号。而中国队刘国正冲头，孔令辉打一号主力，马琳正好抓住柳承敏！

马琳琢磨：刘国正冲头，打吴尚垠是有很大胜率的，因为他以往从来没输过吴尚垠。这就有一分。第二场孔令辉对金择洙，两人曾交手二十多次，金择洙也就胜过一两回。依孔令辉这次在比赛中的表现看，再拿一分也是大有希望的。我第三个上场，打柳承敏有信心有能力，正常发挥就能拿下他，这就是3:0了，哈哈，斯韦思林杯就……别，别太乐观了。蔡指导说了，韩国队以作风顽强著称，汉城奥运会刘南奎夺冠，就是大冷门的原子弹，即使在本土外作战，他们也是发挥出色，爆发力特强。不过就算我们三人丢一分，那顶多3:1也是可以结束战斗的。但我马琳可不能当丢一分的角色，我得赢……

转眼刘国正已赢了吴尚垠，拿下了宝贵的开局一分。冲头的人打得好坏对团体赛后面上场的人影响很大。刘国正赢了，2:0，赢得很漂亮。

孔令辉上场了。多数人以为他会像刘国正那样为中国队再拿下一分，万万没想到他竟输给了金择洙，而且是0:2输的！

金择洙的心理调节能力真是一流。1/8决赛韩国队大比分2:1领先捷克队时，队友寄希望即将上场的金择洙拿下一分结束战斗，不料他竟1:2输给了科贝尔，当时就把教练安宰亨急出一身汗。幸好吴尚垠打决胜局2:1赢了一分，这才3:2险胜捷克，也救了金择洙一命。接着1/4决赛安宰亨仍让金择洙打第一主力，没承想他先后输给了勒古和盖亭，一人丢两分。要不是吴尚垠和柳承敏发挥出色，进半决赛的就是法国队了。惹了这么大的祸，今天的金择洙倒像没事人似的。面对一年前的悉尼奥运会单打冠军、世界第三位大满贯得主孔令辉，他毫无惧色，先以21:16拿下一局，紧接着第二局是21:17完胜，为韩国队拿下宝贵的一分。

尽管在1996年亚特兰大奥运会上孔令辉曾被金择洙阻断夺冠之路，但那时的孔令辉毕竟是刚出道一年，作为第43届世乒赛单打冠军和奥运会夺冠热门人选，成为世界各国的“打击目标”中弹倒地也在情理之中。后来两人曾交锋二十多次，孔令辉也就输过两三次，如今却偏偏在这关键大赛的关键场次输给了金择洙，真是让所有人扼腕痛惜！

比赛的氛围顿时显出了浓郁的火药味，中国队将顺利地进入决赛的判断系数直线下滑。人们似乎有了一种不祥预感，今天的中韩大战将会打得难解难分，甚至很惨烈！

有人偷偷地观察蔡振华的表情，只见穿着一身深蓝色西服的蔡振华用胸卡当扇子不停地扇着。据说他这是第一次在赛场上穿西服，此后再也没穿西服在赛场上出现过。

记者席上，中央人民广播电台记者杨青站起来向外走去：“我的心脏受不了了。”坐在他边上的人民日报记者刘小明却显得轻松多了：“输一盘你就受不了了？难道中国队连一盘球都不许输？”

坐在周围的中国记者听了都笑了。是啊，看惯了中国队员势不可当地横扫四合，都不允许输一盘球了？这也太不符合竞技体育的特点和规律了吧？瞧着吧，中国队最多也就是输这一盘！

（4）

大比分1:1，该马琳上场了。从教练到队友以至记者，观众都注视着这位新科世界杯男单冠军。须知赛场上输球的人只剩下痛苦与沮丧，上场的人却要承受加倍的压力，甚至刚下场的输球者的心情还会传导到要上场的选手心里，直接影响他手中球拍的威力。这就是为什么有些大赛中主力一输球，后边选手就慌了手脚、兵败如山倒的缘故。

马琳上场了，他是憋着一口气上场的。这口气憋得很长很深，他必胜的信心一点都没因孔令辉发挥失常而削弱。他知道，金择洙用的是直板单面拉打法，他和自己一样，是改大球的受益者。你拼掉大球受害者算什么本事？

马琳开打了。柳承敏当时虽不像三年后雅典奥运会那样杀气冲天，但已露出了如狼似虎的冠军相。马琳想当团体冠军的欲望的种子，在中国乒乓队这块沃土里根扎得太深了。每一个中国队员都以能参加团体赛为最高荣誉。当他们能代表国家走上世界大赛的挡板内时，都已经历了许多遍烈火的考验，有技术上的烈火，有心理素质的烈火，有思想道德修养的烈火，还有增强体能的烈火。所以当他们中的任何一个人能被教练慧眼相中时，都已具备了独当一面的能力和潜质。马琳此前所经历过的坎坷与磨砺，此刻全都变成了“垫底”的踏脚石、抗风险的防弹衣，有力地支撑着他跋涉在激战的湍流里冲锋杀敌，并坚强地到达胜利的彼岸。

马琳为中国队拿下宝贵的一分。大比分 2:1，胜利的天平又倾向中国队了。这一分的价值是弥足珍贵的，或者说是胜利不可缺少的一根支柱。退一步讲，如果马琳输了这一分，那就没有刘国正上场的机会了。也许由于刘国正决胜局的精彩度“空前绝后”，以至人们似乎多多少少有点忽略了马琳拿下的这一分。就像一轮明月悬空，旁边的星辰再亮，也难吸引赏月人的目光。

马琳赢了这宝贵的一分，但他的九九八十一难还远没有经历完，也许正因为有了后面的各种“难”，才有了 2008 年北京奥运会上光芒四射的双冠王马琳吧。用刘国梁的话说，那是“十年磨一剑”啊！

刘国正演绎空前绝后华章荣登史册

（1）

孔令辉二次上场了。这回他的对手是吴尚垠。吴尚垠在韩国队选手中是

“另类”，不仅因为他在韩国队乒乓球运动员中个子最高，而且因为不论是刘南奎，还是金择洙、柳承敏，打法上都是统一面孔——直板单面拉，唯有吴尚垠是韩式横板打法。他特长突出，正反手都能猛烈进攻，反手快拨与弹打技术当属亚洲第一人。一招鲜，吃遍天，吴尚垠尽管技术不全面，但他凭借稳、准、狠的风格已足以成为世界乒坛一流选手。

同样是横拍打法的孔令辉，曾让欧洲顶尖横拍选手败于手下，打吴尚垠有很大胜算。孔令辉毕竟是天才加勤奋的超一流选手，毕竟是技术全面大赛经验十分丰富的实力派明星，只要发挥正常，战胜吴尚垠应是情理之中的事儿。

但是，有多少美好的事情在“但是”后边发生了逆转。有句流行语这样说奥运会：“奥运会上什么事情都可能发生！”世乒赛呢？也不例外。单看大阪这届世乒赛，已经发生了多少意外？然而这些使人惊心动魄的意外比起后边将要发生的意外，却都是小巫见大巫了。

出乎所有人预料，孔令辉竟再次发挥失常，2:3 输给了吴尚垠！在被金择洙的一记重拳打败后，孔令辉又折一阵。他这一输，就使中国队退到了悬崖边上。再退一步就应了句谚语：一失足成千古恨！

男队是重捧斯韦思林杯还是被甩出决赛？重担就这样落到了下边出场的刘国正身上。

大比分 2:2，所有的人，不论是中韩两国的队员、教练员还是场内观赛的各国球迷，不论是来自世界各地的电视记者、广播记者、报刊记者还是痴情守候在电视机前看转播的中国球迷，都在思考一个问题：刘国正对金择洙，到底有多少胜算呢？论年龄，刘国正比金择洙小十岁；论体力，刘国正比金择洙矮大半头；论技术实力，翅膀还不够硬的刘国正显然处下风；论大赛经验，刘国正更没资本叫阵了……

不比还好些，一比吓一跳，刘国正真是凶多吉少啊！除非，除非有奇迹发生，除非刘国正有神助，除非刘国正能打疯了，比金择洙还疯，那样二人还有得一比。可是这些除非都是可遇不可求的啊，能这样苛求一名二十一岁刚出道的年轻选手吗？

（2）

刘国正当时没想这么多。但他也并非雄赳赳气昂昂地上场的。他心里有点虚。比赛前他曾在蔡指导、主管教练吕林的帮助下对金择洙作过很详细的分析，看过他的比赛录像，制定了技战术……准备可谓很充分。但有一条他没想到，那就是孔令辉会输球，更没想到他会输两分，因而也就没想到自己还要打第二场，而且是决胜局！

当马琳赢了柳承敏大比分 2∶1 领先时，他以为孔令辉上场一赢，3∶1 战斗就结束了。所以他曾在休息室问王励勤：“我的板还要粘吗？”

王励勤毕竟是经验丰富的大哥，他毫不犹豫地说：“粘上啊！”幸亏听了王励勤的话，不然连球板都没重粘还想赢球吗？

刘国政以前和金择洙一共打过两次，结果是一胜一负。但在大赛中相遇还是第一次。听说金择洙曾扬言：“遇见中国选手就浑身来劲儿！”他可不是吃柿子专挑软的捏的主儿，打法国队、打捷克队他失常，大概是因为对手吊不起他的胃口，现在要和最强大的中国队拼决赛权了，而且是打决胜局，他怎能不高度兴奋呢？

比赛即将开始了，刘国正拿着球拍走向赛场，他看见韩国队所有人都意气风发，仿佛就要上领奖台抱杯的样子。金择洙更是信心满满，他和挡板外的教练、队友一一握手，有人拍他的肩膀，有人朝他伸出 V 形手势。

对手的张扬激发了刘国正不服输的劲头。蔡振华仿佛看透了刘国正的心思，跟他说了五个字：“放松打，没事！”

此时此刻，蔡振华对男队所处的险境当然比任何人都清楚，压力也比任何人都大。但他不愧为心理专家，深谙运动员心理。他明白在当下的险境里，运动员最忌紧张、畏惧，所以他用有点不在乎的口气让刘国正放开打，表明他对刘国正的信任。

金择洙和刘国正一交手，就带着一种胸有成竹胜利在握的气势，那气势是刚赢完孔令辉带过来的。令刘国正吃惊的是，金择洙一上场就是超水平发挥，无论是击球的质量还是技战术的运用都非常出色。刘国正心里不禁有些打鼓，他这种打疯了的状态在录像里也很少见过。一般运动员刚上场时都有些紧，打不开，可金择洙就像喝了兴奋剂一样，一开场就如有神助，百发百中！

由于赛前准备比较充分，刘国正倒也没被对手吓住。他把预定的技战术都用上了，但还是难以抵挡金择洙凶猛的正手急攻，想避开都难。金择洙一路领先，根本不给刘国正任何喘息的机会。他就像一头豹子，面对刘国正，心里全然没有丝毫的忌惮，他坚信凭气势、凭感觉、凭经验、凭体力，就可以三下五除二将这匹四蹄刨地仰颈长啸的小马降伏！

就这样，第一局刘国正始终被金择洙压着打，直不起腰来，一路落后。直到16:21结束第一局。韩国队员和教练又蹦又叫，还有一名队员因狂吼声音过大，被裁判罚出了场地。

此时，就像一出精彩大戏即将进入高潮，它的巨大悬念还会继续发展，把观众的心进一步吊起来，而主人公的命运结局很难预料，很难预料。这就是悬念的魅力，这就是竞技体育的魅力，不到最后一秒钟，谁也不知道是什么结局……

（3）

第二局开始了，仿佛赛情没有什么变化，金择洙频繁地侧身抢攻，完全占据了场上的主动，刘国正心里有些急了，这一急，无谓失误的球也就多了，转眼比分已是3:8落后了。

场上观众出现些许骚动，那是议论，那是担心，那是猜测……

就在这时，蔡振华叫了暂停。

叫暂停是教练员指挥艺术中的一项叫劲的功夫。整个比赛中，教练员只能对每位运动员每局叫一次暂停。何时叫，叫停后对运动员指导些什么，那是对教练员水平的考验。

3:8，蔡振华此时叫暂停，一是要阻断金择洙的疯狂气势，如果再不叫，让他这样一直“疯”下去必死无疑，到后面再叫就失去了逆转的时间；第二，是蔡振华已经看出了胜机，他要对刘国正面授机宜。

“一定要变，在自己特长技术打不出来的情况下，用自己的一般技术去打，也能起到出其不意的效果。”听了这话，刘国正脑子顿时清醒了许多。他心领神会，拎着球拍重新回到球台前时，心里已经平静下来。他下决心按照蔡指导的指令调整技战术，攻击金择洙的正手，这样不仅能使自己正反手都能进攻的技术得以发挥，还能给金择洙个出其不意！

奇迹出现了！重新开球后刘国正竟然摆脱了被动挨打的局面，他的变化自然会引起金择洙的惊奇与猜疑：蔡振华给了他什么锦囊妙计？

而此时的刘国正心里就认准了一条，一定要一分一分地按照自己的套路去打，别受对手的气势影响！这样比分在一点点接近。金择洙击球质量有所下降，胆大心细的刘国正看出了金择洙求胜心切了。金择洙大概以为很快就能结束比赛了，那将是多么伟大的胜利，将迎来韩国首次战胜中国队然后再捧起斯韦思林杯的历史性突破！

这种临近全胜忍不住跑神分心的错误，许多伟大的运动员都犯过。刘国正一分一分地追了上来，并反超，以16:14领先！

领先了，就有些怕丢分再落后，这时刘国正下意识地产生了保守念头，进攻的主动性自然就削弱了，这当然也逃不过金择洙的眼睛。他虎视眈眈，爆发了更大的神威，连续得分追成20:19。

20:19，这是21分赛制时，所有运动员、教练员以及球迷听了都会肝儿颤的数字。赛点！这犹如一声警钟，昭示天下，落后方再输一球比赛就结束了！手枪已抵住对手的胸口，只要一扣扳机，就生死立判。

连久经沙场的陆元盛都不敢往下看了，他把头扭到一边，让身边的人给他报分……

刘国正再输一分意味着什么？人的神经往往是难以控制的，你越怕去想越忍不住去想那可怕的后果，想得后脊梁直冒凉气！

此时千钧重力都压在一个人的身上，那就是仅有二十一岁的刘国正，身高仅有一米六的刘国正只要稍一分神，这一分就会丢掉……

刘国正没有分神，他连眼皮都没眨一下。其实记分牌刚翻到19:20时，他也心里“咯噔”一下，有种马上要崩溃的感觉，但他随即命令自己：“一定要顶住!”接着他发了个半高抛右侧旋球到金择洙正手，金择洙回球，刘国正迅捷地上步一个反方向发力晃拉斜线，比分变成20平！刘国正挽救了第一个赛点。全场观众掌声雷动。

但中国队没有一个人敢松口气。20平，这仅仅意味着双方又站在了同一个起跑线上，下面仍是吉凶未卜。

哎呀，刘国正又输了一个球。比分又变成20:21！全场观众的心弦又被绷得紧紧的。中国队从教练到队员全都心跳加速，蔡振华浓眉紧锁，铁青的脸色显得分外严峻。

无数目光集中在刘国正握球拍的手上，这只年轻的“九头鸟”会如何拯救处于危难之中的中国队？

“唰！”刘国正发了一个左侧旋球！刚才第一个赛点刘国正是发右侧旋球得分的，也许金择洙会认为在这生死关头刘国正会从“保险”出发，还发右侧旋球，因为发左侧旋球金择洙万一很适应呢？那就太冒险了！此时可是一点冒险的失误也不能有啊！这位脸上还带着几分稚气的年轻对手有此胆量吗？

“艺高人胆大，胆大艺更高！”刘国正紧接着反手撕拉斜线，金择洙推直线过网，刘国正又一个正手发力拉斜线，得分！21平！刘国正挽救了第二个赛点。

金择洙哪里肯认输，他信心满满地使出了杀手锏，又得一分。刘国正21:22！发球权尚在金择洙手里，危机又加了码。胜利之神仿佛已向金择洙招手。奇怪的是金择洙没抓住这个机会，须知乒乓球运动员个个都脑瓜聪明。因为不论是训练还是比赛，球都不是随便打的。每一个球，甚至是每个环节，如发球、接发球，自己一板打出去，都是一整套战术，发什么球，对手会怎样接，他回过来的球会落在什么位置，自己下一板应怎么应对，回过去的球能否给对手造成致命打击，如果回过去的球没有杀伤力，会不会给对方造成杀伤自己的机会……每个球每个回合，选手都要心中有数。其中发球抢攻是直板打法运动员得分的重要手段，金择洙此时拿起球想都没想就发了出去，出界！22平！

马琳激动地大叫起来。因为声音太大，他被裁判员罚出了场地。

在顶级大赛的关键时刻如此草率地处理发球，使聪明过人的刘国正窥见了对手的内心活动。他心理有变化，本已唾手可得的胜利竟然一再受挫，他有些着急了，而发球“自杀”丢掉这决定乾坤的一分又会使他心里瞬间闪过自责与痛惜，不能高度集中思考技战术。此时刘国正却像智勇双全的攻城战士发现了城墙缺口，他奋身跃起，乘虚而入，凭着几板正手拉全台，一鼓作气连得两分，跨越了第三个赛点，以24:22拿下了第二局！

（4）

第二局虎口夺食赢了！所有人都感觉被扼住的喉咙又松开了，停止跳动的心脏又有了呼吸，刚才透着凉风的后背也有了温度……

绝处逢生，刘国正太不简单了，心理素质真是超强啊，这么大的压力、这么强的对手他居然能扛下来。观众都在热烈地议论，猜想，回味。韩国队有人则在发愣，回想刚才那么好的态势怎么没赢下来。

决胜局开局后似乎一切又都恢复了原状，赛况仿佛是第二局的翻版，金择洙一路领先。不是刘国正打得不好，而是金择洙又恢复了疯劲儿，有几个球打得太好了。刘国正比分虽落后，也不示弱，观众席上不断爆发出热烈的掌声。

俗话说“外行看热闹，内行看门道”。此时比分虽然是金择洙领先，但行家都看出了这局刘国正的落后不一样：他的技术状态是在向上走，金择洙的状态是在向下走，刘国正越打越有起色，金择洙越打越凶，但缺少了深思熟虑……

19:15！金择洙依然领先四分！形势严峻！发球权在刘国正手里，且看他能否利用强势的前三板拿下一分。

刘国正略一沉思，把球发了出去，金择洙接球太凶，直接吃了个发球！

16:19！

金择洙发球，刘国正加转摆短打到他反手位，金择洙球拍一甩，没甩着，19:17！观众席爆发出遗憾声与尖叫声，金择洙立即叫了暂停。

这个暂停给了刘国正一个天赐良机。他走到蔡振华跟前，蔡振华脸色依然看不出异常，他叮嘱刘国正：“不要想太多。”又是五个字！然后就给刘国正讲

20 平以后要运用的技战术。

刘国正当时还没理解："现在怎么就讲 20 平之后了？"他还以为蔡指导会讲怎么尽快打成 19 平再反超呢，可当他从场边回球台边走边琢磨时，忽然眼前一亮：蔡指导相信我！我如果能打成 20 平，确实有机会！现在要做的就是咬住比分，打败他！打败他！！打败他！！！

接着比赛，刘国正果然一鼓作气，把比分追成了 19 平！刘国正一看机会真的来了，求胜的信心更足了。在这关键时刻可不能大意呀，要小心……想到这儿不由得出手保守，结果又被金择洙抢走一分！

19:20，刘国正落后一分。又到了赛点！

在日本大阪举行的第 46 届世乒赛中，蔡振华在场外呐喊助威　齐大征摄

球打到这个份上，别说刘国正这样的小将会紧张，容易犯急，金择洙这样的老将也沉不住气。瞧，刘国正把球捡起来用拍子拨过网让他发球。金择洙拿起来不走脑子就发。刘国正本来准备挑的，但在球过来的一瞬间他感觉旋转不对，球很拱，他就滑了一板，结果球过网后刚好蹭了一下球台白边就往下落，金择洙虽拼力抢救，但却回天无力。

20 平！刘国正再次挽救一个赛点。别看这只是一个简单的擦边球，却对两位运动员的心理产生了不小的影响。刘国正立马感觉获胜的机会又回来了，但同时提醒自己一定不能心急，要稳住！而金择洙则感觉自己运气太差了！天助刘国正也，不然就不会这么吝惜这一分，无论我怎么拼杀，也不肯让我功德圆满……

乒乓球表面看打的是技术，实质打的是一口气。金择洙泄了一口气，不多，就一口气。接着金择洙的发球出台了，他的球软了，对刘国正没有了杀伤力。刘国正想怎么接就怎么接，不仅能防得住了，甚至能去跟他对拉，信心一下子提升了不少。这时刘国正完全没有了紧张感，全身心都高度集中在那小小的球上。与此同时，刘国正的第六感告诉自己：金择洙有些慌神了，不然怎么至于两个发球都出台了呢？但他绝不会善罢甘休，放弃这难逢的时机……果然，金择洙全力反攻，两人比分交替上升，21 平！22 平！23 平！每一次平局打破就把所有人的心揪紧一次，而新来的平局又使众人心跳得到短暂的舒缓。

看啊，刘国正有如神助，发中路，撕反手，正手拉直线，正手再勾拉斜线大角，正手位再拉直线，以顺方向发力大角度，反方向发力直线，经过几个回合的拉锯赢下了一分。

24:23！刘国正领先一分！

起先几次把镜头对准韩国队准备拍摄他们欢庆场面而未能拍到的摄影记者齐刷刷把镜头转向了中国队，对准了蔡振华，对准了刘国正。

这位九死一生、挽救了七个赛点的孤胆英雄，是否能为这场必将载入史册的世纪大赛画个圆满的句号？

刘国正接发球晃撇斜线，紧接着反手压一板，金择洙用尽全力侧身拉弧圈，球带着悲情、带着英雄未遂的壮志，擦网越过对手球台直接落地……

仿佛不相信这场视觉盛宴真的结束了，全场静止了有一秒。之后，首先听到了刘国正一声极度兴奋的叫声，全场齐刷刷起立，爆发出热烈掌声，双拳紧握、双臂伸向天空的刘国正随后倒地。

而汗水在脸上闪光的金择洙轻轻地摇了摇头，一脸无奈，夹杂着自嘲般的苦笑，呆立在原地……

这时，记分牌已翻到了本场半决赛最后一页：25∶23，像一座高楼上的大钟，停在了这历史性的一刻。

韩华至今还清楚地记得刘国正球赢了的那一刻，坐在他身旁的蔡振华兴奋得想站起来，却一下没站起来，随后迅速地跳起来！韩华心头一酸，在这场激烈的决赛中没有人承受的压力能超过蔡振华了……

队医厉彦虎激动地和蔡振华来了个拥抱，他哭了。松开胳膊，他发现蔡振华的眼里也闪着泪光。

而此时马琳、孔令辉、刘国梁、王励勤已先后奔进场地和倒地的刘国正紧紧拥抱，就像当年第 43 届世乒赛男团决赛王涛拿下最后一分倒地欢呼，众战友扑在他身上叠罗汉欢庆一样……

的确，对韩国的这场半决赛，打出了士气，打出了威风，打出了团结，打出了新历史。中国男队乘胜追击，在决赛中派马琳、刘国正、孔令辉依次出战，3∶0 赢了比利时队，重新捧起斯韦思林杯！

借着男团决赛这气势，中国队震慑了所有强敌，变得不可阻挡，重演了包揽七个奖杯的巅峰辉煌。

七座光闪闪的奖杯向世人宣告：不论是小球时代还是大球时代，中国乒乓队都是最好的！

“不是输在运动员手里而是输在教练员手里！”

（1）

大阪世乒赛男团决赛，刘国正一战成名，他以弱胜强，挽救七个赛点的传奇战绩与不败精神赢得了无数人的感动与喝彩，其中不乏乒乓界的权威人士。

时任国家体育总局副局长的李富荣激动地说：“我在世界乒坛闯荡四十年，这样精彩激烈的场面还是第一次经历。这场比赛称得上世界乒坛的经典之战，我对中国选手的表现非常满意，特别是刘国正，他是中国队的骄傲，是每一位中国选手学习的榜样。”

时任国际乒联名誉主席的徐寅生说：“我们久经沙场，平时很少激动，这场球确实让我激动了。这场球是空前绝后的。”

经历了这场生死大战的蔡振华说：“这场比赛很难用语言来形容。这是我执教十一年来，经历的场面最为精彩激烈、比分最为接近、压力最大的一次比赛。胜利来之不易，我为有这样的队员感到骄傲！”

平时说话明快短促的孔令辉也大发感慨：“如果中国队因为我丢了两分而失去进入决赛的机会，我会自责一辈子，刘国正在逆境中打败金择洙，感谢他使中国队起死回生，更感谢他救了我一命。”

媒体的赞誉更是铺天盖地，《人民日报》海外版甚至发了评论，绝妙地称刘国正此次比赛的表现是“单骑救主”：“刘国正不仅成功地扮演了‘单骑救主’的角色，而且为中国乒乓球运动的长盛不衰作了全新的注解。”这个“主”当然不仅是中国乒乓球队、是蔡振华，更是养育乒乓精英的全国人民。

有的媒体称赞刘国正是“拯救大兵”，把中国男队从将要没顶的惊涛骇浪中拯救了出来；而他自己则登上了世界乒乓史的荣誉殿堂，熠熠闪光……

网上出现了“嫁人要嫁刘国正”这样的流行语，显示了年轻人占主导地位的网民特别是女网民对英雄发自肺腑的崇拜、热爱与痴迷。

（2）

大阪世乒赛把刘国正推向了运动生涯的巅峰，但是如果没有团队这个坚强后盾，没有蔡振华这位出色的指挥员，不一定是这个结局。

2003 年，《乒乓世界》与湖北电视台体育频道联合赴韩国采访金择洙、焦志敏、安宰亨。面对中国媒体的摄像机、录音笔，话题自然有永远绕不开的大阪世乒赛中韩半决赛。

《乒乓世界》记者问金择洙：在那次比赛中你手握七个赛点却输掉了，遗憾吗?

金择洙回答：不，我不遗憾。那场比赛刘国正准备得相当充分，他打得很漂亮。赛前，我也很有信心，状态也不错，但在第一局获胜、第二局又大比分领先时，我有些过分自信，觉得自己赢定了。第三局我 20:19 领先时，刘国正打了个擦边球，这对我的心理影响很大，我觉得自己的运气太差了。输了球我确实很难过，但我可以接受，这就是比赛，这就是体育。凭刘国正的出色发挥，他有资格拿世界冠军。

这就是金择洙，虽然他在比赛中球风凶悍，但赛场外待人礼貌，为人坦荡，有输球不输人的大将风度。他曾坦言，他最崇拜的运动员就是刘国梁和孔令辉。

中国乒乓球队部分医生　　齐大征摄

第 46 届世乒赛，最痛苦的莫过于金择洙了。当时韩国队所有成员都难以从这无法接受的结果中自拔。赛完金择洙哭了，他回到座位上一动不动足足坐了五分钟。刚才上帝仿佛残酷地和自己开了个大玩笑，与夺冠只有咫尺之遥，而梦想最终还是破灭了，这是他一生中难以痊愈的创伤。

但蔡振华给予韩国队极高的评价："虽然我们最终赢得了胜利，但我仍要说，我们欣赏韩国队，因为他们以其出色的表现，证明了他们是胜利者。"

金择洙被大会所有裁判员评为"最佳敢斗奖"，他虽败犹荣，不仅赢得对手的尊敬，而且赢得世界乒坛包括中国球迷的尊重。球迷孙天佑曾在《乒乓世界》发文赞扬金择洙，对他在46届世乒赛输给刘国正表达了关怀。中国的球迷在激动得满含热泪的时候，并没遗忘独自在一旁黯然神伤的金择洙，人们不禁发出"既生瑜，何生亮"的感叹。比赛不能双赢，但是没有赢得比赛的金择洙赢得了众人的尊敬。

伟大的比赛需要伟大的对手，伟大的争斗演绎着永恒。

金择洙，永远是人们尊敬的金择洙。

（3）

提到安宰亨，人们会马上想到焦志敏，当初他们的恋情曾引起世界乒坛的关注。第46届世乒赛担任教练的安宰亨在接受记者采访时披露了一些"内幕"："1/4决赛中，我们以3:2战胜了法国队，吴尚垠一人拿下两分，他当时状态特别好。团体赛中首位选手的表现对全队影响非常大，所以半决赛中我们把吴尚垠排在了一号主力，而当时柳承敏的经验和实力还不够，只能打三号。这样把金择洙排在了二号主力的位置。我们根本就没想过第五盘比赛怎么打。"

对于中国队布阵排兵，安宰亨的猜想是：刘国梁状态最差，肯定不会派他打决赛。王励勤虽然实力很强，但当时状态很不好，也可能不让他上。孔令辉对柳承敏的历史战绩非常好，"所以我猜中国队可能把孔令辉排在三号，让他对柳承敏，先确保拿一分，没想到把马琳排到了三号，也没想到孔令辉状态那么差"，当然他更没想到刘国正的爆发力那么强，心理素质那么超群。

是谁应对这场输球负责任？因为这是韩国队走得离斯韦思林杯最近的一次。

安宰亨说："失败是我的责任。当双方打到2:2平时，局势对韩国队有利，因为我们最初的目标已经达到了，可以放松打，而反过来中国队的心态就会很紧张。刘国正那个时候技术漏洞很多，经验也不足，金择洙比较占优势。当金择洙第一局顺利取胜，第二局又大比分领先时，我几乎就觉得胜利在望了。现在想想，当时真是太冲动了，只要比赛还没结束，每一秒都可能发生变化，我的心思应该全部用在比赛上，但当时我对胜利想得太多了，作为教练，我没能控制住自己激动的情绪，没能冷静地指导队员应对场上的局面，打到最后时，我紧张得只知道金择洙每得一分就给他加油。这是我的失职。”

我们再看中国队是怎么做的。

队医厉彦虎透露：“这次世乒赛咱们的队员和教练们都很辛苦。孔令辉、王励勤、刘国正的肩伤都发作了，训练时疼得伸不开手臂。王励勤的腰伤也犯了，通过治疗才有所缓解。李富荣局长常常到医疗室来转转，刘凤岩主任更是天天留在医疗室里，和队员们聊聊天，谈谈第二天比赛的准备情况，评价一下当天的比赛。咱们的教练们也非常敬业，对队员们照顾得十分周到，像队员们的父亲一样。每天我们都有人到赛场上去录像，回来分析对手。法国队与韩国队打男团 1/4 决赛时，蔡指导在休息室里看直播，后来队员们也围上来一起看，大家你一句我一句地分析他们的球路。后来在赛场上一看，他们分析得还真挺清楚，对对手研究得算是相当透彻。这次中国队取得的七枚奖杯都是集体力量的成果。”

赛后刘国正接受采访时说：“这场球我能在这么艰苦的情况下赢回来，靠的是顽强的意志和咬劲。赛前，李富荣团长给我们做动员时说，不管比分落后多少，都要一分一分地咬，咬到最后可能会有奇迹出现。我一直坚定这种信念，所以比赛中没有放弃每一个球，没想到奇迹真的出现了。”

显然，李富荣从自身丰富的参战经历中积累、提炼出的这类大赛经验，对刘国正这样的年轻小将弥足珍贵，产生了立竿见影的影响。

比利时队淘汰了瑞典队进入决赛，无疑给中国队夺冠剪除一个重要对手。李富荣闻讯特意从观众席走下来，对教练员、运动员叮嘱说：“不要高兴得太早，先把对韩国队这一仗拿下来。”

而恰恰因为“高兴得太早”，使韩国队吃了败仗。

吴敬平曾给我们讲，一次与一个欧洲强队比赛获胜后，对方对他说：“我们不是输在你们运动员手里，是输在你们教练员手里了。”

这的确是真知灼见。就以第46届世乒赛而言，其实是蔡振华作为总教练临阵指挥心里最没底的一次大赛。但他与男队教练组长尹霄、女队教练组长李晓东通力合作，在集训时有针对性地解决了选手的一些技术问题和心理问题。在排兵布阵上，他为胜利打下坚实基础，在现场指挥上更是显示出知己知彼、善抓时机的才华。而韩国队尽管存在很大机会，但他们也输得没脾气。安宰亨说：“第二局金择洙大比分领先时，中国队叫了个暂停，这个暂停很及时。当时金择洙的状态特别好，无论是技战术发挥，还是心态，都特别好，而中国队当时几乎绝望了，如果能一直这样继续下去，那韩国队就赢定了。但暂停之后，情况有了变化。他们反倒放松了，居然就把状态打了出来，超水平发挥。”

吴敬平事后认为：“不是我们每个人都能很正确地去体会蔡振华在用兵上的深谋远虑和他独特的指挥技巧与指挥艺术。因为我们所处的位置和思考的角度是不同的，我们每个教练都希望自己培养的运动员能够在关键的团体比赛中为国争光，因而容易造成对蔡振华用兵的一些疑惑和误解。而只有当我们回过头来去看时，才感到蔡振华所具有的对自己的运动员和对方运动员的洞察力和深刻了解是我们所远远不及的。”

心理巨人是如何打造的？

（1）

也许陌生人难以想到，刘国正这个心理巨人，刚入队时，心理素质差恰恰是他最明显的弱点。

据熟悉刘国正的人说，1993年底，十三岁的刘国正因在全国青少年锦标赛上打出名次进入国家二队。他先天条件并不像孔令辉那样优越。作为横拍选手，他因为个子矮，照顾台的面积、范围比较小，对角度较大的球，离身体较远的球处理起来难以得心应手。但时任二队主教练的方文慧眼识珠，十分器重他。因为方文发现刘国正思维缜密，很有“心计”（这点对乒乓球运动员很重要，比赛中心计是制胜法宝之一），训练也刻苦认真。他在二队几年下来从未请过一天假，也未因伤病耽误过训练，脚上磨出的大泡，后来都磨成了老茧。

刘国正和马琳是当时方文心中的两个宝贝，他给他俩下的功夫最多。他狠抓刘国正的基本功，使其速度、力量、步法特别是爆发力日新月异。他还使刘国正正手的杀伤力以及对球的旋转、节奏、落点、弧线的理解大为提高，此外方文对他的发球抢攻、反手弧圈、防攻转换能力也都进行了系统训练，为他夺冠打下了坚实的技术基础。

靠队内循环赛打进一队后，刘国正成了尹霄的关门弟子。尹霄主管的孔令辉、刘国梁当时已誉满全球。刘国正可能觉得这两位师兄高不可及，所以也就没有很高的自觉性步他们后尘勇攀巅峰，更没想去“抢班夺权”。

蔡振华心如明镜。他发现刘国正打球有自己的特点，心中有数，力量不错，对球的理解能力比较强，很有发展潜力，但他也有致命的弱点，就是上进心不强，意志品质薄弱。而这些毛病不改掉，注定难成大气候。

1998 年 10 月，国外归来的吕林接手主管刘国正时，蔡振华明确要求吕林施教“主要是从思想上、意志品质上、上进心上抓，不然这个队员就要荒废了”。

吕林心领神会，首先从抓刘国正的意志品质入手，让他产生向上冲的欲望，调动他的自觉性，帮他树立远大目标。

而蔡振华则在训练中对刘国正实行错误零容忍，从细节抓起，锤炼刘国正的心理承受能力。

（2）

2010 年 6 月下旬，我们在北京体育大学冠军班学生宿舍里采访了刘国正。他因身体伤病已退役，并在 2008 年竞聘上岗成为国家二队教练，还未主管队员，便幸运地脱岗进大学全天候专心致志学习、充电。据说这是已任国家体育总局副局长的蔡振华的安排，显然蔡指导对刘国正的教练生涯充满期待。

回忆起在一队当队员的日子，刘国正历历在目，特别是对蔡指导的教诲印象非常深刻：

蔡指导不会很轻易地批评人，他要是批评你那说明他是喜欢你。我有一次比赛被蔡指导批评了一次。1997 年 10 月我在法国打球，说好打完球就回国。但是在一次比赛中我 0:3 输给了一个罗马尼亚的选手，下来后被蔡指导大骂一通，说我练的什么球，怎么打的比赛。当时是在场边，很多人都看到，我当时也哭了。骂完以后不让我回去了，又罚我在那里多打了两个月，后来在那儿就没再输，把波尔都给赢了。这一骂把我的上进心给激发出来了。

后来我访欧打了两个冠军，单打双打都没输。回来蔡指导说你现在球打得还行啊，我说上次被你骂过之后越打越好了，有了大的飞跃。

蔡指导执教非常严厉，对乒乓球事业的追求很高、很完美，特别是 1996 年腰伤时，还去盯着球员训练。我当时想，教练都这样了还这样盯球员，说明他有多热爱乒乓球。我们那时候小，当老队员打比赛时候我们押宝，谁押输了就去跑步。但是那次他们也打得不好，我们加油也不是很卖力。后来蔡指导说你们别打了去跑步吧。我们就去黑乎乎的操场跑，跑完回来继续打，打到满意为止。有一次釜山亚运会我们输了，回来之后让我们天天跑一万米。有一次我不小心跑到女队员的圈里了，就是内圈，被蔡指导看到了，后来还罚我多跑了两圈。

谈到吕林，刘国正心存感激："吕林对我影响也挺大的，他对我抱了很大希望。我跟他学打球的细腻程度、前三板的稳定程度。他对我的技术进行了整合，对我技术迈向成熟起到了很大的作用。他在我生日时候送我一本书，一本励志的书，还让我买台电脑，写一写训练日记什么的。"

这样，刘国正开始蜕变了，他的心理成熟了起来，意志品质也坚强了起来。蔡振华把他列入男队的重点培养对象，经常和教练组长尹霄交换对刘国正训练和比赛的看法，并创造机会让刘国正到国际乒联举办的巡回赛中积累大赛经验，感受大赛氛围。

1999年刘国正参加国际乒联巡回职业总决赛荣获单打冠军，2000年4月参加吉隆坡第45届世乒赛团体赛，在中瑞男团决赛中，第三位上场的刘国正面对中国队大比分0比2落后的严峻情况，虽是首次参加团体赛决赛，刘国正却头脑清醒，意志坚定，特长发挥出色，2比0打败卡尔松，为中国队拿下宝贵的一分。

从这场球，蔡指导看到了刘国正过硬的心理素质，决定派刘国正参加奥运会预选赛。刘国正以亚洲预选赛第一名的身份取得了奥运会参赛的资格。

在奥运会1/8决赛中，刘国正的对手是蒋澎龙。蒋澎龙是赛前集训时，中国男队主要对手名单中的一员。这场比赛让吕林替刘国正捏了一把汗。

提起蒋澎龙，真可算20世纪末21世纪初横空出世震动世界乒坛的一条龙。这位在台湾澎湖龙年出生的帅小伙，可称得上是位天才运动员。蒋澎龙排名一度达到世界第三，给中国队的高手很大压力，也制造了不小麻烦，早被列入中国队重要对手名单。刘国正能没压力吗？

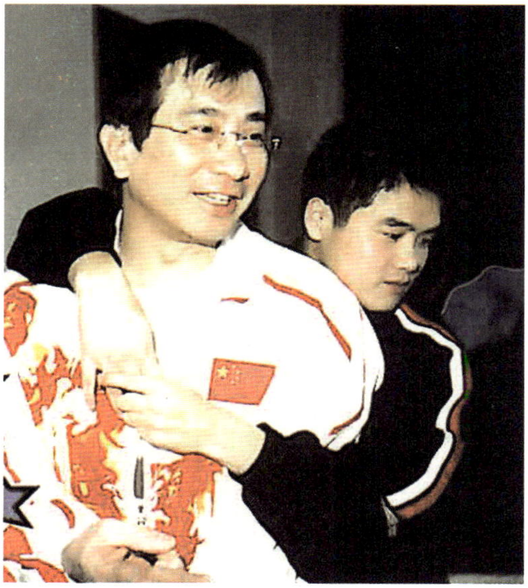
刘国正与他的启蒙教练方文　　《乒乓世界》提供

再一个压力来自队里。悉尼奥运会男单三号是刘国正与马琳之争。选定刘国正的重要原因之一是他的打法战胜蒋澎龙更有胜算。如果不拿下蒋澎龙，岂不是辜负了教练组信任，留下终生遗憾！

比蒋澎龙幸运的是，刘国正身后有强大的团队，在合力对蒋澎龙的整个技战术进行全面详细分析后，又制定了战胜他的策略。而刘国正在场上坚定不移地运用了这些技战术，战胜了蒋澎龙。1/4决赛中虽然输给佩尔森，但教练一致认为刘国正技术发挥正常，只是由于缺少大赛经验导致了失败。大赛经验的积累付出学费是必不可少的。

奥运会后刘国正说："经历了奥运会比赛的紧张气势和考验，我不再怕任何局面。原来我打强手时自信心不够，现在有信心挑战任何强手！"

刘国正说到做到，在转过年来的第46届世乒赛上创造了乒乓史上的奇迹，登上了世界巅峰，不仅国内惊喜，赞誉万分，就连外国舆论也在惊叹："中国人胜利的秘诀不仅仅是靠技术，他们有一种无坚不摧的精神。"这种精神就是中国乒乓球队几十年坚持的爱国主义、集体主义精神，是蔡振华十多年在男队一直强调的团队精神的结晶。

男团半决赛的胜利意义和影响十分久远。她成了一个传奇，迷倒一代代选手和球迷；她像一段经典名曲，为全世界与乒乓球结缘的人反复欣赏、轻吟、赞叹；她像一幅永不褪色的油画，将刘国正、金择洙永远锁定在激战的瞬间，画面上两位英雄厮杀正酣，赏画人的目光盯着英雄那矫健的身姿，目光中的杀气，脸上流露出的必胜信念，会想到许多，想得很远……

第十七章
女队釜山亚运会触礁

2001 年 5 月，中国乒乓队从大阪世乒赛上载誉归来后，中央领导在人民大会堂接见载誉归来的国球手，设宴为他们庆功，同时指示对乒乓队长盛不衰的经验进行总结。

这一切，把乒乓队推至荣誉的巅峰，CCTV 设立的首届体育电视奖也好，中国乒协推出的“双十佳评选”也罢，还有每年一届的全国“十佳运动员”评选，蔡振华成为团队与教练的代表，王楠成为运动员的代表；政治荣誉也接踵而至，蔡振华还被选为全国青联副主席，当选党的十六大代表……

大姐大王楠女团决赛失手

2002 年的主要赛事是第 14 届釜山亚运会和第 21 届世界杯赛。比起世乒赛、奥运会这些顶级大赛，这两项赛事对中国队这支常胜之师，颇有点小菜一碟的味道。

临近年末了，尽管集训照常进行，尽管蔡振华以至徐寅生、李富荣全都敲打不停，但誉满全球拿金牌拿到手软的国球手们已出现了“听觉疲劳”。

的确，没有了欧洲强队高手参加的亚运会乒乓球比赛，世界冠军们还有感觉吗？虽没人说拿金牌如探囊取物，但也是信心满满，连总教练蔡振华在给女队动员时，都顺口说出了“要十拿十稳”这样的话来。

然而如同机会总是光临有准备的人一样，危机也总是偷袭骄兵和那些把失败排除在脑海之外的天才将帅。

釜山亚运会，成为中国乒乓女队不多的兵败记忆。此时的中国女队不论是世乒赛还是奥运会，蝉联已是常见词。

2002 年 10 月 14 日，是第 14 届釜山亚运会男团半决赛和女团决赛的日子。

看完朝鲜队与日本队的半决赛后，蔡振华与女队教练李晓东、李隼坐在体育馆外的台阶上商量女团决赛的排阵名单。

李隼为张怡宁作场外指导　齐大征摄

这时，《乒乓世界》特约记者晏学宁凑过来想听听排阵结果，她笑着对三教头说："看来咱们能拿金牌了，朝鲜队连日本队都打得那么费力，3:2 才拿下来，大概也没劲儿打我们了。"

"现在这么说还为时过早，正因为她们赢得艰苦，也许决赛更能放得开。等拿到了金牌才能放心。"蔡振华没把话说满。

决赛当然是王楠打第一主力。第二主力张怡宁首先上场。考虑到朝鲜队会让长胶打法的金云美打第三盘，所以决定留着善打长胶的李楠对付她。

当双方到裁判那里交换排阵表时，一位日本裁判笑眯眯地说："看来今天可以早点休息了，这场球中国队 3:0 就能拿下。”

因为男团半决赛拖场，原定下午 5 点半的女团决赛推迟到晚上 7 点半才开始。距离女队半决赛结束已近 5 小时。

第一位上场的是张怡宁。尽管金英姬先发制人，两局开局都领先，但张怡宁表现得颇有大将风度。她面无表情一分一分地追，最后以 3:0 为中国队拿下第一盘。

第二盘王楠上场。此时的王楠是世界排名第一的大姐大。她曾在 1998 年的曼谷亚运会上独揽四块金牌。1999 年在埃因霍温第 45 届世乒赛单打比赛中，王楠又拿下世乒赛单打冠军，开始了她蝉联三届世乒赛单打冠军的辉煌历程。

2000 年吉隆坡第 45 届世乒赛团体赛上，王楠是头号主力，决赛中在张怡宁失手徐竞的情况下，和李菊联手，以 3:1 胜出蝉联考比伦杯。当然，更辉煌的是 2000 年的悉尼奥运会，王楠虽头次参赛，却像刘国梁在亚特兰大奥运会上一样，成为光耀四海的女双冠王。她站在领奖台上手捧鲜花，双眼微闭，陶醉、幸福地咬金牌的瞬间，成为永远定格在奥运史册上的经典照片。

接着在 2001 年 46 届世乒赛上，王楠又和队友一起蝉联考比伦杯，王楠在团体赛中保持了不败的纪录。

创纪录的超一流选手上场了。国人兴高采烈地坐在电视机前，准备享受观球的快乐，欣赏中国优秀女选手打败对手扬威。

然而，荧屏上出现了令他们意想不到的画面。在张怡宁 3:0 赢了金英姬后，第二位上场的王楠，竟然 0:2 落后于朝鲜队的金香美！

这一结果不禁让一亿电视观众瞠目结舌，也让准备打第三盘的年轻选手李楠简直不敢相信自己的眼睛。她不断地问身边的张怡宁：“这是真的吗？不会吧？”

张怡宁看到这情景，心跳也加快。她认为王楠后边会翻盘。因为有许多重大比赛，王楠开始都落后，但后来都翻盘赢了回来，这次说不定也是有惊无险呢！

然而结局并没有如张怡宁和李楠所期望的那样，王楠 0:3 输了。这位被誉为中国女队定海神针的传奇人物竟然输了！

在大比分 1:1 的情况下，两年前在 45 届世乒赛上靠预选赛打进单打半决赛并获得一枚铜牌的李楠，也没了初生牛犊的气势，顿时觉得心里有些慌。她想，自己必须拿下这一分，如果输了，那大比分就成了 1:2，王楠再上场就只能胜不能败了，如果自己能拿下这一分，大比分 2:1，王楠再上场压力就小多了。

打球容不得杂念，往往是越想赢，心态就越不从容，就越会着急，结果该赢的球也赢不了了。李楠毕竟大赛经历有限，心理承受力少锤炼。她上去虽然好歹11:9拿下了第一局，但第二局双方比分咬得很紧，擅长打长胶的李楠竟一时失去了自信，自言自语地说："这球怎么这么转?"结果 9:11 输了第二局。第三局输了，第四局 13:11 拿下。决胜局李楠曾以 9:5 领先，因犯了战术错误，被金云美连追 6 分，最后以 2:3 失利。

又是王楠上场了，观众心里寄希望她能力挽狂澜，也觉得她有能力扭转颓势。王楠先是 8:11 输了第一局，第二局 6:6 时连赢 5 分，扳回一局。中国队都以为王楠打开了，下边有戏了，不料第三局她又被金英姬牵制住了。4:7 王楠落后时，蔡振华再也坐不住了，和刘国梁站在场地边为王楠加油。但王楠对金英姬的攻势似乎束手无策。担任场外指导的李晓东叫了暂停，虽然他极力用平和的语调指导王楠，但他那由于焦灼、紧张而导致变形的脸除了增加王楠的压力和困惑外已无济于事，此时的王楠只能用毛巾捂着脸遮盖泪水了……

7:11，王楠输了第三局。王楠再输一局，中国女队的冠军就丢了。蔡振华心急如焚，他走到体育馆角落的一张椅子上坐下，不时地朝王楠大喊："加油！咬住！"

尽管此时蔡振华也清楚，在这种压力下恐怕很难有起死回生的奇迹出现，但王楠在 5:9 落后的情况下渐渐把比分追平时，蔡振华仍激动地握着拳头挥手大叫："漂亮！追！追！！追！！！"

10:9，王楠领先一分！蔡振华兴奋地从椅子上站了起来。

但是奇迹没有如他希望的那样出现，11:13，中国女队在釜山浓雾里触礁！

所有的人都黯然神伤。只有被意外惊喜击中的朝鲜姑娘欢呼雀跃，拥抱在一起喜极而泣。

1991 年第 41 届世乒赛的一幕又在釜山重演，那次中国女队丢了八连冠的考比伦杯，但却保住了女单、女双、混双的宝座。这次釜山又会怎样呢？

有人看了一下日历，2002 年 10 月 4 日，还是星期五，这个日子不吉利？

当晚总教练蔡振华在自己的笔记本上写道：

女团意外失手让人大吃一惊，心情当然沉重。竞技体育就是这么残酷，胜利者只有一个。看半决赛时，队员们说朝鲜队比日本队好打，与朝鲜队比赛心里比较有底。现在看来队员们从思想上有点轻敌，对场上可能出现的困难准备不足，当对方搏杀时，队员们的应变能力不强，比较保守。而朝鲜队准备得充分，整个比赛好像都是人家算着我们打。

从比赛来看，王楠的问题是打球落点太死，节奏感不好，除了第一局后半局和第二局打得比较对路外，其他时候好像对不上点。李楠今天打得不够坚决，战术打通了却没有坚持下来。决胜局 9:5 领先没能拿下，说明年轻队员的大赛经验不够。

女团丢失冠军后，想得最多的是怎么尽快调整好队员的情绪和状态，这支队伍除了王楠以外，其他队员都比较年轻。输了球大家当然很难受，但必须要面对这个现实，想办法把后面的比赛打好。来釜山亚运会之前，我曾多次提到，由于女队比较顺，我最担心的是在整个队伍遇到挫折时站起来再去拼的能力和士气不够。

败绩扩大，双打、混双皆失利

女团失利后，尽管男团翌日夺得冠军，但这并没能挽住颓势。在单项比赛中，中国队一向颇具优势的混双又遭不测，由王励勤、王楠这对顶尖选手搭档的混双在半决赛中 3:4 输给香港队的张钰、帖娅娜，而另一张球台上争夺决赛权的马琳、李楠也以 2:4 不敌韩国选手柳承敏、柳智惠。

在这种情况下，平时极其严苛的蔡振华倒显得十分有耐心。其实赛前他看到女队状态不太好，也曾担心混双这关闯不过去。赛后他在自己的笔记本上这样分析了混双失利的原因：

> 我们的两对混双都没能进入决赛，这个结果出人意料。比赛中张钰的进攻比较有威胁，在单打时他的战术显得比较单一，但是双打，特别是混合双打中可以弥补这个缺点，而帖娅娜的控制和相持能力比较强，所以他们比较均衡。王励勤、王楠不是实力不够，而是这几天王楠一直在调整自己的状态，其实0:2落后的情况下反超对手3:2领先，他们打得已经上路了，但是后来对手变化了而他们没有变，所以最后3:4失去了决赛权。
>
> 混双总体来讲我们还是相信自己的实力，关键是没有想到女团失利，女队员的状态受到很大影响，王楠、李楠又都在团体赛上输了球，两人的状态都比较差，所以也影响了男选手的发挥。

混双的失利，使整个队伍的士气大减。作为总教练的蔡振华知道，此刻，他的一举一动都会被队员看在眼里，产生正面或负面的心理作用。所以混双失利后，他若无其事地到练习馆陪王楠训练。他面带笑容，鼓励王楠打好下面的比赛，因为他知道男女双打中国队四对组合有三对是新配的搭档，从没经过大赛磨合。而韩国队早就瞄准了双打这两枚金牌，他们想以此为突破口，为球队的发展蹚开一条路。

韩国选手主场作战常有超常发挥。中国女队连连失利，无形中使韩国选手信心爆满，士气大增。结果，王楠和郭焱的双打，在2:1大比分领先的情况下，被李恩实、石恩美连扳三局，丢了决赛权；而孔令辉、马琳也被柳承敏、李哲承抓住弱点以4:1击败；另一对男子双打王励勤、阎森也0:4告负。

唯有张怡宁、李楠这对搭档进了决赛。开始她俩打得积极主动，气势很盛，以3:1领先对手，不料从第五局开始两人变得保守了，结果被追成3:3。

决胜局打到了10:9领先一分时，坐在看台上的蔡振华和队友大声为张怡宁、李楠加油打气，不想李恩实一板抽杀追成10平。接下来韩国选手毫不手软，先发制人又得两分，12:10，以微弱优势夺走了女双金牌。

赛后蔡振华在笔记里写下了这样的分析：

张怡宁、李楠在前四局打得不错，打到后边有点紧，胆量比前面小了。第七局10:9领先时，因为年轻，经验不足，有点慌，没有抓住战机，输得比较可惜。

男子双打，我们输得心服口服。在国内时我曾经说过，男子双打重在变化，我们自己要善于变化，更要注意对手的变化，从这两场男双比赛看，人家先走了一步，给了我们一个启示。

从女双比赛看，王楠的状态有进步。这些天一直在做王楠的工作，一方面安慰鼓励她，另一方面帮助她恢复信心。输球后王楠显得很消沉，对自己产生怀疑，可是心依然很高，人很烦躁。我对女队员们说："遇到困难后，要想办法去改变困境，如果一直消极下去，最后你们会后悔的。你努力了，成功了，说明你经得起考验；你努力了，没成功，没有调整过来，但你不会后悔，因为你也不是神。"

连续在三个项目上没有拿到金牌，压力真是很大。男双失利后，我突然觉得腰软得用不上力，我这腰只要心情不好就犯病。这两天满脑子都是球，晚上国梁想和我聊球，我求他别再谈球了，我只想一个人静静地看看书，从球中跳出来，然后再冷静地将发生的事情理一理，找出问题的症结。这几天我感觉脑仁儿疼，心跳加快。干教练这一行没有坚强的神经是不行的，得抗得住刺激，否则就别干。

张怡宁顶风拿下单打金牌

只剩下男女单打这两个项目的比赛了，连丢四枚金牌的中国队全体在休息室召开战前动员会。

张怡宁进来，把自己双打所得的银牌送给蔡振华，蔡振华却笑着说："我不要你的银牌，我要你拿金牌，这样吧，银牌我先替你保存着，等你拿了金牌来换吧。"

听了这话，队员们都笑了。大伙儿相信，张怡宁拿金牌是早晚的事。但大概没几个人能想到两年后张怡宁能成为女队新的领军人物，金杯金牌拿得要用一个八宝柜摆了。

中国乒协主席徐寅生首先给大家作动员。他的讲话从不八股，总是充满睿智："输球没有关系，规则的改革和参赛人数的限制，造成了中国队这次比赛的心理压力大。在比赛中每分必争，不等于斤斤计较，输了就接受，双打输了不等于单打不行，好的球队就是要胜不骄败不馁，要经得起摔打，不要因为团体赛输了就趴下了。"

徐寅生这样一说，大家心里的压力顿时减轻了许多。看来连折数阵，领导也没认为天要塌下来。对呀，事情要全面看呀，如果不调整好心态，就会一直输下去；如果调整好心态，男单、女单说不定还有戏。我们不能放弃，要绝地反击！

徐寅生接着说："老虎还有打盹的时候，中国女队赢了十几年了，输一次没什么，规则改革就是因为中国太强了。现在对手强了，对乒乓球运动的发展有好处，我们要有培养几只老虎再把它打下去的气魄。"

队员们听到这里笑了，休息室里的氛围顿时轻松了许多。

蔡振华则要求全队团结一心打好最后一仗："我们现在要从零开始，不能老想自己是世界冠军队，四名参赛队员要让自己的气壮、气长，无论是落后还是领先，要向积极的方面想，坚定信念最重要，把平时的意识、战术、心理和技术打出来。现在不是掉眼泪的时候，而是要拿出所有的精力、体力去拼搏。让我们抬起头，挺起胸，迎接战斗！"

自从王楠女团丢了两分后，蔡振华就亲自担任王楠的场外指导。他知道，这位四年前崛起于第13届曼谷亚运会的辽宁姑娘，心里的压力和痛苦是最大的。四年前在评论亚运会上中国队的表现时，他曾特别表扬了王楠，说十名选手中，王楠表现最好，第一次参加亚运会夺得四块金牌很不容易。她赛前的准备，对一些问题的看法，对对手的判断，比赛中技术的凶稳结合，正反手使用的比例，临场的战术运用等等，分寸掌握得都很好，这位二十岁的选手逐渐成熟了。

随后的两年里，王楠在大赛中表现得非常突出，成为继邓亚萍之后中国女子选手中第二位奥运双冠王。

这样一位经历了大赛考验，人气蹿升到沸点的优秀运动员，在亚运会上出现了如此反常，使蔡振华十分痛心，他感到作为总教练，自己有不可推卸的责任。

为了帮助王楠迅速调整心理和技术状态，恢复自信心，蔡振华从女单一开赛就重点关注王楠的比赛。在指导她战胜金茂校后，蔡振华就拿着摄像机坐在体育馆外的台阶上，反复琢磨女团决赛时，王楠与金英姬的那场比赛。他确认王楠这场球输在了没有变化，而金英姬却变化在先赢得了主动。

在蔡振华的调教下，王楠在女单比赛中状态恢复得不错，她连续以三个4:0完胜金茂校、金英姬和李佳薇。特别是李佳薇这个很强的对手。王楠曾在大赛中输给她，又在2000年悉尼奥运会上险胜她。这次在这样困难的情况下以4:0完胜，使人们又看到了在大赛上顽强、执着，有着扎实基本功、有着良好心理素质的王楠。

尽管最后决赛王楠输给了张怡宁，但她终于守住了不输外国人这条底线。

男单比赛中，孔令辉发挥不理想，而上海来的年轻选手王励勤面对淘汰孔令辉的台北选手庄智渊，从容无畏，在第二局0:7落后的情况下绝地反击，终于以4:0拿下男单金牌。

比赛打完了，中国队虽然仍以三枚金牌位居榜首，但这决不是中国队水平的真实反映，国内国际上各种批评声音已掀起了不小的风波。

第十八章
“阿飚，我们的管理出问题了！”

釜山亚运会女队出人意料的大滑坡，对于自1995年第43届世乒赛后一直保持了胜利势头的中国乒乓队，无疑是很大的事件。俗话说祸不单行，不久，在济南世界杯上，男队又丢了单打冠军，孔令辉决赛中惜败萨姆索诺夫。

两次失利引起国内媒体的极大关注。中国队怎么了？这种失常现象说明了什么？蔡振华作为总教练他难道没有觉察吗？他会如何认识目前的问题，准备如何解决呢？

领队黄飚打出来违规队员名单一长串

（1）

领队黄飚至今还清晰地记得，釜山亚运会后回京，蔡振华一见到他就说：“阿飚，我们的管理出问题了！”

黄飚一听，就意识到蔡振华肯定是经过深思熟虑才说出这样的话。

“我当时听了后就到公寓管理室去调记录。公寓有门禁，运动员出入要打卡，谁什么时候出去、什么时候回来都能显示。打出亚运会前一段时间的出入记录，纸就有两尺长。我很吃惊。果然那段时间很多人违犯队规：有的晚回来，有的回来后很晚又出去。不遵守作息时间的不仅是那些平时调皮捣蛋的队员，还有一些平时很守纪律的队员。这使我意识到问题的严重性。那段时间管理不够严。蔡指导说得对，我们的管理确实出了问题。想到这儿，我心里挺不是滋味，觉得作为领队有责任！”

黄飚这位领队和蔡振华关系可不一般。

（2）

黄飚是云南昆明人，可他的气质和肤色却像江浙一带的白面书生。他小时命运挺坎坷的，两三岁时赶上“文化大革命”，原是服装厂党委书记的父亲“畏罪自杀”，以泪洗面的妈妈咬咬牙把他送到苏州地区大姨家寄养。他在没电的农村待了三年。六岁时继父借出差到上海的机会，把小黄飚从大姨家接出，住在上海一个小旅馆里。白天继父出去跑业务，怕小黄飚独自待着想家，就花六毛钱给他买了一对光板乒乓球拍儿，又花九分钱买个乒乓球，让孩子在旅馆里自己玩儿。不料这一玩就放不下了，小黄飚成了乒乓迷，从此天天打。小学三年级时，庄则栋与邱钟惠到学校表演，他俩的精湛球技把小黄飚看得惊呆了。黄飚听说邱钟惠是云南人，这就更让他的乒乓之路变得不可回头了，有一次打球甚至把书包都丢了。

也就靠这个痴劲儿，黄飚终于走进了乒乓球运动员的队伍。黄飚最好的成绩是打了全国少年赛第五名。后来黄飚被选进国家队当陪练队员，一干就是五年。

这五年，从队员、教练到领队都对黄飚印象不错：诚实，不怕吃苦，大事不糊涂，小事心很细。

蔡振华 1989 年回国任教，那时他还不像后来当主教练那么忙，每天吃饭后喜欢打一小时网球，惠钧、张晓蓬，还有黄飚，都是他的球友。

蔡振华虽只比黄飚大两三岁，但他的世界冠军光环，他的魅力与勇气，以及他待人之诚挚与仗义，都让黄飚打心眼里佩服与崇拜，他把蔡振华视为自己的兄长和老师。

那时黄飚有点忧心忡忡。因为在队里当陪练后，他又在办公室帮忙，时间很长了，可安排他援外的事情一直没着落。他面子薄，又不愿去找领导，就想着不行干脆回云南吧。

“走啊，阿飚！”有天午饭后，蔡振华又来叫他去打网球了。

“我不去了。”

蔡振华发现黄飚双眉紧皱，忙问道：“怎么了？”

“我想回云南，成天呆着，又出不去……”

第45届世乒赛在正定国家乒乓球训练基地进行冬训，左起为张燮林、王庆广、杨树安、戴启军、何玉成、卿尚霖、姚振绪、黄飚、李玉环 齐大征摄

蔡振华把网球拍一扔：“你说说，我也不打了。”

黄飚把来龙去脉一说，蔡振华马上说：“我现在就去找李局长！”

“现在一点多，是李局长睡午觉的时间……”黄飚想阻止，蔡振华已大步流星走了。

第三天一大早，在二楼办公的李富荣，亲自爬到四楼来找黄飚——住在办公室旁边的黄飚刚起来正刷牙呢。

“你的事怎么不说？蔡振华一进我屋就嚷嚷：‘局长，没法弄了，这事业发展得靠大伙齐心干啊！人家为国家队两肋插刀，结果援外没人管。这以后，谁还给你卖力？’哈哈，我看蔡指导为你也是两肋插刀。你的事儿，我来安排！”

不久，李富荣签了字，安排黄飚去日本。赶巧日本乒协理事长岩井来中

国家乒乓球队领队黄飚是全队的大管家
齐大征摄

国。蔡振华知道徐寅生、李富荣在日本乒乓界影响很大，中国队在上海比赛时，他有意将岩井先生的座位安排在徐、李二位中间，让岩井先生甚感荣光。回北京在宴请岩井先生时，蔡振华又对岩井先生介绍黄飚，并说："拜托了，请您多关照！"

更让黄飚难忘的是，临走前，蔡振华约了两个朋友给他送行。三人给黄飚敬酒，他来者不拒，连喝十一大杯，没出门就醉了。

蔡振华扶着黄飚坐着三轮车，不放心他一个人回集体宿舍，把黄飚拉到自己家，又把黄飚背上二楼，而当时醉得太沉的黄飚竟一无所知，但蔡振华对自己表现出来的深情却使他刻骨铭心。

临走前，黄飚见蔡振华主教练刚上任，队里的事情很多，他有点不忍心"逃之夭夭"，又问蔡振华："我要不要再留一留？"

"阿飚还是先出去吧，想干以后再回来！"黄飚明白，他是不忍心让小兄弟失去脱贫的机会。

这样，黄飚带着妻子——艺术体操运动员邱红一起去了日本。到了日本，岩井先生为他安排的条件很优越，一个月工资顶国内几年工资总和，工作也不是很累，有时夫妻二人真有乐不思蜀的感觉。

可一年半后，事情发生了变化。

1992 年底，黄飚回国探亲。

他一到北京就去了乒乓球训练馆。蔡振华见黄飚回来了，十分高兴，兄弟俩紧紧拥抱：“走！”蔡振华先带黄飚打了一场网球，然后又拉他回家吃饭聊天谈心。蔡振华问黄飚在国外打球的感受，然后话题一转：“钱，够用就行了，过个小日子足矣。还是要做点事儿，男人嘛！如果你愿意回来，我可以跟姚振绪去讲！”

黄飚从来未想过能回国家队工作，听蔡振华这么一说喜出望外。他明白这是自己人生路上一个宝贵的机会，也是蔡振华兄长式的关照。他马上说：“我愿意回来！合同一满我们就回来！”

那时候有许多人出去也就打算在外边待一辈子了。黄飚跟妻子一说要回国，邱红感觉百思不得其解：日本待遇这么高，又不是混不下去了，为什么要回国？

邱红是贤妻，她理解要执行，不理解就随行，总之是尊重丈夫的选择。1994 年，他们双双回国。在回国前几天，小山智丽打来电话，聘请黄飚去她所在的公司当教练，开出的薪酬很高。但黄飚明白，她是想让自己给她当陪练。他婉言谢绝了小山智丽的美意。并非钱对他没有吸引力，但更吸引他的是中国乒乓队那座熔炉，那个火热的，充满汗水、劳累、心悸的，搏杀在球台旁的集体，那个受到国人特殊关怀、持续鞭策，融光荣与梦想为一体的常胜之师……

（3）

刚回国时黄飚在办公室当干事，领队是姚振绪。

后来姚振绪调到乒乓部当部长兼领队，很多事放手让黄飚去做。1994 年底，王传耀之子王海球任副领队，黄飚成了助理教练，但还是干行政那一摊儿。在筹备 43 届世乒赛的一年多里，黄飚眼见蔡振华带领大家玩儿命地干，非常受感动。

有件事儿给黄飚留下了难以磨灭的印象。

有一次中央电视台采访，记者初元澎他们与队内关系非常好。他们来晚了，赶着回去要播，而采访运动员只有一句话。训练已经开始了，但因为是老朋友就破例让他们进入场地。队里历来有个规矩，训练时间不能有任何干扰，不能中途停训。蔡振华发现后马上发火，火气特别大，在场的人都傻了。换一个别的人，也可能就算了。而蔡振华认为绝对不能破规矩。他对立下的规矩，坚决执行，不怕得罪人。训练至高无上，神圣不可侵犯！竞技体育必须要有成绩，以训练比赛为中心，不影响训练比赛什么都可以商量，影响了训练比赛，那就不行！他始终抓住训练这个主线一丝不苟。

蔡振华对队伍管理之严让黄飚终生难忘。

如今，黄飚在乒乓队做了多年领队了，每天都非常忙。他要协助总教练搞好队里的各项工作，比如思想工作、党团建设、行政、后勤等。他觉得这些工作里很难说哪一项更重要，思想工作和党团建设要长抓不懈，只有思想过关了，运动员才能有饱满的情绪去训练和比赛；“行政”对领队而言是一项上传下达的工作，要把体育总局和乒羽中心的各项精神和举措贯彻落实到队里；后勤工作比较繁杂，比如器材和装备管理等，还要在大赛中做技术录像，有些看起来是小事，但也必须认真对待，一旦出了错，那就是大错。比如在比赛中，车辆没安排好，很可能一大队人就走不了了，可能会耽误比赛或休息；再比如，在比赛中一般都是成批准备运动员的器材，不出错还好，如果出了错，某些器材不符合国际乒联相应的规定，可能这位运动员的成绩就要取消。领队的工作头绪很多，每一项都要尽全力做好。

黄飚一路走来，压力很大，但心情十分愉快，也很自豪。他感觉队员在成长，自己也在成熟。后来在蔡振华的督促支持下，他还考入了北京大学政府管理学院行政管理研究生班，利用每周的两个晚上和星期六全天上课，攻读硕士学位。经过两年的坚持与努力，他顺利拿到了毕业证书。毕业后连蔡振华都夸他有很大提高，讲话看问题，和过去比让人有“士别三日，当刮目相看”的感觉。

而黄飚最佩服的是蔡振华的事业心，蔡振华可以说把全身心都放到了乒乓球队上。有人劝他买房投资，他不买；有人劝他收藏古董书画赚钱，他也不做。他百分之百专心致志于乒乓球事业。凡涉及乒乓球，他的细心程度令人吃惊，比任何人都细。比如他对乒乓球的发展和动态的敏感度很高，国外的任何一个运动员一有一项新技术出来，他马上就能关注到，并琢磨中国队员如何应对。另外，他不闭关自守，尽管中国队的技术从整体来说很优秀，已经多年站在世界巅峰，但他从不排斥国外先进的东西，不是说我是老大，你的就是你的，我不接受，而是好的就拿过来，为我所用。他对好的东西能很快地吸收，充满了热情。

蔡振华对个人利益从不计较，但对其他教练员运动员的利益却“斤斤计较”，凡是合理的待遇，他总是让黄飚开会时力争。教练员夫妻两地分居，他想办法争取把配偶户口办到北京并解决住房。教练员去援外，他会出头去讲价。有的陪练多年勤勤恳恳不计报酬，他会在去奥运会、世乒赛时想着这些人。队员退役或调整回省队，他都会找他们谈话。队员结婚生子、做乒乓生意，即使在外地，他也会专程跑去祝贺、揭牌支持一下。有的队员在国外生病，他还会帮着找医生。

这些人性化的行为，使教练员、运动员切实感受到了他的情义，他的胸怀，他的境界。所以有些在队里他罚过、骂过的队员，离开他到了国外，还年年打电话问候他，多少年过去还心怀尊敬与感激……

这些点点滴滴都给黄飚以深刻的影响。他总是在提醒自己，做好领队工作，别辜负乒乓队这个光荣集体，别辜负蔡指导对自己的期望。

如今釜山亚运会输了球，舆论一片哗然。黄飚觉得自己也有份责任。可蔡振华在这个时候不上推下卸，而是挺身而出，承担起所有的压力。

秦志戬被蔡指导约见“喝咖啡”

（1）

蔡振华让黄飚通知全队当晚在地下室开会，让黄飚准备一下先讲话，然后他再讲。

黄飚正要去布置，蔡振华又甩了甩手中的打印记录，看了一眼，皱着眉头对黄飚说：“你叫秦志戬来一趟！”

黄飚应声出去了。黄飚到了秦志戬房间，对他说：“蔡指导叫你去一下！”

秦志戬一听挺吃惊，悄悄问："什么事儿？"

"你干了什么事不知道？还来问我！"黄飚说罢用手指点了点他，走了。

秦志戬如今绝对称得上是中国男队教练中的最有才华与潜力的金牌教练之一。他主管的队员马龙曾世界排名第一，是伦敦奥运会团体冠军；而另一位弟子许昕也是被十分看好的新秀。这样的成绩足以显示秦志戬的教练水平。

扯远了，釜山亚运会时秦志戬还是个队员呢。不过在群星荟萃的中国队，秦志戬的知名度不算很高，这当然和他的比赛成绩有关。

其实秦志戬的成绩如果放在别的项目那也是很抓人眼球的，可在乒乓队就有点平淡无奇。不，是平淡有"奇"。

秦志戬身上有几件奇事在国家队流传。

他第一次接触乒乓球是 1982 年"三八"妇女节这天。妈妈带六岁的小志戬到无锡市体育馆，交给曹乃逸教练看一看，自己却匆匆去参加乒乓球赛去了。

等小秦妈妈打完球赛着急上火地跑到体育馆接孩子，才知孩子早已经自己走了。小秦妈妈一听，扭头就跑，体育馆内转了三个圈，也没见儿子的影儿，心想："这孩子跑哪去了呢？回家了？他没来过这里，也不认路啊？要是……要是……"妈妈禁不住心怦怦直跳，腿有点发软，万一……万一孩子走丢了怎么办？

她开始后悔：不应当叫孩子来学什么乒乓球，身体不好可以练别的，打什么乒乓球，这可倒好，球还没打人找不着了。

小秦妈妈边走边东张西望，心里焦灼万分，希望能发现儿子在哪站着或走着哭。全没有。等她抱一线希望进了家门，却看儿子正在家里兴高采烈拿球拍比画呢——秦志戬天生聪明由此可见一斑。

第二件奇事，是秦志戬的打球道路是跳级式的，他没上过市体校，八岁就进了市队拿了少儿赛冠军；他没上省体校就被省队教练看上了，拿了 11 ~ 13 年龄组的省运会冠军；后来省队想调他，因视力不达标未能成行，却被国家青年队赏识点名调京，这样没能进省队的秦志戬一下子从市队到了国家青年队，又被省队"倒插笔"录用。

第三件奇事，秦志戬被球迷熟悉不是因为比赛而是因为一部电视剧。

秦志戬左手直板，由吴敬平主管。他的主要成绩是两个世界冠军，第一个冠军是1994年10月在法国尼姆举行的第3届世界杯团体冠军，第二个世界冠军是2001年大阪世乒赛混双冠军。这两个世界冠军中间竟隔了七年。这够奇特的了。试想乒乓队好手如林，一个队员冒头后六七年无新建树早就被发回省队或援外去了，秦志戬却毫发无损安如磐石地留在队里，这是为什么呢？想来原因不外乎下面几条：一、秦志戬虽然球技不是队内最棒的，但他的综合素质和各方面表现绝对是优秀的，因此无论教练还是队友都对他印象极佳，希望他继续在队内发挥思想品质主力的作用。二、秦志戬不像刘国梁、孔令辉那样天赋很高，但他对乒乓球的热爱并不亚于任何人。虽膝盖有伤病，长时间影响了他攀登高峰，但他意志坚定，信心满满，有种永不放弃的劲头，对一些去做其他行业的机会不闻不问。加之他肯学习，对乒乓球的理解、感悟不断提高，因而使蔡指导为首的教练组对他寄予厚望，认为他有一天可发挥这方面优势，朝教练方面发展。

新世纪来到了，秦志戬的好运来了。2000年他和王涛主演了一部十二集的电视连续剧《国球手》。秦志戬在剧中饰演二号人物—— 一位国球手，后来患白血病故去了，赚了不少观众的眼泪。他的表演才能能获得观众广泛好评，是因为他有国球手的生活又有触类旁通的悟性。许多球迷通过这部电视剧喜欢上了这位英俊小生。

新世纪秦志戬的第二个运气，是他终于下决心把自己的老伤整治一下。他左膝盖里面有碎骨头，是由于劳损引起的。软骨有些脱落，一跑总是卡在里面。以前怕手术后效果不好只能退役，所以秦志戬一直犹豫着没做，因为他实在太爱乒乓球了，太爱这个集体了。但拖了这么些年，自己受罪不说，病也没法再拖了：腿跑不了了，还打什么球？

在这种情况下秦志戬才豁出去了，心里也做了手术失败就退役的思想准备。悉尼奥运会后，他在北医三院做了手术。

也是苍天有眼，手术很成功。秦志戬的腿恢复得不错，加上国际乒联改用大球比赛，对刘国梁、孔令辉、老瓦这些冠军冲击很大，但秦志戬却受益了。因为他原来打球速度不理想，现在球大了，对方打过来的球速度肯定变慢了一些，对秦志戬接发球有利。于是 2001 年大阪世乒赛，队里给秦志戬报了个混双，让他和杨影搭档参加比赛。可这个大好人居然想把这机会让给年轻队员，经过袁大夫等人的鼓励，秦志戬才下决心跟着代表团去了大阪。因为当时刚拍完电视剧，秦志戬还跟别人开玩笑说是去日本参加东京电影节评奖去了。

出乎所有人意料，也出乎秦志戬自己意料，这次世乒赛他和杨影打得好极了，一路打进决赛，拿下了混双冠军。

这次世乒赛秦志戬的出色发挥，令教练组及全队队友惊喜交加啧啧称奇。有人称他是“老树新花”，有人赞他“无欲则刚”。而蔡振华却从这届比赛前后更加深刻全面地认识了秦志戬的潜质，认为他是一个可造之材。

可就在这时候，秦志戬竟然也出现在违规队员名单上。打印出来的记录显示，他曾有一天半夜三点多出去，四点多回来。

（2）

秦志戬去蔡指导办公室的路上，一直琢磨蔡指导找自己去到底有什么事。看黄领队的表情他感觉不像是什么喜事，不好的事会有什么呢？细想想自己也没有什么问题啊——他早把自己半夜出去那档事抛到脑后了。

进了蔡指导房间，一见蔡指导的脸色秦志戬就感觉不妙。他突然想起香港廉政公署如果接到举报信会约被举报的公务员单独喝咖啡。这喝咖啡犹如古代的鸿门宴，可不是那么好喝的！

“蔡指导，您找我？”

蔡振华把手中的长单子一放，用严厉的目光看着秦志戬：“那天夜里深更半夜你干什么去了？”

秦志戬一听，就如实地把情况说了，是北京队一位朋友半夜三点打电话找的他，他正好还没睡。那朋友叫他到先农坛去当面聊一下。秦志戬见朋友很痛苦，便去了，一个小时后回来的。至于是什么事他也一五一十跟蔡指导讲了，不敢有丝毫隐瞒。

说完秦志戬如释重负，他没意识到这是个什么严重的问题，以为自己平时自我管理能力很强，不是调皮捣蛋的队员，偶尔出去一下也没什么。

蔡振华脸上蒙上了一层失望的阴影：“现在这个队伍里，像你这样的都这么晚出去这么晚回来，说明整个队伍管理很松，你说这是为什么?”

秦志戬怔住了，他没想到总教练会向他提出这样一个问题，他从来没觉得队员半夜出去会会朋友是管理问题，有时还觉得这是种挺好玩的恶作剧，跟领队、教练斗智斗勇。他回答不出来，只能站在那里，低着头反省。他可以感觉到这回蔡指导很生气。而蔡指导“像你这样的……”这句话像一记重敲在他心上，他从这句话中体味出蔡指导平时对自己印象不错，而自己这回没能独善其身，一定让蔡指导失望极了……

蔡振华其实心很软，平时他很喜欢秦志戬，这孩子秀外慧中，自尊心非常强，一贯表现很好。年轻人嘛，整天关在训练场地、食堂、宿舍，偶尔有事出去撒撒欢也免不了。看着秦志戬的痛苦表情，他也不想深究了。

“队伍的管理不行，才导致比赛输了……”蔡振华似自言自语，又似替秦志戬回答自己的提问。

蔡振华发威与耐心到家的等待

(1)

秦志戬得知晚上七点半在地下多功能厅开会，早早就去了。出乎他的意料，平时开会踩着点提前几分钟到的队员，这回也早早就来得差不离了。

主席台上教练组也都坐齐了。离开会时间差 5 分钟时，黄飚陪着蔡振华走进来，刚一落座，会场立即鸦雀无声。

一个赛一个聪明的运动员已感到“风声紧”，“要严打了”，又听说蔡指导看见门禁出入记录暴怒，都心想可千万别往枪口上撞啊!

黄飚主持开会，他先是讲了釜山亚运会失利的情况，又讲原因是队伍管理出了问题。他说话中间，蔡振华就把门禁出入记录单拿在手里看，看着看着手都发颤了，接着他突然站了起来。

黄飚知道蔡振华的脾气，他已忍无可忍了，就把话停了下来。这时所有人的目光都盯着蔡振华那张铁青的脸，有人心里怦怦直跳，有人在猜想蔡指导会怎样批评违纪或输球的队员，还有人把脑袋低得不能再低，仿佛这样才不会被点名……

蔡振华用目光把会场扫了一遍，突然大声说："你们谁没有出门按时回来，谁深更半夜出去我不点名，你们自己站起来！"

说到后半句话时，蔡振华的声音都变了。当时下面"哗"的站起来一片，有到会的三分之一多——大家都知道蔡指导最恨撒谎的人。

蔡振华突然喊了一个小队员的名。话音刚落，就听凳子"咚"的一声，大家扭头一看，一个人向侧面倒了下去。原来是被点名的队员休克撞倒了凳子。

大伙儿吓坏了，黄飚马上跑下主席台去扶那小孩，队医上来掐他的人中穴。那个队员很快醒了过来，脸色苍白。队医说没事儿，把他扶回座位上。

这小队员是打削球的陪练队员，胆子比较小，平时不显山不露水，有的运动员都不怎么认识他。他这一休克倒让所有人都记住他了。

突发事件结束后，蔡振华也冷静了许多，语调也平缓下来："你们既然到了这里，就要按国家队的纪律要求自己。不然就给我走！你们这样明知故犯对得起谁？釜山亚运会看到后果了吧？你们不要这个荣誉，中国人还要这个荣誉，我们还要的！"

说到这里，黄飚拉着蔡振华坐下。他这个领队就是要扮演唱白脸的角色，特别是总教练的怒不可遏时，他肯定要起个灭火作用。

黄飚对队员说："你们每个人都要自查，自己想好后跟教练谈自己的表现和认识。"

蔡振华这次发威可真是把全队给吓着了！所有在场的教练员、运动员都终生难忘！当然若干年后忆及，其中令人毛骨悚然的杀气少了许多，多出来的倒是一些喜剧元素了。所有回忆者都是笑着说这件事的。

黄飚说："从此以后队里熄灯后查房严多了。"

那时蔡振华家住在幸福大街，离运动员大楼很近。他经常晚上回来突击检查。有一次一位山东来的队员出去喝酒，回来时想要打车，见对面开来一辆轿车就招手，好，轿车一下子就停到了他的跟前。车窗摇下来，一看司机是蔡振华，顿时吓傻了。

当然他违规出去的事也暴露了。后来还给队友留下个话柄：“你打车打得可以呀，居然让总教练给你当司机。”

而给李隼印象最深的是，釜山亚运会回来后，除了天天开会总结，就是每天训练完，男女队员都要跑 1 万米。说是惩罚前段的散漫也好，说是锻炼队员的意志品质也好，反正每个人都得跑。听说当年第 35 届世乒赛男队大输回来，李富荣总教练也是用这招“治”大伙儿。每天跑 1 万米，当时是队员的蔡振华对这事记忆也特别深刻。

（2）

秦志戬 2010 年接受我们采访忆及这段经历时说：“这一幕相当震撼，非常震撼！”

但这次违规并没有给他带来什么恶果。相反蔡指导为了让他走上教练道路，循序渐进地等了他四年。

俗话说，“聪明一世，糊涂一时”。秦志戬的“执迷不悟”真有这么点味道。

2001 年大阪世乒赛回来后，蔡指导就开始给秦志戬渗透目标意识，这种有预谋的渗透先后有四次：

第一次是大阪世乒赛结束后，梁言来找秦志戬。二人见面寒暄几句，梁言话题一转问道：“最近打得怎么样？”

“打得挺好。这不是刚打了一个冠军嘛。”

“那你还准备打多长时间？”

“没有想过。”

“那你想想。”

秦志戬一句话就给堵回去了：“我想它干什么，打得挺好。”若干年后，秦志戬才明白，梁言那几句话不是随便说的，肯定是受蔡指导委托来摸摸底，也洒洒毛毛雨，让秦志戬思想上有个准备。

过了几天，梁言又来找秦志戬了："你考虑得怎么样了？"

"考虑什么呀？"

"上次说的，就是问你准备打多长时间。"

秦志戬、杨影获第46届世乒赛混双冠军　　齐大征摄

"没想这个呀，还打得挺好的。"

"你考虑考虑，不打了有没有想过当教练。"

当教练？梁言这个提示让秦志戬心里感到挺唐突。事后倒是琢磨了一下，我？当教练？有这个条件吗？再说也太早点了吧！

又过了一段时间，在上海东方绿洲封闭集训时，有一天吃早餐，秦志戬正好与蔡指导一桌。蔡指导像不经意地问道："你现在怎么样？以后有什么打算？"

“我现在还没什么打算。”

“你有没有想过以后要上学啊、做生意啊、出国啊、当教练啊什么的这几条路？”

当时秦志戬以为是随便聊天，说实话关于未来他也真没多想。当然蔡指导也没明说他可以当教练。

这事又拖了两年多，到2004年集训时，已任主教练两年的刘国梁找秦志戬谈话，给他捅破了这层窗户纸。此时秦志戬的球已在走下坡路，如果打俱乐部可以打到2008年，但代表国家队出征已不具备竞争力了。

经刘国梁推心置腹的促膝谈心，秦志戬茅塞顿开，当场答应打完2005年全运会就挂拍，参加到教练队伍里来。

四次点拨三年等待，蔡振华在对秦志戬从队员转型当教练的问题上，表现出与他发威时反差极大的耐心与细致，从中看出他对运动员有了平等、尊重个人意愿，不拔苗助长，也不以自家权威强加于人的素质。这一点作为掌门人来说十分可贵，亦是构建和谐团队的重要法宝。

如今秦志戬说：“我现在明白蔡指导的意思了。他是引导你去，让你去自发地站到这个工作岗位上，这样才会热爱这个岗位。如果是强制性的，就达不到这种效果。他非常重视年轻教练队伍的培养、发展，为以后的队伍建设打基础。”

秦志戬还说：“当运动员时，感觉他非常威严，是那种给你心理压力很大的教练。你有什么做不好的事，心里很怕，跟他说话都有点怕。确实是这样。其实他对国家队的所有人都很好，对我也非常好。现在我自己当教练了，慢慢地明白了：他那时是队里的主教练，必须做一种姿态出来，毕竟要管理全队。现在与他接触，主要是向他请教教练业务上的问题。虽然他现在是总局的领导，但感觉非常随和，与以前差别非常大。有时聊的时候他也说，当时他在队里没办法，其实他也不想那样。那时候他板着脸，我们都怕他，有时见了他都绕路走，其实他也不愿意。但是坐在这个位置上，从管理全队的角度来说，他需要有这样的威信，需要有这样严格的态度来规范整个队伍。现在呢，我们感觉蔡指导还是很随和的一个人。”

第十九章
欲让巾帼赛须眉

釜山亚运会回来就忙于全面整顿队伍的蔡振华在媒体面前消失了。这与他以往归国后迅速与媒体沟通会面的情况大相径庭。其实抓队伍整顿后他又在忙着研究奥运争光计划实施方案。

出乎他意料的是，媒体对他的关注度一点也没减弱。一时间，社会上盛传蔡振华和副总教练陆元盛、男队教练组长尹霄存在矛盾，炒得沸沸扬扬；有的报道说蔡振华釜山亚运会失利不满北京队两教练，还怪罪基层教练如何如何……

还有人认为，女队兵败釜山亚运会蔡振华要负很大责任，说明他这位总教练失职。也许他不善于带女队？

的确，蔡振华在 1989 年回国当了段助理教练后，李富荣曾问他，愿不愿到女队去当教练。

蔡振华说："我还是喜欢在男队，我的性格不适合管女队。"

这样他就没去女队。可 1997 年当了总教练，虽说侧重管男队，陆元盛主管女队，可还有"全面负责乒乓队工作"这一条呢，总不能对女队不闻不问吧？

以蔡振华雷厉风行、追求完美的性格，他是怎么管理女队的呢？对女生，是也用铁腕，还是手下留情呢？

一位世界冠军说："自从蔡指导当总教练后，管我们女队严多了。"

怎么个严法呢？在日常管理中，蔡指导是眼睛里揉不得沙子的。一些看起来不是什么大问题的细节，被他看见了就会"小题大做"，变成挨罚的原因。

最震撼人的是女队三起严惩不贷的事件，在圈内外形成了很大冲击波。

杨影归队迟到，被发回省队

1998 年春节前，国家队放了五天假。不说是太阳打西边出来吧，也是八年才赶上一回。队员们自然都欢天喜地。

放假前一天，蔡振华提醒队员：“春运期间交通繁忙，大家一定要提前订好返程的火车票或机票。飞机有可能误点，所以希望大家返程时间要打出提前量。初五 19 点以前全体归队。”

结果初五那天 19 点集合时，一百多运动员、教练员齐刷刷站在那儿，独缺一人：女队的杨影。

杨影　　齐大征摄

所有人的心都提到了嗓子眼儿，有的人不敢看蔡指导，眼睛向下看自己的脚。大家一致认定，杨影会被蔡指导狠批一顿，她胆儿也太大了！

说起来，杨影还算蔡振华老乡，江苏徐州人。杨影身材高挑，浓眉大眼，挺俊俏。她七岁打球，性格像男孩。父母特别娇惯她这个独生女，百依百顺。

全国少年比赛给徐州市一个名额，代表江苏队参赛。这个名额给到了杨影头上。按说这是一个打灯笼都难找的机会。被选中的选手要到南京集训，可杨影在妈妈陪同下到了南京后，一看住得不好，吃得也差，教练陌生还很厉害，于是就跟妈妈说："咱们回家吧。"

她以为妈妈肯定会劝阻自己，不料妈妈立刻就对省队教练乔晓卫说："她在这儿不太适应。"说完就拉着女儿走了。乔晓卫瞠目结舌："这么大比赛说不去就不去了？"

如果不是杨影后来在几个重要比赛中出类拔萃拿了冠军，也许这次"退赛"就足以断送她的乒乓前程了。

也是有缘，进了省队还是乔晓卫主管她。乔晓卫看杨影年龄小，基础弱，人虽聪明，但训练时总想法子偷懒，很着急，免不了批评她多一些。杨影当面不敢说什么，背后在宿舍里却敢模仿乔晓卫训斥她的腔调："杨影，你的腿快撕裂了！"由于她的模仿从动作到声音都惟妙惟肖，逗得全宿舍的人捧腹大笑。笑够了，大家愉快入睡。杨影做梦也没想到，当她得意地"丑化"她的主管教练并获得同伴叫好时，乔晓卫和一些大队员就站在屋外的阳台上观看了全过程。

结果第二天站队集合时，乔指导追问昨晚有谁没有按时熄灯，杨影和同屋的李菊都说按时熄灯了。后果是两位铁姐妹因不说实话而被处罚。

乔指导出国了，女队主教练靳鲁芳成了这批小队员的主管教练。靳鲁芳是个事业心特别强的人，使杨影、李菊、邬娜这些小队员无论在思想上还是技术上都受到熏陶。自称"年龄最小，水平最差，体能也和别人有差距"的杨影，在靳指导无微不至的关心下，从最末一张球台打到第一张球台。杨影在训练时，只要一见靳指导脸上那股极度认真、一丝不苟的劲儿，就深受鼓舞。她还听说靳指导的爸爸是位老红军，她本来有人脉可以找条件优裕的工作，但她却对乒乓球痴情不改，退役进修学习回来后又来当教练，总之她是离不了乒乓球的那种人。还听说刚担任教练时，为不影响工作和学习，她竟狠心做人流没有要第一个孩子。她这种献身精神，令杨影敬佩不已，也使她对“事业”的含义有了进一步理解。

1991 年，1977 年出生的杨影进了国家二队。她的主管教练是姚国治，姚指导恩威并施，她进步很快，两年后进了国家一队，师从惠钧，但因迟到的毛病总改不了，总是被罚跑楼梯。有次她心情不好球打得总失误，气得就踢球了。惠指导叫她不要踢，她踢得越发来劲儿。惠指导是出了名的好脾气，终于也忍无可忍踢了她一脚。

总而言之，杨影不论是在什么执教风格的教练手下，总是球打得好，但小错误不断，违纪的事时有发生。但她性格大大咧咧，并不认为违纪是个什么大不了的事儿。

1997 年第 44 届世乒赛，杨影参加团体决赛成为团体冠军，并和邓亚萍合作拿下女双冠军。当世界冠军的宏图大志终于变成了现实。世乒赛后，唯一的老冠军邓亚萍退役读书去了。杨影在女队自然成为承上启下的主力。

在这个关键时刻，性格上大大咧咧的杨影出了这个漏子，自然格外引人注意。结果，杨影被发回省队。

有人认为蔡振华这个处罚有些过，不采取这么严厉的处罚同样也能达到教育的目的。过重的处罚，会不会毁了一个运动员？但蔡振华对此不认同，因为杨影不是因为飞机晚点，也不是因为有什么突发事件导致迟到。蔡振华已很细心地了解到杨影买的是 18 点 50 分的机票，这说明她根本没有把队里宣布的 19 点归队的纪律放在心上，是明知故犯。所以蔡振华说她“思想观念问题，不能认为自己是主力队员就可以搞特殊化”。如果一个运动员有娇骄二气，如果连这样的处理都不能正确对待，那么她将来也很难承受世界大赛的严峻考验。

当时杨影没思想准备，认为处罚太重了，想不通。蔡振华找她谈了两个多小时。最终，杨影表示接受对自己的处罚，回省后会好好反省，改正错误，争取早日归队。

蔡振华说：“教练组所以这样做，不是走过场，也不是想一棍子打死人，而是为了教育她本人，更是为了教育全队运动员。”

为了达到这个目的，为了使杨影能真正深刻认识到这个错误，蔡振华还专门为此事与江苏体院常务副院长李宗汉、主教练靳鲁芳通了几次电话，了解杨影回南京后的表现与思想状况，商讨如何帮她深刻认识错误而不留阴影。当得知杨影2月12日回到南京后就直接进了训练房，教练也配合她加班给她喂多球时，他一颗紧绷的心才稍微放松了一些。

这次受罚也使杨影彻底改掉了不遵守时间，三天两头迟到的“顽疾”，使她的综合素质提高一大截。过了四十多天应召返回国家队后，她成熟多了。在第46届大阪世乒赛上获得团体冠军、混双冠军和女双亚军（与孙晋搭档），在2000年悉尼奥运会上获得了女双亚军（与孙晋搭档）……受罚回南京这一事件不但没有影响她的运动成绩，反而促进了她的健康成长。

杨影2001年底从国家队退役后考进北京广播学院播音与主持艺术专业。拿到学士证书后，她又考进了中央电视台，成为体育频道的一名主持人。

回忆起当年被蔡振华发回省队一事，她说：“蔡指导确实很严厉，比如因为我迟到而罚我回省队那件事。我犯了错，他真罚我，我也真的就怕他。后来再回国家队，我是绝对不敢再迟到了。每次回北京，总是赶早不赶晚，队里晚上9点点名，我上午就坐飞机回来。朋友问我，回去那么早干吗？坐下午的飞机也来得及呀。我就说，北京有事，不行。早点回去我心里踏实呀。以前晚上9点点名，我恨不得坐6点多的飞机，被罚之后再也不敢了。我和李菊离开国家队之前，蔡指导找我俩谈了一次，他说：‘队里会尊重你们的意见，但国家队的大门还是向你们敞开的。从朋友的角度来讲，如果你们今后遇到什么困难，觉得我有什么能帮上你们忙的，你们尽管来找我或打个电话过来，我一定会尽力帮你们。’当时我们真是特别感动。”

杨影如今已是乒乓球迷十分熟悉和喜爱的主持人，特别是转播乒乓球比赛时，杨影就会显得分外游刃有余，点评也流露出她的行家、冠军素质。

张怡宁遭禁赛成终生财富

2002年《乒乓世界》第一期有这样一个吸引眼球的标题：作检讨，被禁赛——张怡宁对你说。

短短一页上，共有三部分内容。一是编者按：

编者按：九运会之后，国家队教练组研究决定，对获得女团冠军、女单亚军、混双季军的张怡宁进行三条处罚：

1．在全队作检查。国家女队专门召开两次会议，不仅让张怡宁作了自我检讨，总教练蔡振华还要求教练员和队员发言表态，为张怡宁会诊把脉，找出问题的根源。女队主教练李晓东在会上也作了诚恳的自我批评。他说，自己在平时工作中看运动员优点多，看缺点少，虽然也意识到了女队在思想教育、意志品质方面存在一些问题，但解决的方法和手段不够得力。

张怡宁和郭跃夺冠后　　齐大征摄

2．禁赛三个月。取消了张怡宁代表国家队参加2001年最后两站国际公开赛和2001年总决赛的资格。

3. 在《乒乓世界》刊登书面检查。

主动要求《乒乓世界》刊登世界冠军的检讨，这在国家队还是第一次。

副总教练员陆元盛说，张怡宁已经意识到了问题的严重性，反省得比较深刻。过去，有一些队员在队内比赛时也出现过类似的问题，摔拍子，耍脾气，自我约束能力比较差。如果我们现在不严加管理，就会影响这些年轻选手今后的发展。通过张怡宁这件事，我们想让队员们都认识到，比赛中不仅面对对手，还面对很多现场观众和电视观众，他们的行为不仅仅代表个人，还代表了中国乒乓球队的整体形象。所以我们在《乒乓世界》刊登张怡宁的检讨，对其他人也是一个警示，要求他们必须加强文化修养，提高整体素质。

对于教练组的严厉处罚，张怡宁本人毫无怨言："如果教练和队友现在不给我敲警钟，我将来很可能摔大跟头。"

二是《新闻背景》，里面介绍张怡宁所犯的错误：

在九运会单项比赛中，刘恒、张怡宁与江苏队单明杰、张莹莹争进混双八强，张怡宁先是用脚蹬球桌，不久又手握球拍向地上猛砸，后来在一次失误后，更是把球拍摔在球桌上，对此，裁判两次对她提出了口头警告。

在女单半决赛中，张怡宁与林菱争夺决赛资格时情绪急躁，几次用球拍敲击球台。

女单决赛，张怡宁重蹈第45届世乒赛女单决赛之覆辙，2:0领先后，被王楠连扳3局。打决胜局时，张怡宁斗志全无，仅得5分，最后一板竟未接球。

三是张怡宁的检讨书：

在刚刚结束的九运会比赛中，我表现得斗志不高，缺乏拼搏精神，不仅在球迷中造成不好影响，也辜负了领导、教练对我的厚爱。现在，我的心情很沉重。我知道，仅仅说声"对不起"是不够的，我必须对自己的问题进行深刻的反思。同时，也希望大家能够在这个时候帮助我，促使我尽快改正错误。

九运会暴露出我思想上还有很大的问题，尤其在女单决赛的决胜局中，我表现得毫无斗志，最后输球又输人。现在回想起来，这件事情的发生并不偶然，是许多问题长期堆积没有解决的结果。最近一段时间，我与队友交流少，总把自己的位置架得很高，有时甚至听不进教练的提醒，自认为已经能够处理问题，看不到自身存在的许多缺点。盲目自大自满的情绪使我在九运会中心态扭曲，与对手比赛时心高气傲，总想漂亮地赢，结果适得其反，面对失败更是难以承受，表现得有失风度。

中国乒乓球队有着光荣的传统，祖国的荣誉高于一切。作为其中的一员，我显然是不合格的。之所以在九运会上出现这样的情况，根本原因是自我意识过强，位置摆得不正，想自己想得多，想集体利益想得太少，缺乏责任感。我成长中的每一步，取得的每一个成绩，都是与领导、教练和队友的帮助分不开的，尤其是领导、教练多次给我参加重要比赛的机会，这充分说明他们希望我尽快成长起来。没有队友的帮助与支持，我也不可能这么顺利。可是在全运会上，我恰恰忘了这些。只看到了眼前的主力位置，却没有以一名主力队员的标准要求自己；遇到困难不去想办法克服，而是放纵自己，选择放弃。换成世界大赛，后果肯定不堪设想，现在想起来我都觉得后怕。

这次全运会对我来说是个沉痛的教训，我明白了许多道理，知道了自身存在的不足，我一定在今后的训练、比赛和生活中严格要求自己，真正融入中国乒乓球队这个光荣的集体当中。希望领导、教练、队友批评我、帮助我，监督我的表现。

2001年的张怡宁已崭露头角，虽不像后来那样辉煌，但已在赛场上显出巨大潜力，被一致看好。

张怡宁1982年10月出身于北京一个普通家庭，爸妈开始让她打球时就是为了让孩子有一技之长，今后好找工作，没想到却成了专业。

平民家庭给予了张怡宁许多美德：孝敬长辈，做事踏实不张扬，能吃苦不娇气，专心致志。从体校到北京队再到国家队，一路走来她一直是被重点培养的队员。

张怡宁刚到国家二队时，有次军训要开联欢会，需要找位主持人。教练齐宝香跟张怡宁一说，她直往后缩，说当不了。齐宝香就激她说：“你连这点胆量都没有还能当世界冠军啊，你要是去当了主持人就能当世界冠军！”

张怡宁一听立刻说：“那好，报我的名字！”结果她上台主持得挺好。为了实现自己的大目标，她是很勇敢的，能豁得出去。

1999 年，队里让张怡宁参加埃因霍温第 45 届世乒赛，谁也没指望她拿什么成绩，不料她和张莹莹先拿了一枚双打铜牌，单打又一路打进决赛。面对亚运会四枚金牌得主王楠，她一开始居然领先两盘。虽然最后王楠翻盘夺冠，但是张怡宁的整体技术，特别是反手的先进性和她小丫扛大旗的气势，给大家留下了深刻的印象和丰富的想象余地。

悉尼奥运会候选名单上有了张怡宁的名字，没想到在 2000 年吉隆坡世乒赛团体决赛中她输给了台北选手徐竞。这给张怡宁以沉重打击，她的自信心有些崩溃。在随后的奥运选拔赛中，她越打越虚，越打越软，心情沮丧到了极点。

这时主管教练李隼一针见血地跟她说：“如果你还想打下去，只能自己救自己，这道坎儿你必须自己迈过去。”

落选奥运会后她和父母去 KTV 唱歌，她跟爸爸合唱了一首《祈祷》：“让我们敲希望的钟啊，多少希望在心中，让大家看不到失败，叫成功永远在。”

歌声余音未落，张怡宁拿着麦克突然大声喊道：“张怡宁的时代要到了！张怡宁的时代要到了！”

这两声呐喊，是她内心梦想的爆发。她现在还只能用语言向爸爸妈妈宣告，未来要用成绩向国际乒坛展示。

这年年底，张怡宁成绩开始复苏。她访欧时连着拿了波兰、瑞典两站公开赛女单冠军；2001 年 1 月又拿下了国际乒联职业巡回总决赛冠军和世界杯单打冠军。

此时的张怡宁心气很高，实力也确实有了很大提高。在 2001 年 5 月大阪世乒赛女单半决赛中输给王楠她很不服气，憋足了劲儿要在10月打第九届全运会时报一箭之仇。李隼说："当时她取胜的欲望太强烈了，心里就想着一定要把你'吃掉'，死拼了，但是完全没有章法。可以说，当时她整个人已经有点失控了。你看她走路都能感觉到，整个人已经发飘了。决赛前，她已经犯了很多错误，对林菱的那场球，她的心态完全是一种扭曲的状态。应该说当时林菱的水平至少不在她之下，可是她输一局心里都承受不了，摔拍子、摔球、踢挡板，换了一个书面通报批评回来。按她当时的想法，你们都还瞎挡什么道儿啊，我直接就和王楠拼了！以这种心态上决赛，肯定打不好啊。一上来，她又是2:0领先，可是在场下一看球路，她完全不对，就是死拼。等到后来王楠发现了她的问题，把节奏引到自己轨道上的时候，她完全没有摆脱的能力。但是从整体实力上讲，这次和上次有本质的不同。她已经具备和王楠抗衡的实力，虽然还是稍处下风，但是如果战术得当，是有战胜王楠的可能的。可以说，她完全是被自己打败的。"

这次处罚对张怡宁来说像是一桶冰水泼在头上，使她头脑恢复了清醒。处罚是一次警钟，在她心中长鸣，并转化为她成长的催化剂。后来的张怡宁，不论冠军拿多少，不论成就多么辉煌，永远是那样淡泊、大气。不论是业内人士还是普通球迷，都喜欢张怡宁，欣赏张怡宁，钦佩张怡宁，不仅是因为她的高超球技，更因为她为人的美德。

孔令辉说过："打到这份儿上，谁能做到像老张这样？"

老张是张怡宁的昵称。她在功成名就后怎么就能让孔令辉这位乒乓王子佩服得五体投地呢？

李隼说过这样一件事："我印象最深的是有一年，一家俱乐部给她一张空白支票让她自己填，但是她还是留在了北京。"

乔红说："我在国家队六年，从未看见张怡宁搞特殊。"

施之皓说："她平时的为人很好。她取得了这么好的成绩，但从来没有耍过大牌，和普通队员是一模一样的。2005年我担任中国女乒主教练的时候，她已经是大满贯得主了，我们的配合非常好。我经常说，什么样的人一定打什么样的球。张怡宁的为人非常正，像她这样素质的人能取得这样的成绩也是理所当然的。”

北京电视台体育频道记者孙璐写道：“在自己的家乡举办奥运会，张怡宁自然希望能够再一次站在最高领奖台上，对于她来说，这将是一个至高无上的荣誉。最终的结果大家也都知道了，张怡宁如愿以偿。夺冠后，她除了在和妈妈拥抱的时候眼圈红了，其余再无激动的情绪，反而是冷静得有些让人难以置信。她慢慢地收拾着自己的球包，慢慢地穿上领奖服，让对手也是老朋友的王楠退场的时候尽情地享受球迷的欢呼。我从来没有和张怡宁求证过，但我坚信她是刻意这样的，以此表示她对王楠的尊重。有些运动员拿了冠军后就变得让人不认识了，更何况是两届奥运冠军，但张怡宁在我们记者眼中从来就没变过。”

张怡宁对“整”过自己的领导、教练没有不满或记恨，而是真正地心存感激。2008年奥运会后有一次李富荣局长碰到张怡宁问道：“2001年的事你没记恨我吧？”

“什么事啊？”张怡宁愣了一下，随即明白了李局长是指九运会遭禁赛的事。她笑着说：“没事儿，您对我挺好的。”当时在场的李隼事后说：“2001年全运会后停赛的事情，张怡宁觉得对她是有帮助的，这么多年她就是这个特点，就是你把道理讲透，她就会明白，而且她确实会那么想。不像有的人嘴上附和你，但心里憋着自己的想法，这就非常麻烦，容易失控。张怡宁这点很好，怎么想就怎么说。”

这就是张怡宁的大气与境界。她把挫折变成了人生财富。

张怡宁曾说，她要当世界冠军，要当一名让人记住的世界冠军。她做到了。这远比拿世界冠军和奥运冠军难，但她做到了。

齐宝香训练课上打手机“小题大做”

现在乒羽中心乒乓一部的齐宝香当年也是赫赫有名的世界冠军。1981年第36届世乒赛中国队打翻身仗时，她是团体冠军。1983年第37届世乒赛，她和黄俊群获女子单打并列第三名。那时蔡振华在男队是主力队员，两人应算是同一时期的战友。

1987年她退役后留在女二队当教练。

齐宝香是河北人，干事扎实认真。她在教练岗位上一干就是二十多年，主管过的队员有的成了领导，有的成了世界冠军。她说，自己对每个队员都像对女儿一样，可自己的女儿生下来后她却一天没带过，甚至没给孩子洗过一次澡，全靠公公、婆婆和丈夫带大。

蔡振华对教练员一向要求严格。他常说，如果有一天中国乒乓队成绩不行了，那不是队员的责任，而是教练员队伍出了问题。

提起蔡振华的严格管理，齐宝香深有体会，她对我们说：

> 如果你做了错事，他会非常严厉。他绝不会顾情面，不好意思批评。这些是很多教练做不到的。他拉得下脸来，敢在大庭广众之下批评人。他自己做得好，他才敢这样，才能让大家心服口服。举个例子，教练员训练时不让坐，他自己就能坚持，腰不好还是站着。
>
> 有一次我在训练中看手机被他逮着。这件事对我来说是挺难为情的。事情发生在2000年一个星期四下午的长跑训练课上，我当时带着手机，正打开看短信，他刚好经过看到了，就喊了一声："齐宝香！"
>
> 我当时戴着耳机没有听到，他又大声叫了一声："齐宝香，下课了吗？你干什么呢？"他非常生气。
>
> 我知道自己犯错误了。老蔡为此事让我下了课，不聘用我了，一点机会也不给我。我找他谈话，跟他承认了错误，说："我错了，以后肯定不再犯了。"
>
> 当时他没说话。后来他把我叫到办公室，还给了我一瓶矿泉水，说："喝水吧！"停了一会说，"你怎么回事？"
>
> "我没下课就看手机，是我错了，给我一次机会吧！"我说道。
>
> 他沉吟片刻，说："写检查吧。"我长这么大，还没写过检查，不知道该怎么写。这个内容很难写，我的文化水平也低。后来写完之后交给他。

老蔡看了说："等领导研究决定。"

晚上在教练会上，我读了自己写的检查。老蔡叫我先出去，他们再研究一下对我的处理。会开到十点多，我等到十点多。他对我说："你明天上班吧！以后再说。"

第二天上完训练课后通知我，要在全队作检查。本来我是要代表亚洲教练员参加集训的，给我的最终处理是，出访取消，另外还扣了我年终奖金的15%。

老蔡问我："有什么意见吗？"

我说："没有，非常感谢你对我的宽大处理，给了我一次改正错误的机会。"

说句实在话，我从来都不带手机到训练场的，就这么一次就被逮住了。面子上有点下不来。

现在回过头看，他抓得是对的。如果教练员训练时都看手机，这个队伍没法管了。我当时对老蔡说："谢谢你！"他说："只要你理解就行了。"

他宏观调控能力很好，每年教练要述职，要打分，要淘汰，他总有新的规章制度来要求教练员，想办法挖掘大家的潜力。他肯听取大家的意见，有一次我给他提了意见。

"你对二队批评得很多，肯定、表扬少。可能对我们要求多。有时候你也下来转一转，让大家感到你的关心。"我忐忑地说。

他听进去了，确实改进了。他后来经常到二队来，有空就过来看看，转一转，给队员辅导辅导，这对大家也是个鼓舞。我们二队的士气就起来了。他也给我们二队改善了很多条件。以前二队奖金比一队差很多。还有二队教练很难拿到体育荣誉奖章。我就提了这个意见。后来也巧，我带过的张怡宁、张莹莹刚进一队就拿了成绩，成了世界冠军，总局就给我颁发了体育荣誉奖章。他什么事都替大家想到了。

面对媒体传言刘凤岩力挺爱将

（1）

在与媒体沟通时，蔡振华没有为他自己辩解什么，但是女队存在的一些问题，他并非没有觉察。

早在2000年悉尼奥运会结束时，尽管包揽了四枚金牌，但在接受记者夏娃采访时，蔡振华说了下面这样一段话：

女单和女双都拿了，但我们感觉暴露的问题也挺多。

21日晚上中国两对女双赢了半决赛以后，等于女双这块金牌已经拿了。李富荣副局长当天晚上把男女队教练员都召集到一起，他说得比较重。一是女队这几年的变化不大，一直到双打半决赛，运动员的精神面貌都不太好，斗志、意志显得比较差，太平淡，没有激情，给人的感觉是在吃老本。局长说，如果再这样下去，老本早晚要吃光。二是训练的问题，他甚至提到，这四十天你们是怎么练的？双打里面的台内球、接发球全是摆，不会挑，主动意识差。他这样说的目的，是希望教练员尽量给运动员做一些工作，如果这样下去，单打肯定很难打。

对此我也要负一定的责任。其实我在曼谷亚运会时就看到了苗头，回来后也督促女队教练组要抓，要解决，但世乒赛单项比赛女队成绩不错，而表现比较突出的是几个年轻队员，像张怡宁、张莹莹和李楠这些人，所以问题又被掩盖了。去年荷兰世乒赛后我们非常焦急，还专门打了报告上去，女队的主要问题是凝聚力和战斗力不够，运动员士气比较涣散，教练员的管理不够严格。我们不能拿了冠军就万事大吉了，应该看到这种危机，而且这种危机已经迫在眉睫，必须着手解决。

目前女线上没有太多的对手，欧洲无非是两个，一个是斯蒂夫，一个是鲍罗斯，我们要密切注意跟踪，其他人构不成太大的威胁，海外乒团这些老将，很难在技术上有太大的发展。所以，女队如果搞得好，我们没有理由有对手。运动员本身的素质和水平，训练的对抗性，还有国家对乒乓球的重视程度……所有这些，使得女线即使不能十拿九稳，也应该有非常明显的优势。

这段对话白纸黑字发表在《乒乓世界》上。遗憾的是它没有引起女队教练员和队员的重视。也许在包揽了四块金牌的巨大荣誉面前，当事者的确很难保持十分清醒的头脑。

尽管悉尼奥运会后蔡振华带领乒乓队“瞪大眼睛找问题”，并作了严格的批评与自我批评，但并不是所有人都认同蔡振华的“危言”，甚至还有人产生了逆反心理。

危机没有消减，它潜伏下来，慢慢地发酵，终于在2002年釜山亚运会上爆发了。

2001年第46届大阪世乒赛颁奖仪式结束后，刘凤岩手捧考比伦杯与姚振绪（左一）、李晓东（右一）、陆元盛（左二）在一起　齐大征摄

（2）

关于釜山亚运会，蔡振华尽管说了要“十拿十稳”，但是并非没有危机感。《老蔡面临四大难题》一文的作者晏学宁、梁宏达在采访笔记本中写道：虽然

“胜败乃兵家常事”也是竞技体育的规律，但在国人的意识中，中国乒乓球队拿冠军是天经地义的事。然而这次亚运会中国队面临的最大挑战，是那些不确定因素造成的各种困难。所以，教练组对所有可能出现的问题都进行了仔细的分析和研究，设计出多种解决办法，既要防患于未然，也能立竿见影。

蔡振华认为，参加这届亚运会的中国乒乓球队正处在一个非常时期。从表面上看，中国队好像仍在鼎盛阶段，经过2000年的奥运会和2001年的第46届世乒赛，中国队主力阵容显而易见，成绩比较突出，人气也比较旺，看上去队伍到了最成熟的阶段。但事实上，中国队现在已经发生了质的变化。造成变化的原因一个来自新规则的实施，另一个来自规则变化给运动员造成的技战术意识和心态的影响。拿男队来说，与奥运会和第46届的状态相比，可以说整体实力有所下降。所以，中国队在这届亚运会上将接受严峻的考验。

男队经受住了这个严峻考验，女队却没经受住。

11月13日，乒羽中心和蔡振华决定打破沉默，在训练馆会议室召开非正式的新闻通气会。在会上，蔡振华以他惯有的坦诚承认：“11分制实施后出现了一些败绩，队伍成绩有波浪形的下滑趋势。但不能因为两次失利就觉得自己不行了，就此断定中国乒乓球已经病重得不行了。出现问题，并不意味着运动员在整体技术、打法和意志上落后于人，应该说在总体实力上我们仍然是世界最强的，年龄结构上也是最整齐的。”

蔡振华同时指出，眼下中国乒乓球队已经到了非常关键的时刻，必须及时制止这种下滑势头，否则，一旦到世界大赛中失利时再去翻身，就要走很长的路了。

在具体剖析两次失利的主要原因时，蔡振华认为，教练队伍包括他本人在内，事业心有所下降，对技术的钻研和忧患意识不够，存在“吃老本”的现象。教练是队伍的核心，工作上抓得不严不细，自然让运动员有空子可钻，最终导致训练质量下降。在客观上，国际乒联在两年内连续三次修改规则，对中国队也有一定的影响。对于大球，中国队尚有一年多的时间“备战”，因此适应得较好，而对于另两项新规则尚未找到规律，工作做得不够细。中国队教练原以为无遮挡发球的影响要大于11分制，后来才认识到影响更大的是11分制，它的实行使中国队产生了质的变化。教练也感到暂停的时机难以把握，场上形势不定。在第二次创业的过程中，中国队首先要找出11分制的规律，再攻破无遮挡发球的难关。

（3）

关于媒体盛传蔡振华与几位教练不和的问题，蔡振华也没有回避，他说："球队内确实存在矛盾，但这些都是在工作中因为看法不同而产生的摩擦，并不是什么'阶级斗争'、'争权夺利'，更没有人身攻击。作为一个集体，有矛盾有争论是正常的，如果大家都一团和气，整天风平浪静，反而不正常。"

有一家辽宁媒体报道说，亚运会输球后国家队教练怪罪基层教练，蔡振华说："这纯粹是无稽之谈，稍微懂行的教练都不可能把责任推到基层教练身上，而且推卸责任也不是我蔡振华的性格。"

关于盛传的什么"蔡尹之争"、"蔡陆之争"等传言，乒羽中心主任刘凤岩也出面澄清，他说这些只不过是正常的工作中的不同观点，并不是什么争权夺利或是钩心斗角性质的问题。

刘凤岩的力挺，给予蔡振华很大支持。

刘凤岩是从篮球中心调来的。他是位和乒乓球很有缘分的人。这位黑龙江哈尔滨的老三届，1968年下乡后在建设兵团当知青。因为他从小喜欢体育，参加了兵团的乒乓球队。当时兵团体育人才济济，张德英就是在这个兵团打了冠军被调进省队，又打了全国第一进入国家队，最终拿到世界冠军的。

刘凤岩是笔杆子，对于媒体的认识比较深刻。媒体巨大的能量可用一句话来形容："水能载舟，亦能覆舟。"蔡振华是一位不可多得的人才，他当主教练与总教练以来所取得的成绩创造了中国乒乓球史上的新高度，所以刘凤岩作为中心领导，对他一贯是爱护与支持，这时挺身而出力挺蔡振华也就不足为奇了。

后来总局想提拔蔡振华做中心副主任时，公示后有人有意见，正所谓"木秀于林，风必摧之"。此时刘凤岩对上级派来的考察负责人，出于公心公平，亮出了自己对蔡振华的看法。

最显示刘凤岩人品的是2004年总局提拔蔡振华当中心主任，刘凤岩改任中心党委书记时，上级找刘凤岩谈话，他虽然想得开但还是有些顾虑，因为自己当主任以来年年考核都是优秀，只有一年被评为合格，还是因为出面为乒乓队承担责任的后果。现在无“疾”而下台，别人会怎么看呢？弄不清的还以为我刘凤岩有什么问题呢。

他把自己的想法向组织上讲了，领导说本来也想让你到别的中心当主任，后来考虑蔡振华年轻，需要你扶一扶；另外他对羽毛球不是很了解，也需要你来协调一下，过渡一下。

这种时刻对任何人都是严峻的考验，“扶一扶”、“协调一下”，是真扶还是假扶，是真协调还是搅局，确实是考验刘凤岩这种处境干部的分水岭。可喜的是，这段时间刘凤岩与蔡振华合作得很好，蔡振华对老领导一如既往地尊重，连办公室都不让他腾，刘凤岩也非常真诚地坚持一个老干部的党性原则，两人结下了深厚的友谊。

这段经历成为人们评价刘凤岩的一段佳话，也成为蔡振华成长过程中难忘的经历。

第二十章
王楠的自我解剖与难忘的师生缘

釜山亚运会最大的伤痕决不仅仅是丢了不该丢的金牌，而是女队大满贯得主王楠的滑坡。这引起了乒坛的高度关注：王楠到底怎么了？她的失常有什么偶然原因或特殊原因吗？她会就此退出乒坛还是会坚持下去？坚持下去还能再度崛起吗？……

“主要的原因是思想上有障碍，包袱没有扔掉。”

(1)

也许只有在挫折和失败时，人才会真正冷静下来思前想后，严格地解剖自己。

在釜山亚运会遭到打击最沉重的莫过于王楠了。她的釜山滑坡也许从某个角度折射出女队训练存在的问题，证明了李富荣、蔡振华的批评有的放矢。事后有人问她团体赛丢两分是技术原因还是心态原因时，经历了痛苦反省的王楠勇气非凡地解剖自己：

有技术的原因，但更主要的原因是思想上有障碍，包袱没有扔掉。

大概有两年的时间吧，所有世界比赛、公开赛的冠军都拿到了，我的心已经开始浮起来了，就觉得好像没有人能够打败我。平时训练总想偷懒，偷懒以后去打公开赛，还是可以赢球。那两年当中，我觉得拿一个冠军太轻松了，打一打就进前四，再打打就拿冠军了。好像刚睡醒觉，拿起拍子上场就能赢，这样就觉得自己各方面都比别人高了一大块儿。亚运会输了以后，刚开始还觉得是偶然的，技术没有发挥出来，静下心来总结，才认识到这是两年里积累的东西在关键比赛中爆发了。平时偷懒，有侥幸心理，导致自己在原来的位置上停滞不前了，而别人在苦练，在进步。在那么高的位置上，别人说什么自己也听不进去，也有人是不敢讲，都看我的脸色，无形中更让我觉得自己是最棒的。

正因为如此，所以思想上总想偷懒。比如我对队内比赛不是特别重视，有两三年没有认真打过队内比赛，觉得队里的比赛没有必要那么拼，能不打就不打，实在让我打，我也不会尽全力，每次稀里糊涂就打完了，有点像浑水摸鱼，混来混去的。我记得前两年打过一次第九，一次第七。包括一些公开赛我都不是特别重视，认为自己最大的目标一是奥运会，二是世乒赛，对亚运会都没有特别在意。

亚运会团体赛输了以后，第一天我还没醒过神来，没有什么痛苦的感觉。从第二天才开始难受。一直到2002年年底，我的心情一直非常压抑，开始怀疑自己的技术不行了，是不是老化了，落后了，跟不上乒乓球的发展形势了。

王楠在北京奥运会比赛中　齐大征摄

那几个月里，我想过退役，也跟内部人说起过，教练和领导都来做工作。后来也觉得退役确实不太现实，队里的人本身就不多，虽然我亚运会输了，但我在队里还是年龄最大的，大家还是很相信我。当时舆论反响特别大，都在问王楠行还是不行，领导、教练、队友都说我行，我也说自己行，但那是嘴硬，其实底气不足。在球场上我感觉自己是空的，别人讲什么，我心里也清楚，但好像已经没有能力去做到。

（2）

王楠的滑坡让副总教练、主管女队的陆元盛非常焦虑。可以说，他是看着王楠一步步崛起的，在她身上花费了不少心血。1995年下半年，陆元盛进到女队当教练时，王楠、李菊、杨影、王辉都是小队员。因为亚特兰大奥运会迫在眉睫，所以队内的训练重点主要是围绕邓亚萍、乔红等参赛队员。王楠当时就给陆元盛比较深刻的印象：虽然打球比较软，但她是左手，战术运用灵活，肯动脑。王楠在训练中进取心很强，有时候为球较上劲了还经常给老队员脸色看，这可不是一般年轻队员能做出来的。所以尽管当时女队奥运会的四个参赛人选已经敲定了，但陆元盛还是让她打了奥运会的预选赛，想着万一出现什么情况可以让她在双打上顶上去。奥运会前后许绍发搞起来的CCTV乒乓球擂台赛，给了这批小将一个登台亮相的机会。第44届世乒赛，王楠报上了团体，这在当时也是有争议的。除了王晨、王楠、王辉，同时具备竞争力的还有邬娜。可以说王楠在这几个人中并不突出。第44届女团决赛半决赛中，她和德国队的沙尔打得非常紧张。但王楠的锋芒和实力在单打和双打比赛中展现了出来。女单比赛她战胜了朝鲜的韦福顺和队友邬娜等高手，赢得了与邓亚萍直接对话的机会。赛后，邓亚萍就说，如果好好打，王楠将在今后几年大有作为。王楠和李菊搭档还取得了女双亚军。从技术角度而言，王楠打球合理，可以应付各种打法，能适应各种球路，综合能力强。

荷兰的第45届世乒赛单项赛，王楠取得了她的第一块世乒赛单打金牌。比赛完了就有记者问她，你是不是终于梦想成真了？她只是笑，表现得很平静。

陆元盛曾对记者宋斐说："1996到2000年这段时间，王楠是非常努力的，她的目标很明确，就是要冲击冠军，要当世界第一。但是到了2002年亚运会前，王楠的训练说系统也系统，说投入也没得说，但总给人感觉她对自己的要求没有那么高了。可能王楠当时的心态就是：我已经到这个份上了，只要我能安心静下来训练一个月，冠军还应该是我的。和从前冲击冠军的时候相比，在气上就差了一口。最近五年，是乒乓球的改革非常迅猛的时期，大球，11分制，一切都在不断发展。然而对于这种宏观形势，王楠当时并没有太清楚的认识，在这点上，她吃了大亏。竞技体育运动是非常残酷的，你的比赛成绩就是训练的一面镜子。"

想念对自己影响最大的曾传强教练

为了帮助王楠重新崛起，队里采取了很多措施来帮助她重建信心，走出低谷。

首先是给她换了主管教练。

她在国家队时开始师从曾传强。曾传强当时在国家队是唯一被队员冠以"老"字的顶尖教练。他的资格最老，1965年就来到国家队任教练，曾带过林慧卿、朱香云和乔红、邬娜，为中国女队长盛不衰立下了汗马功劳。曾传强曾到朝鲜援外，带过李粉姬、赵正姬这两位名将。1996年从国家队退休，创造了执教国家队三十余载的纪录。

在王楠的嘴里，她敬爱的曾指导对事业的热爱是无以复加的："乒乓球就像他身上的一块肉，几十年下来，每天都是乒乓球。自己的心血在队员身上体现出来的时候就是他最有成就感的时候。他觉得把一个人雕琢成他想象中那样，变成世界冠军乃至奥运冠军，比给他多少钱、多少物质上的回报，都更满足。"

曾传强的执教理念是以鼓励为主，这种方法似乎特别适合女队员。如果不是原则问题，他从不会严厉批评女队员。

曾传强所以这样做，是因为他认为运动员也需要被尊重，需要自由，渴望一种平等。

曾老这种充满人文关怀的执教理念，给王楠留下了深刻、温馨的记忆：

“不训话，只聊天儿，面对不同性格和状态的弟子，他会用不同的方法来教育，最多的是讲故事。”

比如针对有些队员想比赛又怕比赛输球的心理，曾传强讲的故事是：“有两头小猪，整天吃得高高兴兴的，有一天，其中一头小猪突然不吃了，另一个问它：‘你为什么不吃了？’它说：‘不行了，我不能再吃了，再吃的话主人会把我宰掉的。’过了一段，它又吃了，另一个就说：‘你怎么又吃了？’它说：‘我想通了，我吃，长胖了他会宰我，我不吃长胖他也会宰我，我还不如高高兴兴地吃，高高兴兴地过每一天。’我就说你们上场打比赛，一上场就怕输，老是在消极的情绪下对待比赛的话，连小猪都不如，小猪都比你们聪明。”

王楠一直把曾指导视为最知心的长者。“要想打好球，必须先做好人”，这句话最早就是他教会自己的。

多年来，王楠已经形成一个习惯，一有困难就会给曾指导打电话。因为曾指导带她的三年中，正是她从一个懵懂、单纯的少女成长为心怀大目标的强势选手的关键时刻。曾指导不仅是在球路的发展上替王楠想得很清楚，而且对她做人的成长路线也规划得很清楚。

曾指导是师父，更是亲人。王楠当年来国家队时，是一个远离家乡、远离父母的十四岁女孩，对国家队这个新集体充满陌生感、神秘感，也怀有几分恐惧。乔晓卫清楚地记得，王楠在父母陪同下来国家队报到后第二天，就出发去广州打比赛。想家的王楠哭了一路。在那时，是曾指导的慈爱、教诲、引导，使王楠不仅习惯了集体生活，而且技战术有了突飞猛进的发展。因此王楠说：“曾指导是对我影响最大的教练。跟他交流没有障碍，感情、生活，什么都想跟他讲。我常说他就像垃圾筒一样，我有什么东西就倒给他，他就像个过滤器，过滤干净了再还给我。”

感谢将自己带上巅峰的李隼指导

王楠的第二任教练是李隼。李隼是个极其聪明的人，母亲叶佩琼是中国乒坛名将，曾出征过第 24、25 届世乒赛，第 26 届世乒赛改任女队教练，兼男女队横板组组长。父亲李世铭原是空军体操队的教练。李隼的身上继承了父母亲的运动基因。但他生不逢时，赶上“文化大革命”，未能当上世界冠军。他把全部才智和远大抱负积淀下来，运用到教练工作中，产生了很大爆发力。

1996 年亚特兰大奥运会后，国家队教练班子调整，李隼由北京队调到国家一队，接管了曾传强和华正德的弟子。当时王楠已是年轻主力，在队内排五六号。不久王楠通过 1997 年几次封闭训练，打法上有了新东西，到 1998 年亚运会就腾飞了，四块金牌确定了她一姐的位置。

2001 年，曾获得世乒赛六届女子单打冠军的罗马尼亚选手罗奇亚努为王楠颁发最佳运动员奖杯　　齐大征摄

李隼说过：“王楠是个通情达理、善解人意的女孩，她思维比较超前，所以成熟得比较快。她的性格可以说是刚柔并济。在对抗当中她的表现不是那样咄咄逼人，但在关键时刻能够爆发出来。事实上，在打球的态度、求胜的欲望和对自己的要求上，王楠与邓亚萍很相似，也许是她们在赛场上的表情不太一样，人们因此而认为她们有所不同，但作为教练，我没觉得她们有什么不同。”

的确，李隼对他这位弟子看得还是挺准的，王楠人长得漂亮，笑起来十分妩媚、阳光，看起来像个活泼单纯的女生，但她骨子里却有着过人的坚毅。

第45届世乒赛团体赛前她的手腕受伤了，而且伤得很重，但这并没有影响她的斗志。她切断了与外界的一切联系，到医院打了封闭就跟着大队上了飞机。过了几天，李隼突然接到王楠父亲打来的电话，问王楠怎么了，外界都在传她因伤不能参赛了，不知是真是假，和她也联系不上。这时李隼才知道王楠并没有把自己受伤的事告诉父母。二十岁的王楠有如此的定力和处理问题的果断性，这多少有点出乎李隼的意料。

此时的王楠像一位坚强的战士带着重伤上了战场。这是邓亚萍退役后，她第一次参战世乒赛。上一届世乒赛时王楠也是团体赛成员，但那时她的位置是五名主力队员中的第四位。两年后，也就是在荷兰埃因霍温世乒赛上，第44届女单亚军王楠过五关斩六将夺得了邓亚萍蝉联三届的吉·盖斯特杯，成为第45届世乒赛的女单冠军。第45届团体赛女队主力是清一色年轻选手，她们蝉联考比伦杯，向国际乒坛宣告中国女队新老国手的交替顺利完成。

从此，王楠像一颗光耀宇宙的新星，在两年内完成了大满贯的伟业，成为女队当之无愧、名副其实的领军人物。

1999年埃因霍温世乒赛，女单前三名全是李隼的队员，王楠第一，张怡宁第二，李楠第三；2000年悉尼奥运会，王楠又拿了两块金牌。弟子的骄人成绩一下子把李隼推到了事业高峰。

但就在这时，教练班子调整，李晓东任女队教练组组长，把王楠从李隼手下调走了。

从理论上看，换教练在中国队前有先例后有来者。因为“运动员不是私人财产”这一观念是中国队的传统。在女队，前有将乔晓卫带了十几年的李菊调到施之皓组里的事例，后有男队将已打到世界第五的陈玘调出吴敬平组的情况，所以李隼即使舍不得王楠，他也理智地服从了。

乔红仗义执教鞭

（1）

李晓东成为王楠的第三任主管教练。李晓东时任女队教练组组长。他理论水平高，执教水平也没的说。他在国家队曾主管过的王涛、王励勤都是男队顶梁柱。但对女队顶尖的王楠，他们的合作却不是十分融洽。这矛盾与为人无关，纯粹是性格冲突。可是性格冲突是不可能彻底解决的冲突，动机与效果往往大相径庭。所有的尖端戏剧冲突，都是性格冲突演绎出来的。

李晓东是位优点突出、缺点也突出的才子。他追求完美没错，但过度强势就会欲速则不达，他的这次执教如果说有教训的话，可能在于对王楠的性格认识得不全面、不透彻。

王楠是什么样的性格？

乔红　　齐大征摄

有人说“外柔内刚”，有人说“特别犟”；她爸爸王德占是老师，他说起自己的宝贝小女儿，除了说她孝顺、重感情、不怕吃苦外，还有如下评价：“她小时候就特别犟，但她不是生别人的气，而是她总想做得完美，做不到就会生自己的气。听她的教练说，有时她在训练中会和教练闹别扭，然后教练就去指导一下其他队员，这时候王楠又会非常渴望教练来指导她。我对王楠说：‘这就是你的不对了，你在今天的位置上，教练对你的指导是非常到位的。你不能总是那么急，要把自己的心态调整好。在平时的训练中，没能达到自己想达到的高度，你着急我们也能理解，但在比赛中千万不能急。’她这个犟脾气有点随我，我也有点急。”

关于换教练，王楠曾坦率地对记者说：“换教练的想法是釜山亚运会以后产生的。其实我跟李晓东教练也没有什么矛盾。我知道他做的一切都是为了我好，只是他的方式方法有时候我接受不了。他是我在国家队的第三任教练，可能不太了解我这类型的女孩的心态变化，不知道怎么来管我，有些话想说，又不知道怎么说。亚运会团体输了以后，我看他左一个右一个地挎着我们所有女队员的背包，觉得他挺不容易的。理智上虽然明白这些道理，但感情上，我希望有一个无论技术还是心理都更了解我的教练带我。所以最初我想让曾指导回来，他带我那么多年，感情上交流比较多，他退休以后去鲁能俱乐部教球，我也经常给他打电话。中国乒乓球建队五十周年纪念活动期间，全体代表到训练馆看我们训练。那时正是我特别脆弱的时候，别人一跟我说什么，我就想哭。曾指导站在旁边看我训练，我突然觉得像见到亲人似的，眼泪就在眼圈里打转。我说：'你看我这球怎么办？'曾指导说：'你这不是打得挺好？'我打不着一个就着急，我觉得自己应该什么球都能打着的。有一个球我没打到以后，乔红在后边马上骂了我一句：'你那是什么烂手啊，你看你那双臭脚，你那腿懒死了，腿不到，你能赢吗？'我当时一愣：这么多年好像还没有人敢对我这么说话。过一会儿，她又用这种口气说了我一句：'笨死了！'我没说话，心想还真有这样的人。训练结束后我问曾指导：'你能回来带我吗？'曾指导说：'如果我回来，也是帮忙，你们封闭训练，我天天盯着，身体肯定不行。奥运会没开始，我这边先不行了，太耽误你了。'晚上我和曾指导、乔红一起吃饭，我看着乔红，突然起了一个念头：让她来当我教练！我当时没说出来，先悄悄征求曾指导的意见，曾指导说：'好啊！'我马上心里踏实了，开始做乔红的工作：'怎么样，来做我的教练？'乔红的第一个反应是：怎么可能？我不死心，继续做工作，她最后还是答应了。"

（2）

乔红 1968 年出生，湖北武汉市人，七岁开始打球，十二岁进入省队，1987 年入选国家队。她是右手横握球拍，弧圈球结合快攻打法。

1989 年第 39 届世乒赛，当男队丢失斯韦思林杯时，乔红却是逆势上升的一匹黑马。在这届世乒赛上她一举拿下女团、女单、女双三枚金牌，成为反衬男队败绩的一道亮丽风景线。

从此开始了女队的邓、乔时代，从 1991 年国际乒联实行电脑排名至 1997 年，乔红始终位居第二位。她和邓亚萍的双打几乎囊括了世界三大赛事的金牌。她除了被评为“全国十佳运动员”、“全国乒乓球最佳运动员”、“全国十佳乒乓球运动员”外，还于 1996 年被国家体委授予体育运动荣誉奖章和体育运动一级奖章。2002 年，她荣获了“中国乒乓球运动杰出贡献奖”。

王楠刚到国家队时，对于比她大十岁的乔红是仰视的。因为他们都师从曾传强，所以乔红这位大师姐每次出国打比赛回来，都会给小师妹买巧克力。对此王楠心存感激。有次乔红的拍子出了毛病，听说王楠父亲会修，就找王楠帮忙。王楠十分高兴有这么个机会为师姐效力。拍子修好后，乔红还买了条烟表示心意，让王楠觉得师姐真是挺重情义讲礼数的人。

丝毫没思想准备的乔红在小师妹的恳请下，重返国家队转型执教，重新开始了半军事化的职业生涯。

师徒二人见面后，互相都把自己的缺点作了交代。因为丑话说前头，所以沟通起来特别容易。王楠心里一下踏实了下来。这时队内第一次打大循环赛，王楠一向不太愿意参加队内比赛，所以这次也不想打。乔红问王楠：“听说你不想参加大循环赛，干吗不打?”

王楠立刻说：“那就打吧!”她觉得乔红舍弃那么多东西和悠闲的生活来带自己，也是很艰辛的，毕竟放下球拍那么多年了。而自己如果想偷懒不参加大循环赛，也太对不起乔红了。

大循环赛第一天，王楠打了六场比赛，打得十分投入，心理和精力、体力消耗之大可想而知。

就像打全运会并不比打世乒赛轻松一样，队内循环赛比打国际比赛还紧张。队内循环赛与每个人在队内排名、能否参加世界比赛都有关系，所以人人都会拿出最大的劲儿去拼。而王楠作为大满贯得主，面对的都是比自己年龄小、资历浅、荣誉少的“小孩儿”，对方和自己打没什么压力，拼输了很正常，连教练也不会责怪；赢了就大爆冷门，会留下一辈子受用的光荣资本。

与以往队内比赛时心态不同的是，此时的王楠刚从釜山亚运会铩羽归来。

她虽然选择了坚持，但自信心有时会动摇。她下定决心要全力以赴打大循环赛，就是想检测一下自己的实力，看看自己能不能拿第一。

结果这次大循环赛，王楠拿到了第一！这期间只有乔红才知道她付出了怎样的努力。很多场比赛都是在0:2落后的情况下一分一分咬回来的。此时的王楠突然觉得输赢已经不重要了，最重要的是磨炼意志品质。

事后王楠说："对我来说，这次大循环赛拿第一在某种程度上比一个国际公开赛还重要。它说明我的那股气还在，没有因为亚运会失利而退缩，同时也打消了对自己技术实力的怀疑。只要在赛前的训练中调整好，我有信心在第47届世乒赛上打出高水平。"

三个月后，在第47届巴黎世乒赛上，王楠的复苏竟是那样的神奇，她又一举夺得女单、女双、混双三块金牌。

乔红亲眼见证了王楠的二次崛起，自然是不胜欣喜，不仅为王楠骄傲，也为自己"临时"的执教生涯自豪。

更为球迷津津乐道的是，乔红在这届世乒赛上犯了个"错误"，受到了蔡振华的批评。

世乒赛后，《乒乓世界》上发表了《乔红日记——为王楠喝彩》，记录了从5月13日至25日大赛期间，乔红的脉搏是怎样伴随王楠的复苏脚步而跳动的。

我们摘取最关键、最精彩的比赛最后三天的乔红日记，来看看王楠在巴黎是如何重回巅峰的，而知心教练乔红又是如何"犯错误"的：

5月23日

AM　10：00　混双半决赛4:2胜王皓/李楠

PM　13：45　女单1/8决赛4:0胜柳絮飞

PM　15：00　混双决赛4:3胜刘国正/白杨

PM　20：00　女单1/4决赛4:2胜郭跃

混双决赛的时候，我很希望王楠能拿冠军。当时我也没想过能拿了这个混双，王楠已经是世乒赛大满贯了，只是觉得如果拿了一个冠军，她心里能有点底，更有助于再去拼别的项目。

与柳絮飞比赛之前，我觉得王楠的心理状态已经调节得可以了，但与她最佳状态时相比，还只有七成。好在对手不是很强，只要技术发挥没有太大的折扣，应该没有什么问题。赛前她自己也说，只要接发球接好，就没有什么问题。我也提醒了她几句，还是那几句话。比赛还算顺利吧，就是前两局有点磕磕绊绊的。

晚上果然把混双冠军拿下来了，她挺高兴的，我也挺高兴。对中国乒乓球队来说，虽然混双的分量最轻，但不管怎么说，从亚运会失利到这次世乒赛，短短半年多时间，她能拿冠军不是一件容易的事情，这个时候拿冠军的意义与以往不同，可以在心理上给她一种鼓舞，以打好下面的比赛。

5 月 24 日

AM　11：00　女单半决赛 4:0 胜鲍罗斯

PM　15：00　女单决赛 4:3 胜张怡宁

对鲍罗斯的比赛之前，我们在王楠房间里看了一会儿录像，她自己回忆了一下以前的交锋情况。打了这么多年球，她对谁心里没个数啊。我觉得自己没必要再说什么多余的话，帮忙鼓鼓劲加加油就行了。再加上蔡指导坐镇，我觉得也挺有威力的。准备那么充分，正常的话，应该能够拿下来。

看王楠和鲍罗斯这场比赛，我觉得挺过瘾的，太久没有看过她打这么漂亮的球了。看过一些她和鲍罗斯的技术录像，都是涩涩巴巴，没精打采的。但这场球她打得特别痛快，她自己准备得好，蔡指导指挥得也好，我坐在看台上加油也挺来劲的。但是从打托特开始，她好像一到 8:4 领先就习惯性地松一下，就会让人追几个，有时候还会输一局。8:4 这里好像有一个坎似的，一打到这个比分，我就紧张。对鲍罗斯也有这种情况出来，因为有前几场的教训，她也提醒自己了，一到 8:4 就在心里念叨：别松，别松。这场球打得还挺顺，谁都没有想到王楠最后 4:0 赢下来，我也没想到。我跟她说过，好输不如赖赢，只要见 4 就好，管它是 4 比几，状态再怎么差，心里再怎么紧张，先把球给它弄过去。这次她也是能够摆正自己的心态吧，只想着慢慢地一场场咬，把状态打出来。

打鲍罗斯之前，我觉得她的状态只有七成，打完鲍罗斯，她的状态恢复到了九成，手顺了很多，气也足了，打出来球就完全不同了，坐在上面看着，就不会提心吊胆的。不会像她打托特的时候，人家拉一个，我都怕她打失误。鲍罗斯拉一个，我就想，肯定没问题。打完鲍罗斯进入决赛，对张怡宁，王楠可能自己都没想到会那么顺手。打完整个比赛之后，她告诉我，3:0 领先之后，她在场上想，别失误就行，说明她有点保守了。比分就变成了 3:3。打到了第七局，她的想法又变了：这么保守干吗？再加上张怡宁可能又有点想法，所以局面就改变了。

王楠赢了决赛，向我招了招手，我对着她拍了拍手，其实也没拍响，做个样子给她看。当时心里就是觉得特别高兴。晚上吃饭时，我对王楠说："我的幸运数字是3，你现在已经拿了两块了，明白我的意思吧？"

5 月 25 日

AM　11：00　女双半决赛 4:0 胜李恩实/石恩美

PM　15：00　女双决赛 4:1 胜郭跃/牛剑锋

在今天的双打比赛中，王楠的技术水平已经恢复到了十成，也就是她的巅峰状态，到手的球基本上不会丢。拿下韩国这一对之后，我觉得女双冠军肯定是她和老张。

打韩国选手时，第一局我有一点点紧张，但看了几个她和老张的攻防，一点问题都没有。坐在场边一点儿心跳的感觉都没有了。

比赛终于结束了，我觉着松了一口气。这次到巴黎，与我以往自己参加世界比赛完全不同。自己在上面打球时，觉得很多事情都在自己的控制之中，现在坐在观众席上看球，觉得时间怎么过得这么慢，还有下一局，还要到 4 才赢。她打得顺手的时候，我就一点儿都不觉难熬。如果她在场上遇到困难，我就觉得这一局怎么过得这么慢啊，赢一局怎么这样难啊。

有一件事，我觉得挺不好意思的。中国队有一个不成文的惯例，自己人打比赛，教练和队员没有人喊加油。但我真的希望王楠拿冠军，所以顾不了那么多了，王楠跟老张打决赛的时候，我一个劲地给王楠喊加油。对王楠来说，世乒赛的混双冠军固然有一点用，但混双毕竟是两个人打的，记得20日第一天打比赛的时候，她就跟我说："怎么打混双、女双，我感觉得特别好，一点都不害怕，一打单打还是有点害怕呢?"我说："那是因为双打你有一个伴在旁边，你觉得自己不行的时候，你能依靠他。"所以我觉得王楠只要拿到这个单打冠军，就可以把亚运会失利的阴影彻底抛开，为她明年打好奥运会奠定基础。

后来蔡指导见我就说："听说你喊得厉害。"我说："我不是对老张有什么意见，就是希望王楠拿冠军。再说我又不是教练，只是来帮忙的。"其实后来我也有点后悔，挺怕影响她们俩的双打。晚上碰到老张，我主动对她说："老张，不好意思啊，刚才女单决赛的时候，我一直给王楠加油。"她说："没事儿没事儿。"我觉得说开了，大家心里感觉都好一点。我看她态度挺好的，如果她要怪我也是正常的。我做都做了，但我要把我心底的想法跟她表达出来。

晚上开全队会的时候，蔡指导特地嘱咐女队教练做好张怡宁和王楠的工作，两人在单打决赛中拼得很激烈，不要影响团结，明天两人的双打还有一场硬仗。当时我就写了一张纸条"张怡宁挺好的，没有问题"，交给了蔡指导。

其实我在这个问题上深有体会，当年我和邓亚萍经常在女单决赛中相遇，激烈的竞争并没有影响我们俩双打的配合，我觉得中国队的选手在这方面都做得比较好。

比赛结束后，陆指导跟我开了一句玩笑："当教练刺激吧?"我说："我受这个刺激，遭这个罪，太值了。"

乔红和王楠的这段师生缘，在中国乒乓史上留下了一段佳话。

但王楠的二次崛起并没有画上句号，后面还有更严峻的考验在等待着她。

第二十一章
“大满贯”孔令辉被“推”出奥运预选赛名单?

雅典奥运会孔令辉可能没戏?

(1)

赛场，是世界冠军的产房；参赛资格，是世界冠军的准生证。

由于奥运会参赛人数极为有限，人才济济的中国乒乓球队选拔起来就显得尤为困难以至残酷。

2004年雅典奥运会的参赛选手的选拔过程，悬念丛生，冲突迭起，不亚于一出精彩纷呈的大戏。

第一个悬念是誉满全球的乒乓王子孔令辉在这次选拔过程中不仅被边缘化了，而且可能无缘奥运会。

自从1995年天津世乒赛手捧圣伯莱德杯后，九年过去了，孔令辉历经多次世乒赛、世界杯，两次奥运会的征战，从来没有像雅典奥运会前等待参赛名单公布时这么难熬。

四年前悉尼奥运会，他拿了男单金牌和男双银牌。添了男单这块金牌，他成为继瓦尔德内尔、刘国梁之后第三位大满贯得主。在悉尼，孔令辉登上了他事业的巅峰！本来，他也许还能在巅峰上坚守几年，但男单2000年奥运会后，国际乒联为了削弱中国乒乓队的霸主地位，采取了三项重大改革：一、将38mm比赛用球改为40mm大球；二、每局比分由21分制改为11分制；三、发球改为无遮挡发球。这就犹如三板斧砍在中国运动员身上。

新规则的实施，受“毁灭”性打击的是刘国梁。由于40mm大球的使用，增加了来回球，对于讲究前三板的直板快攻打法是致命的一击；加上无遮挡发球，靠多变发球得分取胜的刘国梁犹如川剧演员的变脸布被扯了下来，只剩下庐山真面目的一张脸了。特色没有了，杀手锏也就成了烧火棍了。刘国梁审时度势，2002年改行当了助理教练。2003年被任命主教练，由演员变成了导演，职业生涯是柳暗花明又一村。

可孔令辉有点犟，他舍不得立即放下手中的球拍。虽然他明显地感觉到大球的使用在某种程度上废了他多年练成的真功夫，造成同样力量和手法击出的球质量降低，旋转和速度都今非昔比，但他还不想放弃，他还想进行最后的努力与拼搏。

可让孔令辉本人和教练组感到遗憾的是，大满贯后的孔令辉竞技状态和比赛成绩都难以令人满意，他自己也曾自嘲地对记者说，2000年以后，他拿的亚军比过去多得多，都快变成“孔老二”了。

蔡振华对孔令辉的剖析是这样的：“孔令辉一直为外界所关注，表面上他要做到平静，可他内心并不平静，这样也分散了他的注意力。从最初不经意到后面真的想赢，赢不了对他的打击就会增大，比赛中气不够长。”

至于造成目前状况的原因，蔡振华的看法是：“一是新规则，主要是大球；二是比赛胜负概率对他心理的影响，他不如以前自信了。年龄不是主要问题，伤病有些影响，主要是他的固执让他在面对大球的技术结构改变过程中付出了代价。”

蔡振华从不打无把握的仗。“做最坏的打算，打最漂亮的仗。”这是他对主教练刘国梁交代的战略思想。

（2）

除了孔令辉不甚理想的状态外，奥运会乒乓球赛预选赛的规则变化也使摆在蔡振华、刘国梁面前的选将难题更复杂化了。以前奥运会没获得直通的选手参加各洲的预选赛，每队可报三人（只有1988年奥运会预选赛女子选手限报两人）。可这回雅典奥运会预选赛只能报一人，而且不得更换。

马琳、王励勤、张怡宁、王楠分别排名世界男女选手一、二号，已直接获得雅典奥运会的参赛资格。这样男女单打只有第三号虚席以待了。

本来孔令辉是队内奥运会、世乒赛比赛经验最丰富的选手，如果他在瑞典，可以没悬念地成为男单三号，因为没有后来人有能力和他竞争。他如果保持了悉尼奥运会的状态，当然也会是不二人选。但偏偏此时这两个条件都不存在，即使他是总教练蔡振华一直器重的爱将，是主教练刘国梁的同门师兄弟，也无法给他额外加分或开个后门。

于是孔令辉必须从零开始，和年轻队员展开公平竞争，而他最大的对手就是那个和他双打配对的小王皓。

中国人喜欢说“长江后浪推前浪”，孔令辉这“前浪”就是被比他小八岁的“后浪”王皓“推”出了雅典奥运会预选赛的单打名单。

孔令辉的境界与主教练的扼腕长叹

（1）

终于等来了中国乒乓队对外公布参加雅典奥运会亚洲地区预选赛选手名单的日子，这一天是 3 月 17 号，卡塔尔世乒赛结束的一周后。名单如下：

男单：王皓；女单：牛剑锋；男双：王励勤、阎森；女双：牛剑锋、郭跃。

消息一发布，有如一石激起千层浪。这石就是孔令辉的落选。媒体为乒乓王子扼腕长叹，球迷更是不忍面对这残酷的现实。四年前悉尼奥运会那一幕依然历历在目，孔令辉的表现是多么惊人，特别是和瓦尔德内尔的决赛，打得多么精彩！在决赛中孔令辉崴了脚，怕长对手威风，他不露声色，只是佯装弯腰系鞋带，其实那时他痛如万箭钻心。在这一瞬间他下定决心不叫暂停现场治疗，而是带着剧痛继续比赛，并且不动声色，高度集中精力比赛，最终战胜了瓦尔德内尔——这位他一直输多赢少的乒坛巨人！他万分激动地亲吻胸前队服上的五星红旗时，感动了赛场上所有的炎黄子孙及通过电视转播观赛的亿万观

孔令辉　　《乒乓世界》提供

众。这一经典镜头胜过千言万语，内涵是那么丰富，显示了他对祖国发自肺腑的热爱。

如今，时光只过了四年，孔令辉竟然连参赛资格都没有了，这怎么能让球迷们接受？

孔令辉在球迷心中的分量太重了，他的球技，他的人品，当然还有他英俊的外貌，都完美地塑造了他的形象。他是青春偶像，是英雄偶像，亦是中国男子汉的偶像。

这个偶像在球迷心中的时间太长了，从 1995 年至今已有九载，即使他不可避免地终要退出赛场，也不能这么突然啊！

球迷们通过各种途径打听内幕消息，孔令辉怎么了？身体有问题？没有，很健康；犯了什么错误？没有，一切正常地参加队内各种活动。因双打搭档刘国梁当了教练找不着合适的搭档人选了？不对，他的新搭档王皓人气直往上蹿……

为什么孔令辉落选？就是因为中国队人才太多了。看看王励勤这几年，不仅世乒赛男团、男单、男双冠军拿全了，和阎森的双打更是“横扫千年如卷席”，不光蝉联世乒赛双打冠军，还拿了悉尼奥运会双打冠军，眼瞅着要奔大满贯了。马琳呢，就更别说了，不仅拿了大球赛后两个世界杯单打冠军，而且球越打越精，世界排名第一就是其强大实力的佐证。

球迷们心里怎么也不平衡，他们不约而同地发 e－mail 给国际乒联主席沙拉拉，恳请他给孔令辉发一张外卡。（注：在体育竞赛中，“外卡”一般是指额外进入冠军争夺赛的“关键名额”，通常保留给在正规比赛中未达原定资格的队伍或个人来争取，所以夺得外卡者就如同拿到败者复活的王牌一样。）

据说沙拉拉的邮箱一小时内接了两千多封 e－mail，内容惊人的一致，都是为孔令辉申请外卡的。

沙拉拉在次日就通过国际乒联官方网站回复中国球迷：“目前我已收到了成千上万来自中国的电子邮件，国际乒联始终都非常尊敬孔令辉，他是一位伟大的冠军，但很遗憾，国际乒联没有外卡。”

（2）

奥运会落选，最受打击的自然是孔令辉本人。怎么面对?

主管教练肖战心疼他，想转移他的注意力：“健胜苑马上有一季比赛，要不跟队里说说，你去日本打两个月，换换环境，缓解一下?”

谁都知道日本健胜苑比赛奖金很高，换个人会想，东方不亮西方亮，队里不用我了，我去挣几个钱也算是个安慰。

不料孔令辉斩钉截铁地说：“我不能走，即使打不上，我也得参加奥运会备战啊！而且打健胜苑的选手基本上都是我们的主要对手。我跟他们打两个月，这些人很容易适应中国人的打法。”

这就是孔令辉，荣辱不乱，到这时候了还想着集体利益、国家利益。这些在有些人眼里被认为是大话、高调的说法，从他心里再自然不过地流露了出来。

晚上，孔令辉在与蔡振华、刘国梁及政治辅导员李宗汉谈话后，给父亲打电话：“双打报名到 4 月 11 日才最后确定，名单还可以更改。我还有一线希望。我会全力以赴，坚持到最后一刻。”

孔令辉又对肖战说：“肖指导，你放心，我就当我已经报上名了！即使真打不上，我也不会崩溃，更不会退役。”话虽不多，显示了孔令辉的境界，让肖战既感动又欣慰，他决心抓住最后的时间，帮助弟子打好他运动员生涯的背水一战。

这一战就是争取报上双打。而形势同样不乐观。尽管双打选手名单还有更改机会，但孔令辉和王皓能否出头实难预料，已报上名的王励勤、阎森是金牌双打自不必说，马琳、陈玘颇有后来者居上的味道，这对选手近年来所显示出的爆发力同样令他和王皓不敢小觑。

（3）

对孔令辉的落选心里最纠结的莫过于他的好友刘国梁了。

孔、刘二人的友谊本书前边说过很多。这对双子星座在国际乒联砍来“三板斧”后，终于沿着不同轨迹分道扬镳了。

蔡指导选刘国梁当了接班人。

这当然是刘国梁最想做而尚觉自己不够条件的事。

运动员兼助理教练的任命是2002年7月下达的，8月5日刘国梁走马上任。总教练蔡振华与男队教研组长尹霄都让他不脱岗上学给自己充电。这样刘国梁成了上海交通大学的一名学生，平时通过邮件学习功课，在队员去打“乒超”时自己飞到上海去上课。

在退役后不到半年的2003年，刘国梁成为中国乒乓队史上最年轻的男队主教练。虽然当时质疑声很多，但蔡振华力排众议支持刘国梁接任，尹霄也喜上心头，从各方面辅佐爱徒。

二十七岁的年轻主教练上任头一年就碰上了选拔奥运会参赛选手的难题，难中之难就是孔令辉的单打落选。刘国梁上任后，任命孔令辉当队长，让他充分发挥老将的模范带头作用。从技术上，他当然清楚孔令辉要继续担当绝对主力不太现实，他已宣布王励勤和马琳是男队的双核心。

刘国梁当运动员时也经历过大赛落选的挫折，那种痛苦滋味他记忆犹新。在3月17日参加完教练组的会后，刘国梁回到球房就看见了孔令辉询问的目光。孔令辉把大拇指朝上一挑，刘国梁摇摇头，孔令辉的眼中顿时流露出失望的神情，这使刘国梁看了心里很酸楚。

孔令辉又把大拇指翻下，刘国梁还是摇了摇头。他实在无法面对挚友，怕控制不住自己，转身出了球房到主教练办公室去喝了杯咖啡。

孔令辉并未因此而一蹶不振，他随后到天津参加LG中韩对抗赛时，拿了男单冠军。

对于孔令辉这一小小的反弹，肖战十分兴奋，他转身问刘国梁：“有两三年了吧，小辉连热身月赛的冠军都没拿过了。”

“是啊。”刘国梁的记忆非常清楚。肖战的问题也是他一直关注的问题。

事后肖战说：“天津的这次比赛，我们感觉到小辉已经变了，实际上这么短的时间里他的技术不可能有多大的长进，是精神面貌的改变。小辉一直非常自信，很多时候，这种自信能带给他战胜对手的精神力量，同时也容易麻痹自己，总觉得大家水平都差不多，自己到大赛一努力就行。但一个人的自信是来自于大家的信任，没报你，说明大家对你的信任降低了。所以他一下子清醒了，能够静下心来反省自己，过去不好但又不敢去改变的东西，现在没有选择，只能去改变。”

肖战的观察十分准确。单打三号落选后，孔令辉受到的打击最大，但他没有消沉，也没有嫉妒，而是勇敢地反思自己悉尼奥运会后四年的心路历程。他扪心自问：怎么会落选？

他想起2000年奥运会后，因为大满贯了，就松了一口气。刘国梁发现了这个的问题，还跟他开诚布公谈过，但并没有引起自己真正的重视。在训练上，吃苦的精神不如从前了。由于对规则改革之后的困难估计不足，所以输了几场重量级比赛。特别是2001年的大阪世乒赛，这是改大球后第一届也是最后一届团体、单项同时举行的世乒赛。团体半决赛自己丢两分，单打中在2:0领先的时候松了口气，觉得冠军唾手可得了，结果被王励勤翻盘夺走。再者，也许是小球比赛的最后一场世纪之战消耗了太多精力，悉尼奥运会后一直频受伤病干扰，除了奥运会上扭伤的脚腕一直没有痊愈，做不了弹跳练习外，在2001年年底去欧洲打公开赛时，又拉伤了手臂；投入封闭训练后，脖子又扭伤了。尽管在队医精心治疗下脖子上的伤势恢复得很快，但很早就治愈的右肩伤又复发了，每晚都需进行治疗。

卡塔尔世乒赛孔令辉并非打得不好，连蔡振华都在中德决赛前说：“凭良心说，小辉最近的状态是两年来最好的。如果有些技术他早一年改的话，就更好了。”

然而王皓世乒赛打得太好了，加上2003年年底的世界乒乓球大奖赛广州总决赛的单打冠军，王皓的实力足以给决策层吃下定心丸。孔令辉已没有再度证明自己的机会了，这就是竞技体育竞争的残酷性：不管你多优秀，都不能有片刻的松懈。“逆水行舟，不进则退。”当他和刘国正坐在观众席上看决赛时，心里可谓五味杂陈。

可贵的是，孔令辉毕竟是孔令辉，他的人品真是让人钦佩有加。在此前他明知王皓是自己单打的竞争对手，但却诚心诚意地在技术上常常指点王皓。在此后，他凭着重新激活的拼搏精神，与王皓肩并肩在队内 3 月 30 日的双打循环赛中，以 7 胜 1 负的战绩稳拿第一，不仅让教练们惊喜万分，也为自己拼得了雅典奥运会的双打入场券。

哀兵必胜，再一次在孔令辉身上得到验证。

第二十二章
王皓，吴敬平打造的一位里程碑人物

王皓，这位三十岁生日刚过的年轻选手，在雅典奥运会参赛名单竞选中大获全胜，不仅在男单三号的竞争中击败大满贯得主孔令辉胜出，随后又与孔令辉联手在奥运会队内双打选拔中以七胜一负的优异成绩，铁板钉钉拿到了雅典奥运会双打的参赛资格。这一突破立即引起国内外乒坛广泛关注：王皓，他从哪里来？他怎么练就了一手直板反胶打法绝技？他的成长之路是怎样的？总之，他的一切都是球迷和粉丝们想知道的。

关于王皓，关于直板横打的创新，说来话长……

1996：蔡振华给吴敬平施压

吴敬平曾在2001年一篇未发表的文稿中写道："在工作上，蔡指导既给予教练员充分的信任，放手让教练员去大胆地工作，同时又对教练员的工作提出了严格的要求。在1996年亚特兰大奥运会上刘国梁、孔令辉取得了巨大的成功，他俩成为各自打法的代表人物，可是在直板反胶打法上却一直没有取得大的突破。在1996年冬训的时候，蔡振华很严肃地对我说：'老吴，今后衡量你工作好坏的标准，就是看你在直板反胶打法的训练上有没有突破。'蔡振华的话给了我很大的压力，同时也给了我很大的动力。从此以后，我把全部的精力都放在了直板反胶打法的研究和训练上，训练中遇到了困难就和蔡振华以及教练组一道商量、讨论，找出解决的办法。蔡振华也经常和我就马琳训练和比赛中存在的问题以及直板今后发展的方向等交换看法，提出指导意见。经过三年的辛苦努力，在第45届世乒赛的单项比赛中，马琳终于脱颖而出，单打比赛中先后战胜了金择洙、萨姆索诺夫、瓦尔德内尔等世界超一流选手，和刘国梁在决赛中会师，取得了男单亚军的好成绩。在此之前马琳还和张莹莹配合取得了混双冠军。此后，马琳还在扬州举行的第一次大球世界杯上夺得了他运动生涯中的第一个单打世界冠军，在第46届世乒赛团体赛中也作出了应有的贡献，成为我国直板反胶打法的代表人物。”

1998：蔡振华决心在直板反打上创新

（1）

1998年3月17日的《体育参考》上发表了记者闫建伟的文章，题目是“蔡振华直板反手做文章”。

在乒坛欧亚对抗的大格局下，去年中国乒乓球队遇到了一些麻烦，尤其是以刘国梁、杨影等为代表的直板选手。虽然目前的国家乒乓球队直板选手并非主流，但绝对是中国乒乓球队成就霸业的一颗重要“棋子”，这颗“棋子”的作用在去年不仅没发挥出来，而且还暴露了自身的一些问题。所以日前笔者与中国乒乓球队总教练蔡振华谈中国队今年技术上的动态时，这位主帅毫无遮掩：我们要在直板反手上进一步做文章。

一部乒乓球欧亚对抗史，其实质就是直板和横板的较量史。直板近台快攻是中国乒乓球的“传家宝”，在现代乒乓球追求近中远台技术全面、正反手能力均衡的今天，横板显而易见要比直板拥有“先天优势”，优胜劣汰，在如今国际优秀选手排名中，在中国乒乓球队内，横板都毫无争议地占主导地位。可贵的是中国乒乓界从来没有放弃对直板的努力。以辩证的观点论，作为一种流派，有一时的先进落后之分，却无孰优孰劣的永恒划分。蔡振华就分析说，直板作为中国乒乓球的传统打法，已经延续了几十年，早就被外国选手所接受，而这期间横板也是经过几次“革命”才达到今天日臻完美的程度，我们的直板这么多年来变化不大，但不能就判它的死刑。这种打法想在今天生存，就需要创新。

直板的问题说到底仍是一个反手位攻击乏力的问题。直板横打作为一种辅助手段，从过去几年看，效果并不明显。蔡振华表示，以往直板反手位在实战中运用较少，现在我们要求从发球、接发球到比赛中的每一个环节，都可合理地运用反手位。从去年底到近阶段国家队直板选手次数不多的露面中也可看到，像阎森、马琳等，反手位的运用已达到一定比例，往往也能够得分，只不过在连续性上稍显不够。刘国梁的横打还不怎么突出。当然从长远论，中国乒乓球压垮欧洲的武器仍是直板，因为这是我们独有的。同样在打横板，而且目前横板的各项技术几乎完美，你凭什么保证优势就总在你这儿？直拍的整体优势不如横板，所以技术提高的难度也大一些，要想保持良好的竞技状态，除了坚持不懈系统训练外，离不开技术创新。中国乒乓球队近四十年长盛不衰，一大秘诀就是不断创新，直板虽整体形势不容乐观，但在创新的摸索中，相信总会有所作为的。

蔡振华关于直板横打的创新思考，虽然在1998年才对媒体透露，但如前文所述，他在1996年已开始布局吴敬平主攻直板反胶的创新实践。马琳的成功，验证了这条路是可以走通的，并且还有进一步拓展深化的余地，而王皓的出现，使眼光深远的蔡振华看出，他是直板横打继续创新的潜力股，因而在2000年把当时成绩并不突出的王皓调进一队并分给了吴敬平。

颇具戏剧性的是，吴敬平开始时对王皓并不感兴趣。师徒俩差点失之交臂。

（2）

王皓尚在八一队时，有一回吴敬平和妻子张天华去看联赛。张天华发现王皓脸庞英俊，小伙儿很帅，就说：“王皓要是打出来的话就是偶像型啊！”

吴敬平却说：“想都不要想，他怎么可能打出来啊，像个老板一样，走来走去像有花不完的钱。不会推球，左来左打，右来右打，正反手都没杀伤力，怎么打的啊！”

八一队教练对吴敬平说：“您给看看。”

一向彬彬有礼的吴敬平却说：“不想看了。”

那时，吴敬平做梦也没想到，他根本不看好的小帅哥后来会成为他教练生涯最得意的弟子之一。他们情同父子，一起完成了中国直板反胶的创新。经过十几年的探索打拼，在吴敬平呕心沥血的栽培下，王皓的直板横打已自成体系，一出道就把首次与他交手的世界名将打得找不着北。王皓成了神秘的新星，后来欧洲人想破解他的打法，只能去看中国队员与王皓的对打来苦思借鉴，而王皓的运动生涯也从此绽放出奇光异彩。

应该提及的是，王皓这棵直板横打的独苗能保住，他在国家青年队时的主管教练韩华的一次请“圣人”行为功不可没。

韩华细辨奇苗请教徐寅生

（1）

1999 年，王皓调到国家青年队后，和王涛刚进队时一样，是在第三个球馆练习。

有一天，第三馆的队员训练中忽然有些小骚动，原来是他们从小就敬仰的乒乓界泰斗级人物徐寅生来了。

第三馆的队员都是刚来队不久的新队员或是暂看不出发展前程的老队员。平时别说徐寅生、李富荣不会来，就是国家队一线教练也见不着啊。所以徐寅生在韩华陪同下走进来时，大家不禁有些跑神儿：徐主任为什么大驾光临？

只见徐主任还是像照片上那样，微带笑意。他和韩华一起走到王皓训练的球台前停下来，专注地看王皓打球。

行啊，王皓，刚来几天就把徐主任给惊动了，他的球也没突出到那个份上啊。论天赋，也没看出能赶上刘国梁、孔令辉，凭什么吸引了徐主任的眼球啊？第三馆的队员们心中不免惊奇、纳闷，一时找不到合理答案。

（2）

徐寅生时任国家体委副主任，每天很忙，是韩华把他请来的。

韩华为什么请徐寅生来？这还要从韩华这个人说起。因为韩华这个动作和他的经历有关。

韩华1958年出生于辽宁。他当运动员时成绩不错，拿过1974年全国青少年赛团体冠军、单打第六名。他的打法是左手直板反胶，和当时朝鲜女选手朴英顺打法一样，而当时中国女队的主要对手是朝鲜，因而他被张燮林看中，调到女队当陪练。他陪练过的女队主力有葛新爱、曹燕华、张德英、童玲、齐宝香等。第36届世乒赛打了个完美的翻身仗，韩华也立了三等功。

后来韩华被派到突尼斯援外，一干就是十二年。他曾带突尼斯队拿过非洲乒乓赛团体冠军，还带队参加了汉城奥运会。那时他常在各种比赛场合看到在意大利援外的蔡振华。他们在国家队时就认识，出国后他乡见面更亲热。第40届世乒赛男队丢掉斯韦思林杯，当时他和蔡振华都目睹了这一刻骨铭心的时刻。

1996年援外结束，韩华回到国家青年队男队当教练。他主管的队员有徐辉、侯英超、张超等，王皓来得最晚。王皓打直板反胶，但他和一般人的打法却有很大的不同，主要区别是反手，他不用推挡，而是用横打。这种打法没有成功的先例，所以大家不以为然。加之当时是小球，王皓正手前三板速度稍慢，所以看上去正反手都不具备什么优势。有的教练看了认为，王皓反手必须加推挡才有可能进一队。

这一来使韩华很有压力。他曾尝试让王皓反手练推挡，但练了一段时间后效果不理想。王皓嘴上不说什么，每天都会听话地练推挡，但因没有什么效果，他的眼神中流露出一种缺乏信心的痛苦。韩华能理解王皓的心情，任何一种打法都不是短期内可以一蹴而就的。改打法，改好了可以使运动员突破瓶颈，更上一层楼；改不好，就会使运动员的运动生命提前结束。

韩华深知一位运动员的成长都是凝聚了很多人的心血的，王皓也不例外。他想到了王皓那位堪称“球痴”的父亲。

王皓　　齐大征摄

王皓七岁开始打球，他能打到国家队，和他爸爸王忠全为儿子的成材而殚精竭虑是分不开的。

王忠全是个铁杆乒乓球迷。他从小就在长春少年宫打乒乓球，一生乐此不疲。因为自己只是业余打球，没打出什么大名堂来，他有些遗憾，所以结婚后他曾拿着球拍对妻子刘志英说："将来让咱们的孩子去打乒乓球！"

王皓妈妈当时以为丈夫是随便说说，不料有了王皓后，王忠全矢志不移地培养儿子打乒乓球。

王皓曾回忆说："也许因为爸爸打直板，所以也为我选了直板吧。"七岁的小王皓被爸爸带到长春少年宫找到刘宏祺教练。刘教练曾教过王忠全，如今又收下他的儿子。

有人曾问王皓为什么选择了这种罕见的打法，王皓说："我也不知道。"

为初学者定打法，一般来说是启蒙教练的课题。他们会根据学生的综合素质为他选定一种打法。

王皓学球时，正是横板打法盛行的年代。"直板横打"这种说法还没有普及，有教练管直板反面也能进攻的打法叫"AB 面"。刘宏祺和薛瑞昆商量后，让王皓正手练拉弧圈结合快攻，反手使横打。经过两个月实验，他们感到王皓这种打法在比赛中可出奇制胜，效果不错，就定了下来。这样一种结合了直板、横板打法优点的新打法，为王皓乒乓生涯的创新路勾勒出了草图。王皓就像一棵小树苗，这棵在直板上嫁接了横板基因的小树苗慢慢地越长越壮了。

王忠全为儿子的成材费尽心血。他没因为儿子进了少年宫就撒手不管，而是更加精心地实施培养儿子成材的长远计划。

从王皓学球两三个月能与人对打开始，王忠全就带王皓遍访长春市的名家高手拜师学艺，给他找打法不一样的陪练，正胶反胶攻球削球左手右手各种选手都让王皓交手学习适应。王皓在长春练球的五六年里，爸爸曾为他找过十七位陪练。

不仅如此，每天晚上王忠全还要陪儿子"补课"，练反手。这样王皓的球技日新月异，学打球的第一年，王皓就拿了全市少儿冠军，到小学二三年级时，王忠全已经是儿子的手下败将了。

与此同时，小王皓的意志品质也得到磨砺。他们生活在北国长春，冬天冰封雪飘，走起路来一步一滑，北风一吹，寒气刺骨。少年宫离王皓家特别远，但这爷俩从不耽误训练。爸爸让王皓坐在自行车横梁上，骑一阵儿推一阵儿。小王皓头戴厚实的棉帽，外加大口罩，呼出的热气让寒风一吹，把他眉毛、睫毛都冻上了一道白霜。两只小手扶着冰冷的车把，虽然戴着手套，但因时间太长，到达少年宫时，不光腿坐麻了，双脚、双手也都几乎冻僵了，进屋要活动半天才能恢复过来。

让父母高兴的是，儿子打球一点也没影响学习。王皓从小是班长，学习成绩也始终名列前茅，老师、同学都很喜欢他。班主任见了王皓父母就说：“你儿子学习成绩很优秀。这孩子不光学习成绩好，是德、智、体都好。我可以向你们保证，将来考重点大学没问题！”

但是王皓在小学毕业后，却立志去专业队打球。王忠全思来想去，觉得八一队最理想，儿子到那儿不光能和王涛、刘国梁这样的世界冠军学球技，而且部队的严格管理也对儿子的全面发展有益，总之一句话，进八一队放心！

王忠全带王皓专程来到北京郊区八一队登门自荐。教练找了三位队员跟王皓比赛，王皓赢了两场。八一队同意他自费来队试训一个月。在这一个月中，十三岁的王皓在队内两次大循环赛中，都打进前八名，然后就穿上了军装。

王皓人小志大，十分聪明。他到了八一队，性格突然变了，觉得没资格夸夸其谈，更不能调皮捣蛋。他生怕因自己要求不严被队里淘汰。他踏踏实实地学，一丝不苟地练，多听多看多动脑，少说少闹少扯闲，时间一长，原来活泼淘气的王皓变成了一位内向谦虚、有礼貌的乖小孩儿。

王皓没有辜负爸爸的苦心，启蒙教练的期望，八一队领导、教练的栽培，一年多的时间就打进了国家青年队。

韩华清醒地意识到，王皓目前显然处在一个技术突破的十字路口上，到底是让王皓保留这一独特打法，还是改弦易辙使他成为反手推挡打法的一员？他感觉不能草率决定，想找一位高人来帮自己解惑，这样就请来了徐寅生。

出乎韩华的意料，徐寅生看了王皓的打法后，脸上竟露出欣赏和惊奇的神色。他见王皓反手的横打不是刘国梁式的“偶尔”露峥嵘，而是连续进攻十分流畅，拉、弹、撕一样不少，于是毫不犹豫地说：“这不是很好吗？顺其自然！”

好一个“顺其自然”！这四个字包含了很丰富的哲学内涵。徐寅生一向思想解放，在技术发展上极具前瞻眼光，他这样说，韩华也就心定了。王皓这棵百花园中尚未长高的幼苗就这样幸存了下来。

这是王皓的幸运，也是中国乒乓球的幸运。1999 年底，王皓进了国家一队，被分配到吴敬平门下，开始了直板反胶的创新历程。

“梁哥，我的机会来了”

（1）

王皓刚到吴敬平手下时，吴敬平虽然不对他抱什么大希望，但出于职业道德和对队员的负责精神，他还是细心、认真地给他订了个训练计划。王皓按照吴指导的训练计划，一丝不苟地去练，一点也不偷工减料，不会因为教练没在眼前盯着就放松自己。

吴敬平看王皓这么认真、踏实，心里不禁有几分热乎：这小孩这么刻苦、投入，练练看吧，说不定有戏。

此时的吴敬平，帮助王皓提高技术水平肯定有信心，因为前边毕竟有带马琳的成功经验，但王皓这位年轻选手到底能打到什么程度，他心里也没底。

2000 年中国公开赛在吉林举行。教练组讨论名单时，吴敬平考虑到王皓是吉林省运动员，不妨让他去打打看。不料话刚出口，有的教练就说：“就他那个球，打什么啊？没法打。”吴敬平见大家都不同意派王皓，也只好放弃自己的意见。他心里也知道，与准备派去的詹健、侯英超、徐辉他们几个相比，王皓属于中间水平，并无明显优势。

不久，队里出了个新政策：只要积分排在前面就有机会参加国际公开赛。尽管王皓此时没任何资本，但他却特别兴奋，跑到刘国梁跟前说："梁哥，我的机会来了！"

王皓十三岁进八一队，刘国梁就是他最崇拜的人。他虽然没对外明说，但心里立下志向，就是要像刘国梁那样不但当奥运、世界冠军，还要当大满贯冠军呢！

2008 年奥运会男子单打冠军马琳　　齐大征摄

刘国梁很喜欢王皓这个小兄弟，说他本分、善良、聪明，不仅在联赛时带他并肩战斗，用心指点传授心得，而且向八一队领队进言："吴指导带马琳带得那么好，你们领导应当给蔡指导做做工作，将来把王皓分到吴指导那儿多好啊。"

后来王皓进了一队，果然如愿分到吴敬平门下。王皓知情知义，对刘国梁的感激之情更增加了几分，所以，当他从新政策中看到自己有出头希望时，就忍不住跑到"梁哥"面前释放了一下。

刘国梁把王皓这劲头讲给吴敬平听，吴敬平却感到了王皓的稚嫩。他深知全队大循环赛之艰苦及残酷，别说王皓这样的小孩，就是一队主力选手，即使不掉以轻心，还常常爆冷中途被淘汰下去。他心想："这小孩刚来，就说机会来了……"不觉有点好笑。

果然，第一次大循环赛开始后，王皓连着输了六七场球。吴敬平把王皓叫到跟前狠撸一顿："王皓，你要照这么打下去肯定完蛋。场上自己技术特点打不出来，人也不兴奋，蔫不啦唧的，干脆回家吧！没什么戏！"

这一骂，把王皓骂醒了，他记住，"技术特点"要打出来，要兴奋，要拼，结果慢慢找到了感觉，越打越好，最后拿了第四名。

这一来，不仅吴敬平感到惊喜，队里也开始留意王皓，多给他比赛机会，连总教练也注意到这位长春小伙了。

王皓的大机会还在后边呢！

（2）

吴敬平带王皓，开始按马琳的路子训练他。有一天，蔡振华过来看训练，对吴敬平说："老吴，有个问题你考虑一下，左手小三角是直板的一个软肋，接发球没什么好的办法，你摆短就被动，怎么去解决这个问题？对方摆短的时候你是正手搓还是反手搓？"吴敬平灵机一动，说试着用反手拉一下怎么样。结果王皓一试还不错，感觉挺吃球的。这个技术成立不成立，吴敬平心里没把握，但是蔡振华提的问题启发了他的思路。蔡振华说技术问题可以探讨，可以试试，不摆短，不搓了，直接拎一下。吴敬平于是让王皓练习反手台内拉技术，但如何把这个技术用到比赛中，还没找到切入点。

年底访欧，王皓输给一个没什么名气的年轻队员。下来吴敬平就问他："怎么了？"

"我拉完第一板，后面的球衔接不上。"

吴敬平立刻琢磨如何给他解决衔接问题，并把这个问题作为一项技术来练。吴敬平很兴奋：蔡振华不是提出接发一体化吗？解决好第一板和第二板的衔接问题就是朝接发一体化迈进了一步！

但这一问题解决起来并不顺利。一开始，王皓第一板反手拉完马上形成强强对抗；后来发现这么凶狠的打法在比赛中根本发挥不出来，于是吴敬平就让他反手拉完后先防一板再转攻；但经过比赛检验发现，防守以后再转攻很困难，因为反手不是王皓的强项，于是思路又重新回到了强强对抗上。吴敬平要求王皓一有机会就上前主动发力，也就是说，只要有可能，王皓几乎每一板球都发力。这样虽然看起来很凶，但只要形成一种常态，那就不算搏杀，而是他的常规技术，只不过他比别人更超前一些罢了。

练好了第一板和第二板的衔接技术，吴敬平又把接下去的第三板、第四板技术作为一个整体让王皓来练。在王皓反手技术不完善的基础上，吴敬平又给他增加了一板正手侧身拉斜线技术。就这样，吴敬平在摸索中不断创新，不断完善王皓的特长技术。王皓逐渐形成了反手台内、近台、中台、远台一整套完整的技术体系，远台能对拉、连续拉、快撕、快拉，技术非常全面，几乎找不到漏洞。

王皓这只胸怀远大志向的小鹰终于长出了一双坚强的翅膀。

埃及公开赛，吴敬平带队前往，王皓的创新技术得到检验，他拿下了男单冠军。他的完整创新技术连尹霄都说是“令人耳目一新”。

总教练更是看到了他的巨大潜力，打完埃及公开赛后，蔡振华对吴敬平说：“老吴，想不想王皓打2004年奥运会？”

吴敬平听了一怔：王皓？奥运会？确实还没想过。王皓刚露头，只不过拿了个埃及公开赛冠军，而他前面还有孔令辉、马琳、王励勤、刘国正四员主力大将，确实没敢想王皓能打雅典奥运会。

但蔡指导高瞻远瞩，他看到了这步棋。蔡指导这么说，说明他已把王皓列为奥运棋局中的一颗棋子。

响鼓不用重槌，吴敬平立刻意识到这是千古难逢的好机遇。是啊，雅典奥运会还有两年，拼一拼说不定有戏。如果王皓2004年能打雅典奥运会，那2008年就能挑起中国队的大梁！

由于蔡振华的权威性和前瞻性，他的这次发问给吴敬平和王皓以巨大的鼓舞和无穷的动力。蔡指导对整个队伍，特别是国际上的技术发展趋势总是了如指掌，判断准确。他要启用王皓这颗棋子，无疑也是对王皓创新技术的肯定。

事情的发展再次验证了蔡振华的眼力。

（3）

2004年1月，男队在厦门开始了备战第47届世乒赛团体赛及第28届雅典奥运会的封闭训练。训练一开始，主教练刘国梁代表教练组宣布了七名重点队员名单：马琳、王励勤、王皓、孔令辉、刘国正、郝帅、陈玘。最终的参赛队员将从他们七人中产生。谁都知道，3 月的卡塔尔世乒赛某种意义上可说是雅典奥运会的预选赛。薛昭辉、初元澎共同策划了一场长达三个多小时的电视直播。10 名队员分成两个队，一是世界冠军队：孔令辉、刘国正、王励勤、秦志戬、马琳；二是希望之星队：王皓、郝帅、陈玘、单明杰、邱贻可。

这场比赛几乎是势均力敌，决胜局王励勤拿下邱贻可方锁定胜局。

在比赛中王皓输给了刘国正，赛后蔡振华点评说道："客观原因可能是球板没有粘好，在第二、三局的时候可能感觉球板与想象中有些区别，心里总想着球板没粘好，所以不能把精力完全放在技战术运用上。如果真是这个原因的话，我们回去以后就要很认真地去总结。世界大赛的时候可能也会出现这种情况，或者发生其他外部的变化，作为要打大仗、打恶仗的中国运动员，必须具备顽强的意志和坚定的信念，不能因为客观因素导致主观上的失误。如果这种情况发生在世乒赛团体赛和奥运会上，这种失误是不能原谅的。"

3 月 1 日，卡塔尔第 47 届世乒赛团体赛开战。第一次作为男团第三号主力参赛的王皓表现得十分出色，把他的直板反胶技术发挥得淋漓尽致。在主教练刘国梁、主管教练吴敬平的细心指点、循循善诱下，王皓克服了新手常有的心理障碍，在团体赛中保持了一场不败的纪录。特别是在与德国决赛中，王皓第一个上场对阵欧洲第一主力，也是中国队最重视的对手波尔，以 3:0 完胜。第一局是 11:7，第二局是 13:11，第三局波尔只得了 2 分。

希望之星在大赛中升华成了世界之星。

在中德决赛时，总教练蔡振华坐在离中国队最近的观众席上，在这届世乒赛中，他扮演的是幕后"终审"的角色。主教练刘国梁的表现不仅使他，也使所有人看到了这位新少帅的高分答卷。

而王皓的出色表现，更使蔡振华和刘国梁在单打三号的两难选择中明确了答案。

第二十三章
一场双打生死战，所有人都哭了

男女单打三号的悬念解决了。雅典奥运会参赛选手的名单尚未完全确定。因双打尚有最后报名机会，以蔡振华为首的教练团队面临更大难题。

男子双打一直是中国队的强项，经过第一轮循环赛，孔令辉、王皓已胜出，要在王励勤、阎森与马琳、陈玘中二选一。

如果蔡振华说男单三号的选拔是一次“非常痛苦的，忍痛割爱的过程”，那么男双选手的最后拍板，其艰难性与残酷性比男单三号的选拔有过之而无不及。

阎森出车祸打乱总教练奥运会布局

（1）

不知哪个机灵鬼给王励勤、阎森这对双打起了个外号：“阎王组合”。

阎森个子不高，长着一张娃娃脸，日常生活中胆子不大，可打起球来出手特别狠。所以乒乓队有这样的顺口溜：“阎森狠，马琳油，最难对付是国梁刘。”

阎森是江苏徐州人，1975 年出生于一个工人家庭。他五岁时爸爸常带他跑步、打羽毛球。铁路四小的陆传志老师见小阎森是左撇子，就对阎森爸爸说：“让你小孩打乒乓球吧。”

小阎森对墙打、学掂球，一年半后才上球台。那年他七岁，打法是当时最主流的直板正胶。阎森九岁时进了市体校，教练是赵根英。“教得非常好。”阎森如今这样感念启蒙老师。这个体校参加过全国少年比赛，还和北京什刹海体校打过比赛。

阎森是性格内向的男孩，不爱笑，不爱说话，可内心有股韧劲。他曾对妈妈说：“我要拿世界冠军。”妈妈听了吓一跳，半开玩笑地说：“那等着你祖坟冒青烟吧。”

十三岁的阎森进了江苏体工队。因为个子小，起步晚，队内循环赛一打就倒数第一。他心里不服气，回到宿舍偷偷哭。他明白必须付出超人的努力才能打出来。他天天拉着教练陆志清苦练，冬训过后上了很大一个台阶。

1989 年参加无锡全国少年集训，他又输了。很多正胶选手输球后改反胶。到年底杨光炎决定让阎森改反胶。阎森苦练出一手发球抢攻的本领，结果队内大循环打了第一。三年后全国乒协杯赛，十九岁的阎森单打得了第五名，直接调进国家队。

蔡振华与阎森　　齐大征摄

（2）

阎森 1994 年进国家一队后，师从李晓东。李晓东曾这样评价阎森：“为人重情重义，厚道朴实。做人很诚恳，他不会当面奉承你，却常常在背后说你的好。他总是把别人的好记在心里，然后用行动表达内心的感情。在打球上，阎森属于那种优点突出、弱点明显的选手。他胆子大，心理素质好，发球好，打击比较凶狠，但是除了发球和发球抢攻技术好之外，其他技术都比较单薄。阎森的身体条件不太好，个子不高，动作也不是很协调舒展。可是他内心有种不服输的劲头，不相信自己不行。刚进队时，阎森的技战术能力在队里处于中下游，但他自信心比较强，打球特点也突出，我围绕他的优点制订训练计划，扬长避短，注重步伐训练，提高正手杀伤力。以阎森的打法和自身条件，他能够获得世乒赛季军和世界排名第八的成绩，可以说是达到了他单打的巅峰。由于阎森是左手握拍，球风又凶狠，队里认为他比较适合双打。事实证明，他与王励勤配合很成功。”

吕林退役改做教练后，从 1998 年 10 月到 2000 年 12 月，成为阎森的第二位恩师。吕林的施教风格和李晓东是两个路子，他曾获奥运会、世乒赛双打冠军的实战经验对阎森来说太宝贵了。据说阎森在悉尼奥运会前曾使劲从师傅那里请教打奥运会的经验和有关知识。这些对阎森悉尼奥运会登顶是极为重要的氧气补充。

（3）

阎森成长中最关键的人物当然是蔡振华。师徒二人关系十分微妙。一向执教风格十分严苛的蔡振华，却一反常态地对阎森出现的问题采取软处理。

阎森刚来国家队时，特别怕蔡振华。蔡振华率领中国男队在天津第 43 届世乒赛上打翻身仗，还轮不到阎森出力。他坐在观众席上观摩全过程。夺回斯韦思林杯后，蔡振华与参赛队员拥抱欢庆，观众拿着国旗在场内奔跑的情景使他终生难忘。从此蔡振华在他心目中形象特别高大，由“畏”而“敬”了。

有一天，蔡振华来馆里看训练。他走到阎森球台前，阎森紧张坏了，所有的球都打不上台。

蔡振华问他：“你这个球的技战术是什么？”

阎森支支吾吾答不上来。

当时所有人都认为蔡指导会大发雷霆。没想到蔡振华却说：“你自己打吧，我不看你了。”就这样放过了阎森？说起来不在场的人都不会相信，但这却是千真万确的。

阎森与王励勤配成双打后，一下子就冒了出来。先是 1996 年国际乒联职业巡回赛拿了冠军，接着1999年第45届世乒赛拿了亚军，后来2000年悉尼奥运会拿了冠军，紧接着2001年第46届大阪世乒赛、2003年第47届巴黎世乒赛又两次夺冠。当时在国际乒坛，所有男双选手都闻其名而色变。这样的超强实力，2004年雅典奥运会即使只能报一对双打也没别人的份啊！万万没想到，巴黎世乒赛夺冠后三个多月，2003年10月8日，阎森出了车祸，虽说是右臂骨折，但也没法训练了。

这事故显而易见直接影响到“阎王组合”的前景。别说拿冠军，能否参加比赛都是未知数。这个突发事故肯定会对总教练的奥运出兵布局带来不小影响。但出乎大家意料的是，蔡指导并没有批评阎森，而是鼓励他到北医三院积极治疗。

蔡振华得知阎森骨折保守治疗后胳膊肘产生粘连，右胳膊活动角度恢复不到正常，而要想继续打球必须把粘连的韧带撕开让其重新长好。这当然是很残忍、很痛苦的治疗。阎森胆子小，一时左右矛盾难下决心。蔡振华知道了并没有直接对阎森下令，而是隔山喊话。他在CCTV记者周到采访时，对着摄像机说：“阎森需要忍受常人不能忍受的痛苦，决不能怕疼，他必须得把韧带撕开。乒乓球是一种毫厘之间的运动，如果他不把韧带撕开恢复到正常人的程度，在挥拍的时候就会自然反应去保护那条胳膊，这样打出来的球就变形了！你们去告诉阎森，有什么可怕的，就算把胳膊打断了再来又怎么样？”

站在十米外正凝神细听蔡指导讲话的阎森顿时脸红到脖子，他的心扑通扑通直跳，立马回医院要求大夫尽快给自己实施韧带剥离手术。他脑子里浮现出蔡指导1996年趴在空中吊床上指导训练的镜头，当年蔡指导为了奥运会不怕自己瘫痪，我不就是撕开韧带嘛，我也是个男人，不能当狗熊！

结果阎森很快实施手术，很快回到训练场。

蔡指导虽然隔山喊话时语气很硬，但从结果来看，他既达到了目的又没伤着阎森。真理跨越一步往往是谬误，蔡振华带兵之细心可见一斑。他真正做到了对症下药，因人施教。

老实人终究是不会吃亏的。老实的阎森在雅典奥运会前的中国队第一次报名时，王励勤和他的双打就登上了预选赛名单。

夏娃在《残酷日记——中国奥运男双名单产生全记录》一文中对阎森这一阶段的表现有如下生动的描述："就象孔令辉对自己双打落选感到意外一样，阎森对自己的入选也有一点意外。出了车祸之后，他以为两三个月就能完全好了，没想到伤势恢复之慢以及自己所承受的痛苦远远超出了预想，直到2月下旬从厦门回到北京以后，他才开始跟上全队的正常训练，到3月上旬，他的技术状况恢复得还不够理想。第一次报上名后阎森既感到振奋，同时心里也没底，因为蔡指导也跟他说了，最后的报名到4月11日才截止，这之前三对选手还要竞争。他就更着急了，一个星期练七天，每天晚上自己还要加练力量。技术训练一般到6点多钟结束，其他人都吃完饭洗完澡了，阎森才回到宿舍，江苏省派来的两个医生接着给他做治疗。因为队里规定晚上不许外出，所以那些天阎森几乎天天晚上吃方便面。"

那时的阎森做梦也没想到，男双的奥运竞争会发展到异常残酷的地步，更没有想到会经历一场生死大战……

激战前夜吴敬平夫妇携马琳、陈玘调心态

（1）

2010年4月下旬，我们两位作者和助手小徐一行到男队冬训的宁波北仑乒乓球训练基地去采访时，正是吴敬平最着急上火的时候。他的两个弟子马琳和王皓在直通莫斯科的前四轮比赛中，无一人拿到直通车票，北仑集训后是拼第五张直通车票，即使有一人能拿到直通票，还有一位不知能不能去得了莫斯科。而与此同时，秦志戬也发烧了，袁素芬大夫不让我们去看他——集训中每一分钟都很宝贵，老太太怕我们占用他的休息时间。秦志戬却带烧照常出现在训练场上，一分钟也不少。他的两个弟子马龙和许昕生龙活虎，形成对马琳、王皓的巨大威胁。吴敬平的血压噌的一下就上去了。可他不管不顾照常在训练场上盯着他的两个宝贝弟子训练。

就在这种情况下，一天训练结束后，吴敬平仍满足了我们要他到北仑宾馆大堂接受采访的要求。他十分投入地跟我们谈了起来。激动时，他的眼里闪着泪光，着实令人感动！时间过得特别快，转眼已经深夜12点了，可吴敬平还谈兴未尽。我们虽听得津津有味，非常兴奋，但也隐隐担心，怕他血压高且太劳累，身体承受不住，就违心地提出采访暂告一段落，说回北京再接着谈。但后来因他比赛训练十分紧张忙碌，未能把这次未完的采访作个了结。庆幸的是，关于雅典奥运会前男双生死战的前前后后，他作了精彩的讲述：

2000年奥运会之后，马琳成为队里的绝对主力了。2004年是他的鼎盛时期。第47届世乒赛在法国机会挺大的，但是输给了朱世赫，打削球不过关。到2004年奥运会单打是没问题了，就是双打的问题了。王皓、孔令辉，王励勤、阎森，马琳、陈玘，三对双打不相上下，最后定谁不清楚。2003年7月份刘国梁当主教练后，我想让陈玘跟马琳配双打。陈玘也是有性格的队员，两次被罚回省队，犯了错误死扛。刘国梁在江苏看比赛把陈玘直接调到一队。我把陈玘给要过来了。他们俩参加五次比赛一次都没输过，短短三个月时间，陈玘单打从没排名到世界第五，上升得很快。

经过三次循环赛后，孔令辉、王皓因成绩领先脱颖而出先定下了。剩下这两对，教练组定不下来，反复分析举棋不定。国梁问我，我说只要敢报陈玘跟马琳，我就敢保证他们拿冠军。国梁说只要有你这句话我就放心了。毕竟陈玘连洲际比赛都没打过，大家对他心里没底。而阎森胳膊伤恢复不久，能不能承担奥运会的重大压力，大家心里也没底。何况因为他们是金牌双打，世界各国选手早就把他们翻来覆去研究透了。没法子，三对选手全都进了亚洲区预赛所在地——海淀体育馆去训练，住在附近不远的友谊宾馆。

10号是报名单的最后一天了，还不知道让谁去。训练结束后，我们就一直在友谊宾馆等消息，也没吃饭。晚上10点多，蔡指导把我和马琳、陈玘叫去，一看刘国梁、施之皓、王励勤、阎森都在。他说："我们很难抉择，现在想问一下，你们想不想打场球来决定。打的话你们有主动权，不打的话我们领导有决定权。"

马琳、陈玘都表态说想打。我也说："我们打！"

"打！命运自己掌握！"王励勤、阎森、施之皓也都表了态。

后来听说蔡指导曾请示了乒羽中心刘凤岩主任及徐寅生、李富荣两位领导，他们也都支持这个办法。这样就定下打。时间是第二天下午3点半，什么人都不让看，就我们几个人。

回到友谊宾馆，马琳、陈玘就忙着粘海绵了，想粘完板就在宾馆住下。这天是周六，我爱人张天华也来陪我们等消息。她也十分热爱体育，喜欢打篮球、中长跑，她很喜欢马琳、陈玘他们，跟他们挺熟的。她一看马琳双眉紧锁的样子，悄悄对我说："这不行啊，饭都没有吃。闷在这儿，咱们找个店，吃点饭，聊一聊放松一下。"

出征第47届世乒赛前中国乒乓球队在人民大会堂前合影　齐大征摄

张天华一提醒，吴敬平立刻觉得这是个好主意，因为马琳3月3日在卡塔尔打完团体赛夺得斯韦思林杯归国后，医生说他上呼吸道感染，就天天打点滴。一直到队内三对双打开始打循环赛，他的病症也没痊愈。

第一次循环赛是 3 月 30 日打的，结果马琳、陈玘打得不理想，3:4 输给孔令辉、王皓，2:4 输给王励勤、阎森。

这场比赛本来马琳也是信心满满，因为孔令辉、王皓以前打他和陈玘很少赢。但没想到这回孔、王像换了两人似的，比赛过程中两人出手特别凶，打出了许多过去打不出来的球。因为心理准备不足加上体力有点虚，马琳感觉防不胜防，结果输了。至于输给王励勤、阎森倒没引起马琳的心惊，因为本来两对选手实力也相差无几。

翌日就打第二次循环赛，果然这回马琳、陈玘 4:3 赢了王励勤、阎森。但面对孔令辉、王皓的拼杀气势，马琳进攻时有点求稳，失误也比较多，发挥不太正常。结果孔令辉、王皓又 4:3 赢了马琳、陈玘，随后 4:2 赢了王励勤、阎森。

敏感而细心的马琳感到事态有点不妙，他下来就跟陈玘说："咱们第一次比赛输坏了。以前小辉和皓子跟咱们打没什么戏，包括第一次比赛的时候第一局他们也没戏。现在人家怎么打怎么有，还真赢不了人家了。小辉现在就像我上届奥运会似的，落选以后球打得特别好，半年多都没打出这么好的状态了。"接着他又感慨了一句："我也真够背的，上届奥运会预选赛之前我就发烧，这次又病了……"说完懊恼地用空矿泉水瓶子直敲脑袋。更让马琳感到危机的是主教练刘国梁在点评时说："孔令辉和王皓在加强了一些技术环节之后，整体实力厚实了。"

听刘国梁这么一说，马琳感觉教练的重心已开始向孔令辉、王皓倾斜了。形势不妙啊！他对陈玘说："已经到了这份上，咱们俩没什么可保的了。还有最后一次比赛，再不拼，真没机会了。不过，你也别紧张，实在不行，咱们下届奥运会再来，虽然没有双打，但团体里面还是有双打。到时候你别瞧不起我，你带着我打。"

这时候的马琳，肠子都悔青了。

（3）

马琳的一举一动，当然都逃不过吴敬平的眼睛。他敢对刘国梁打保票，是因为他坚信两位弟子特别是马琳的实力已经到了这个份上。但技术实力强并不能保证一定能拿冠军，还有心理因素、体能因素、现场发挥等等。目前来说，最关键的是要把马琳的心态调整恰当。前一阶段他太紧张了。从 4 月 1 日开始马琳一直发低烧，天天晚上呕吐，很虚。比赛时陈玘为了照顾马琳，就抢先进攻、发力，尽量把球打死，结果失误较多，所以输球也正常。而雪上加霜的是 7 号晚饭后，陈玘也感觉胃不舒服，后来又吐又泻，折腾了一夜，第二天打了一上午吊瓶，一天只训练了一个多小时。

吴敬平自然清楚第二天的较量将是争取双打入场券的最后机会，一定要拿下来。但目前不宜过分给弟子加压，而是应先让他们放松一下，吃点饭补充点营养。

马琳说睡宾馆不踏实，决定当晚回天坛运动员公寓。这样张天华开车拉师徒三人去方庄找了家饭店，点了些菜。

吴敬平几天来十分纠结的心情此时倒非常平和了。他对两弟子说：“按成绩你们俩怎么跟王励勤、阎森比？他们这四年拿了一届奥运会冠军、两届世乒赛冠军。这三次循环赛你们又胜率最低。再者在你们两对实力相当的前提下，领导讲点感情也是正常的。徐寅生、李富荣和王励勤同是上海人，蔡指导和阎森都是江苏人，他们却让你们自己比赛来定谁去，这已经十分公平公正了，你们想想是不是这回事。”

马琳、陈玘听了连连点头。

“明天就看你俩的啦，看你们是不是真正的男子汉！”

陈玘马上说：“吴指导，我妈说我命硬，放心吧！”完全是一副初生牛犊不怕虎的模样。

马琳没说话，显然心里还是没放下包袱。

张天华赶忙岔开话题，绕开球，聊了些别的事，顺便讲了些道理。马琳、陈玘的表情逐渐松弛了一些。

吃完后，吴敬平去买单，一看结账单上写着111元，吴敬平高兴极了。这个数字太吉利了！他的梦想就是马琳、王皓去参加奥运会，拿三块金牌，不就是三个第一嘛！

这时女服务员说："先生，那一块钱给您抹了吧？"

吴敬平忙说："不不，千万别抹啊！"

四人出了门，一抬头见对面商场墙上的大钟，时间是1点11分，温度是18度，全是好数字！四人不禁相对一笑："好兆头！"

有时运动员、教练员会十分在意这种心理暗示。看起来是有点迷信，可有时还真准，他们宁信其有。比如某运动员穿一件什么颜色的队服拿了冠军后，下回他还准穿这件衣服。孔令辉在天津世乒赛上一飞冲天，后来一到天津打比赛就拿冠军，大家都说天津是孔令辉的福地。蔡振华在天津世乒赛中系在背包上的一件红色吉祥物不见了，梁言一见怕影响他情绪，赶忙跑出去寻找到了一件同样的吉祥物送到蔡振华手上。

如今吴敬平师徒吃饭后遇见的这三组吉利数字无疑也给他们心里增添了几分胜利的信心。

只有两名"观众"的生死战成为创新经典

"生死战"定于周日（4月11日）下午3点举行。地点在乒乓球训练馆五楼男队训练房。两边的大门都关上了，只放进十个人：两对选手加上他们的主管教练共六个人，还有主教练刘国梁、总教练蔡振华，加上乒羽中心主任刘凤岩和中国乒协主席徐寅生这两位特殊观众。

吴敬平上午带弟子练了两小时的球，下午1点钟就来到了训练馆。平时，午饭后到下午3点是教练员、运动员规定的午休时间。除非特殊情况，一般是雷打不动的。但今天，有谁能正常午休呢？

尽管选手和主管教练心里的弦绷得很紧，但都不失大将风度。施之皓和吴敬平的弟子今天是你死我活的竞争对手，但两教练还坐在一起说话儿。

两位主管教练表现的君子风度让蔡振华看了心里很感欣慰，如此激烈的竞争个人之间又相处这么好，真是大丈夫！这正是他想要的队风。

遗憾的是，正如夏娃在《残酷日记》这篇堪称经典的文章中所写的："这场堪比奥运会男双决赛的经典战例，没有人记下具体的比分，没有留下一张图片，第三次和第四次队内比赛时架起过的摄像机，也没有在这场'生死战'中出现。"

如果拍下生死战前两位主管教练真挚、融洽的谈话场面，那该是一张多么耐人寻味的好照片，或许能在摄影展上拿大奖呢。

蔡振华亲自出马当裁判，刘国梁翻记分牌。这是蔡振华的细致之处。找两位国家级裁判并不难，但他一定要亲自出马：他知道这场比赛会打得十分激烈、残酷，如果裁判稍有疏忽出现误判，将给他的爱徒心里留下永远抹不去的阴影！为此，他要和刘国梁来担起这副重担，避免节外生枝。

——如果有相机，这又是一幅绝妙的照片。

比赛时间马上要到了。吴敬平和施之皓分坐到球桌两边的挡板外，马琳、陈玘、王励勤、阎森各拿球拍像正式比赛那样做准备活动。

比赛开始了。偌大的训练房摆放的三十多张球台，此时只有这一张球台上的灯亮着。真像是奥运会正式比赛啊！所不同的是只有两位观众。

"比赛开始！"蔡振华宣布。

第一局第一个球，就有人大声叫好。陈玘打之前跟吴敬平说："我要从第一个球就开始叫！"未曾想一开打，四个队员都在叫，就像战场上杀声震天，完全是一副你死我活的拼劲！刹那间，马琳脑子里突然想起了罗马斗兽场。

一向稳重的徐寅生都情不自禁地跳起来了，大喊："呵，太高级了！"

这种情景不仅在队内比赛中从来没有过，就是在奥运会、世乒赛的决赛中，当双方都是中国人的时候也没有出现过。

"好球！"

"好球！"

不仅观众喊，队员喊，教练员喊得更凶。此起彼伏的叫好声，连翻分牌的刘国梁也都忍不住抽空喊两嗓子……

唯有蔡振华冷静地看着比赛，蔡振华不断地打手势、报比分："8:11！"马琳听着心里一紧，输了，第一局输了！他和陈玘走到吴敬平跟前。吴指导递给他们一人一瓶矿泉水，然后说："陈玘今天发挥得不错，能放开，有的球是超水平发挥！就这么打，完全放开打！马琳你还没放开！你和王励勤一样，都有包袱，你这么打下去很悬。这场球你要不拼，后悔药可没处吃去！"

马琳没说话，心里自责刚才还溜号，想什么斗兽场。下一局一定要咬住、要顶住！

但想咬住，并不等于就一定能咬住。陈玘依旧发挥出色，这家伙关键时刻还真能豁出去！马琳不禁庆幸吴指导给他找了个好搭档。不仅打法上，两人一直一横，握拍一左一右形成互补，而且陈玘有股虎气，场上敢拼敢打，也能对自己形成心理支撑。

马琳和陈玘又是7:10落后！这反倒逼马琳破釜沉舟了。他和陈玘一鼓作气追成10平，最后12:10拿下一局。第三局，马琳、陈玘14:16又输一局。但气势已上来，比分很胶着。第四局11:6胜，显然胜利女神已经开始眷顾马琳、陈玘。

大比分打成2:2平局之后，已到了关键时刻。

第五局开打。

马琳无意中看了王励勤一眼，情不自禁地想："我们俩处境是一样的。现在我们是队里的核心，也都想打两项，为了一张入场券争成这样，他的心情肯定和我一样，觉得挺难受。"想到这些马琳顿生惺惺相惜之感。

"4:8！"蔡振华的报分声把马琳从溜号的旋涡里拉了出来，马琳一激灵，怎么4:8了？这么一闪念就输了好几个球，该死！

尽管第五局马琳、陈玘以12:10获胜，但马琳再也不敢有瞬间的分心。

第五局大幅领先又没拿下来，显然极大地挫伤了王励勤和阎森的信心。而陈玘简直是打疯了，用吴敬平的话说："打到最后几乎没有无谓失误，近台远台、反手正手，怎么打怎么有！"这种气势和锋芒当然也对王励勤、阎森的锐气形成很大冲击。结果第六局他们只拿了 3 分就输掉了这场关键比赛！

比赛结束了，瞬间十分的寂静。胜利者没有欢呼雀跃，陈玘像个孩子一样哭了起来。翻分牌的刘国梁热泪夺眶而出！

刘国梁这一哭，马琳也哭了，他想，刘国梁打了那么多次冠军都没哭，吉隆坡第 45 届团体赛，他一人输了两分也没哭，但这次他却哭了。真是太残酷了！

再看看王励勤和阎森，一打完两人就同时哭了起来。

“杀神”陈玘横空出世

（1）

生死战打完了，蔡振华心情也很复杂。男双第二对奥运选手终于水落石出，他还要安排下一个事情：晚 8 点举行新闻发布会。这场比赛打完，但并不是一了百了。报不上名的王励勤、阎森要帮他们做好心态调整，特别是王励勤，他是个性格内向的人，还要到雅典奥运会去拼单打，还有阎森，他为打奥运会不仅主动牺牲了挣高薪的机会，而且为诊治骨折忍受了常人难以忍受的痛苦。听说实施撕裂手术时，秦志戬骑在他身上，扳住他的手，怕他乱动。当然，主管他们的施之皓会给他俩做好思想工作。想到这儿，蔡振华心里还是有些痛楚，俗话说十指连心，咬一下哪个指头都痛。他对每个队员都付出过许多心血，也都产生了深厚感情。

这场比赛最大的惊喜，是陈玘场上的表现。他那震耳欲聋的喊叫，他那双目圆睁的杀气，他那发球时咄咄逼人的眼神，特别是他那不畏强手的爆发力，真是能豁出去，敢豁出去。有多少运动员就是因缺乏这胆量、这气势而功亏一篑啊！尽管陈玘打相持球还有待提高，但他鲜明的技术特色和超常的心理素质，无疑是十分宝贵的资本。

一想到陈玘，蔡振华就如同在海滩上见到了一颗熠熠发光的珍珠那样欣喜。这欣喜很大程度上平衡了刚才那场精彩残酷的比赛所造成的心理冲击。

在当晚的新闻发布会上，一向不轻易夸队员的蔡振华掩饰不住内心的激动，对陈玘大加赞赏："比如大家非常担心的陈玘，明知道这场球定生死，但发挥得非常好，可以说是四个人里打得最好的。短短一年多时间，陈玘从双打到单打，从一个不知名的运动员到世界排名第五，可以说是近十年甚至十五年没有过的现象。他在这么短的时间里创造了一个奇迹。"

陈玘　　《乒乓世界》提供

(2)

蔡振华对陈玘的高度评价引发了在场记者对陈玘的关注。而在场的刘国梁听了蔡振华这些评价，心里涌动着一投自豪感。因为他在2002年任助理教练时在江苏看乒超联赛，认定陈玘是个有很大潜力的运动员，当即想把他调到国家队。在联赛赛场上他直接问陈玘：‘还想回国家队吗？再拼一拼，要进就直接进国家一队。”

陈玘简直不敢相信自己的耳朵，回国家队，而且是一队？他望着笑嘻嘻的刘国梁，知道不是开玩笑，高兴得简直不知说什么好，然后突然冒了一句："太想进啦！刘指导，你放心，这回我绝不会给你丢脸！"

有了这个盼头，陈玘如虎添翼，在联赛中打得十分出色。果然11月份，他应召直接进了国家一队。

此举表明刘国梁真是有胆有识。他以前虽没有直接和陈玘打过交道，但对他两进两出国家队的"前传"也略知一二。

1999年2月1日，陈玘还不满十五岁，就被国家青年队选调进来。但是十八天后，这个浓眉大眼高鼻梁颇有"星"相的大男孩就被打发回了江苏队。那是因为和八一队比赛输了球摔拍子。这还了得，还没成气候呢就这么放肆，国家队怎能留这样的浑小子？

转过年来4月9日，陈玘二次被选调进国家青年队。这次待的时间比第一次长十倍。不到半年，他又因违纪再次被发回省队。这次回去他都没敢回家，还是江苏省队主教练杨川宁告知陈玘父母陈玘已回来了。父亲气得在床上躺了四五天。父母觉得儿子球打得再好，国家队也不会再要他了，离开国家队还有什么前途？不如赶紧去上学吧。

不料陈玘听了父母的想法，却十分坚决地拒绝了。他说："爸，妈，你们再给我两年时间，如果我还拼不出来，我就听你们的，去上学！"

妈妈先心软了，她总觉得儿子打球会有出息，因为他从小就跟别的小孩不一样。陈玘经过深刻反省，分析自己被国家青年队两次发回省队的原因，对自己性格上的不足有了理性认识。

刘国梁从陈玘身上看到了自己年轻时的一些影子。这是一块可造之材。他毫不犹豫把陈玘再次选拔进国家队，成为自己主管的队员。

刘国梁毫不掩饰对陈玘的偏爱："有灵气、讲义气、人不错，练好了将来能往上冲，但前提是必须把过去身上的毛病改掉。"

刘国梁曾苦口婆心地对陈玘进行励志教育："心要大点，把目标放得高点，比如别人的目标是明年的世界比赛，你的目标就是今年的。这样，你的动力就会更大，努力程度也比别人大。别人不敢想的你要敢想。"

这些话陈玘还真听进去了，而且记得很牢。不说刘国梁当运动员时曾几次战胜他最崇拜的瓦尔德内尔而令他折服，单说这次的知遇之恩，自己也得好好打，不然真对不起刘指导！

（3）

2003 年 6 月 23 日，刘国梁正式接班，被任命为男队主教练，成为中国乒乓球队史上最年轻的主教练。因为蔡振华当主教练时不再主管队员，刘国梁自然也要把手里的队员"转"出去。此时吴敬平正考虑为马琳双打找搭档。

关于陈玘，吴敬平早就听说过，说在联赛中江苏队有个小孩胡打，"可个个还都让他给打着了"。陈玘一来国家队，吴敬平就很欣赏他，认为陈玘的气质、打法、先天条件，和谁配双打都行，但和马琳搭档效果会最佳。刘国梁也很赞同这个想法，便把陈玘分到吴敬平组里。

此时的吴敬平已是有丰富执教经验的金牌教练，马琳已是世界排名第一，王皓也显出巨星相，就连陪练队员郝帅、李平到了他手里，他也并不因为他们队内比赛总是倒数一、二名而放弃。他鼓励他们说："不要把自己当陪练。你们也要主动练自己的东西。主力在进步，你们也在进步。实际上主力也在陪你们练，你们训练要有目的。时间长了，效果也就出来了。"后来郝帅、李平也都成了世界冠军，使人不得不佩服大器晚成的吴指导的确有超人的执教水平！

陈玘来了后，吴敬平说："你最快一年能成气候！"果然经过吴敬平调教一番的马琳和陈玘这对双打，一亮相，就在韩国公开赛上技惊四座，拿下了冠军，连吴敬平都惊呼："没想到能打得那么好！"后来他们一口气连拿四站公开赛冠军并夺得总决赛冠军。

刘国梁自然更加力挺陈玘。2003 年卡塔尔世乒赛，虽然陈玘未能入选参加团体赛，但刘国梁让陈玘当候补队员把他带到多哈，让陈玘提前体验一下世界大赛的氛围。一向十分自信的陈玘，因比赛全过程中自己一直坐在挡板外为队友加油，心里憋了一口气，立志要站在球台前为国拼杀！

让刘国梁欣赏的是陈玘的大气，他从不会胆怯。刘国梁曾说："陈玘是个人来疯，人越多，场面越大，他的表现欲就越强，你要是再一夸他，他就更来劲。你夸多了，他也会找不着自己，但从目前看，他做得还不错。陈玘身上还有一点很可贵，就是他会主动跟你交流。德国站比赛，他早早就输掉了，可跟没事人一样在你旁边溜达，你说他，他听着也很高兴，还会主动和你说他的想法。他有不对的地方，你怎么骂他都行。可其他几个队员输了球，都躲着你走。"

陈玘认为："教练骂你说明重视你，如果没人管你，那就说明你完了。"

这么早就能领悟教练良苦用心的陈玘成了飞人，他在竞争的跑道上超过一个个同伴、一位位世界冠军，最后落在了雅典奥运会双打的赛场上。陈玘就像横空出世的孙悟空，不管对手是神还是妖，也不管对手手持何种利器，有什么法术咒语，他挥舞着手中球拍，如同挥舞金箍棒，打倒了一个个想阻碍他夺冠的强大对手，最后一个筋斗翻到了雅典奥运会双打的最高领奖台上，与马琳并肩举起挂在胸前的金牌，那金牌的分量无异于西天取回的经书啊！

当马琳披着国旗绕场一周时，调皮的陈玘又显出了他的猴性。他忘了向喝彩的观众挥手致意，他也不顾无数相机、摄像机镜头对着自己，而是低头摆弄自己手中的金牌，翻来覆去地看，仿佛要把金牌的每一个细处都记在心上。

"生死战"：改革竞争环境的扛鼎之作

（1）

在某种意义上说，"生死战"是蔡振华为首的教练组被"逼上梁山"后的灵感之作，也是蔡振华执教生涯中锐意改革中国乒乓队的竞争机制，厚积薄发的扛鼎之作。

从1991年担任主教练开始，十三载的教练生涯中，蔡振华除了在技术创新方面花了很大力气，同时在竞争机制的改革上也是不断思考，不断探索，不断创新。

有些方面是在健康的基础上出新，有些方面则是在与时俱进，适应国内外潮流而填补空白的创新，甚至是颠覆性的创新。而这些探索与创新无疑是中国乒乓队从谷底重上巅峰后，一直坚守荣誉之巅，一直领先世界的有力保证。

人才是事业兴旺之本，如何给运动员营造一个公平、公正、公开的竞争环境是至关重要的，也是蔡振华创新的主线之一。

蔡振华上任伊始就在队内推行升降赛，打破一二队升降由教练“钦点”的传统。你行不行，让赛场成绩说了算。这样使许多性格不外露、开始不被人看好的人才有机会拼出来。一些陪练队员，不再像过去那样始终陪练，不需要时就退役或出国，而是给他们飞翔的广阔天地，只要在队内比赛中能崭露头角，就有机会到国际赛场上去考验其潜力和含金量。曹臻、李平、张超等一些陪练队员，后来都成了世界冠军。

升降赛的深层意义在于让运动员懂得并敢于掌握自己的命运，这不仅是人性的解放，亦是思想的解放。这些从小被父母管教，稍大被启蒙教练、体校教练、省队教练、国家队教练扶植、引导，一步步打出来的年轻人，由于体制所造成的文化缺失，在许多层面上束缚了他们飞翔的翅膀和独立的人格。因此，有的运动员球技是世界水平，但思想、文化、教养、情趣以及审美方面都是有缺失的、低层次的。要让他们全面发展，提高综合素质，就必须让他们树立科学发展观，这就是在竞技体育领域里落实以人为本的目标。

这个思路延续至雅典奥运会参赛选手的选拔上，就完全废止了传统习惯，不再是教练或领导一拍脑袋说了算，而是在难分伯仲时，十分慎重地、公平地、公开地通过内部比赛来定人选，让事实抉择，让成绩投票。赢者心里坦荡荡，输家没有心理不平衡，更不会因感到不公平而心理失衡，以至影响相互间的关系或潜伏下对抗因子。

我们欣喜地看到，在乒乓队真正营造出了场上是对手、场下是朋友的和谐人际关系。从双子星座孔令辉与刘国梁，到王励勤与马琳，都长时间保持了场上你死我活、场下友好相处甚至亲密无间的友谊。

（2）

蔡振华在全队推行升降制的同时，把改革的对象对准了自己。他明确宣布，作为主教练不再有自己的主管队员。

从中国乒乓队建队开始，主教练一直有自己的主管队员，这些队员大都是一、二号主力或显示出巨大潜力、有可能成为主力的队员。

主教练自然而然要对主管队员多花一些精力，而挂在主教练名下的主力队员自然也会得到比其他队员更多的一些机会和关照。主教练和自己主管的队员自然接触较多，其他队员难免有“失宠”之感，这就在其他队员心中留下了不公平的阴影。

而作为主教练，即使一再要求自己对所有队员一碗水端平，但却实在难以百分之百地做到。人是有感情的，不感情用事可能一时一事可以做到，但时时事事都做到却极其不易。

蔡振华从自己当队员的经历中体会到主教练不宜兼任主管教练之职。他就任主教练后，就宣布自己名下不设主管队员，这样每位队员他都要管，当然时间段不同会酌情向不同队员给力。

这样做既营造了公平环境，也使所有队员的现状及未来发展规划纳入了主教练的眼帘，使他可以不拘一格选人才。

十几年过来，中国乒乓队人才辈出，刘国梁、孔令辉、丁松、刘国正、马琳、王励勤、王皓、王楠、张怡宁、李菊、杨影……在每位世界冠军心中，都有一本蔡指导倾注心血培养自己的感恩簿。

（3）

蔡振华的再一项重大改革是结束了中国乒乓球队的“让球”史。

比赛中的让球问题，是20世纪60年代初期，中国队刚刚崛起时的集体创作。那时候中国只有一个世界冠军，就是容国团。在国际体坛上，不仅奥运会，几乎一切项目专业协会都把新中国排斥在外。乒乓球赛场成为唯一可以展示新中国健儿爱国主义精神风貌的舞台。因而从这时起，小小银球承载了光荣而又沉重的政治理想。在这种情况下，想尽一切办法争冠军、夺金牌，展示外国人能做到的中国人也能做到的革命志气是无可非议的。因而要集中兵力打歼灭战，像攻碉堡一样去攻占乒坛巅峰，将军排兵布阵去夺山头，需要谁作出牺牲谁就应该作出牺牲。

但是随着时代的变迁，人们逐渐认识到让球对于运动员来说是极不公平的。它造成了许多消极的后果。当时鉴于爱国主义、集体主义的感召，运动员会心甘情愿地执行让球任务，但其内心深处留下的遗憾甚至伤痕也是终生不愈的。李富荣的三届世界单打亚军、张立独缺世界女子单打冠军、蔡振华独缺男子单打冠军的真正原因也已是公开的秘密。曹燕华至今说起当年的让球，还有几分不平之气。

此外，“让球”在国际体坛、国际社会造成了不良影响，因为它显然是不符合公认的体育道德、奥林匹克精神的。时代在前进，教练员的思想、价值观也应与时俱进。蔡振华勇敢地结束了“让球”这一长时间中国乒乓界有些忌讳的敏感做法，显示了他坚持真理的非凡勇气。

实践证明，剔除“让球”这一手段，中国乒乓队照样可以屹立于世界乒坛峰巅，赢得全世界的尊敬。

还有一个小的变化也颇值得一提。中国运动员在国际大赛中相遇，不再有场外教练，放开手让他们自己打，“球责自负”，既锻炼了运动员独立思考的能力，又避免了因场外指导水平有异而造成运动员错失良机，给了运动员充分展示他们能量的平台。

这些改革，无疑是给运动员营造了一个更为阳光的竞争环境。竞争是残酷的，但在有阳光的密林中和没有阳光的密林中进行拼搏，是大相径庭的。

有人曾问刘国梁：“为什么你和孔令辉竞争那么激烈却又保持了令人羡慕的友谊?”刘国梁的回答非常深刻：“因为蔡指导一直对我们两人不偏不倚，非常公正。”

这说明公正环境、公正态度对年轻人的心理会产生重大的平衡作用。刘国梁第43届世乒赛输给孔令辉，他虽难过，却并不嫉妒，还向对方表示祝贺；亚特兰大奥运会王涛输给刘国梁，也表现出文明大度的良好风范。奥运资格“生死战”，赢球后马琳当晚就想打电话安慰王励勤，但是又不知该说什么，所以才没打。

公平环境下的残酷竞争能打造坚强的灵魂与高尚的人格，给当事者终生难忘的精神营养。

2008北京奥运会前夕，中央电视台记者周到采访马琳、王励勤、王皓三位团体赛选手时，马琳讲述的内容竟然全部是四年前“生死战”的前前后后。他认为，如果没有那场“生死战”，他在雅典奥运会上单打失利后，不可能夺得双打冠军，“因为有了这场不同寻常的比赛，让我们互相信任，共同去承担奥运会这种压力。前边我的单打输了，如果没有这场‘生死战’，我们俩的信任度会差很多”。

周到写道：“在马琳的字典里，奥运会是一场勇敢者的游戏，谁最勇敢，谁就能在这场游戏中玩到最后。每一场比赛你都需要直面生死，都需要背水一战，这就是‘生死战’的含义。马琳说，他会把北京奥运会的比赛当成‘生死战’一样去打。”

人们惊喜地看到，在2008年北京奥运会上，马琳实践了自己的誓言，他在和王皓、王励勤并肩作战夺得男团冠军后，又夺得男子单打冠军。

刘国梁说马琳是“十年磨一剑”，告别中国八载的奥运会单打冠军，又一次回到中国人手中。

因而“生死战”的意义决不仅仅是一种选拔形式的嬗变，而是以人为本、建设和谐社会的愿景在乒乓球队的成功实践。

“输家”师徒洒泪同唱《真心英雄》

（1）

生死战打完了，人也都散了。然而硝烟却在每一个人心中飘荡。施之皓陪两位哭了的弟子站在球房，仿佛不相信这场比赛已经结束了。阎森心里特别难过，但他却安慰王励勤说：“都怨我！出了这场车祸！如果我的手不伤，不会到这种地步。我们也赢过，输也要输得起，你就全力拼单打吧！”

王励勤　　齐大征摄

施之皓看在眼里十分感动，想起乒乓队前辈常说的一句话：“输球不输人。”阎森就是这样一条汉子。其实他们这对双打落选，最难过的应该是阎森。因为阎森已经二十九岁了，这场球他赢了，他的运动生命还会延续，但是输了，可能他的运动生命就要结束了。阎森 2003 年为全力备战雅典奥运会，放弃了在日本健胜苑高薪打球的机会。对此蔡振华非常欣赏，他曾在全队大会上说：“我要特别表扬一个人，就是阎森。他今年放弃去日本，在巴黎世乒赛上拿了双打冠军，但大家都知道他的目标不是世乒赛，他的心思在明年的奥运会。你们知道他不去日本要损失多少钱?”蔡振华把阎森作为乒乓球队为国争光不计私利的典型来表扬。还有他的胳膊伤粘连治疗，生生把粘连的肌肉韧带撕开，简直无异于酷刑，可阎森都咬牙挺过来了。阎森付出了那么多，牺牲了那么多，为了什么?还不是雅典奥运会！但最后却竹篮打水一场空。正如事后马琳所说的，这场生死战比真正的奥运会决赛还要残酷。奥运会打输了还有块银牌，这要输了去都去不了，还谈什么其他?而阎森正是这样一位输家。

但阎森却无怨无悔，还主动承担责任鼓励王励勤拼单打，真正显示了他的思想境界。施之皓为有这样的弟子感到自豪、骄傲。更让施之皓没想到的是，没等他安慰阎森，阎森又说了句泣鬼神的豪言：“施指导，我不会放弃，我还要打下一届世乒赛，还要为中国队出力!”说着用嘴努了一下王励勤，意思是让施指导多劝解一下王励勤，然后就给队友张勇打电话，让他陪自己一起去友谊宾馆取东西去。

施之皓和王励勤开始聊天，这一聊就是3小时50分钟。本来就少言寡语的王励勤这会儿打不起精神说什么，只是说他对不起阎森，对不起所有关心他的人。

施之皓清楚地意识到，作为主管教练，必须尽快帮助他调整好心态。他对王励勤说：“你们什么都赢过，竞争这么激烈，输了也很正常。通过这么激烈的竞争，如果你能从中汲取一些东西，能够成熟起来，能够抗住压力，变得更坚强，这也是一种收获，可以帮助你打好奥运会单打。”

过了一会儿，施之皓手机响了，他打开一看是阎森发来的短信：“施指导，我是阎森，我没事，非常感谢您这一段对我的关心和四年来对我的帮助，我会为王励勤的单打加油的。”

施之皓的眼眶又一次湿润了。

（2）

阎森和老乡秦志戬、好友张勇一起回来了。知道施指导和王励勤已经谈了近四个小时，就提议出去吃点东西，因为已经是晚上8点50分了。

师徒一行来到一个酒吧，其实谁也没有食欲。阎森喜欢喝酒，平时就豪情万丈，谁敬都喝。此时施之皓倒也希望他放开喝，喝醉了也可以，只要能把心中的压抑宣泄出来。

俗话说，“女愁哭，男愁唱”，本来就喜欢唱歌的阎森又张罗大家去唱卡拉OK。

阎森喜欢唱歌，在队里有“歌王”美誉。刚开始放碟，他的手机就响了。施之皓刚要提醒阎森接电话，却看见张勇从自己口袋里掏出阎森的手机接上了：“喂，是是，这是阎森的手机。我是张勇。你问阎森啊？对对！网上的消息？……是那么回事。阎森啊？没事儿！他正在准备高歌一曲啊。打电话的人太多，所以他授权让我保管手机接电话！你要想慰问他，发个短信自报家门吧，等明天他睡醒了再慢慢看！……明天……明天训练啊！怎么能不训练哪，奥运会不打还有明年世乒赛嘛。放心吧，哪有不输球的选手？老瓦输没输过？刘国梁、孔令辉输没输过？不输怎么能进步呢？”

秦志戬忍不住苦笑一下，张勇不经意中说出了哲理性话语。

施之皓从来不喝酒，但阎森特意给他上了两瓶红酒：“施指导，红酒不碍事，活血安神，保你今晚睡个好觉！来，我敬你一杯！”

说完阎森开酒，用开酒器把木塞拽出一个头时，干脆用牙叼住木塞一下拔了出来，然后把玫瑰色的红酒倒在高脚杯里，双手递给施之皓。

施之皓接过酒杯，表现出从未有的豪情，一饮而尽。阎森、秦志戬、张勇从没见过施之皓这么痛快，大叫一声：“好！”

阎森也很激动，自己倒了杯白酒，一仰脖倒了进去！

“好！好样的！”秦志戬、张勇营造欢乐氛围，说道，“阎森，再唱一个！”

阎森粗中有细，摆摆手，又倒杯红酒走到王励勤跟前：“按年龄我应叫你小老弟，按水平我得管你叫王哥，因为你是世界单打冠军！我单打最好只得过第三名，输给老瓦了。没法子，我缺少天赋。你王励勤不一样！从1996年咱俩配双打，当时咱俩都不是单打主力，可咱俩一搭档，就技术上互补啦！用李指导的话说，你王励勤有较强的相持实力，我阎森发球、接发球和发球抢攻行，出手快、直线多、球路毒，两人一条心，黄土变成金！我阎森和你小老弟一起变黄金啦！这次……这次全怨我……”

王励勤也要哭了，低头说道：“我没打好……是我没打好，我有包袱……”

阎森一把抓住王励勤的手：“可你还年轻，雅典奥运会……啊，雅典，你去拼，我在后边给你加油！从今天开始，不管哪方面，你需要我，就说话，我阎森全力以赴！”说罢左手擎着酒杯猛向上一举，酒洒了出来，溅了他一脸。

张勇忙抽出两张餐巾纸要给他擦，阎森把张勇扒拉到一边，用手把脸一抹，接着对王励勤说：“我知道你和施指导一样，从来不喝酒不抽烟。今天你要喝！这是为你上奥运会比赛的壮行酒，一定得喝！”

秦志戬见阎森过于激动，急中生智，赶忙转移话题：“阎森，唱歌！唱歌！待会再喝，喝多了嗓子不亮了！”说罢把阎森拉到卡拉 OK 播放机前，“你点个歌，唱什么？”

“《真心英雄》！”

“好！快放，《真心英雄》！”

阎森从张勇手里接过麦克风，音乐声一响，就亮开嗓门唱起来：

“在我心中，曾经有一个梦……”

是啊，哪一位国球手心中没有一个梦呢？为了实现这个梦，他们付出了多少啊……

听着这歌声，不知道为什么浑身都是劲。王励勤站起来了，走到阎森跟前和他一起唱。秦志戬、张勇拥过来了，搂着王励勤、阎森的肩膀也跟着唱起来：

“灿烂星空，谁是真的英雄……”

唱完这一句，不知谁喊了声：“我们！我们是真的英雄！！！”

施之皓也坐不住了，站起来走向唱歌的四位队员，放开嗓门尽情地和年轻人一起唱道：

把握生命里每一分钟，
全力以赴我们心中的梦，
不经历风雨怎么见彩虹，

没有人能随随便便成功！

几个男子汉边唱边体会歌词的内涵，他们把这次奥运会落选的种种痛苦、悔恨、自责、遗憾都融到歌声里了……

他们唱着，唱着，仿佛这首歌就是专门为他们所写，为生死战的输家所写：是啊，不经历风雨怎么见彩虹，没有人能随随便便成功！这次奥运双打选拔我们输了，但这不是最后的退出。就像登临高峰的途中，我们滑坠了一下。我们不会止步，我们还要继续攀登！

施之皓唱着唱着，眼前闪现出自己为实现心中的梦走过的漫漫征程……

第二十四章
施之皓心中的梦

梦想沉浮：难忘蔡振华的一送一接

（1）

阎森说生死战这天晚上，从来不喝酒的施之皓喝了酒，尽管是红酒，但也有两瓶。

在外人看来，其实施之皓也许用不着这么伤感。王励勤虽然双打落选了，但是单打还有机会！

施之皓是个追求完美的人，这场生死战，“阎王”本来有机会赢，但是没抓住，输了。他心里挺痛惜的。

一场球如此，人生何尝不如此。

运动员出身的施之皓，面对这场生死战的输球，感触比弟子多，认识也许更深刻，因为当运动员时他也在关键时刻输过球。而那次输球，改变了他的人生轨迹，也引发了他对人生的许多思考。其中许多往事都是令他难忘的，但他最难忘的是，蔡振华对他的一送一接。

施之皓永远难忘蔡振华对他的一送一接。

送，是1982年，那是中国队第36届世乒赛大获全胜载誉归来的第二年，男团主力之一的施之皓被调整回八一队。

无须赘言，谁都明白，这是因为他在第36届男团决赛中输了球，而且输了两分。国家队就是这样，任何一个队员，不论你经历过多么艰苦曲折的努力，一旦你在关键的世界大赛中输了球，输了关键的球，除非你在此之前已是战功卓著的名将，否则将会失去世界大赛中被重用的机会。

施之皓在 1981 年 2 月国际乒联公布的世界选手名次中，列男子第三。他在 36 届世乒赛团体赛中一直打得很好，但在决赛时领导决定让他第一个上场打“冲头”。本来“冲头”是蔡振华的任务，但因第一次参加世乒赛，蔡振华开始发挥有些失常：小组赛中他输了两次。领导为保险起见，决赛改让施之皓打“冲头”，结果施之皓输了两分，蔡振华却赢了两分。尽管团体决赛捧回了斯韦思林杯，但施之皓的表现当然是令人失望并令决策层心有余悸的。

他离队的时候。送他的只有蔡振华这个同屋住了几载的好兄弟。

在汽车启动时，施之皓透过车窗又望了望那幢他熟悉的大楼。他隐隐地觉得，他恐怕再不会进这个大楼的门了。这里本来应是他实现梦想的地方，现在却成了他的伤心地。

后来他和曹燕华结了婚，一起东渡扶桑，在日本讲学一年后，又去了德国打球兼做教练。但不管走到哪里，他和蔡振华都保持着联系……

没想到在意大利执教的蔡振华 1989 年为打翻身仗挺身而出回了国，也没想到他居然这么快就实现了抱负把中国男队带出了低谷，重登世界之巅。1995 年第 43 届世乒赛打翻身仗时，施之皓和曹燕华带着他们的儿子小泽西专程回来看比赛。他感受到了国内的巨变。

好朋友几年不见，施之皓发现蔡振华变化很大，成熟了许多。过去当队员时，好动的蔡振华开会两分钟就如坐针毡，可这次赛后开总结会蔡振华竟整整坐了十天！他打心眼里为朋友骄傲，把事业搞得这么轰轰烈烈。而自己一家远在德国，虽说薪酬高，生活安定富足，执教一家乒乓球俱乐部也得心应手，但打乒乓球在这里充其量不过是养家糊口的技能，怎能和国内相比，施之皓深藏心底的爱国火焰被点燃了。

1996 年，施之皓携家回到上海，并出任了上海乒乓队男队主教练。后升为总教练。

1997 年，蔡振华升任中国队总教练，邀请施之皓来国家队共图大计。

施之皓到北京时，只带了一个小旅行袋。飞机晚点一个多小时。他走出行李大厅时还是只有蔡振华一个人来接他。但施之皓感觉这就足够了，这比任何盛大欢迎仪式都让他满足。

蔡振华开车把他带回家里，笑容满面的黄胜已经亲手做好一桌饭菜，为施之皓接风洗尘。沙发上放着她为施之皓亲手缝的被褥，里外三新。

这一送一接两个场景永远铭刻在施之皓的心中，也使施之皓更加钦佩蔡振华。在你遇到坎坷时，他会义无反顾地支持你；在你需要大展宏图时，他会给你创造机遇。这才是真正的朋友！这才是金不换的友谊！像严冬里的炭火，像酷暑里的浓荫，像激流中的踏脚石，像看不见的空气，像捉不住的阳光……这样的友谊谁都需要，谁都离不开，但并不是每个人都有幸得到。

蔡振华的确是很仗义的人，当年他看到自己朝夕相处的朋友被淘汰了，心里很难过，甚至有几分歉意：本来比赛中应是我打“冲头”，如果我小组赛没输，就不会在决赛时让施之皓去“冲头”。在某种意义上说，施之皓是因为我而落难的……他了解施之皓的人品、智商和对乒乓球的热爱。他认为再给施之皓机会他一定会东山再起的。可是离开国家队就表明难有翻身之日了。在这种情况下，他怎么能不送朋友一程呢！他一直把施之皓送到八一队所在驻地……

如今，施之皓又回到了国家队。他来，在某些人眼里仿佛是沾了我蔡振华的光。其实恰恰相反，他是做了很大牺牲才回来的呀！

且不说他放弃了在德国取得的永久居住权和一年 8 万马克的高薪。8 万马克是什么概念？相当于中国教练几十年的工资！在上海当总教练，要权权不小，待遇也很不错，更重要的是有一个温馨的家。也许对于十八九岁的小青年来说，离家远行有着摆脱父母管教的快感和轻松，有着探索未知的神秘感，但对一个十来年过惯了老婆孩子热炕头的中年男子来说，离家远行去重过光棍生活，绝对将面临苦行僧般的困境。但施之皓义无反顾地来了，不顾妻子的劝阻，不顾儿子的失望眼光，离家北上。他到底为了什么？如果不是胸怀大志图国球长盛，何至于如此呢！

由于施之皓和蔡振华从年轻时候就是好友，因而有些人在观察施之皓是否会从蔡振华那里得到特殊照顾。而施之皓却像接发球似的，要求自己绝不能在这个球上输分，那就是自己要比其他人更严格地执行队内规章制度，而不能有任何特殊化；要比别人更加敬业，而不能企望任何特殊关照。

时间长了，人们的怀疑扩消了，施之皓说："我们讲感情，但我们不会感情用事。"

梦想延续：应对两位女世界冠军的短板

（1）

施之皓原本希望能到男队执教，但结果是被分到女二队当主教练。当时他对女队两眼一抹黑，除了邓亚萍，连李菊、杨影都所知甚少，更别提二队那拨小女孩儿了。如果不是蔡振华当总教练，他可能会去要求调换岗位，但现在他只能老老实实服从分配。

一年后，施之皓到了女一队当主管教练。分给他的队员中有两名世界冠军：李菊与杨影。但两位弟子的状态都不理想。杨影开始走下坡路；李菊也处于低谷，由于伤病缠身，总在大赛中负于后起之秀王楠，这使她精神上十分苦恼。但杨影、李菊二人所处的位置十分重要。2000 年悉尼奥运会，除了王楠，她俩排二、三号，而实际状况与她们所负重任很不相称。

更令施之皓感到棘手的是，李菊和杨影性格像假小子，在日常管理中很不好带。那时候，两人训练一直不系统，有时甚至连一星期的全勤都难保证。

施之皓采取的是"智擒"手法。

2002 年退役的杨影曾在记者晏学宁、王冬妍采访她时，生动地讲述了她在国家队和几位教练的关系，她称姚国治"对我特别好"，称惠钧是"软硬兼施"，她还称鲁尧华是"好脾气"。而谈到施之皓时，用的是"不服不行"这样的评语——

在广州亚运会乒乓球比赛女团决赛中，主教练施之皓率领女将们为李晓霞加油助威　　齐大征摄

最能治我的教练是施之皓。他刚接手带我的时候，我觉得他不大好相处，因为他每天板着一张脸，看不出他是高兴还是不高兴。有时我给他讲个笑话，我觉得特别好笑，讲完之后我哈哈大笑，他却一点表情也没有。但日子稍长一点，我就发现，施指导是个非常有办法的教练。比如，有时我训练很急躁，怎么也练不好，就不想练了，想调整一下，找人聊聊天，明天再练。别的教练一般就放过我了，施指导不行。有时我跟他请假说自己肚子疼，或者腰疼，他心里明白我不是身体原因，而是不想练了，就不给我假，他说："你不练也得在这儿站着，站也得站到时间。你就在球馆里耗着，想和别人聊天就去聊，反正你就是不能下来。"他这招可真是"治"了我。我一个人在球馆里站着怪冷的，想找人聊天吧，可大家都在训练，谁能陪我聊呀？与其站在一边闲着，还不如去训练呢。后来我就不偷懒了。

施指导执教有方，当我赢球的时候，他总是很平静，不会过分地表扬我，最多给我总结一下技术上的问题。可在我输球或状态不好的时候，他就格外关心我，无论在生活上，还是在技术上。他曾经当过世界冠军，经历过我们现在所经历的一切，知道运动员最需要什么，所以总是能给我们最好的指导。第45届世乒赛单打比赛，赛前我作了很多准备。在16进8时，我遇到柳智惠，没打出自己的特点，输了。下来后，我心里特别难过，精神好像要崩溃了。出了球馆，我遇到施指导，他对我说："没关系，下次再来嘛。"就这短短几句话，让我特别感激，觉得这个时候还有人能对我好，我的教练都没有放弃，我就更不能放弃。

施指导带我和其他几个女队员时，我们的训练氛围特别好。他很会掌握训练的节奏，业务水平也很高。施指导做运动员时也是用脑子打球的选手，他的训练方法很适合我。

在施之皓的调教下，杨影有了长足进步。

（2）

对李菊，施之皓了解到这位来自江苏南通的姑娘，从幼儿园开始就学打球，十岁时两次获全省少儿比赛第一名。那年她肩膀上长了个脂肪瘤，到医院做手术。她问医生的第一句话是："我以后还能打球吗？"

医生很惊讶这小女孩的执着，笑答道："你不仅能打球，还能打到世界冠军！"

李菊并不把这话当玩笑，从此坚信自己有一天能实现医生的预言。当年她就进了省少年体校。一年后，她参加全国少年赛就拿下单打和双打冠军。后来香港队想把她和杨影挖走，省里没同意。1991年她从省队打到国家青年队，后又到了国家一队。

在施之皓接管李菊时，她已陷入伤病困扰的沼泽里拔不出来，这样比赛中难免输球。外界不了解，议论纷纷，使李菊承受了更大的压力。还有一点，李菊原是排名第二的位置，后被王楠取而代之。李菊的性格和所有尖子选手一样，肯定是不服输，但在大赛中她又几次输给王楠，造成了心理死结。这样心理——身体——技术，恶性循环下来，李菊就陷入了瓶颈上下两难了。

施之皓知道对李菊这样个性极强的队员必须用沟通来施教。他搜集了好些比赛数据证明，李菊的技术水平并非不能战胜王楠，而是她的心态放不平。关于伤病，要战略上藐视战术上重视，既不要被它吓倒，又要坚持认真治疗。

李菊终于茅塞顿开，信心大增。她的技术状态明显回升，在 1997～1998 年度爱立信中国乒乓球擂台赛决赛中战胜王楠，当上了擂主。

但王楠下半年技术状态明显上升，曼谷亚运会上独得四枚金牌，在女单决赛中又以 3:0 击败李菊。这次李菊并没有一蹶不振。转过年来，她又在 1998～1999 年度爱立信中国乒乓球擂台赛的半决赛中战胜王楠，蝉联擂主。

其实这场比赛前，李菊刚做了脚趾甲尖的拔甲手术，因此她打比赛时脚上还缠着纱布，一脚穿 37 号鞋，一脚穿 39 号鞋。但她显示了从未有过的精神面貌。接着，在第 45 届世乒赛单项比赛中，李菊与王楠搭档夺取了女双冠军。此时有人把王楠、李菊比作邓亚萍与乔红，称她们是女队新一代双保险。

2000 年，李菊迎来了自己事业的高峰。在 1 月底她与王楠、孙晋同赴金边参加了第四届乒乓球世界杯女子单打赛。在这里，她战胜王楠拿到了自己的第一个单打世界冠军。2 月，作为女团第二主力，李菊在第 45 届世乒赛团体赛中，又添一枚团体冠军的金牌。教练李隼撰文评述第 45 届世乒赛时，是这样评述李菊的：

> 李菊是这次团体赛中全队发挥最稳定的队员，也是所有参赛队主力队员中唯一保持不败的。这说明李菊在思想素质、意志品质上都有了飞跃。特别是在单项比赛后的半年中，李菊在教练的帮助下，不但思想上有了飞跃，在技术上也有不同程度的提高，如凶与稳的处理，反手位力量与旋转的结合，发球的变化。从整个比赛看，李菊技术发挥稳定，人也逐渐成熟起来。

在举世瞩目的悉尼奥运会上，李菊先与王楠联手夺取女双金牌，又在单打中过关斩将，在半决赛中以 3:1 力克黑马井浚泓与王楠会师。虽然最后拿的是银牌，但两人的精彩球技与拼搏的气势堪称经典大战，给全世界球迷奉献了一场视觉盛宴。

梦想考验：接管世界排名第一的王励勤

（1）

悉尼奥运会后，中国队教练班子大调整，吕林回老家浙江省担重任了，李晓东调到女队任教练组组长。他们原来主管的王励勤、阎森在悉尼奥运会是双打冠军，王励勤的世界排名已是第一。这时候换教练，蔡振华肯定会很慎重。

蔡振华曾说："只有无能的教练，没有无能的运动员。"全队都寄予很大期望的王励勤在这个时候换教练，是祸是福谁也不敢肯定。

蔡振华很了解王励勤，他是个中规中矩的模范队员。他心里的想法不会轻易说出来，他有不满、委屈或不同意见都会闷在心里。

如今带他多年往上冲的李晓东走了，带他冲击奥运会的吕林也走了，他心里会想很多。队里这些教练哪个人适合教自己，或者说希望什么人来带自己，王励勤肯定有想法，只是他绝不会找教练组去要求。

既然这样，蔡振华就主动问王励勤："李指导调女队了，你想让谁带你？"

"还是施指导带我吧！"王励勤果然早已想好了人选。

都是上海人，有时在一群全说普通话的人群里，两人见面用上海话聊聊天，倍感温馨。除了乡音，施之皓的性格无疑也是王励勤喜欢的。他水平很高，但不会十分强势地对待队员，可能会用上海人的沟通方式来带自己。

这样，2000 年 11 月，施之皓终于如愿以偿来管男队员了。他认为："男队的乒乓球水平代表了一个国家的水平，所以到男队在业务上更具挑战性，也更能体现我的价值。"但从另一方面来说，到男队对施之皓也是一次考验。明眼人都明白，施之皓接管王励勤及王励勤、阎森的双打，说好听了是信任，是压担子，说悬乎点儿是到了高危雷区，施教手段不得当就会得不偿失。你想，以后打好了，众人并无惊喜，人家奥运冠军都拿了，拿世乒赛、世界杯也是顺理成章的事儿；打不好，就会有很大舆论压力，因为王励勤的身体条件在中国队实力型选手中是独一无二的，他的刻苦自律也是独一无二的，是你教练没本事，这队员才没达到大家预期的新高度。

施之皓平时话不多，但和熟悉的人在一起，会显露出他的幽默感。幽默感是一种可贵的素质。有智慧的人、思维不落俗套的人才有幽默感，它是聪明男人的标签。

曹燕华曾这样评价施之皓：“他非常有性格，很要强，有主见，但不太善于与别人交流，按照时下时髦的话讲，就是非常‘酷’！过去当运动员时，他给人的感觉就是非常难接近。其实，对熟识的人，他非常随和。如今他不再那么‘酷酷’的，我觉得这和他从事了多年的乒乓教练工作有很大关系。他在这个岗位上学会了如何与人相处。”

（2）

曹燕华句句话都说到了点子上。施之皓接管王励勤，第一步就是要探索王励勤的内心世界。

这事儿说难不难，如果你碰上刘国梁那样的队员，不用你费力，他会主动跟队友聊，跟教练交流，甚至还敢去和蔡振华侃球儿。这是他的性格使然。

而王励勤则是一个不愿意把内心世界暴露出来的人。他天生有种自我保护意识，因而他在队里开始有点单打独斗。他和任何队友没有过节，但和任何队友也谈不上知心。他就一天到晚闷头练球，练得比谁都苦，可比赛成绩像过山车，所以关键大赛教练不敢也没法放手用他。这就使王励勤的登峰之路显得分外曲折。

这一点也是让王励勤第一个主管教练李晓东十分头痛的顽症。李晓东真的是为王励勤成材呕心沥血、废寝忘食到了玩命的程度。他有一句话，让王励勤至今不忘：“最终你要成为顶尖运动员！”

为了全面调整王励勤的心理承受力，李晓东曾给王励勤写过一份“怎么办”备忘录，为全面打造他提出了几十条问题，让他去思索答案。

对于比赛中总重复犯错误，李指导恨铁不成钢，骂过王励勤，也说过一些狠话：“你不要总感觉你是技术问题，对心理问题没有详细总结，光是输了练，练了再去比赛，就会犯同样的错误！”

王励勤在北京奥运会比赛中　　齐大征摄

当时王励勤并没想通，但他也很少去和教练袒露心声。结果王励勤在队里成了独特人物：本事真不小，但关键时刻显不出，大赛中教练不用可惜，用了又怕遭受意外的打击。

施之皓当然不打无准备之仗，他对王励勤的方方面面作了研究。这位被队友称作“大力”的小伙子 1978 年出生在上海一个工人家庭，性格敦厚纯朴，做人规规矩矩。1 米 86 的身高优势，超群的肌群力量，加上十几年如一日的刻苦训练，使他在亚洲选手中鹤立鸡群，在欧洲选手面前则以他们不具备的柔韧性而胜出一筹。他正手位弧圈球力量大，出手早，有杀伤力，而且命中率相当高。在中国选手正手弧圈球只在近台具备杀伤力的情况下，他可近可远，回旋余地大，形成了独特的技术风格。

但本该早就崛起的王励勤，其成长之路却充满坎坷。他1998年就曾拿下国际乒联职业巡回赛单打、双打总冠军，但1999年第45届世乒赛却爆了最大的冷门，在单打中输给布洛瓦—— 一个名不见经传的欧洲选手，连前十六名都未能进。

在人们认为王励勤的心理太脆弱时，他在2000年一系列公开赛中又连获冠军，排名跃升到世界第一。按理说悉尼奥运会应单打、双打都上了保险吧，可他由于夺单打冠军的心太切，在集训期间拼命练单打，对双打无暇顾及，结果蔡振华当机立断没给王励勤报单打，只报了他和阎森的双打。这样王励勤虽受到很大打击，却憋足了劲和阎森练双打，结果两人在悉尼奥运会一步登天，成了奥运会双打冠军。

事后王励勤回忆这段经历时说："教练也可能考虑到，一到大比赛，我越想赢的时候往往越会出现问题，所以干脆不让我打单打。也正因为只报一项双打，我才能全身心投入到双打训练中，对双打研究得非常多，这才拿到男双冠军。如果两项都报了，也许什么都拿不着。"

（3）

王励勤到了施之皓手下，确实发生了一些可喜的变化。2001年第46届世乒赛，王励勤一举拿到男团、男单、男双三枚金牌，让人们惊呼："大力成熟了！腾飞了！"

施之皓用了什么灵丹妙药，让王励勤的心理逐渐强大起来？

不妨听听王励勤本人如何说："施指导在教学上给我更多空间。以前我听教练的多，自己想法少。可乒乓球是一个需要动脑筋的项目，讲究变化。施指导更多是帮助我挖掘潜力，让我多动脑。他原来当运动员也拿过世界冠军，有很多体会，跟我们的想法也比较接近，沟通起来没什么障碍。有时候他更像我的兄长，在打球以外的其他事情上，也会给我一些建议。"

施之皓对队员采取平等沟通法。他认为："只有平等才叫沟通，否则老祖宗为什么偏偏选了这个带三点水旁的'沟'呢？因为水是平的，所以双方平等才能真正沟通得了，否则只是一种说教。"

他是这样说的，也是这样做的。施之皓从不跟王励勤讲空洞的大道理，他会和王励勤一起分析问题，在潜移默化中把自己的认识讲给王励勤听。他甚至会把自己当队员的一些事讲给弟子听。

“施指导非常了解我，知道我怎么想，知道该如何引导我，比如，打比赛想赢怕输，他就告诉我，你伸头一刀，缩头一刀，怕也是死，可能豁出去反倒好一点。以前也明白这种道理，可他用这种语言告诉我，让我体会更深，更容易接受。施指导还让我懂得要想成为一名优秀的乒乓球运动员，首先做人一定要大气，要有大将风度，平时为人处世上要先想别人，再想自己；先考虑集体，再考虑个人。只有境界提高了，看待问题才会更加宏观和全面，这样对打球也有好处。”

在技术方面，施之皓认为乒乓球打到一定境界不是靠死练，练得太多、太苦有时反倒没感觉。他曾送给王励勤一本心理学方面的书。王励勤不仅认真看了，还有意识地照书里说的去做。

在施之皓的带领下，王励勤开始慢慢融入集体，他常跟刘国梁、孔令辉一起出去放松，和圈外人接触，学习观察别人，了解对方的想法。因为施指导一再强调：“乒乓球是一项高智商的运动，打到最后就是打这个人，与人斗，其乐无穷。乒乓球的最大乐趣就是猜对方，如果我把你全猜透了，你就没法跟我打了，而不是说把对方打得没有还手之力。”

王励勤过去不论是训练日记，还是大赛后的总结，总是只写技术不写心理，就是不懂乒乓球打的是人这个道理。这层窗户纸点破后，他有了很大进步，懂得了一场比赛下来不应该仅仅总结哪项技术没打好，而应该总结赛前你对整个场面的估计如何。如果估计和实际出现的情况相差很远，在场上肯定打得乱七八糟，因为比赛始终跟你想象的不一样，什么球打过来你都觉得惊讶。

施之皓还非常重视体能训练，要求大力长跑必须保持前三名。因为他不想大力像有些主力那样，冠军拿到了，身体素质却开始往下滑，等真正技术、心理成熟时，体能却拉了后腿。他还想让王励勤能打 2008 年北京奥运会。

这一点师徒俩的想法倒是非常吻合，王励勤常常受到体能教练史鸿范的表扬，被树为体能标兵。

施之皓对王励勤的理解与评价与有些人大相径庭：

王励勤是一个非常勤奋的运动员，他并不像外界说的那样，脑子不好，其实他是个很有想法的运动员。可能有的时候，有些想法不是很正确或者说他比较固执。1997、1999年两届世乒赛，赛前他的呼声都很高，结果却令人失望。他自己也很沮丧，觉得自己比别人付出得多，就应该收获得多，可最后结果却跟期望相差很远。2000年我接手的时候，他主要就是这个问题，到了大赛，他会有一种阴影，讲得严重点就是一种恐惧，他特别希望打好，所以很多事情就看不开。

接手他以后，我主要考虑怎么减轻他的压力，怎样正确对待“付出”。不是说训练比别人多，人家练一个小时，我练两个小时，人家练两个小时，我就练三个小时，甚至于某个技术比人家练得多，就叫作“付出”。乒乓球不光是技术，要打到最高水平，拿世界冠军，需要的是一种综合能力，心理、技术、战术、胆量等方方面面综合的东西。也许训练上他很刻苦，很勤奋，付出了很多，可对于心理或其他方面的研究，他可能就不如马琳、孔令辉和当时的刘国梁。他只感觉到自己在付出，而人家付出的东西他可能没感觉到。

在备战2001年46届世乒赛的封闭训练中，首先，我不让他补课。训练结束就完了，我宁可用补课的时间跟他探讨一些技战术问题，对整个比赛局面的控制或比赛中的感觉，甚至脱离开乒乓球去跟他讲一些事情，包括人生观，对事物正反两方面的看法。从第46届比赛看，确实起到了比较好的效果。当时我带他半年多时间，从技术上讲不会提高很多。

王励勤对2001年第46届大阪世乒赛自己的表现，若干年后仍记忆犹新：

第46届世乒赛时，团体赛我打得不好，四分之一决赛时输给了波尔，当时心里非常难受。当天晚上我和施指导在外面找个地方吃晚饭，他问我对下面的比赛有什么想法，自己想不想上场。我肯定想上，而且觉得自己上场的可能性比较大。结果教练没让我上，我觉得挺意外的，对我打击特别大。打完决赛以后，大家一起庆功的时候，我心里难受极了。

以前的大赛，我往往一场球打不好，或者一个项目失利，就全线崩溃。这次我没有受团体赛的影响，思想上调整得很快，单打前几轮赢得比较艰苦，进入前八以后放开了，状态调整到最好。这是以前我比较难做到的。

我没想到决赛打得那么困难，这是我第一次进入单打决赛，孔令辉的经验和整体水平都要高于我，我必须把所有的水平都发挥出来，才有可能赢他。所以我对困难准备得比较充分。但上场以后，我对气氛还是不够适应，虽然思想上不像以前那样，想赢怕输的包袱那么重，身体状态还是感觉挺紧的，活动不开，输了两局之后，我心理上没有崩溃，很平稳，还能耐心地打，赢了第三局以后，感觉自己能够追回来。在场上我没想过输，也没想去赶快赢，心态非常好。

也许正因为如此，男单比赛结束时，大力才会用毛巾捂脸哭得那么动情吧……

（4）

2002年釜山亚运会前很长一段时间，王励勤在队内比赛几乎没怎么赢球，这对“内战内行”的大力来说是异常现象，可是到了釜山亚运会上，他能在不利的情况下杀出来，夺得男单金牌，又一次证明，大力的心理素质的确是上了一个很大的台阶。

但后来访欧王励勤打得又不顺，施之皓坚持认为不是心理问题。他开始反思，是不是大力技术、战术上有问题？经过与蔡振华、刘国梁探讨，结论是在改大球后的2003年，情况已发生变化。原来一直认为大力技术领先，只要发挥出来就无敌于天下。但是此一时彼一时，大力的某些技术确实落后了。这种细心、动态的观察使王励勤的技术不足很快得到弥补。

在这种情况下，2003年巴黎世乒赛，尽管王励勤没能卫冕，但他上场以后整个人的精神状态、心理状态、技战术使用、在场上控制局面的能力，都显得很稳定，第六局在大比分领先的情况下，10:8以后有两个很好机会，但都打到板边上……对于这种带运气色彩、偶然性的球，施之皓认为即使输了也谈不上技术、心理问题。此时的施之皓显示了他的独立见解，他不是人云亦云的人。

使施之皓欣慰的是，从巴黎回来，王励勤不断成熟，能够从正反两方面看待自己了。过去他想自己想得多，想别人想得少，后来能做到各半。因为整个乒乓球不是你一个人对着墙在打，对方是个人，始终处于不断变化当中。按理说，像王励勤这样超一流运动员，必须想对方多，想自己少。因为对自己有足够了解，明白自己是怎么回事，知道自己的心理变化，而对方的心理变化你不知道，所以要去想，去判断。

关于心理，这个始终伴随王励勤成长过程的一个绕不开的话题，此时的王励勤已能坦然面对，他说："曾经有段时间我也特别在意这种说法，后来觉得还是自己最了解自己，如果太在意别人怎么说，假的说多了，你也会认为是真的。"

而施之皓则认为："王励勤现在最大的问题是要对自己有个正确估计。亚运会打得不错就说你行，世乒赛输了你又变得不行了，外界这些说法往往会影响他的心态，所以必须给他自信。"

采访王励勤时他说：这期间蔡振华成为他非常重要的精神支柱。有一次出国参加比赛，在飞机上看电视，播放的是美国棒球比赛。蔡指导坐在王励勤旁边，对他说："你看别人是怎样当冠军的，还要从别人的事迹中获得启发，用到自己的事业上去！"蔡指导还说有些和他同一辈打球的运动员，后来为什么没打出来？自己条件在当时并不是最好的，天赋也不是最高的。像他这种条件的人每个省都有……

最后蔡指导送他四个字："笨鸟先飞！"

雅典奥运会生死战双打落选，不仅对选手是考验，对教练更是磨砺。雅典奥运会上王励勤半决赛时遇王皓没有打好，施之皓认为是自己当教练后唯一没有做好的地方："王励勤跟王皓半决赛的前一天，那天晚上我都不敢在房间待着，一直在外面待到三点，因为来找的人实在太多，怕给他压力，可最后结果呢，还是输。压力是无法回避的，所以必须面对，扛得住扛，扛不住也得扛。

赛场如战场，胜者王侯败者寇，就是这么残酷！”

由此施之皓总结了教训，在2005年第48届上海世乒赛之前，一反往常做法，不断给王励勤加压力，并让他学会享受乒乓球。大循环的时候，王励勤输了一些球，他非常在乎。施之皓就跟他说，我带你四年，你没有一场球是领先后“玩”输掉的。如果你会“玩”了，就是一个突破。既然这么认真你也输了，为什么不“玩”输了呢？这同样是心理上的一种调整。

在施之皓的辛勤教导下，王励勤的思路慢慢放宽，变得越来越自信和从容。

2005年第48届世乒赛在上海举行，王励勤不负重望，一路高歌猛进，过关斩将，捧起了圣伯莱德杯。他代表自己，同时也代表施之皓教练，向家乡父老献上了一份完满的答卷。

第二十五章
赤心思报国
——金牌团队共同基因之一

2004年雅典奥运会结束后不久，蔡振华被任命为国家体育总局乒羽中心主任兼党委副书记。从此中国乒乓球队少了一名颇具传奇色彩的总教练，而中国体育界多了一位勇于开拓、精通业务的官员。

至此，蔡振华的教练生涯宣告结束。屈指算来，他已在教练员这个领域奋战了十九个春秋：意大利国家队执教四年，中国乒乓球队执教十五年。在这十五年中，任助理教练约两年，主教练约六年，总教练约七年。

至此，蔡振华统领的团队也完成了阶段性使命。在十三载的岁月里，这支团队成员上任时尽管在历届教练员班子里，资历最浅，年龄最轻，知名度最低，当运动员时的平均成绩最一般，接班时男队成绩最差，但蔡振华及其团队迎着风雨，顶着压力，面对着质疑目光，走过了十三载。

时间往往能证明一切，时间往往也能创造一切。十三年的岁月，这个团队主要做了两件大事：

一是用不到四年的时间夺回了斯韦思林杯，再现第36届世乒赛包揽七项奖杯的奇迹，打了一个漂亮的翻身仗。

此后的九年里，蔡振华团队只干了一件事儿，那就是祖国荣誉保卫战！他们坚守巅峰阵地，面对国际乒联及各国强队、高手进行了一系列大大小小的征战，不断在奥运会、世乒赛、世界杯三大赛事上展现整体领先的实力。

回忆金牌团队走过的历程，可以看出他们虽然出身不同、性格迥异，但他们身上有着一些相同的基因……

相同基因第一组是：赤心思报国。

集结号中陆元盛远离病母去打翻身仗

忠孝节义是中国封建传统道德的精华，而做人是否忠于国家、民族是衡量一个人道德水平的首要标准。岳母刺字、杨家将、苏武牧羊、文天祥千百年来濡染了一代又一代中国人。

陆元盛　　齐大征摄

中国乒乓球队从 20 世纪 50 年代开始打造出了许多优良传统，被高度概括为三种精神，爱国主义精神列在第一位。

祖国荣誉高于一切，乒乓赤子为了国家利益空前勇敢、聪慧、富有创造力……当他们奋不顾身地去冲杀时，一个中国道德沉甸甸的砝码“孝”常常跳出来成为赤子抉择时的试金石。

1991 年，陆元盛在上海接到国家队的调令，让他在国球的“国难”时期去打翻身仗。

上海人一般不愿离开大上海。陆元盛这位在上海生上海长的前国手自然也不例外。如今他是拖家带口的人，老母亲突患重病危在旦夕，这种时刻，他怎么能抽身离开前往北京呢？

也许换个人，在这种纠结时刻，母患重病是拒绝去北京的最好理由。但陆元盛并不这样想，“国球遭难”，为中国乒乓运动作出重大贡献的上海，曾向国家队输送了徐寅生、李富荣、张燮林这样有巨大影响的代表人物，此时此刻，我陆元盛怎能当逃兵呢！

陆元盛是孝子，但自古忠孝难两全！母亲重病未能动摇陆元盛报到的决心，尽管心里觉得很对不起老人家，但他在母亲病情脱离危险期后还是马上来到国家队报到。

更让陆元盛愧疚的是，母亲撒手人寰时，他正随国家队在国外参加比赛。

怕影响他工作，时任女队主教练的张燮林遵照老人家的遗愿，在比赛结束后才告诉他这一噩耗。

老母亲演绎了现代版的“岳母刺字”。她在突患重病时不拖儿子后腿，鼓励他去国家队上任；她在离开这个世界时，也不想让远在海外为国争光的儿子为自己分神。因为老人家深明大义，她懂得，忠孝两全当然好，不能兼顾时，就只能有一个选择，那就是以国家利益为重！

像陆元盛这样因工作不能为母亲临终送行的教练在国家队并非仅他一人。李晓东母亲病危时他虽在北京，也不能日夜陪在身边；在第43届世乒赛前他为给王涛找合适的底板，错过了和母亲的临终告别……

这是乒坛大将们为国尽忠的抉择，就像是无数忠烈为报国而作出的大义凛然的牺牲！

蔡振华陪临终的父亲告别太湖

（1）

蔡振华是孝子，但他选择的事业是乒乓球，这常使他对父母的尽孝处于心有余而力不足的境地。

他在意大利任教时，知道父亲得了肝病，十分挂念。援外任务在身，他只能打越洋长途电话安慰老人，买最好的药邮回家里给父亲服用，希望老人能战胜病魔。

他回国不久，传来父亲确诊肝癌的消息。他听了心头如压了一块石头，沉甸甸的。他多想立即回去看看父亲！可当时总教练许绍发刚把带领马文革、于沈潼去肯尼亚打世界杯的任务下达给他。本来夺杯就无把握，如果自己再请假回家探病，耽误了宝贵时间，势必影响参赛队员的成绩。他咬着牙坚持着。夜深人静时，他常常难以入睡，眼前会浮现出父亲躺在病床上的情景。

蔡振华心里知道，在老人心中最大的渴望不是豪华住所山珍海味，而是远方儿子进门时笑容满面的一声呼唤。知道自己时日不多的重病老人，他们是多么渴望儿女床前尽孝、陪伴自己走过人生最后一程！

父亲这辈子充满坎坷。他是个有抱负的人，年轻时曾参加抗美援朝，在战火纷飞中经受了考验。他渴望加入中国共产党，可是因哥哥参加过三青团而未被批准。回国后父亲在家乡工厂当工人，仍是勤勉上进，可因为不是党员未能施展抱负。父亲壮志未酬，就把希望寄托在了孩子身上。不料大儿子下乡游泳淹死了，大女儿染病夭折了，只剩下蔡振华这棵独苗，父母就分外上心。严父常给他讲做人的道理，慈母则对他倍加呵护。

蔡振华想起，小时候淘气打架，让父母操了多少心；十三岁时进入省体工队，让父母跑了多少路。父亲每周一趟从无锡到南京，向当时的领队李宗汉和教练了解儿子的表现，生怕儿子野性十足不好好训练，不听教练的话，到头来白了少年头一事无成。蔡振华又想起，自己打比赛摔伤后养伤在家，父母从微薄的工资里尽力挤出钱来毫不吝惜地去买鱼虾、买鸡鸭给儿子加强营养，生怕他归队后体力跟不上全队训练的步伐……

点点滴滴的往事，像潮水般涌入蔡振华脑海。他思念父亲，感恩父亲，祝福父亲，希望他能奇迹般地康复。但他却不能飞回无锡去探望父亲，守护父亲，因为他必须坚守岗位。自己回国来打翻身仗，肯尼亚世界杯赛是他归队后参加的第一个世界顶级赛事，他必须全力以赴！他要把对中国男队技术上存在问题的解决思路，通过训练和比赛来进行检验。机不可失，必须坚守岗位，一天也不能离开！

蔡振华的忠心得到了回报，他指导马文革拿下了内罗毕世界杯男子单打冠军，给刚刚受到重挫的中国男队带来希望的曙光。

回国的路上，蔡振华一直在惦念父亲的病情，他甚至有些害怕与担忧。回京向许绍发汇报完比赛情况后，他立即带妻儿飞回无锡探望父亲。

（2）

走近病床的那一刹那，望着瘦得脱相的父亲，蔡振华叫了一声“爸爸”，紧紧地攥住了父亲那双骨瘦如柴的手，泪花在眼里直打转。父亲也紧紧握住儿子的手，颤抖着不肯松开，老泪纵横，却说不出一句话来。

因为北京第11届亚运会的备战即将开始，蔡振华在家守护父亲三天就急着返回队里。临走他托无锡的朋友随时把父亲的病情通报给自己。临别，父亲苍白的脸上露出欣慰的笑意。他的儿子如今是做大事的人了。他理解儿子所做的一切，儿子在为国家做事，他是好样的！

不久，父亲病情恶化。在医生宣告不治后，蔡振华仍不甘心，从世界各地托朋友寻找药品寄回国内，祈盼奇迹在父亲身上发生……

病危通知还是传来了。蔡振华再次飞回无锡。此时父亲已不能说话了。蔡振华借来一辆轿车，把父亲抱上汽车后座。母亲万梅仙在旁搀扶着奄奄一息的父亲。蔡振华小心翼翼驾车开往太湖，这个父亲曾带他来过多次的地方。车沿着碧波荡漾的太湖慢慢地转着，让父亲再看看家乡的母亲湖，向她行最后的注目礼……

太阳被阴云遮住了，萧瑟的寒风吹过湖面，车内都能感受到湖水荡漾散发着冬天的湿冷水汽。想到未能多陪伴父亲，尽到儿子的孝心，蔡振华心里十分悲痛，车窗前的路几度模糊起来。

突然，湖面上跃出一条大鱼，它在空中翻了一个筋斗后又落入湖中，激起一串浪花。

在这一瞬间，所有人都忘记了痛苦和绝望。美丽的大自然也是痛苦的过滤器，它会减轻人们心中的伤痛。

蔡振华开着车绕着太湖继续缓缓地转着，父亲眼中闪着喜悦与激动。他满足了。儿子选择了这样一种别出心裁的方式为自己送行。他怎么想出来的！知父莫如子，一个曾在抗美援朝战场上接受过战火洗礼的志愿兵，不喜欢用眼泪诀别。

父亲望着儿子宽厚的背，心里涌动着无上的豪情：儿子成人了、成材了，他这么有出息……赶上好时候了……他不光拿了江苏省第一个世界冠军，还出国去教外国人；如今乒乓球队丢杯了，他就挺身而出回来了，和我老蔡当年一样，雄赳赳气昂昂跨过鸭绿江，像我的儿子，知道报效国家！我死而无憾！

（3）

父亲病故后，蔡振华把母亲接到北京家中住。黄胜很贤慧，一家人其乐融融。蔡妈妈本以为到了北京可以有更多的时间看到儿子，不料住了几天后，她才明白这是梦想。儿子早出晚归，有时干脆住在队里。有时晚上回来见了面也是匆匆说几句话，又写他的训练日记去了。

有一天蔡妈妈着凉犯了胃病。此刻她多希望儿子知道自己病了回来陪自己看病，或送上胃药嘘寒问暖，那样不看医生病也会好一半。但她知道儿子身负重任，又不想他因自己撂下工作。听儿媳说有回小孙子生病了，发了烧，黄胜给丈夫打电话。蔡振华不愿耽误训练，打电话求《乒乓世界》的记者夏娃来帮忙和黄胜一起送孩子看病。现在自己胃病虽很难受，但也不愿为此让儿子分心。

这时蔡振华的朋友张宏来了。他知道蔡妈妈不舒服，一天都没吃饭，就打电话给蔡振华，压低声音动员蔡振华回来看看。

不料蔡振华说："队里马上就开会，我怎么走得开?!"

张宏说："你那训练局到家不过百米，请会儿假不就得了?"

蔡振华不愿让大家等他。他主持的会一直开到晚上 9 点多才结束。待他急匆匆回到家里，直奔母亲房间时，黄胜说："妈妈等你总不回来，我劝她早睡，跟她说你开会没点的。妈妈还强撑着等你，实在熬不过这才睡了。"

蔡振华轻轻推开母亲房门。母亲果然太累了，竟然没听见儿子进房的动静。蔡振华没有开灯，只是搬了把椅子坐在母亲床前，十分愧疚地望着老人家，内心甚至有种负罪感。他不想惊醒母亲，但又不忍离去。他默默地坐着，望着母亲额头的皱纹、双鬓的白发，还有那他再熟悉不过的脸庞。母亲经受了爸爸去世的打击，老多了，我作为儿子本应给母亲更多的体贴、关心，可是竟连陪母亲看病的时间都没有，要我这样的儿子有什么用呢！蔡振华叹口气喃喃自语："妈妈，不是儿子不爱你啊！可是为了打翻身仗，我们必须全力拼搏，每天的工作训练必须完成……妈妈，原谅儿子吧……"

第二十六章
带徒胜教子
——金牌团队共同基因之二

黄飚在采访中曾动情地说："我们的教练都有这种情况：为了把队员培养成世界冠军，往往把自己的孩子都忽略了。"

当教练付出的，不仅仅是时间、精力、体力，更重要的是，心被徒弟拴住了。

一个电话让陆元盛泪往肚里流

教练班子刚搭建起来时，五位教练只有蔡振华、李晓东二人家在北京，余下三人吴敬平家在四川，尹霄家在江西，陆元盛家在上海。于是，都已过了而立之年拖家带口的三员大将，又重新过上了单身生活，加入到了全国千万"两地分居"的夫妻大军里。

人是感情动物，怎能不惦念远在家乡的亲人？陆元盛临行前母亲突发脑溢血，这样上有老人生病，下有女儿上学，妻子还要上班，其压力可想而知。自己作为一家的顶梁柱，远在北京，一点也不能给家里出力。想到这些，陆元盛内心就充满不安和愧疚。

忙起来时，精力集中到工作上，心中的牵挂就淡了，甚至忘了。一有空闲难免思绪万千。跟家里的沟通，主要靠写信，再就是长途电话。但那时通信设施很不发达，打一次长途要骑自行车，跑到有长话业务的邮局去打，人多了还要排队……回想起那段日子，陆元盛说："挣的一点钱全打长途电话了。"

1998 年，陆元盛在训练中为邓亚萍作指导　　齐大征摄

有一天晚上，陆元盛突然接到上海的长途，他一拿起话筒，听到小女儿喊了声“爸爸”，接着就抽抽搭搭地哭起来。

陆元盛一听心里又急又慌：“怎么了宝贝，有什么事情跟爸爸说。”

“爸爸，我害怕……我……”

“别害怕！有爸爸！妈妈呢？”

“妈妈有事情出去了，把我锁在家里，让我弹琴……”

“那你就好好弹！练好了，爸爸回去听你弹，那有多好啊！”

“我的手都酸了，爸爸，我一个人在家害怕！爸爸你什么时候回上海呀，我想你，爸爸……”

“爸爸有事情，有重要事情……”孩子太小了，跟她讲为国争光这样的大道理，她根本不能理解。此时陆元盛心如刀绞，恨不能插翅马上飞回上海……

这样撕心裂肺的生活持续了六年，但并未让陆元盛产生丝毫动摇。他想方设法带领丁松克服了心理和技术上的障碍，终于使这位怪球手在第 43 届天津世乒赛上为中国男队打翻身仗立下汗马功劳，书写了陆元盛执教史上光辉的一页。

吴敬平不得不面对儿子冷漠的目光

现在队里队外好多人都会对马琳说“你爸”如何如何。其实圈内人都知道“你爸”并不是真指马琳的父亲，而是指他的主管教练吴敬平。

吴敬平为了将马琳、王皓等弟子培养成材，可以说是操碎了心，不仅在技术、心理、道德上引领他们迈过一道道坎儿，而且在生活中也像慈父一样无微不至地关怀着他们。2000 年悉尼奥运会马琳落选，吴敬平陪他流泪，同时又要做他的思想工作。世乒赛中，马琳准备比赛饿了，就让“爸”去买汉堡包。雅典奥运会比赛期间，马琳和王皓每顿饭都要吃一个包装纸上印有圣火的冰激淋。有一天比赛回来晚了，餐厅里找不到“圣火”冰激凌了，两人不甘心到处转，吴敬平就陪两徒弟找，直到在志愿者帮助下在一个角落的冰柜里找到才作罢。

怕年轻人成名后把持不住自己，吴敬平甚至替刚出道的王皓管账，用钱时必须讲明用途，而且只有正常开销，吴敬平才给钱……这样细致入微的管理恐怕连亲爸爸也未必有几人做到。

吴敬平的执教水平得到了世界公认，被誉为“直板反胶教父”。与此形成鲜明对比的是，他的独生子远在四川，长期得不到父爱，父母离异又给他心灵留下创伤。没人抓学习，儿子虽聪明但成绩不好，未能考入好大学。面对儿子的牢骚，吴敬平心里充满歉疚。吴敬平的父亲是中学校长，母亲是小学校长，出身教育家庭，但没想到儿子这代书读成这样。吴敬平面对儿子哀怨的目光默认自己是个失职的父亲。尽管后来他为儿子做了许多事情，但有些事情错过时机，是无法补偿的。

舌战群儒的李隼被女儿问成哑巴

女队教练李隼是位十分聪明、素质很高的金牌教练。一米八四的个儿，模样又俊朗，特别是他那口才，真是千里挑一，不论是在饭桌上还是候机楼里，只要有空能聊天的地儿，他身边总是围着一帮人，有队员也有教练。大家喜欢听李隼侃大山，他是名副其实的演说家，从国内外形势到乒坛趋势，从高手技术特征到生活逸闻，李隼好像都了如指掌，渊博得让人吃惊。

李隼父母都是热爱事业的大忙人，一年到头山南海北，一会儿比赛一会儿集训。李隼和妹妹李隽基本是爷爷奶奶带大的。后来父母援外去了科威特与尼日利亚，又是聚少离多。

小时候李隼对父母满腹怨言，爸爸总见不着面，妈妈曾管乒乓球青少年集训，偏偏不给儿子开绿灯。“我妈不管我！”李隼的心里想不通为什么有权选拔队员的妈妈不但对儿子不关照，连个“试试”的机会也没给。

北京奥运会女子乒乓球团体冠军王楠、张怡宁、郭跃　齐大征摄

多少年后，轮到独生女李зп翙对自己满腹不理解了。

李隼的夫人赵辉是北京儿童医院的白衣天使，工作十分忙碌，还常值夜班。但就是这样，她仍是全力支持丈夫的事业，把家庭的担子独自承担起来，从无怨言。

但他们可爱的女儿小зп翙从幼儿园开始就对爸爸“弄不懂”。幼儿园的小朋友，每人都有爸爸来送，可她的爸爸一次也没送过。在小зп翙眼里爸爸更像个“游客”，每年在家里待不了几个月。可就这几个月，他回家也很晚，不是写什么训练计划，就是打电话叮嘱、检查他的队员王楠、张怡宁、李楠等，一会儿问她们在干什么，一会儿问她们训练日记写了没有，还叮嘱她们按时熄灯，保证睡眠。如果这些宝贝姐姐有了伤病，他更是忙得不得了，要问吃药了没有，还带她们去医院看病……可如果自己女儿有事，就说：“找你妈去！”

渴望父爱得不到，哪个孩子也得有意见。有时李隼出差几个月回家时，小зп翙就说：“臭老爸你还回来啊？干脆每个星期五回来给我妈发点工资奖金你就走吧！”每逢这时李隼就笑着拍拍女儿头顶：“这孩子，说什么哪，以后对老爸有礼貌点！表现不好就不要你了，认胖姐（王楠）瘦姐（张怡宁）当闺女！”

其实在小зп翙眼里，爸爸疼“胖姐”和“瘦姐”早就胜过自己这亲闺女啦！不过她没说，只是对妈妈说：“你当初怎么找我爸这么个人啊？”

赵辉说：“怎么啦？我看挺好！你有本事长大找个比你爸好的！”俨然老爸死党的口气。

有一段时间“瘦姐”技术上遇到坎了，一比赛就输，急得李隼像热锅上的蚂蚁，回到家也是开口闭口“张怡宁”。女儿正处在青春危险期，没有大人引导，学习成绩一落千丈，整天捧着科幻小说排解苦闷。可他这个爸爸从来没主动管过。也许他从来就不知道女儿的内心世界在想什么，都发生了什么变化，只是看见她个头儿一年年在长高……

“胖姐”王楠知道感恩。2000 年悉尼奥运会拿了女单、女双两块金牌后归国时，在机场把小зп翙一下搂在怀里，把她的两块金牌挂在小зп翙的脖子上，说：“你爸把所有心思都用在我们身上了，跟你们见面机会很少，我得的两块金牌也有你们一份啊!”

“瘦姐”张怡宁也有情有义，给小珊翙买了双鞋，世界名牌LV的，连李隼都说：“小孩子，给她买这么贵的鞋干什么?”

有个细节李隼至今记忆犹新。有一次小珊翙开学前在家包书皮，包了半天纸不够了。她见爸爸难得在家，就像所有女孩都会的那样撒娇叫爸爸替她去买。

不想这个小小要求爸爸也拒绝了，说没时间，让她自己去买。小珊翙大失所望，平时在小小心灵中潜伏的纠结终于爆发了出来：“要是怡宁姐叫你去买呢?”

这话可是一针见血扎在要害处了。女儿不仅听说而且眼见父亲为了他的徒弟全心全意地做着各种事情，在训练上，在健康上在生活上，处处操心。张怡宁刚来队时不怎么正经吃饭，爸爸急得要命，说：“训练运动量那么大，不好好吃哪行!”就每顿饭盯着她，不光吃什么给搭配好，连量也做了硬性规定：“不吃完不许走!”休息时间还带张怡宁找老中医，哄着她吃中药，给她调理胃口。可自己女儿哪次感冒发烧他管过？幸亏妈妈在医院，会把自己带去看病，要是在养老院怎么办？为了把徒弟培养成材，爸爸下决心改造怡宁姐的火爆脾气，找她谈心，陪她看录像带，还陪她作检讨，可自己功课成绩下降，爸爸都不闻不问，只有中考前，才抽空和自己谈了一次话。

正因为多年积累的不满憋在心里，所以当爸爸不肯帮忙时小珊翙才脱口而出说了这样一句将爸爸军的话!

李隼的口才是舌战群儒的水平，此刻立马哑巴了。心虚啊，他马上改口说：“成，成，爸爸去给你买还不成吗?”

自己小时候不也是对爸妈忙事业顾不上自己而满腹牢骚吗？不过可没敢给爸妈将一军。青出于蓝胜于蓝，想到这儿，李隼脸上浮现出一丝无奈的微笑……

李嫱冰近水楼台未得月

李晓东在国家队是业绩突出的老教练。打翻身仗阶段他主管王涛，后来又抓王励勤、阎森。另外因他笔头子硬，会有许多总结、计划之类的文案要他做，压力蛮大的。李晓东事业走向辉煌时，家庭却解体了。他女儿李嫱冰长大后曾在文章中说："爸爸妈妈都是很好的人，他们都有很优秀的一面，但是感情、婚姻跟这些无关。"这话说得挺深刻，两件漂亮衣服穿在一起不一定协调，两个优秀的人成为夫妻不一定圆满。

关于父亲，李嫱冰说："每一个中国队教练都不容易，他们基本都没有自己的私人时间。中国队压力大，总想赢。以前我爸还主管队员的时候，我觉得他笑的时候都是敷衍我，对我笑的时候，心里还在想着他的队员的事！"

这种感觉是残酷的，又是千真万确的，让人看了心都一颤！都说"近水楼台先得月"，李嫱冰是离"水"最近的"楼台"，但她一点也没先得月或者说多得月。她在北京队打球时，如果晚上不加班，李晓东还会来帮女儿练练球。等真打进了国家二队，李晓东压根不去看女儿练球，至多周日时帮女儿练练。后来李嫱冰打进了国家一队，李晓东又恰逢被任命为女队教练组长，这在外人看来是"千载良机"。但李晓东却给女儿打预防针说："你在队里不算好的，就算你跟另外一个队员水平差不多，我也不会用你，所以是留下来还是出国打球，你自己做决定吧！"

李晓东说到做到，上任三年多，训练时从来对女儿不闻不问，李嫱冰明白爸爸是完美主义者，不想被别人说什么，干脆离开国家队去了奥地利。

李晓东对女儿"敷衍"和"无情"，对自己的弟子可太有情有义了。

第43届世乒赛前，李晓东的母亲重病卧床，他为了给王涛找可心的底板，错过了与老母的临终告别。世界上还有比母亲分量更重的词吗？有，在那个阶段，起码在李晓东心里弟子的分量更重，他知道王涛要身负重任打翻身仗，而没有合适的底板就如同神枪手拿了一把生锈的枪，他必须尽快把适合神枪手的精良武器找到，越早越好，以便让弟子早日熟悉适应。

等李晓东拿到底板气喘吁吁进入母亲病房时，母亲已停止了呼吸！医护人员发出惋惜的抱怨声："你怎么才来呀？老人家一直在等你啊……"

此时李晓东才发现母亲的双眼是睁着的！李晓东喜欢读文学作品，什么人会死不瞑目？是心有重大遗憾的人。母亲的遗憾就是临走前想再看儿子一眼而未能如愿！李晓东失声痛哭，跪倒在母亲病床前：“妈妈呀，请您老理解我，原谅我吧，我是为徒弟找底板去了，去晚了人家下班了又得晚一天，他要用这底板去打翻身仗啊！”

李晓东和女儿李嫱冰　　齐大征摄

当王涛在第43届世乒赛上用这底板粘好的球拍为国立下汗马功劳时，李晓东的心却在瞬间飞向了夜空，他相信母亲的在天之灵能看见这一切，也能谅解儿子未能为自己送行的苦心……

王励勤，李晓东带了九年。前五年把他从一个身体条件好、技术练得好但对乒乓球理解不深、心理素质不够坚强的大男孩带成了世界排名第一的巨人。对王励勤，李晓东花费了无数心血。李晓东利用自己对乒乓球的丰富知识和全球视野，将王励勤培养成中国横板选手第五代的代表人物，前前后后拿了十四个乒乓球世界冠军，世乒赛单打冠军就有三个，只是没连续拿，否则也会有一尊复制的圣伯莱德杯。施之皓任女队主教练后，李晓东又主管王励勤四年。一个人一生能有几个九年？

队里的人都知道李晓东脾气不好，爱发火着急，可他对弟子不知有多耐心呢！当年北京队来了个天赋很高的小选手滕义，一般人管不了，李晓东爱才心切，说："我管！提个条件，跟我住一个房间。"一般运动员和教练员都不住一个房间的。李晓东为了看住滕义，放下身段，和弟子住一个房间。这下滕义可戴上了紧箍咒：不能熬夜，说话不能带脏字，个人卫生要管好……滕义很感动。李指导不光住进来，还给自己买来新床罩……这哪是指导啊，比我爸都管得细！他为什么？再不好好练就太没良心了。

李晓东并非不知道自己欠女儿很多，所以有一段就拼命给女儿物质奖励，不料有一回李嫱冰火了："你除了给钱还有什么啊！"一向特别自尊的李晓东闹了个大红脸，心里还不得不承认女儿的批评打中了他的命门……

蔡宜达为什么怕老爸？

（1）

2011年6月父亲节，《乒乓世界》专题发了几位乒乓球界代表人物儿女的文章，其中蔡振华的儿子蔡宜达的文章题目是"说真的老爸，我挺怕你的"。

文章写得很真实，很打动人。蔡振华会怎么做父亲，这倒也是个吸引眼球的角度。刊物左下角刊登了一张蔡宜达的照片，可以看出他略带稚气的脸上集中了爸爸妈妈的优点，浓眉下的一双大眼睛有点淡淡的忧愁，气质很浪漫，大约是因为母亲的遗传占了优势吧！

蔡宜达为什么怕老爸？

作为蔡振华的儿子，蔡宜达注定会有一些别的孩子所没有的经历。当年母亲怀着他跟随父亲从意大利回国打翻身仗时，未出生的宜达遭遇了不小的险情：没有出生指标！后来有了特批他才成了合法公民。

出生后的宜达身体弱，经常发烧生病，而爸爸一头扎到队里，根本没精力尽父亲的责任。宜达的记忆里，他有病上医院都是妈妈抱着，身边加上个临时帮忙的叔叔或阿姨。

那时全家住在运动员宿舍的一个单间，小宜达成了大家的“宠物”，你来逗一会儿，我来抱两下。有次晚上爸爸要找马文革谈话，就把小宜达放到肖战、吕林房间看管，交代他们的任务是不许小宜达睡着了，否则半夜他会闹，影响爸爸第二天训练可是不行的。运动员有的调皮，让小宜达喊“叔叔”、“爸爸”，小宜达就喊。时间长了，小宜达会喊八种方言的“叔叔”、“爸爸”。这成了小宜达的保留节目，常常逗得大家哈哈大笑。

后来住进幸福大街，小宜达也很难再去队员中“浪迹”了。队员们都想他，说他长大一定能当世界冠军，凭他的爸爸，凭小宜达的灵气。

转眼十年过去了，没见小宜达打乒乓球。又过去十年，一问，人家考进了北京电影学院表演系了。小宜达爱上了演艺事业。看来妈妈的明星梦要在儿子身上实现了。

（2）

蔡宜达小时候对爸爸的印象，一是生，二是怕。

宜达和爸爸在一起的时间太少了。陌生产生恐惧。爸爸虽然在家里会和他偶尔开个玩笑，出国回来会带个小礼物，但看看周围小朋友的爸爸天天到幼儿园接送，周日变花样带着儿子玩儿，走亲戚，玩游戏，放风筝……总觉得爸爸对那些队员更亲一些。有一度蔡宜达想去打乒乓球，妈妈问他为什么，他说：“可以天天看到爸爸呀!”

妈妈说：“打乒乓球是很苦的，一要有天赋，二要不怕苦。你如果不努力打，十年也到不了国家队，照样不能天天见到你爸爸!”

仿佛妈妈也受了爸爸的传染，特别慷慨大方。她会做衣服，大衣、西服做得比商场卖的还漂亮。因为爸爸出国比赛常给妈妈捎服装画册，妈妈就照画册上的样子剪裁，然后踩缝纫机“嘎哒嘎哒”，一踩就是半夜，做好就送给领队、教练员还有运动员。他们穿上到处显摆，特别高兴，说比买的还时髦。还有人甚至建议妈妈开个服装店，保证挺赚钱。妈妈给邓亚萍、乔红阿姨量身做了两件大衣，她俩穿回去女队就炸锅了，好评如潮！高军、陈子荷阿姨买了料子找上门来，求妈妈也给她们做大衣。为了表示诚意，她们主动带小宜达哄他玩球儿，还下厨做饭让妈妈腾出时间集中精力去当裁缝师……

小宜达见妈妈太辛苦了，劝妈妈："他们不是发衣服吗？"

妈妈说："他们和爸爸是一个团队，一个团队就是一家人，让他们心情舒畅练球更有劲儿，不也是帮爸爸一把吗？"

宜达所以怕爸爸，是因为爸爸回家后很容易就会发现他的缺点，结果呢，不是像奶奶那样舍不得说，也不是像妈妈那样耐心地翻来覆去地说，爸爸的批评直奔主题，一针见血，使得蔡宜达没法申辩，更不敢反驳。

青春期的男孩逆反心理特别强，那段时间宜达常常跟妈妈顶嘴，有时还会吵几句。爸爸看见后就批评宜达，让他向妈妈道歉。

长大了宜达发现所有人都羡慕他们家庭的和美幸福。这当然和爸爸有关系。别看他名气很大，后来还当了官儿，但他对妈妈很尊重，不管回来多晚多累，也会和妈妈聊几句。妈妈有时会给他提意见，他也会很虚心地接受。爸爸出差或出国，每次都会抽空打电话回家，报平安，讲些情况，怕妈妈惦念。

妈妈也很爱爸爸，对于他所做的一切都理解支持。有一点宜达很敬佩妈妈，爸爸奥运会归来把曾宪梓特别奖给他的奖金在队里分了，妈妈也不生气，还说："哪个女人不希望老公往家多交点钱！"

只有一次爸妈发生了分裂，那是因为宜达。"非典"那年，宜达感冒住院隔离，治愈后爸妈去接他。观察力异常敏锐的爸爸发现儿子早恋了，立刻火冒三丈，把车停下来，让儿子下车。妈妈拽拽儿子衣袖示意他别下，但宜达一赌气就下去了。然后爸爸就真把车开走了。

宜达下车后以为爸爸会开车回来叫他上车，但是车没影了。宜达绝望地一个人在空旷的马路上走来走去。此刻他有些焦虑：爸妈不要我了，我怎么生活下去？连吃住问题都解决不了哇，没想到爸爸对早恋这么深恶痛绝……怪不得队员叔叔都说怕爸爸，当队员时怕，以后不归他管了还怕，对儿子都这么严，对运动员就更严了吧？

宜达露宿街头的一夜，也是爸妈分裂的一夜。妈妈回到家哭了，怨爸爸不该把儿子赶下车，十几岁的孩子出了事怎么办？你平时对儿子教育了多少？现在处罚起来就这么狠！他有错你没责任吗？你对运动员投入多少精力，对儿子的成长又投入多少精力？你自己好好想一想……

蔡振华全家　　齐大征摄

妈妈此时全然没有了平时的温柔和贤惠，儿子的分量在黄胜心中是无可替代的，她对儿子付出的心血太多了！

这一夜三个人都没睡好，都在反思。经历了这场风波的宜达认识了家庭、父母的重要性，也认识到男儿应志存高远，要刻苦学习将来报效祖国，不应过早谈情说爱。

从此，宜达内心更惧爸爸了。爸爸威严的目光常在他眼前浮现，仿佛是十字路口的红灯，告诫他遵守人生路上的交通规则……

(3)

黄飚曾在采访中讲过这样一件事：

蔡振华经常出差，有一次两个多月没见过当时正上小学的儿子一面。我们在汕头比赛，他要我订下午两点多的机票，到北京机场是4点。但机票非常紧张。

那天是星期日，他儿子住校，那天不见的话，他又要出差，又要一个月见不到面。他想在学校接送的班车站，见上儿子一面。我听了眼泪都快出来了，很感动。我们平时工作非常忙，非常玩命，但谁没有个儿女情长。长期以来，我们对家庭、对孩子总是怀着一种愧疚的心情。

我那天想尽一切办法去弄这一张票，我还不好说这种情况，怕别人不太理解，你蔡振华看儿子一定要费这么大的工夫吗？后来还真给弄了一张票。他下了飞机，开车就往回赶，五点要赶到建国桥边的巴士车站，就是为了见儿子一面。

蔡振华的爱子之心可见一斑。

然而那时宜达还没长大，爸爸费这么大劲儿回来看他，也未必跟他说什么亲密的话，仍然是一本正经的告诫多于温和吧。

使宜达真正感受到父爱是他上高中时。宜达因为打架被学校劝退。惹了这么大的祸，他做好了迎接爸爸严罚的准备：是疾风暴雨的批评还是怒不可遏的质问？是忍无可忍拳脚相加还是赶出家门？都有可能吧！因为宜达知道爸爸是最要脸面的人，老子立功受奖上电视，儿子却因打架被劝退，太丢人现眼了！

出乎宜达的意料，爸爸面对闯下大祸的儿子，一反常态，他只是神情严肃地和儿子谈话，心平气和地讲了些道理。此刻宜达才发现爸爸是多么的爱自己。他想表示感谢，他想拥抱老爸，不过他没说也没动，但从此却彻底改掉了打架的毛病……

还有一件事让宜达感动：爸爸有次过生日，见宜达头发长当众批评了他。宜达当着亲友面觉得很下不来台，就顶撞了几句。结果招来爸爸更严厉的批评。这使宜达很沮丧，一晚上也没怎么说话。没想到饭局结束前，爸爸来了个惊人之举，当众向儿子道歉，说自己刚才不冷静……

爸爸的度量让宜达感动，他觉得这才是大丈夫，能伸能屈，知错就改。听说爸爸有次惩罚队内违纪的队员，也自罚一万元，因为是自己没带好队员才出的问题，总教练逃不了干系……爸爸不仅对别人严，也对自己严。这一点是最难做到的呀！

慢慢长大了，蔡宜达的心逐渐贴近了爸爸，他为有这样一个老爸自豪！他要在自己的事业领域攀登高峰。总有一天，他会让爸爸满面笑容拍着儿子肩膀说："不错！给爸爸争了光，给妈妈争了气，像我的儿子！"

蔡振华也常感到对妻子、儿子的歉疚之情。有一回他对记者说："对事业的付出就意味着对家庭更多的歉疚。这么多年来，由于一直忙着队里的事务，对家里的事关心得实在太少了，甚至到了如果我两天晚上在家，连我的儿子都不习惯：'爸爸最近怎么老回家？'妻子也不习惯。有几次我回家吃晚饭，黄胜根本没做我那份。这么多年他们已经习惯娘儿俩吃饭了。现在我才真感觉到，没有尽到为人夫、为人父的责任。"

"金牌也有你一半！"

血总是浓于水的，夫妻关系就不一定像父子、父女那样结局都是大团圆。

蔡振华乒乓团队的五位教练后来个个都是金牌教练，可婚姻上有的却并不如意。蔡振华的家庭十分和谐美满，当然和他有黄胜这样一位聪明、大度、善解人意的妻子支持有关。黄飚的婚姻也十分幸福。李隼的幸福指数一直很高，夫人赵辉是在任何时候都力挺丈夫的"死党"。陆元盛夫妇也关系不错，为了支持丈夫的事业，妻子在长期分居的情况下上敬奉老人下教育女儿，赢得大家的交口称赞。而李晓东和吴敬平的家庭则解体了。后来加盟教练团队的施之皓也与曹燕华劳燕分飞。当然，值得庆幸的是，吴敬平和施之皓后来都重新找到了自己的幸福，不论是酷爱体育的才女张天华还是曾为国手的李楠，都成为金牌教练的知音型妻子。

有一回球队到海南调整，蔡振华把家属也请了去，让大家倒倒苦水。这一聚，敞开心扉一交流，哪位教练妻子没有倒不完的苦水？当教练的妻子是太不容易了，有的长期两地分居，有的虽同在北京丈夫也回不了家，常年东奔西走，一会儿外地集训，一会儿出国打比赛。当妻子的平时日子已经过得十分辛苦，什么事儿都指不上丈夫，要生了病或有了突发事件，就更是到了叫天天不应，叫地地不灵的苦境。时间一长，难免有误会，有怨气，如若不及时沟通或细心解决，感情淡漠或破裂会是一种不可完全避免的悲剧。

韩华的妻子刘海燕原来在中央机关工作，二十多岁就是科级干部。和韩华结婚后，有了孩子，丈夫一年到头不在家，海燕要支撑一个家，要带孩子，又要工作，根本忙不过来。咬咬牙，刘海燕辞掉了工作，当起了全职太太。看见原来的同事不断进步，她有时免不了也心烦。丈夫好不容易回来，却常常是坐在沙发上一声不吭看电视，自己攒了一肚子话要跟他说说，丈夫却哼哼哈哈应付着。原来他在训练场上和队员宿舍里，已经说了一天，早已筋疲力尽，回到家里只想静静地放松一下。

刘海燕有次气得说了句："下辈子再也不嫁当乒乓球教练的人！"

每逢这时，韩华就得说好话，当然以表扬为主，一会儿就把妻子哄得破涕为笑。

乒乓队教练的大多数配偶都像刘海燕这样与爱人相濡以沫走过来了。尽管她们性格不同，资历不同，有的还坚守在工作岗位上，有的放弃自己事业成了全职太太；在家庭里，有的是知音型的，有的是随夫型的，有的是不理解也无条件执行型的……但有一点是共同的，她们用自己的智慧、情感、忠诚、辛劳、宽容，给教练营造了一个幸福的港湾。她们是乒乓队的编外员工，也竭尽全力地把自己融进了这个伟大的集体。全体教练都应该对她们唱："金牌啊有我的一半，也有你的一半……"

如今当了体育总局副局长的蔡振华，不失时机地做教练员家属的思想工作。阎森儿子满月喝喜酒时，师爷蔡振华也去贺喜，他抱着孙子眉开眼笑，临走前又像不经意地给阎森太太打预防针，告诉她，当教练要比当运动员辛苦，压力大，空间时间更少，收入还大幅减少，希望她要多理解、多支持阎森的工作。

第二十七章
爱球胜生命
——金牌团队共同基因之三

所有教练员都不约而同地说："我喜欢乒乓球。"而谈到队员时，他们会说："要看他爱不爱球。"球，在这里不再是一个小小乒乓球，而是事业的缩写，是理想的凝聚，是报国的武器，是人生的焦点。为了这个小小的乒乓球，他们奉献得再多也无怨无悔，失去得再多也不会放弃。

这样的例子在蔡振华团队里比比皆是。

蔡振华说："乒乓球就是我的命……"

国家体育总局宣传司副司长温文在谈到对蔡振华的印象时，感受最强烈的一点就是，也许因为蔡振华曾在国外待过几年，他和媒体的关系始终是热络的，合作的，开诚布公的，即使是他当了总局官员后，也没有改变。

2002 年 11 月 15 日，蔡振华在接受中央电视台记者采访时，曾敞开心扉畅谈他从小到大、从运动员到教练员、从意大利队到中国队任教的心路历程。在谈到对乒乓球的感情时，他说：

> 热爱它，不会感觉累和苦。1985 年能做教练感觉很神圣，后来渐渐人心思外。现在像刘国梁这样选择做教练才不容易，他看到我那么忙，压力那么大，他仍要做教练，很不容易。现在这个社会，做教练经济收入并不高，压力大。他热爱这个事业，把它当作生命，不可能厌烦、抛弃它。
>
> 热爱是一种什么感觉？我离不开乒乓球，离不开这个运动队，这个环

境。如果要离开就不是我了，离开了我会茫然不知所措。

我离开乒乓球，到别的地方，我肯定不如人家。人生价值马上发生变化。我出身工人家庭，如果不打乒乓球，在别的领域也有可能出点成就，但绝不会像我现在这样。乒乓球是我的命。当别人都往外跑时，我回国，我认识到乒乓球这棵大树不能倒，我要为它奋斗。1985 至 1989 年在意大利，我也想打球赚钱，钱谁不喜欢？1989 年中国队输了，我是带意大利国家队参赛。在看台上看到我们输给瑞典，刺激太大了，不能相信这是事实，不服气。从小我们都好胜，骨子里一定要拿世界冠军。我带的意大利队员说中国不行了，中国落后了。这对我刺激极深。当时爱人怀孕已有七个多月了，不太愿意马上回来，但我要回来，她肯定跟我回来。从决定到动身只有七天。

我开始当助理教练，两年后才当主教练。我在选择人生道路时，主要是考虑对事业的热爱。当时翻身的希望很渺茫。只给你四年时间，翻不了身你就得下来。但不论遇到什么艰难险阻，回来我从没有后悔过。当时回来就是献身，感觉非常悲壮。

而 1996 年亚特兰大奥运会前，蔡振华冒着瘫痪的危险，坚持到训练基地和比赛现场督导训练指挥作战，为他“乒乓球就是我的命”这句话作了形象的诠释。

施之皓为球割舍家庭

(1)

中年施之皓在家庭和事业两者矛盾不可调和时，毅然选择了后者。

施之皓和曹燕华这一对当年乒坛的金童玉女曾羡煞多少青年男女。当时在经历了顶着在国家队地下谈恋爱“违纪”的压力后，他们毅然走到了一起。其后在日本、德国讲学、打球，在陌生的国度、陌生的语言环境里，两人相濡以沫并肩拼搏了十载后，又一起回了国，一个当乒乓球学校校长，一个当上海队总教练，这是多么惬意的事啊！偏偏此时“节外生枝”，施之皓竟然要离开大上海北上任教！

曹燕华当然深知，一个教练在国家队工作是几乎没有私人的时间的。家在北京都常常回不去，何况是坐飞机都要飞两三小时的上海。在这一刻她似乎才清醒地意识到：她和儿子在施之皓这个平时温文尔雅的男人内心深处，其分量竟然抵不上乒乓球！她想起有一次《新民晚报》记者采访李富荣，这位前任总教练说过“乒乓球第一，老婆第二”这样的话，心中不禁一惊！

曹燕华想到未来的前景，忧虑地说：“你这一走这个家就够呛了……”

聪明的曹燕华明白，她是不会去北京的，因为上海有她的根，有她的事业要打拼。而施之皓此去国家队也不是三年五载能回来的，前景怎不堪忧？

果然，施之皓一去就是八年，一会儿女队，一会儿男队；一会儿主教练，一会儿主管教练。他不愧曾是军人，总教练指到哪儿打到哪儿，越干越来劲儿。2005 年又意犹未尽，竞聘当了女队主教练，开始了事业新里程。

施之皓说：“她不愿来北京，回上海我又会不开心，其结局只能是如此。”两人经过冷静商谈，友好地分手。

中年的施之皓为乒乓球舍出了他的第一次婚姻。

有人可能不理解，怎么会认为事业比家庭重要？但施之皓就是这样一个见球就走不动的人。

有一次黄胜对施之皓说：“你们和老蔡在一起的时间比我们娘俩和他一起

施之皓　　齐大征摄

待的时间多多了。”

施之皓说：“我们这些人就是有病，不然为什么睁开眼是乒乓球，闭上眼还是乒乓球？不是有病是什么？”

施之皓爱球是爱到骨子里了。有一回他回上海参加曹燕华乒乓球学校一个活动，下了飞机就直奔学校，把背包一放就上楼看学生训练，一站就是几小时，忘记了疲劳，忘记了饥渴。

（2）

一个婚姻解体时，也许最难割舍的不是妻子而是孩子，因为从法律上要把孩子判给一方抚养。

施之皓的儿子小泽西当时判给了曹燕华。不是施之皓不想要，而是他要不了，他不可能把孩子带到北京去当教练。

好在他和曹燕华感情没有破裂，他们为了不伤及老人和三岁的孩子，约好对他们保密，只说施之皓去北京当教练去了，不说二人分手的事情。当然上海“家”里有困难时，施之皓也会出头尽力。

小泽西聪明、善良，健康地成长着，但纸里终究包不住火，他终于知道了父母离异的真相。他早已习惯了爸爸不在跟前的单亲生活，只是不明白爸爸为什么那么爱乒乓球，为了它竟然连家都舍了。

因为平时休息时间很短，施之皓每次回上海，都是来去匆匆，和儿子在一起待不了几小时。2005 年第 48 届世乒赛在上海举行，施之皓当时已管了五年的王励勤不负家乡人民众望拿下了男子单打冠军。观看了整个比赛过程的小泽西第一次在心里滋生了一种自豪感，他开始有一点点明白爸爸毅然赴京执教的意义了。

更令小泽西喜出望外的是，世乒赛结束后队员都去打联赛了，爸爸也有了两个月的调整时间。这可是爸爸离沪后第一次得到的大好机会啊！

细心的施之皓算了一下，从他 1997 年去北京执教开始到 2005 年，八年时间他和儿子见面时间加在一起也不过六十天！而和王励勤师徒俩就形影不离地度过了五年！施之皓从内心深处感觉对不住儿子，他下决心利用这难得的两个月弥补一下！

于是施之皓像带队员一样带上了小泽西，爷儿俩一起睡懒觉，一起看电视，一起吃夜宵，一起看动漫展……总之，像所有父子相聚时一样，快快乐乐地玩，放开肚皮吃，讲些笑话，争执一些看法不同的问题……

转眼六十天就过去了，施之皓恋恋不舍地回到了北京。临走时他心里突然有种酸楚感。他明白，这既是对故乡的眷恋，对父母的眷恋，更是对和儿子一起度过的美好时光的眷恋……

（3）

又是三年过去了，不平凡的2008年来到了。全世界的目光都在注视着北京奥运会，小泽西当然也不例外。自从他亲眼见证爸爸指挥王励勤大哥夺得世乒赛冠军后，他也爱上了乒乓球。只要电视里有转播，他一定会看，而且会从头看到尾，因为说不定哪个镜头里就有爸爸！

过去小泽西是不大看乒乓球比赛的，有一次记者周到和他爸约好一起去学校接他，周到问："你同学羡慕你爸爸是国家队教练吗？"

小泽西的回答吓了周到一跳，他竟用不屑的口吻说："谁认识他？他又不是NBA的教练！"

的确，小泽西在2005年上海世乒赛时发现，妈妈当年很有名，现在不打球了也很火，好多电视台都采访她。爸爸虽然是世界冠军的教练，但在上海老中青三代人中，还是妈妈曹燕华的知名度高！不过这话他没说出来，毕竟爸爸也在场嘛，不要让老人家下不来台！

但是2008年奥运会不一样了，全世界的政要、体育爱好者都往北京涌。小泽西当然要去北京看爸爸率领女队夺冠军！现在他已经当了三年女队主教练啦！

小泽西知道比赛前备战爸爸十分紧张，但没料到他一进宾馆爸爸已等在那里了。爸爸跟他说："我给你弄了张开幕式的票。"

"开幕式人太多，挤得烦，不如电视里看得清楚！爸爸，你能不能帮我弄两张票，就两张，一张是有姚明的比赛，另一张是有刘翔的比赛！"

这下可给施之皓出了难题，这两场比赛的票肯定最紧张，但儿子好不容易张回嘴，再忙也要想想办法，满足儿子的要求。

而小泽西事后认为在北京奥运会期间最好看的比赛还是乒乓球女子团体赛的决赛，事后他写下了观赛的感受：

> 在北京奥运会女子团体决赛的现场，说实话，我第一次在观看竞技体育比赛时如此地紧张。对我来说，整个比赛过程宛如一场哑剧，因为我的耳朵已经听不到任何声音，只看见记分牌的翻动和老爸那严肃的神情。他和我待在一块的时候，我只见得到他的笑容，而且他总能让我感到轻松，所以我一直以为老爸也许就是这样一个爱笑的人呢。原来，赛场上的他是那样的认真、专注、严肃。
>
> 终于，比赛结束了，所有人心中的石头都落了地，我跟着全场观众一起欢呼。不过，我的欢呼可不只是为了女乒夺冠这一件事。我欢呼，因为在这一天，我的父亲在他的事业上终于达到了巅峰；我欢呼，因为我明白了，老爸把他所有的柔情都给了我。
>
> 虽然我的童年和青春期没有父母整日的陪伴和无微不至的呵护，可是，我拥有值得我自豪的父母，拥有他们给我的永远不会变的爱和温柔。

太感人了，太美好了！小泽西对爸爸的抉择由不明白到明白一些，最终在奥运会赛场上深刻理解了父亲事业的意义和伟大！

太美妙了！太幸福了！施之皓为乒乓球割舍了婚姻，又因为乒乓球修复了永远割不断的父子之情……

李晓东为球“电烙”心脏

李晓东是个个性很强的人，他才华横溢，爱好广泛。为了听回西洋古典歌剧，他可以专程飞到上海去过把瘾，高兴时还会引吭高歌一曲《我的太阳》；他打桥牌是高手，拉手风琴有深厚功底。他被女儿李嫱冰称为“完美主义者。”

其实事业上追求完美是这个团队的相同基因之一。“我是个追求完美的人！”徐寅生说过这样的话，蔡振华也说过这样的话。追求完美犹如夸父追日。完美永远是相对的，今天看来是达到了，明天就又有了不完美之处。乒乓球界的赤子们就是这样一代又一代，在不断追求完美中走过来的。

李晓东的完美主义表现在他对队员的施教上。不论是对王涛，还是对王励勤、阎森，他从不吝惜精力、体力。他要在理论上和训练上把弟子托举上巅峰。一万年太久，只争朝夕。他恨铁不成钢，有时难免在方式方法上不够完美。他对乒乓球钻研起来很玩命，并常把少有的休息时间用来写文章。看看《乒乓世界》，李晓东发文章最频繁。他的勤奋甚至达到“头悬梁、锥刺股”的境地。

在日复一日高强度的工作中，他的健康受到了很大损害。

终于，他被医生戴上了冠心病的帽子。关于李晓东得病以及病的抢救治疗，他在2007年的全国乒乓球工作会议上，有一个激情洋溢的发言：我是中国乒乓人。这个发言虽不长，但感动了到会的每个人。徐寅生当即拍板让《乒乓世界》发表，蔡振华发言也特别提及，与会代表发言中也是希望发表这篇发言稿。李晓东发表的那么多技术分析文章、综述出访比赛和世界顶级赛事的文章都没这么火过。这是因为李晓东这篇文章不是用笔，而是用情、用爱、用心、用血写的。其中有一段讲述他心脏病以及治疗的情况，使在座者闻之无不动容，甚至有揪心的感觉：“我在三年前心脏就积劳成疾，住院治疗，80度的烙铁烫了六个小时，事后就像没事人似的投入了新周期的拼争之中。三年后，旧病复发，心脏平均每分钟跳100多次，房颤使人身体都随之大幅度地晃动，只有靠速效救心丸保命。生病期间我坚持工作。自己受到徐主任、李局长、蔡指导几位领导无微不至的关怀，我晓东有何德何能承受如此厚恩，只有以命相报了！最后我硬是被蔡指导押解回京进入病房。住院时，多有亲朋探视，善劝我此生已然够本，适可而止，不必再行拼杀之事。对此好意我一笑了之反觉逆耳，我的心脏手术叫射频消融，就是从动脉上下管子，烙铁加热至120度修理心脏，将其减薄，减小。不能打麻药，痛了就叫然后再烫，是怕用麻药失去感觉，手术烫热过度烧坏心脏。整个过程长达两个多小时。当时我是裸体裹着床单，手术痛得浑身是汗，当烧烫最剧到达无可忍受的顶点时，汗水就像喷泉一样往外喷射，我惨叫不绝，嗓子都喊哑了。手术下来，床单早已湿透，手术台人造革的台面上积着厚厚的一层汗水，真是烈火烧心，两世为人啊！在手术痛不欲生时，我脑子也曾经闪过：‘算了吧！这是何苦呀？我不干了。’可是两周后，自己感觉稍好，心已飞向队伍，王励勤的心态如何？邱贻可是否浪子回头？雷振华是不是又慢了？于是马上买机票，回到深圳龙岗……人老了，道也明了，只要有活儿干就能释放爱……”

李晓东何以为事业舍生忘死？是因为“从低谷到翻身，从高峰到保业，我一直工作生活在中国乒坛新一代领军人物蔡振华的身边，这是自己受益最多、最具价值的年华。我眼里的蔡振华有血有肉、有个性、有棱角、敢作敢为，干起工作有一股全然不顾、以命相搏的顽强劲头。亚特兰大奥运会时，我与他同住一室，负责他的起居，亲眼目睹他在腰伤急剧疼痛，摇摇晃晃强行站起来时，汗泪交加，其情景催人泪下。他外粗内细，敢于创新且工作扎实。为了编排一个新的15分钟的训练内容，他组织教练组看录像、讨论、争论，竟然用了六个小时。他对乒乓球，对队伍倾注了浓厚的爱。担任乒羽中心领导职务后，再忙再累，他下班后也要‘回娘家’看看，转转，聊聊，无形随意中，便开展了工作，为乒乓队新的班子排忧解难，对事业的延续成功，起到了决定性作用。他是一个用情、用命去爱的人。在身边榜样潜移默化的影响下，我也完成了人生道路上的又一次升华”。

乔晓卫，她把终身托付乒乓球

2004年奥运会前女单三号的竞争也异常激烈，李菊、郭跃、牛剑锋个个都是强手，最后牛剑锋脱颖而出。这可乐坏了她的主管教练乔晓卫。

若干年后，牛剑锋说：“我觉得自己非常幸运，在成长的最重要时期，遇到了乔指导。如果没有她，我现在还不知道在哪里呢！”她称乔指导是一位“把所有的精力和心血都倾注在队员身上”的好教练。

（1）

乔晓卫个子不高，说话快人快语，嗓门洪亮。虽然她是江苏南通人，但她的性格却像北方女人：刚毅，倔强。运动员食堂的贾师傅称她是“乒乓队的铁娘子”，想想她的神采也真使人感觉这称号对乔晓卫来说挺贴切的。

乔晓卫从小就在男孩堆里玩，爬树上房掏鸟蛋无所不为。哥哥受了欺负她敢挺身而出找人家算账。当海军并立过战功的爸爸对她影响很大。爸爸不仅帮她培养了做人的品格：爱国、正直、坚韧不拔，而且给她买了第一个乒乓球拍，引她走上乒乓之路，使她与乒乓球结下了不解之缘。

乔晓卫打球时中国是直板一统天下，她学的横板两面弧圈打法只能处于陪练的位置。但这也没妨碍乔晓卫冒火花。1979 年第四届全运会上，她和蔡振华搭档代表江苏队出战混双。这对当时还名不见经传的新手，一路威风凛凛，杀气腾腾，先在半决赛时战胜徐向东、耿丽娟这对名将，继而在决赛中与两名国家队员王会元、刘新艳组成的搭档杀得难解难分，把王会元、刘新艳惊出一身汗。结果他俩以 2:3 屈居亚军，填补了江苏省队乒乓球成绩的一项空白。

这个结果大大出乎主教练杨光炎的意料，原以为他们能打进前八就不错了，没想到竟摘了块银牌。

但乔晓卫一直对此心存遗憾，她回忆起这段经历时说：“本来也有机会赢的，都怨我，1:2 落后就紧张了，发挥失常。蔡振华一个劲给我鼓气儿：别怕！有我哪，失误就失误了。他这么一说，我稍放开一点，结果这局拿了下来。第 5 局打得更激烈，我又紧张了，他给我创造的机会，我几次拉空，结果 2:3 输了。可他后来还安慰我：输就输了吧，反正已经超额完成任务了……”

后来蔡振华成了世界冠军、教练、主教练、总教练，对乔晓卫这位青少年时代的朋友始终很友好，对她说：“你有什么问题直接找我就行。咱们小时候一起长大的，不要把我当总教练。”

乔晓卫一次也没有因为自己的事儿找过蔡振华，只是碰面时会为自己的队员讲些好话。她曾为牛剑锋说过不少好话，但她从没对牛剑锋说过。这就是乔晓卫，一位正直、自尊心强的女人。

但有一次蔡振华找她谈话，乔晓卫哭了。

（2）

乔晓卫的性格是十分刚强的，她不像一般女人眼泪那么丰富，从小就不怎么哭。在高度激烈竞争的环境里，就是一名男子汉也常常感觉要崩溃，何况是女人。但乔晓卫都挺过来了，至多在压力盖顶时像男教练那样来句“国骂”，宣泄一下她的痛苦。但没有人见她哭过，她的神经似乎是钢铁型的。

但是这一回，她当着蔡振华的面，落泪了。

1998 年的一天，总教练蔡振华找乔晓卫谈话。

直觉告诉乔晓卫，一定是有重要的事情。

果然，笑容满面的总教练与乔晓卫寒暄几句后，进入主题：“全队进入备战悉尼奥运会周期，教练组商定要把你主管的李菊分给刚调入女一队的施之皓主管。你带李菊时间很长了，也取得了不错的成绩，成了世界冠军，为咱们江苏省争了荣誉。现在想换个教练，带着她向上冲一冲，更上一层楼，想征求一下你的意见。都是当教练的，教练组十分理解教练员与队员的那种心心相印的深厚感情，从她十二三岁选到省队，到国青队，又到国家队，你一路带着她，花了不少心血，成绩是有目共睹的，舍不得也是正常的。但我们一直强调团体精神、团队力量，我也说过，运动员不是教练的私有财产，是国家财富。调整并不意味着教练水平有问题，你也知道，王楠原来是李隼管的，不是分出去了吗？队员正常交流，好像演员在不同导演手里会创造新的角色，你说呢?”

坐在对面的蔡振华，乔晓卫曾是那样熟悉，如今却多了几分陌生。随着职务的变动，蔡振华的综合素质也提高得很快。本来教练组商定的事，通知一下执行就是了，但他还亲自找我谈话，这表明了他们意识到从我手里调李菊的难度，同时也表明他们不想让我为此影响情绪！

乔晓卫想到这里，心里真是五味杂陈，他知道蔡振华是个“会讲感情，但决不感情用事”的人。施之皓是他的兄弟不假，但他不会“以私恩而害公义”。施指导的乒乓球智商是很高的，他到了女一队，自然应该发挥他的作用，把条件好的队员调给他。可一想到要把李菊分出去，乔晓卫心里一阵痛楚，真是很痛！忍不住鼻子一酸，泪水从眼角流了下来。

蔡振华一怔，有几分吃惊，他见过乔晓卫坐在自己骑的“杂技”自行车上惊恐地大叫，他见过乔晓卫输球后低头懊恼拍自己，他也见过乔晓卫批评弟子横眉立目……但他从来没见过乔晓卫哭。真怪了，没见过乔晓卫哭过，仿佛乔晓卫就没有泪腺，就不会哭。但今天她却默默流泪了，这是蔡振华认识她二三十年第一次见她哭！

蔡振华仿佛此时才惊醒，再刚强也是女人！女人是一本书。

尽管与乔晓卫相识这么久，但乔晓卫这本书还是有未读懂的章节。

蔡振华毕竟是蔡振华，他对乔晓卫还是很了解的。他又说了一些言辞恳切的话。真诚是最好的溶剂，乔晓卫擦去眼泪，笑了。

谈话结束时，蔡振华告诉乔晓卫，施之皓已表态：将来不管李菊在大赛中获得什么冠军，荣誉和奖金全归乔晓卫！

乔晓卫尽管感动于施之皓的仗义大气，但这并未能全部打消她的心痛。此刻她更深刻地理解了一个词：“割爱”。

（3）

当晚，乔晓卫失眠了。她躺在床上翻来覆去，辗转反侧，难以入睡 。

她眼前闪过初次见李菊的情景。李菊这个长得秀丽，举止像男孩子的女孩，球打得泼辣，颇有男孩打球的范儿。那时自己刚从国家队退役不久，在江苏省当教练。队里让自己选苗子，她看中了李菊、杨影，把她们调到省队。从此师生三人形影不离，一天到晚就是练练练，说说说，再练练练，再说说说，不光管技术，还要管品行、心理、生理诸方面的问题。偏偏两个女孩都十分聪明又顽皮，常出怪招儿来气教练，自己还要和她们不停地斗智斗勇……

两个女孩的球技有了长足进步，杨光炎慧眼识珠，想把她们推荐给国家青年队，却没成功。但乔晓卫自己一点也不气馁，是珍珠砂土埋不住！她认准这是两棵好苗子！

果然，天降良机。1989 年第 40 届世乒赛热身赛在苏州举行，作为东道主的江苏队可直接派两个选手参赛。杨光炎派李菊、杨影两个小孩去了，因为两年前，她俩就曾打败过不少名将。这次两位又不负重望，在比赛中发挥出色。

时任国家队女队主教练的张燮林看了眉开眼笑，问道："这俩小孩这么好，怎么青年队不要？啊，青年队不要，我们国家队要！"

杨光炎怕俩小孩到国家队一时难被重用耽误了，忙说："这是我们江苏队的希望之星，我们指着她们打翻身仗哪！"

张燮林又问道："这俩小孩在你们这里是谁管的啊？"杨光炎说是乔晓卫。

张燮林对曾在国家队当过五年陪练的乔晓卫自然不陌生。他考虑到国家队常离京四海征战，两个小孩留京让谁管呢？再说小孩猛一换教练也许会"认生"，他灵机一动，干脆原汁原味一锅端得了。

杨光炎听了大喜："这太好了！我们正是这个意思！让她在旁边督促督促她们，盯紧一点。"

乔晓卫至今还恍如昨日般清楚记得杨光炎与张燮林会面回来后那兴奋的表情："乔晓卫，告诉你个好消息，李菊、杨影国家队都要了，你也跟着去北京！"

乔晓卫一听叫起来："哎呀，那太好了，她俩正处于上升期！"随即又很实在地说，"不过杨指导，国家队有国家队的教练，我去了在旁边名不正言不顺地管她俩，人家看了会不高兴的。"

杨光炎觉得乔晓卫考虑得挺周到，又把这担心跟张燮林说了，不料张燮林态度很坚决地说："她去嘛就让她管了，想那么多干什么！"

这样乔晓卫带李菊、杨影于 1991 年初到了北京，两个月后，体委就下令把乔晓卫名正言顺调进了国家青年队任教练。

（4）

乔晓卫成了国青队教练，1995 年乔晓卫又带李菊、杨影调进女一队。这一干就是十几年。在这十几年里，乔晓卫呕心沥血地培养弟子，不管花开花落春去秋来，不管自己青春岁月逝去，十几年如一日住在队里，把时间和心血都交付给了弟子。教练们有的结婚了，有的生儿育女了，有的买轿车了，有的买房子了……但乔晓卫都一直只穿两种服饰：运动服和出国比赛服。她也不喜欢和外界交往，甚至连弟子家长约她出去吃饭她都不喜欢。她喜欢的是陪弟子练球、读书，批改弟子的训练日记，看看大比赛超一流选手的录像带……总之她留恋一切和乒乓球有关的东西，她把自己的个人幸福抛到了脑后。

1992 年巴塞罗那奥运会后的全国锦标赛上，十六岁的李菊爆冷赢了正值技术巅峰时期的邓亚萍。一战成名的李菊给乔晓卫带来了无穷的精神力量，她感到自己当队员时没当上世界冠军的遗憾将在弟子身上弥补，这真是人生最大的幸福。

若干年后，李菊的父母曾这样口吐衷言："李菊的成长最应该感谢的教练就是乔晓卫。"

而李菊满怀深情地回忆道："在我的几个教练中，乔晓卫教练带我的时间最长，从省队到国家青年队，再到国家队，我们一同走过了十几年。在省队跟着乔指导训练的那一年给我印象最深。她要求我们很严格，训练经常加班加点，不论多晚她都陪着我们，那时因为年龄小，觉得训练挺苦的。不过，乔指导在生活上也非常照顾我们，业余时间也常和我们一起玩，所以队员们和她相处得挺好。这么多年来，乔指导对我的照顾可谓无微不至。训练时，我们是师徒；生活上，我们像姐妹。"

最令乔晓卫欣慰的是，她主管的队员不光李菊、杨影、郭焱成了世界冠军。她还曾是郭跃到一队后第一位主管教练，为加强她的基本功花了不少气力。2002 年，郭跃在世乒赛上拿下单打亚军时只有 14 岁，轰动国际乒坛。而她后来全程主管的牛剑锋、张莹莹、曹臻，也都成了世界冠军。

最令人感动的是，2005 年年底，她成为王楠的第四任教练。据说是王楠要求乔晓卫带自己。蔡振华听了也吃了一惊，担心乔晓卫性子刚，和王楠相处起冲突。不料三年下来，师徒俩相处很好。王楠冲击 2008 年北京奥运会异常困难，当时她身体刚做完手术，而且已结了婚，加上技术上还需有新的突破和丰富。已近而立之年的王楠以超人的意志力一天天地拼搏着。乔晓卫对她，不仅有技术上的指导交流，更有姐妹般的关怀。王楠在 2008 年奥运会上成功地摘取两枚金牌一枚银牌，成为比邓亚萍金牌总数还多的女选手、女英雄。王楠发自内心地感谢了一些人之后，动情地说了句："感谢乔指导!"

乔晓卫花十一年坚持不脱产读完了南京体育学院的运动专修课程，拿到了毕业证书。这件事表明乔晓卫在激励自己充电学习这件事上有着超人的毅力。如果她只想要一纸文凭，何至于读十一年呢!

乔晓卫还以自己的心无旁骛、高度专注、永不停步、永不放弃的体育精神，打破了中国乒乓史上的一项纪录：在中国乒乓队建队六十年的历史中，她在凤毛麟角的女教练中虽不是天赋最高的，也不是辉煌度最高的，但却是执教时间最长的一位。她仿佛永不知疲倦，总是激情四射地奔走在训练场、比赛场、食堂、宿舍的四点一线中；她仿佛永不知算账，从不计较个人得失，除了当教练，还兼管队里的服装器材发放工作，这工作琐碎而费时，但乔晓卫一丝不苟，做得井然有序。她的执教成绩使她在任何一位男教练面前都不会汗颜。

而当有人谈到她与蔡振华的交情时，她毫无得意之色，只是哝哝低语："起码这些年我作为他团队的一员，没有给他丢脸……"

乔晓卫，把自己的宝贵青春与全部精力献给了中国乒乓球事业，但至今是单身。她是一位把终生托付给乒乓球的杰出女性。

第二十八章
总教练交班："你当教练要超过我！"

蔡振华在离开团队前，未雨绸缪，给男队选了一位新主教练。刘国梁，这位天才运动员终于从沙拉拉三项改革的"围剿"中突围出来，杀了个回马枪。

这是蔡振华一步重要的棋。

这步棋深远意义在多年之后才全部显现出来。

蔡振华的深谋远虑

蔡振华的远见卓识是公认的。领军十三载，在中国乒乓队培养了大量人才，这是他最大的成功，也是球队创新高度、延续发展的重要保证。

当马文革、王涛、丁松，这几位第 43 届天津世乒赛翻身仗功臣的运动员尚处巅峰时，他就把关注目光投向了年轻队员刘国梁、孔令辉；当刘国梁、孔令辉二人在上世纪创造大满贯的伟业时，他早已关注着王励勤、马琳、刘国正、王皓以及女将王楠、张怡宁、郭跃、李晓霞的成长……这些队员在世界顶级大赛的球台前用他们领先的实力，向世界乒坛展示中国队技术创新的一系列成果，尽管各国强手使出浑身解数拼命训练、搏杀，但总是难以攻占巅峰。

蔡振华的远见卓识还反映在他居安思危，把培养接班人及核心团队建设放到极重要的位置去推进。因而他不是在被任命为乒羽中心副主任兼总教练时才开始考虑男队主教练的接班人选问题的，在他当主教练两年后，他就高度关注，在媒体上三番五次呼吁教练员队伍建设的重要性，并一针见血地指出：

蔡振华与乒坛五虎将，左起为刘国梁、马琳、王励勤、孔令辉、刘国正

孙亚利摄　《乒乓世界》提供

“将来有一天中国队输给了外国人，那不是输在运动员身上，而是输在教练员身上！”

这并非虚张声势，而是蔡振华在认真总结了中国队的发展过程，并进行了深度思考后得出的真知灼见！

同时，在实践中，蔡振华也开始注意物色主教练人选，他曾先后考察、培养过几个人，但最后因各种原因而割爱。

现代管理学之父彼得·德鲁克说过："接班问题始终是对任何管理层和任何机构的最后检验标准。"

喜欢学习思考，始终让自己的认识跟随时代步伐前进的蔡振华清醒地认识到，如果不把培养高水平教练员纳入战略计划，中国队教练员断档之日就是全队滑坠之时。为了延续中国乒乓球运动的光荣与梦想，昌盛时选好接班人是一步必须走好的棋！

刘国梁的二次人生抉择："我是为乒乓球而生！"

（1）

在沙拉拉的小球改大球等三项改革声中，有两位天才运动员不幸中弹，受伤最重。一个是瓦尔德内尔，一个是刘国梁。

老瓦本来年纪也大了，审时度势干脆挂拍了。

刘国梁年纪轻，他还不想放弃，他作了最后的抵抗和搏杀，虽有战果，但终究是伤了元气，没有了原来的威风。

此时，这位充满传奇故事的国梁，这位从小就立志当世界冠军的国梁，这位从一当兵就想当乒乓元帅的国梁，也得考虑退役了。

当时他可以去办公司，凭他的知名度、关注度，及广泛良好的人脉，他完全有可能像李宁那样转型成为成功的企业家，实践创造财富的另一种神话，那可是无数人梦寐以求的。

但他心里很清楚：他这辈子不可能离开乒乓球！他曾说过："我就是为乒乓球而生的！"不能当运动员就要当教练，当一个蔡指导那样的教练！虽然这个目标挺高的，但他有信心：世上无难事，只要肯登攀！

（2）

当教练员，刘国梁当然有他的明显优势：他是中国第一位、世界第二位大满贯得主，集世界三大赛所有金牌于一身；他是中国直板横打改革的勇敢的实践者、代表人物；他对乒乓球的理解可以说在许多老运动员之上；他的情商很高，在队内老中青队员中都不乏知音或朋友；他有凝聚力，在乒乓球队复杂的人际关系中游刃有余，赢得大多数人的信任与喜爱。

想到刘国梁这个人选时，蔡振华有种“众里寻他千百度，蓦然回首，那人却在灯火阑珊处”的感觉。

刘国梁品学兼优，德才兼备，这种人可遇不可求。他唯一的不足就是没有经验，一下子挑重担难以服众。

在随后的全运会上，刘国梁作为八一队核心人物，不仅发挥得很精彩，而且显示出相当出色的临场指挥能力，展现了他当教练的潜在素质。

蔡振华与刘国梁谈话，告诉他如果想当教练就要一心一意，全力以赴。刘国梁是何等聪明的人，马上心领神会，打消了其他所有念头，因为在所有的选择面前，对他最有吸引力的还是乒乓球：“我刘国梁就是为乒乓球而生的！”

像蔡振华当年从意大利回国打翻身仗时一样，刘国梁留队当教练的选择非常坚定，没有左顾右盼，瞻前顾后，更没有丝毫畏惧。

(3)

让刘国梁当教练是没有异议的，上到体育总局、乒羽中心领导，下至队里都认同他。但他的提拔速度令人有些吃惊：2002 年 6 月任实习教练，2003 年 6 月升教练，2004 年初，就传出准备任用他当男队主教练的风声。

这可不是件小事，大家不免疑虑重重。优秀运动员不一定能成为优秀教练，就算刘国梁具备当优秀教练的所有条件，但他毕竟太年轻了，把男队主教练这副重担交给他，如不能胜任，后果不堪设想。

当年蔡振华去援外当教练时二十五岁，当主教练时不到三十岁。刘国梁当见习教练时是二十五岁，不到两年如当主教练只有二十七岁，比蔡振华接班时的年龄还小三岁。而蔡振华当年已经是中国乒乓球队历史上最年轻的男队主教练了。

但蔡振华不这样想，时代在前进，只有“青出于蓝而胜于蓝”，历史才能前进，社会才能发展。

刘国梁也不这样想，“自古英雄出少年”，为什么我就不能创造新纪录？

蔡振华做事一向是事前周到考虑，一旦决定就不会犹豫。他力排众议，将刘国梁扶上马。

扶上马当然要送一程，这一程是一年半。刘国梁像沐浴着风霜雨雪的小松树，天天吸收着沃土的营养茁壮成长。领队黄飚全力支持他，老教练全力支持他，老队友孔令辉带头“服从领导”，众队员无不以惊喜新奇的目光追随着他。社会各界的球迷也是他的强大后盾！

《乒乓世界》有幅彩照令人过目不忘：高高的蔡振华大步流星向前走，中等个头的刘国梁紧随其后。师徒二人的表情非常从容，画面的丰富内涵令人回味……

蔡振华与刘国梁　　《乒乓世界》提供

刘国梁终于扛起了大旗。

当年杨光炎不肯来国家队当教练，是因为怕束缚徒弟手脚。尹霄也决定放徒弟单飞，自己离开国家队，应邀去鲁能俱乐部任总教练，为的是让这位十三岁开始就带在身边的弟子能放开手脚大干一场。不过在赴任前，他还是抓紧一切空隙时间，将自己多年的执教心得毫无保留地传授给得意门生。

用人不疑，尽管刘国梁上任后，比赛中也出过不尽如人意的成绩和名将意外落马的险情，但蔡振华却始终力挺爱徒。他明白这是必经的磨砺。而刘国梁也在不利时显得非常老道。他一步一步推出刘氏教练计划，什么“王马双核心”，什么“人性化管理”，什么直通不来梅……新招迭出，就和他打球变化多端一个样。

有人说，刘国梁接任主教练的风险并不比蔡振华当年接任风险小，因为“打江山容易，保江山难”，虽说当年打江山也是步履维艰，很苦很难很伟大，但在巅峰上接任，保持辉煌，还要发扬光大，更是史无前例的考验。为此，在奉上祝福的同时，国人拭目以待。

但刘国梁在险峰上仍是谈笑风生，举重若轻。因为他心里装着蔡指导的叮嘱：“你当教练一定要超过我！”

当时听到这话时刘国梁很吃惊：超过蔡指导？这简直是天方夜谭！他脱口而出说了句：“这是不可能的事情！”

“你的起点不同，别人对你的要求也不同。你要是只跟着我，学我，那样你会没什么成果。”

蔡振华说这话时脸上露出郑重、认真的神气，刘国梁知道蔡指导没有一丝开玩笑的意味。他的心头一热，蔡指导提携我，鼓励我，不是私人情感，而是站在事业的高度、发展的高度来要求我的，我要怀着雄心壮志和团队一起去创造新历史！

（4）

2008年北京奥运会，中国乒乓球队取得了包揽四枚金牌的伟大胜利。赛后，当男队主教练刘国梁、女队主教练施之皓与代表团副团长蔡振华、乒羽中心主任刘凤岩每人手拿一枚金牌像运动员那样放在嘴边咬着时，他们脸上露出了幸福的笑容……

是的，他们有权利享受幸福，因为他们为祖国赢得了光荣！他们有资格感到骄傲，因为他们向国人交了一份满分的答卷！

细心人屈指算来，蔡振华离开乒乓队已经四年了。中国乒乓球早就进入了后蔡振华时代。四年里蔡振华由乒羽中心主任一步步晋升为国家体育总局副局长，他已经不可能像过去那样拿出很大精力去管乒乓球队了。

而刘国梁这位小将已是有五年主教练经历的少帅了。如今人们都庆幸与钦佩他恩师的知人善任，没有人再怀疑这位新少帅的水平。五年中他不断进取，在男队的管理、训练、技术及大赛成绩上一直保持昂扬势头，创新不止，让人们相信，国球辉煌仍可期！

2012 年，又一个四年过去了。

后蔡振华团队，在经历了八年的考验后，仍意气风发，屹立在巅峰！

看老中青结合的教练班子，与之前不同的是，在那些“开国元勋”后面，站着秦志戬、李隼、孔令辉、乔晓卫、肖战、刘国正、韩华、阎森、马俊峰、陈斌、任国强、张琴……

再看龙腾虎跃的运动员队伍，头排站着马琳、王皓、王励勤，后面站着张继科、马龙、许昕、陈玘、郝帅、阎安、李晓霞、丁宁、郭焱、刘诗雯、宋雨玲、陈梦……

人们终于明白中国乒乓球队所以长盛不衰的原因了。

人们终于明白，蔡振华和他的前辈一样，给乒乓球队留下的不仅是奖杯、荣誉、技术创新，还有崇高品格、优秀传统和永不言败、永不放弃的体育精神！

尾声
小将扛大旗

本书的引子中写道：中国队在第39届世乒赛上男团女团双双捧杯却不开颜，为什么？因为他们都同时感受到了中国乒乓球队潜在的危机。

由于对中国队（特别是男队）在技术上整体落后于欧洲的残酷现实未能正视，或者说没有在实践中找到突破口，导致1989年多特蒙德世乒赛上丢掉斯韦思林杯，1991年日本千叶世乒赛上男团滑坠至低谷，连女团都丢掉了八连冠的考比伦杯……

颇具戏剧性的是，二十三年后——也就是2012年3月，中国乒乓大军第三次降临多特蒙德，这个曾给中国乒乓球队和中国球迷留下太多骄傲和痛苦的城市，他们将在这里参加第51届世乒赛团体赛。

男队心中警钟长鸣：尽管此前中国队已形成整体领先的优势，世界乒坛形成世界联队打中国还打不赢的格局，但是多特蒙德是个留有第40届世乒赛丢杯阴影的赛地，以刘国梁主教练为首的男队将士们，摩拳擦掌，要在这个曾丢掉斯韦思林杯的地方卫冕斯韦思林杯。

以施之皓为首的女队亦是壮志凌云。两年前她们在莫斯科世乒赛团体赛中丢了八连冠的考比伦杯，给了张怡宁、王楠退役后“无核”的女队以沉重的一击。但是莫斯科不相信眼泪，北京更是不相信眼泪，女队从挫败中站起来，从泪水中走出来，开始了打翻身仗的艰辛历程。

女队当时的失利感觉就像天塌下来一样。因为无论是教练还是队员都对失败太陌生了，从1993年哥德堡第42届世乒赛夺回上届世乒赛丢掉的考比伦杯后，女队再也没丢过考比伦杯。一连八届世乒赛，考比伦杯被中国队带到比赛地又带回来，循环往复，仿佛考比伦杯已成中国队的专利奖杯。金牌拿得手软，捧杯捧成习惯，是因为队内十几年有王楠、张怡宁这两位天后级的人物。她们是定海神针，使得女队这艘旗舰除了在釜山亚运会触了一次礁外，一直是风和日丽顺风顺水。然而在王楠、张怡宁同时退役后，施之皓对新人的使用超前度大了些。他一心想为2012年伦敦奥运会早早锻炼新人，让她们早日经受大赛的考验，积累大赛经验。初衷是好的，但火候没掌握好，结果导致大意失荆州，场上出现失控的局面。

经验丰富的蔡振华在总结会上一针见血地指出："输球的事实证明，目前女队还是没有练到位。不管是男队赢了，还是女队输了，都和备战有直接关系。没练到位，比赛就会出问题。对中国队而言，赢和输都要总结。不是说赢了就不调整教练班子，也不是说输了就必须要调整，这不是一个概念，最关键的问题是，回去后大家要好好总结。竞技体育是残酷的，我们的行话是'胜者为王，败者为寇'。我要先对女队说，谁也不愿意输球，关键是输球要输得有价值。比赛之前，教练包括我们都说过，延续女队的辉煌要靠你们，以前的辉煌和我们这一代运动员应该说没有太大的关系，可能你们听了以后当时不理解。我想此时此刻，女队队员们会理解我说的意思。因为你们感受到了压力，感受到了失利的痛苦。我希望你们回去以后好好总结，特别是我们90后的运动员，自信是要在比赛上而不是在平时。今后还有很多比赛，中国女队继续创造辉煌的，一定是一代又一代的年轻人，不能摔一个跟头就见不到你们了，那不是中国乒乓球的运动员。女团1991年输了，到1993年又赢了回来。所以我们要同心同德，在下一届世乒赛翻身，尤其是2012年的伦敦奥运会，女队还要像北京奥运会那样在两个项目上都取得最好的成绩。"

蔡振华还提醒教练组："不同的比赛，对队员的使用应该是不一样的。小赛和大赛，公开赛和总决赛，总决赛和世界杯，世界杯和世界锦标赛，世界锦标赛和奥运会，都是不一样的。"

施之皓痛定思痛，写文章自我批评：从表面上看，失利是偶然的，为什么这么说呢？因为所有人都认为中国女乒不会输。但是经过总结我们发现，这场失利并不是偶然的，是有其必然原因的，北京奥运之后，我们对整体队伍的建设有所放松，对形势的认识不够准确，虽然我嘴上说王楠、张怡宁时代过去了，要有危机感，我们也并不是没有对手，但是具体落实到某一项措施或是训练中，落实到打造、培养年轻运动员时，还是有所欠缺。我们平时工作做得不到位，是这次输球最根本的原因。我们教练组对业务的研究、对每个队员的了解，包括平时下的功夫，与北京奥运周期相比还差得远，比如我们对于王楠、张怡宁的了解，给她们制订的工作计划，要比现在对刘诗雯、丁宁多很多。我们只是看到了刘诗雯的上升趋势不错，拿了不少冠军，但是我们没有认真去想，到了真正大赛的时候她是不是能顶得住。对于这些年轻运动员，我们给予的都是肯定，没有那么多的问号，这就容易出问题。

参加莫斯科国际乒联大会的蔡振华与翻译柳屹　　齐大征摄

莫斯科世乒赛后，施之皓变了。施之皓的精神面貌也如凤凰涅槃般获得新生。一向温文尔雅的他在挡板外临场指挥时，也像刘国梁一样激情四射，紧握双拳站起来为队员加油，面对媒体采访也多了几分刚毅口气、硬汉的神情。

9 月的世界杯和年底举行的第 16 届亚运会的全胜并没让施之皓有些许的轻松，他对手下的女将们抓得更紧了。莫斯科世乒赛后，他就让人把新加坡队当年考比伦杯欢庆封面的照片挂在女队的球房里，让她们像越王勾践卧薪尝胆一样，天天看到这张照片，从而激励她们的斗志。

尽管女队显露出复苏的势态，但施之皓却不让人摘下这张照片，因为翻身仗还没有打完。

2011 年第 51 届世乒赛在鹿特丹举行，也是 5 月，距莫斯科世乒赛正好一年。中国女队究竟走出丢考比伦杯的阴影与否，比赛结果给出了答案：莫斯科世乒赛女团决赛开局输给冯天薇的丁宁，此时已在各种赛事中三次赢过冯天薇，她的原主管教练任国强年初调到二队去了，主管教练换成了陈彬。这三次对冯天薇的比赛，陈彬给她发了三条短信，第一次是："不要再给她翻盘的机会！"丁宁做到了！第二次是："不要给她翻身的机会！"丁宁也做到了！第三次是："你要打得她永远不能翻身！"永远不能翻身还言之过早，但丁宁又赢了！细心的观赛者可以看到丁宁精神面貌的变化，这个爱笑的阳光女孩在赛场上打起来眼神竟有一股杀气，神态也有了霸气！她的技术上也有了改进，以前是下蹲发球，现在是站起来发球，这就使她的球更加旋转，发球后抢攻的时间更加充分，此外她的前三板能力和球的综合质量也有了提高，这样赢冯天微也是理所当然的了。丁宁在单打中捧起了沉甸甸的吉・盖斯特杯，李晓霞与郭跃捧起了双打的波普杯，曹臻与张超搭档捧起了兹・赫杜赛克杯。这一切表明中国女队仍然是一支天下无敌的娘子军！

这场比赛的胜利更有力地表明，女队已彻底走出丢杯的沼泽地，重新踏上了阳光灿烂的宽广大道。

但施之皓还不让人摘新加坡夺冠后捧杯的照片，因为他曾暗暗发誓，在哪里摔倒就在哪里爬起来。2012 年 3 月多特蒙德世乒赛团体赛就提供了这样的机会。这次世乒赛是距伦敦奥运会时间最近的一次大赛。

多特蒙德，多特蒙德，我们来了，不仅要为当年第 40 届世乒赛丢掉斯韦思林杯作个终极了结，而且要一扫莫斯科世乒赛团体赛丢掉考比伦杯的泪光与阴影，打个漂亮、彻底的翻身仗！

看，马龙、张继科、王皓、马琳、许昕组成的男团战斗队，卫冕成功，实现了六连冠！看，丁宁、李晓霞、郭焱、郭跃、刘诗雯，女团还是参加莫斯科世乒赛的五朵金花，结果沧海桑田，女队重捧考比伦杯！

尽管男女队双双抱得金杯归，但他们哪里敢松口气，他们的心已飞向8月的伦敦奥运会，飞向乒乓球的故乡……

伦敦奥运会，中国乒乓队续写了2008年北京奥运会的辉煌，包揽四块金牌！男子单打团体冠军张继科，成为继刘国梁、孔令辉后中国第三位男子大满贯得主，他的惊人纪录是大满贯的实现仅仅用了一年零三个月的时间！而李晓霞则成为继邓亚萍、王楠、张怡宁之后的第四位奥运女子单打冠军，第三位团体冠！

中国乒乓队的强大实力，使乒乓球诞生地的英国人也钦佩有加，伦敦市市长一脸无奈地说：

“乒乓球要想赶上中国，还要八年……”

2010年2月—10月，采访，完成提纲于北京天坛南公寓

2010年11月—2012年6月，初稿于北京天坛南公寓

2012年7月—10月，二稿于北京丰和园

2013年3月，修订于北京滨河一号

创作生涯的空前挑战（代后记）

读书很喜欢看序和后记，因为从这些文字中可以窥见作家、作品背后的一些情感和故事。后来自己出书时，也总觉得有些话需要和读者交流，还有一些创作过程中的难忘感受需要记录，便渐渐养成了写序和后记的习惯，而且每次写起来都是一蹴而就。

可是《乒乓中国梦》这本书的后记却和这本书一样难产。直至作品付梓前两周，我和王鼎华被本书的责任编辑李梦燕“绑架”到他们出版社的驻京办事处看校样时，才被逼出来。

我与乒乓的不解之缘

（1）

完成本书的创作是王鼎华先生萦绕心头多年的梦想。承蒙他的错爱，邀我这个老友与他合作。当时我有一部长篇电视连续剧的剧本等待修改，还有一部长篇传记刚刚完成初稿，还欠着不少中短篇的文债……这时我本该心无旁骛，但在听了王鼎华先生的激情讲述后，蔡振华团队的事迹深深打动了我，我当即产生了强烈的创作欲望，决定先完成这部抒写乒乓英雄的长篇报告文学。

（2）

当然，我的激情被点燃还有内因。

20世纪60年代初，我曾是中国第一代乒乓英雄的崇拜者。王鼎华参与创作的《乒乓群英》，我读了多遍，珍藏至今。我和当时中国许多热血青年一样，把“智多星”徐寅生“关于如何打好乒乓球”的讲话和毛主席的批示视为经典，奉为行动指南，自然，也对“小老虎”庄则栋、“轰炸机”李富荣、“魔术师”张燮林、中国第一位女子单打冠军邱钟惠以及为中国夺下第一个女团冠军的林慧卿、郑敏之、梁丽珍、李赫男等人和他们的教练傅其芳、容国团充满了敬爱之心，其热度决不亚于今天追星的粉丝。

于是在成为长春电影制片厂总编室编辑后，我就萌生了组织一部描写小孩打乒乓球的电影文学剧本的想法。这一选题获得厂内肯定，并邀请报告文学名篇《小将们在挑战》的作者、著名诗人郭小川先生任编剧。厂内还将与郭小川先生合作剧本的任务交给了我。我十分兴奋，坚信在郭小川这位名师的带领下，一定会把剧本写好。郭小川当时还在与中国青年艺术剧院赵云声、邢益勋两位编剧合作一部名为《友谊的春天》的话剧，导演是赴苏联深造归来的邓止怡。

好运来了。1974 年 7 月，在国家体委宣传司支持下，我们一行五人随中国乒乓球队来到“雨落幽燕，白浪滔天”的北戴河，他们四人白天研究修改《友谊的春天》，晚上打桥牌。我白丁一个，没有生活积累，于是抓紧一切时间跟着运动员活动，体验生活。早上，我跟着他们跑步出操；他们训练时，我就坐在一个板凳上，仔细观察、记录队员们打出的一些精彩的球，还有他们的表情、习惯性的小动作、语言特征，目不转睛地观察这些名将挥拍苦练的情景，看着他们把一盆盆的乒乓球一个个地发出去，把一个个挥拍动作重复几十遍甚至几百遍；看着他们汗水滴落在球台上、地板上，运动衣前胸后背湿成一片，擦汗的大毛巾过一会儿就能拧出水。晚上，我请运动员讲述他们小时候打球的故事。除已上调体委的庄则栋外，徐寅生、李富荣、张燮林、许绍发、郗恩庭、李景光、李赫男、李莉、张立、胡玉兰、林美群等一批名将都接受过我的采访。我还结识了陪练队员黄锡萍、李玉环、乔晓卫等人，并且逐渐和他们成为知心好友。我的采访本上记下了满满的素材。

不料，郭小川遭到了“四人帮”的迫害，我们的合作被迫中止。后来我虽独自写出了一个电影剧本《乒乓小将》，且获得剧本厂长纪叶的好评，本有望搬上银幕，不想被随后而来的“反文艺黑线回潮”的运动扼杀了。

（3）

“文化大革命”结束后，不死心、不服气的我将《乒乓小将》写成了儿童长篇小说，五年三易其稿，1981 年由人民文学出版社出版。茅盾先生为书题签，团中央还将其列为向全国青少年推荐的六十本优秀读物之一，前后两次印刷了六七万册。

这本处女作虽难产，却吹响了我走上文学之路的号角。中国乒乓球队成为我投身文学创作的出发地。后来，我虽写过不少体育报告文学，但写乒乓球的文学作品只有写葛新爱的《女怪球手的秘密》和写李玉环、刘敏新婚恋的《足球教练的婚姻》，后者曾获中国作家协会颁发的全国第二届（1980—1982）优秀报告文学奖。

2001 年，我在写长篇传记《体育之子荣高棠》时，虽对第 26 届至第 28 届世乒赛中的中国乒乓球队有不少篇幅的描述，但自己终究感觉分量不足。我总想有一天能好好写写乒乓球。现在，王鼎华兄给我创造了这样一个机会，我自然是不管不顾、欣喜万分地投身其中了。

没有金刚钻，揽了瓷器活儿

2010 年春，我第二次扎进中国乒乓球队这个久负盛誉的体坛铁军里，开始了三年多的创作长征。尽管三年多对于一部四十多万字的长篇报告文学来说，并非是超长时间，但是对于我这个文学工龄近半个世纪的老兵来说，却是遇到了空前的磨砺和挑战。许多意想不到的事情像电视连续剧一样，使我一次又一次陷入痛苦难熬的湍流，有时惊愕不解，有时不知所措，有时筋疲力尽，有时连滚带爬，有时低吟浅唱，有时仰天长叹……创作的苦恼与种种障碍磨砺着我，回过头看，当时遇到的主要有两大难题：

一是情况陌生，采访难。

由于近三十年我的创作基本脱离了体育口，对乒乓球的了解渠道仅限于网络、报刊、电视的星星点点新闻，因而重返球队时基本是两眼一抹黑，球队中在全国都大名鼎鼎的教练员、运动员，我有的仅知道名字，有的只识面孔，所以需要从零开始恶补材料。

但没想到，在乒乓球队采访是件极难的事儿，因为不论是队员还是教练员，甚至领队和行政人员，一年到头儿都是在忙碌中度过的，他们都在超负荷工作。不管中国有多少法定的节假日，对中国乒乓球队来说，他们雷打不动地只能一周休一个星期天，甚至在春节、清明、中秋这些能引发几亿中国人“大迁徙”的重要节日，他们也难以得到休息。他们就像一支马不停蹄的野战军，每年除了要打世乒赛、世界杯、国际乒联职业邀请赛以及各种洲际邀请赛，还有四年一届的奥运会、亚运会、全运会，外加世界大赛前的封闭训练和一年一届的全国乒乓锦标赛、乒乓球超级联赛。这样，我想找教练员、队员采访，却无缝可插针。所以，本书中主要人物的采访，一次最长也不过能谈一两个小时，两次加在一起也顶多只有三四个小时，这些素材用于长篇报告文学，是只够熬米汤的原料。在经过一而再，再而三的等待而无法解决问题后，我们只能减少甚至放弃面对面采访这种获取第一手独家素材最便捷的方式，而采用到资料的大海里捞针的办法。我们把1988年以来每期《乒乓世界》通读了一遍，把其中有用的素材复印后带回仔细阅读思考。中国体育报业总社资料室每届大赛的剪贴专辑帮了我们大忙，我们像贪婪的淘金者从生活的矿山里寻找宝贵的金砂，条分缕析地编织出每个人物的成长轨迹与心路历程。与此同时，我们也不放弃任何一个可能的面对面采访的机会，在食堂，在医疗室，在体能馆，在宿舍，在任何一个可能与教练、运动员相遇的地方，单刀直入地向他们提出一些问题，核实一些拿不准的事实，核实有些媒体报道内容与已掌握材料有冲突的环节。这种蚂蚁搬家的方法显然费力费时，但却让我们相对地掌握了一定的主动权。

值得庆幸的是，王鼎华先生作为资深名记者和担任过国家体育总局政策法规司、宣传司领导职务的老干部，是几十年如一日品读国球的内行，他多年跟踪乒乓队积累的大量素材中，有许多独家的第一手材料，从而使我们的素材中有了不少“活水”，在字里行间显示出盎然生机。

二是技术上外行，不专业。乒乓球的发展日新月异，技术问题是创作中不能不涉及的问题。我们不仅需要了解傅其芳当主教练时的技术状况与特色，也需要了解徐寅生、李富荣当主教练时的技术状况与特色，当然更需要了解蔡振华当主教练以及当总教练时的技术状况与特色；不仅要了解直拍打法有哪些革新与变化，也需要了解横拍打法有哪些创新与流变，因为如果没有几代人技术上的不断创新与锐意进取，就不会有中国乒乓球长达六十年的鼎盛直至今日达到整体领先世界十年的巅峰。但我刚开始进队时，关于乒乓球技术，脑子里还是20世纪60年代那批名将打球时的概念，什么两面攻、弧圈球、攻球、削球、海底捞月等。而蔡振华团队经过十几年的探索和钻研，在过去的打、拉、推挡、搓、削等动作的基础上，总结创造出一系列新动作：撇、摆、点、冲、撕、拱、吸、弹、拧、挑、磕、甩、晃、扎、托、刮、围，等等，大大丰富了乒乓球的技术宝库。这些技术上的问题和常识常常把我弄得五迷三道，一头雾水。没法子，只能硬着头皮从ABC开始，学习，学习，再学习。尽管我也知道，文学创作是写人的情感与命运的，忌陷入“技术门”、“方案门”难以自拔，但是本书的创作又不能不涉及技术，因为这些技术创新包含着教练员、运动员的心血，是他们立体人生不可或缺的一个侧面。

已有经验的碰壁迫使我去苦思，去另辟蹊径。持续的长期作战使我身心交瘁，家中长期无人被盗，丢失心爱的收藏更是令我痛惜不已！加之新增添的飞蚊症、血压高、带状疱疹等疾病的折磨，我甚至有了半途而废当逃兵的念头。但纠结再三，我还是不想在自己创作史上留下不光彩的一页！每当这时，我会用乒乓英雄的超人意志来鼓励自己：蔡振华冒瘫痪危险趴在空中吊床指挥奥运大军训练的英雄气概，王楠备战北京奥运会时所克服的极端困境，刘国梁兴奋剂蒙羞难昭雪时的利刃穿心……可以说，每位乒乓冠军都经历过常人不能忍受的痛苦与磨砺！比起他们走过的荆棘之路，我的困苦又算什么呢？我不停地给自己打气，尽管没有金刚钻，但也要拿下这个瓷器活儿！只要用心，只要全心，只要精心，只要心系英雄，心向巅峰，锲而不舍，就一定能达到既定目标！

真实再现国球一段历史

(1)

2010年10月，第16届亚运会前夕，我曾在国家体育总局宣传司邵世伟副司长主持的讨论本书一份五万字详细提纲的座谈会上发言表态：“我们所以要写这本书，是感于中国乒乓大军几代人的丰功伟绩，想真实、客观地记录一段国球的历史。我们会公正、客观、真实再现这段历史，对读者负责，对历史负责。”

在这里，“真实再现”是关键词。为了实现这个承诺，我们进行了如下努力：

首先，资料搜集一丝不苟、去伪存真。本书的创作，采访对象多，工作量大，时间短，对素材的处理容易流于“萝卜多了不洗泥”式的草率、匆促、简单化。如果一个采访对象做了十件事，我们只知道一件，请问这如何能真实再现这个人物的全貌和本质呢？如果他做了九件好事一件坏事，我们不知九件好事只知一件坏事，对这个人物的评价岂不会黑白颠倒？又如九件好事对这个人物来说，哪件事最典型、最精彩、最个性化，如果不知道全了怎么会选择更准确？报告文学和小说不一样，小说你了解其一可去想象其二、其三甚至虚构其五、其六。但报告文学这一文学样式，决定了作者的功夫要花在选择和发现上，作者没有权力虚构。唯有发现丰富，才能选择准确，写出的东西才能保证艺术的真实性。所以，对素材的处理只有一丝不苟、宽打窄用，才能避免以偏概全，保证作品的质量。

其次，严守作家职业道德的底线。创作中我们拒绝虚假与平庸，杜绝因个人好恶对描写对象进行美化或贬损。这就如同运动员不能打假球一样，报告文学作家应该永远坚持摒弃虚假，保证素材的可靠性，达到艺术真实的境界。

第三，尊重历史，力求完整表现。本书所写的中国乒乓球1989年至2004年这段历史，是蔡振华团队的历史，更是中国乒乓球队历史的一部分。在谋篇布局时，我们用了一些篇幅刻画了容国团、徐寅生、李富荣、许绍发这些乒乓巨星的历史功勋。比如书中李富荣率领中国队在第36届打翻身战前后的有关描写，既显露出蔡振华团队打翻身战所获得的支持，也在艺术构思上形成前后呼应，有叠加的艺术效果；再比如，书中对徐寅生的描写虽着墨不很多，但对他在关键时期对中国乒乓球发展所起的举足轻重的作用均有画龙点睛之笔，这样既增加了本书的厚重感，又体现了历史长卷中不可遗漏的节点。

蔡振华曾动情地说：中国乒乓球队几代人打下的江山，我们去继承，感到很神圣。我们是站在前人的肩膀上，为弘扬中国乒乓文化而尽心尽力地工作着，我们没有理由不把这项神圣的事业做得更好。

(2)

这本书不是个人传记，而是群英会，是一个乒乓球界全景式的“清明上河图”，这就无限加大了我们的采访量，光教练员队伍，不仅有国家队的老教练、中年教练、青年教练，有时还要外延至各省市少体校的教练。书写范围有中外教练员、运动员、领队、科研人员、队医、行政人员、家属、媒体人士、球迷，可谓五花八门，而涵盖事件之多，人物关系之复杂，都是我创作经历中空前的。这就给本书的构思、谋篇布局带来了很大的困难。创作这种全景式的作品往往费力不讨好，既要有文学的泉眼，又要有坚实的事实基石，但又不能一人不漏、一事不落，成为编年史的翻版。尽管我们力求做到客观、公正地讲述历史，但因创作能力、学识水平以及时间所限，仍难免有遗珠之憾。我们热切地期待各行各业的读者批评指正。

乒乓中国梦多美好

(1)

我们曾为一些运动项目的崛起而欢呼。然而有时，好景不常在，很快，辉煌就会成为历史，现在可能又会回归到不理想的状态，徘徊不前。更有一些项目，可能会一直低迷，像豆腐军，一碰硬仗就溃不成军……但是中国乒乓球，自20世纪60年代崛起，已出现三次巅峰状态，第一次崛起，是1959年到1965年，不仅有容国团拿下的第一个单打世界冠军，更有庄则栋单打三连冠捧回一尊复制的圣伯莱德杯。第二次崛起，是1971年到1988年，其间，毛泽东主席的外交棋盘上走出了小球推动大球的妙棋，庄则栋等乒乓健儿为中美建交立下历史功勋。同时在徐寅生、李富荣的率领下，中国队创造了在第36届世乒赛上包揽全部奖杯的胜绩。第三次崛起，就是1989年到2004年蔡振华团队由低谷重登巅峰，并创造了技术整体领先世界乒坛的空前辉煌。

（2）

本书能够终于与广大读者见面，感恩之言常涌心头，我与王鼎华先生向下列单位致以由衷敬意，感谢他们在舆论上、采访上、资料上、观赛食宿等等方面的大力支持，这些支持是我们能坚持三年完成这本厚书的重要保证。他们是：国家体育总局；国家体育总局宣传司；国家体育总局乒羽中心；国家体育总局训练局；中国乒乓球协会；江苏省乒羽中心；中国体育报业总社资料室；《乒乓世界》杂志社；国家体育总局办公厅文印室……

我们还要郑重感谢下列人士百忙之中拨冗接受我们的采访，提供了大量重要的创作素材，或审阅了本书的初稿，或给予了其他一些方面的切实帮助。他们是：孔令辉、庄家富、梁言、蔡振华、杨树安、马文革、黄胜、施之皓、许绍发、黄飚、刘凤岩、李建国、刘国梁、尹霄、李宗汉、吴敬平、陆元盛、秦志戬、李晓东、张雷、乔晓卫、李隼、韩华、史鸿范、马俊峰、夏娃、吕林、靳鲁芳、凌群立、李玉环、张晓蓬、齐宝香、任国强、张天华、张琴、阎森、王励勤、常成、温文、王楠、惠钧、王涛、李惠芬、蒋齐芳、边玉翔、邱文利、张瑞雯……（名单以采访时间先后为序，如有遗漏敬请原谅。）

本书创作杀青时，从伦敦奥运会上传来中国乒乓球队延续北京奥运会的辉煌，包揽四枚金牌的好消息。我们切实地感觉到中国乒乓球队是一支永葆青春、永葆战斗力的梦之队，他们在技术上遥遥领先于世界先进水平的事实表明：他们是一只已经实现中国梦的体坛先锋！

李玲修

2013 年 6 月 8 日 夏至